김건호
헌법

최근 3개년
기출·예상 헌법판례

PREFACE

들어가며

수험생분들의 뜨거운 사랑과 성원에 힘입어 「2025 김건호 헌법 최근 3개년 기출·예상 헌법판례 - 하반기」을 출간하게 되었습니다.

어떤 교재든 개정 작업을 할 때에는 단순한 내용 추가와 삭제가 아니라 기존 교재보다 조금이라도 나아진 교재를 만들어야 한다는 스트레스와 압박감에 시달립니다. 이 교재는 수험생들의 최신판례에 대한 부담을 최대한 줄여주고자 많은 노력을 기울여 만들었습니다.

교재의 특징

본서는 2022년 1월부터 2025년 6월까지 최근 3개년 판례 중 이미 출제되었거나 출제가 유력한 판례들을 정리하여 수록했습니다.

특히 짧은 시간에 최대한 효율적으로 수험에 대비할 수 있도록 이미 기출된 판례는 기출지문을 설명과 함께 OX형태로 수록하였고, 미기출 중요판례의 경우 출제가 유력한 지문과 결정 이유만 수록하였습니다.

페이지 수는 230여 페이지에 불과하지만 수록된 판례는 400여 개 정도로, 본서가 커버 하고 있는 기간 동안 교재에서 나오지 않은 판례가 출제되기는 어렵다고 생각됩니다.

공무원 시험에서 판례의 출제경향과 올바른 학습법

객관식 헌법시험 기출의 60~70%가 판례지문을 활용하여 구성되기 때문에 판례의 결과를 정확히 숙지하지 않고는 좋은 점수를 얻는 것이 불가능합니다.

특히 시험 시행일 3년 이내의 최신판례도 20~30% 정도 출제되고 있기 때문에 고득점을 위해서는 최신판례 정리가 필수입니다.

공무원을 선발하는 공무원 시험과 법조인을 선발하는 구 사법시험(현 변호사시험)은 목적이 다른 시험이므로 출제경향도 다를 수밖에 없습니다.

구 사법시험의 경우 법조인 양성의 목적에 맞도록 법 논리와 법적 사고력을 묻는 형태가 대부분이라면, 공무원 시험의 경우에는 법·제도를 만들고 집행하는 공무원 선발이 목적이기 때문에 정부가 만든 법제도의 기본권 침해 가능성, 규제의 타당성 등을 묻는 유형이 대부분입니다.

따라서 판례 하나를 소송요건에서 본안판단까지 논리적 흐름에 따라 보는 건 불필요하고, 유사한 제도에서 파생되는 다양한 판례들을 카테고리를 지어서 비교·정리하고 암기해야 효율적인 수험 대비가 가능합니다.

개별판례의 결론이 잘 이해가 가지 않는다고 해서 법·제도의 밑바닥까지 파고들어 갈 필요는 없고, **객관식의 지문화**되었을 때 틀리지 않을 정도까지 **반복·숙달**하시면 됩니다.

최근 기출 지문들이 길어지는 경향이 나타나는데 시험장에서 지문을 꼼꼼히 읽어서 정답을 가려내는 건 바람직하지 못하며, 평소에 판례에서 키워들 찾아내는 연습을 꾸준히 해서 키워드만 보고도 위헌인지 합헌인지 바로바로 체크할 수 있도록 대비해야 합니다.

마치며

본서만으로도 최근판례 지문에 대해 충분히 대비할 수 있다고 자신합니다. 독학이 어려우신 분들은 강의도 같이 활용하면 더욱 효과적일 것이라고 생각합니다. 공부를 하다가 모르는 부분이 생기면 교재 페이지와 내용을 명시하여 **네이버 카페 〈김건호 헌법 교실〉**에 질문 주시면 신속하게 답변 드리겠습니다.

수험생 여러분들이 객관식 시험을 준비하면서 저와 같은 시행착오를 겪지 않고 **빠른 시간에 저와 같은 성취를 이룰 수 있었으면 좋겠습니다.**

같은 과목을 공부해본 수험생 선배로서, 일찍 합격한 공무원 선배로서, 그리고 지금은 수험생들의 합격을 돕는 강사로서 언제나 여러분들의 곁에서 응원하고 지지하고 도와드리겠습니다.

늘 성실한 자세로 최선을 다해 준 문지연 연구실장, 넥스트공무원 출판사업부 관계자 여러분들, 합격생 최혜지, 이예사, 강경훈에게 감사드립니다.

2025년 8월
대방동 연구실에서
김건호 드림

CONTENTS

PART 1 헌법 총강

01	국적	…008
02	행정입법	…010
03	신뢰보호원칙	…012
04	국제법 존중주의	…014
05	정당설립의 자유와 정당제도	…015
06	정치자금	…018
07	선거권과 선거의 원칙	…019
08	선거운동의 자유 (정치적 표현의 자유)	…022
09	공무담임권과 직업공무원제도	…031
10	지방자치제도	…036

PART 2 국민의 권리와 의무

01	기본권 주체	…042
02	일반적 인격권	…043
03	일반적 행동의 자유	…045
04	계약의 자유	…050
05	평등권 및 평등원칙	…052
06	죄형법정주의	…065
07	책임과 형벌의 비례원칙	…066
08	죄형법정주의 명확성원칙	…074
09	책임주의원칙	…081
10	적법절차원칙	…082
11	변호인의 조력을 받을 권리	…084
12	신체의 자유	…085
13	사생활의 비밀과 자유	…088
14	개인정보자기결정권	…090
15	통신의 비밀	…097
16	양심의 자유	…099
17	종교의 자유	…103
18	학문과 예술의 자유	…106
19	표현의 자유	…107
20	방송의 자유	…112
21	알 권리	…115
22	집회의 자유	…116
23	결사의 자유	…121
24	거주·이전의 자유	…122
25	직업선택의 자유	…123
26	직업수행의 자유	…130

27 재산권	... 139	33 환경권	... 171
28 조세와 부담금	... 156	34 혼인과 가족에 관한 권리	... 176
29 인간다운 생활을 할 권리 및 사회보장수급권	... 161	35 청원권	... 182
		36 재판청구권	... 183
30 교육을 받을 권리와 교육제도	... 165	37 형사보상청구권	... 189
31 근로의 권리	... 168	38 국가배상청구권	... 191
32 근로3권	... 169		

PART 3 정치 제도

01 국회	... 194	05 위헌법률심판	... 220
02 대통령과 행정부	... 199	06 헌법소원심판	... 221
03 헌법재판의 가처분	... 204	07 권한쟁의심판	... 228
04 탄핵심판	... 207		

| 판례색인 | ... 232 |

PART 1

1
헌법 총강

01 국적

기출OX

8회 001 「국적법」 조항 중 "외국에 주소가 있는 경우"는 입법취지 및 사전적 의미 등을 고려할 때 다른 나라에 생활근거가 있는 경우를 뜻함이 명확하므로 명확성원칙에 위배되지 아니한다. 23 국가 7 ⓞⓧ

001-1 국적에 관한 사항은 국가의 기본적 구성요소이며, 주권자인 국민의 범위를 확정하는 고도의 정치적 속성을 가지고 있다. 26 경간 ⓞⓧ

001-2 복수국적자가 외국에 주소가 있는 경우에만 국적이탈을 신고할 수 있도록 하는 「국적법」 조항은 기회주의적 국적이탈을 방지하기 위한 것으로, 복수국적자의 국적이탈의 자유를 침해하지 아니한다. 25 경간 ⓞⓧ

001-3 복수국적자가 외국에 주소가 있는 경우에만 국적이탈을 신고할 수 있도록 하는 「국적법」 제14조제1항 본문은 복수국적자의 기회주의적 국적이탈을 방지하여 국민으로서 마땅히 부담해야 할 의무에 대한 악의적 면탈을 방지하고 국가공동체 운영의 기본원리를 지키고자 적어도 외국에 주소가 있는 자에게만 국적이탈을 허용하려는 것이므로 목적이 정당하고 그 수단도 적합하다. 24 국회 8 ⓞⓧ

001-4 복수국적자가 외국에 주소가 있는 경우에만 국적이탈을 신고할 수 있도록 정한 「국적법」 조항은 복수국적자에게 과도한 불이익을 발생시켜 과잉금지원칙에 위배되어 국적이탈의 자유를 침해한다. 23 국가 7 ⓞⓧ

> **국적법 제14조제1항 위헌소원 (외국에 주소 없는 자의 국적이탈 제한 사건)**
> (1) 국적법 제14조제1항 본문의 '**외국에 주소가 있는 경우**'라는 표현은 입법취지 및 그에 사용된 단어의 사전적 의미 등을 고려할 때 **다른 나라에 생활근거가 있는 경우**를 뜻함이 명확하므로 **명확성원칙에 위배되지 아니한다**(헌재 2023. 2. 23. 2020헌바603).
> (2) **국적에 관한 사항**은 **국가의 기본적 구성요소**이며 주권자인 국민의 범위를 확정하는 **고도의 정치적 속성**을 가지고 있으므로 당해 국가가 역사적 전통과 정치, 경제, 사회, 문화 등의 제반사정을 고려하여 결정할 문제이다(헌재 2023. 2. 23. 2020헌바603).
> (3) 심판대상조항은 **복수국적자의 기회주의적 국적이탈을 방지**하여 국민으로서 마땅히 부담해야 할 의무에 대한 **악의적 면탈을 방지**하고 국가공동체 운영의 기본원리를 지키고자 적어도 **외국에 주소가 있는 자에게만 국적이탈을 허용**하려는 것이므로 **목적이 정당하고 그 수단도 적합하다**. … 심판대상조항은 과잉금지원칙에 위배되지 아니하므로 **국적이탈의 자유를 침해하지 아니한다**(헌재 2023. 2. 23. 2020헌바603).
>
> 🔒 001. ○ 001-1. ○ 001-2. ○ 001-3. ○ 001-4. ×(국적이탈의 자유 침해 아님)

002 직계존속이 외국에서 영주할 목적 없이 체류한 상태에서 출생한 자는 병역의무를 해소한 경우에만 국적이탈을 신고할 수 있도록 하는 구「국적법」제12조제3항은 혈통주의에 따라 출생과 동시에 대한민국 국적을 취득하게 되므로 병역의무를 해소해야만 국적이탈을 허용하게 되는 결과를 가져오지만, 과잉금지원칙에 위배되지 아니하므로 국적이탈의 자유를 침해하지 않는다. 23 경찰 2차 〔O|X〕

002-1 직계존속이 외국에서 영주할 목적 없이 체류한 상태에서 출생한 자는 병역의무를 해소한 경우에만 국적이탈 신고할 수 있도록 하는 구「국적법」제12조제3항은 출입국 등 거주·이전 그 자체에 제한을 가하고 있으므로, 출입국에 관련하여 그 출생자의 거주·이전의 자유가 침해되는지 여부가 문제된다. 24 국회 8 〔O|X〕

002-2 직계존속이 외국에서 영주할 목적 없이 체류한 상태에서 출생한 자는 병역의무를 해소한 경우에만 국적이탈을 신고할 수 있도록 하는 구「국적법」제12조제3항은 헌법상 연좌제금지원칙의 규율 대상이다. 25 경간 〔O|X〕

외국에 영주할 목적 없이 체류한 직계존속으로부터 태어난 자의 국적이탈 제한 사건 (국적법 제12조제3항 위헌 소원)

(1) 심판대상조항은 공평한 병역의무 분담에 관한 국민적 신뢰를 확보하려는 것으로, 장차 대한민국과 유대관계가 형성되기 어려울 것으로 예상되는 사람에 대해서는 병역의무 해소 없는 국적이탈을 허용함으로써 국적이탈의 자유에 대한 제한을 조화롭게 최소화하고 있는 점, 병역기피 목적의 국적이탈에 대하여 사후적 제재를 가하거나 생활근거에 따라 국적이탈을 제한하는 방법으로는 입법목적을 충분히 달성할 수 있다고 보기 어려운 점, 심판대상조항으로 제한받는 사익은 그에 해당하는 사람이 국적이탈을 하려는 경우 모든 대한민국 남성에게 두루 부여된 병역의무를 해소하도록 요구받는 것에 지나지 않는 반면 심판대상조항으로 달성하려는 공익은 대한민국이 국가 공동체로서 존립하기 위해 공평한 병역분담에 대한 국민적 신뢰를 보호하여 국방역량이 훼손되지 않도록 하려는 것으로 매우 중요한 국익인 점 등을 감안할 때 심판대상조항은 과잉금지원칙에 위배되어 **국적이탈의 자유를 침해하지 아니한다**(헌재 2023. 2. 23. 2019헌바462).

(2) 심판대상조항은 '직계존속이 외국에서 영주할 목적 없이 체류한 상태에서 출생한 자'에 대해서는 병역의무를 해소한 경우에만 대한민국 국적이탈을 신고할 수 있도록 하므로, 위와 같이 출생한 사람의 **국적이탈의 자유를 제한**한다. 다만 거주·이전의 자유를 규정한 헌법 제14조는 **국적이탈의 자유**의 근거조항이고 심판대상조항은 **출입국 등 거주·이전 그 자체**에 어떠한 제한을 가한다고 보기 어려운바, **출입국에 관련하여 거주·이전의 자유**가 침해된다는 청구인의 주장에 대해서는 **판단하지 아니한다**(헌재 2023. 2. 23. 2019헌바462).

(3) 선천적 복수국적자가 지닌 대한민국 국민으로서의 지위는 혈통에 의하여 출생과 동시에 국적법에 따라 자동적으로 취득하는 것으로, **복수국적의 선천적 취득과 이로 인한 국적이탈의 문제는 헌법상 연좌제금지원칙에서 규율하고자 하는 대상이라 볼 수 없다.** 따라서 이 부분 주장에 대해서는 별도로 살펴보지 않는다(헌재 2023. 2. 23. 2019헌바462).

🔒 **002.** O **002-1.** ×(출입국과 관련하여 거주·이전의 자유가 침해되는지 판단 안 함) **002-2.** ×(연좌제금지원칙 규율대상 아님)

02 행정입법

기출OX

3회 003 구「사립학교법」제29조제2항 중 '교비회계의 세입·세출에 관한 사항은 대통령령으로 정하되' 부분은 포괄위임금지원칙에 위반되지 아니한다. 25 국회 8   Ⓞ Ⓧ

003-1 사립학교법상 교비회계의 다른 회계로의 전용을 금지하는 규정과 위반한 경우 처벌하는 규정은 사립학교 운영의 자유를 침해하지 않는다. 출제예상   Ⓞ Ⓧ

> **사립학교 교비회계 전용 금지 사건 (구 사립학교법 제73조의2 등 위헌소원)**
> (1) 이 사건 금지조항과 처벌조항은, 사립학교의 '교비회계에 속하는 수입 및 재산'이 본래의 용도인 학교의 학문 연구와 교육 및 학교운영을 위해 사용될 수 있도록 강제함으로써 사립학교가 교육기관으로서 양질의 교육을 제공하는 동시에 교육의 공공성을 지킬 수 있는 재정적 기초를 보호하고 있다. 우리나라에서 사립학교가 공교육에서 차지하는 비중은 매우 높은바, 교비회계에 속하는 수입 및 재산의 전용을 금지하고 그 위반시 처벌하는 강력한 제재는 사립학교의 발전을 이루기 위해 반드시 필요한 조치이다. 사립학교법은 교비회계에 속하는 수입이나 재산을 다른 회계에 전출하거나 대여할 수 있는 예외적인 경우를 규정하고 있으며, 법원은 구체적인 개별 사안에서 그 지출이 당해 학교의 교육에 직접 필요한 경비인지 여부를 결정함으로써 구체적인 타당성을 도모하고 있는 점 등을 종합하면, 이 사건 위임조항과 처벌조항은 **사립학교 운영의 자유를 침해한다고 할 수 없다**(헌재 2023. 8. 31. 2021헌바180).
> (2) '**교비회계의 세입**'과 '**교비회계의 세출**' 항목은 기술적이고 세부적인 특성을 가지고 있어 그와 관련된 사항을 하위법령에서 정하도록 **위임할 필요성이 인정**되고, 이 사건 위임조항에서 위임하고 있는 '교비회계의 세입' 항목은 등록금이나 기부금, 학교시설 대여료나 이자수익 등과 같이 학생으로부터 징수하는 각종 금원과 학교시설이나 재산으로부터 발생하는 수익 등이 될 것이고, '교비회계의 세출' 항목은 학교의 운영이나 교육과 관련하여 지출하는 비용 등이 됨을 충분히 예측할 수 있다는 점에서, 이 사건 위임조항은 **포괄위임금지원칙에 위반되지 아니한다**(헌재 2023. 8. 31. 2021헌바180).

🔗 003. ◯ 003-1. ◯

004 대한적십자사가 국가 등에 요청할 수 있는 자료의 범위를 대통령령에 위임한 「대한적십자사 조직법」 조항은 포괄위임금지원칙에 위반되지 아니한다. 25 국회8　　　　　　　　　　　　　　　　　　　　　　　　　　　　　　　　　　　　　　○|×

004-1 대한적십자사의 회비모금 목적으로 자료제공을 요청받은 국가와 지방자치단체는 특별한 사유가 없으면 그 자료를 제공하여야 한다고 규정한 대한적십자사 조직법상 자료제공조항과 대한적십자사가 요청할 수 있는 자료로 세대주의 성명 및 주소를 규정한 대한적십자사 조직법 시행령 조항은 과잉금지원칙에 반하여 청구인들의 개인정보자기결정권을 침해한다고 볼 수 없다. 출제예상　　　　　　　　　　　　　　　　　　　　○|×

> **대한적십자사 회비모금 목적의 자료제공 사건 (대한적십자사 조직법 제8조 위헌확인 등)**
> (1) '필요한 자료'의 구체적인 범위를 미리 법률에 상세하게 규정하는 것은 입법기술상 어렵고, 각종 자료를 보유·관리하고 있는 주체인 국가가 자료 제공의 목적과 필요한 자료의 범위, 자료 제공의 용이성, 적십자사의 운영 상황 및 회비모금 실무의 변화 등을 고려하여 탄력적으로 정할 필요가 있으므로, 그 구체적인 내용을 **하위법령에 위임할 필요성이 인정**된다. … 따라서 이 사건 위임조항이 **적십자사에 제공될 자료의 범위**를 더 구체적으로 정하지 아니하였다고 하여 헌법 제75조에 의한 **포괄위임금지원칙**에 위반되어 청구인들의 **개인정보자기결정권을 침해한다고 볼 수 없다**(헌재 2023. 2. 23. 2019헌마1404 등).
> (2) 우리나라는 제네바협약의 체약국으로서 정부가 적십자사의 활동을 지원하여야 할 의무가 있는 점, 전시 또는 평시의 인도주의 사업을 수행하는 적십자사의 설립목적과 공익성, 적십자사가 정부의 인도적 활동에 대한 보조적 역할을 수행하는 점, 특히 남북교류사업이나 혈액사업 등 다른 공익법인들이 수행하지 못하는 특수한 사업들을 수행하는 점 등을 고려하면 이와 같은 입법목적은 정당하다. 또한 이러한 정보를 적십자사에 제공하는 것은 입법목적 달성을 위한 적합한 수단이다. … 이 사건 자료제공조항 및 이 사건 시행령조항이 과잉금지원칙에 반하여 청구인들의 **개인정보자기결정권을 침해한다고 볼 수 없다**(헌재 2023. 2. 23. 2019헌마1404 등).

🔒 004. ○　004-1. ○

005 가해학생에 대한 조치별 적용 기준의 기본적인 내용을 법률에서 직접 규정하고 있으며, 사건 조치별 적용기준 위임규정에 따라 대통령령에 규정될 내용은 세부적인 기준에 관한 내용이 될 것임을 충분히 예측할 수 있으므로, 사건 조치별 적용기준 위임규정은 포괄위임금지원칙에 위배되지 않는다. 23 경채　　　　　　　　　　　　　　　　　　○|×

> **학교폭력 가해학생에 대한 서면사과 조치 등 사건 (학교폭력예방 및 대책에 관한 법률 제12조제4항 등 위헌소원)**
> **가해학생에 대한 각 조치별 적용기준**을 학교폭력의 태양이나 심각성, 피해학생의 피해 정도나 가해학생에 미치는 교육적 효과 등 여러 가지 요소를 종합적으로 고려하여 정하는 것이 피해학생의 보호와 가해학생의 선도 및 교육에 보다 효과적인 방법이 될 수 있으므로, **대통령령에 위임할 필요성이 인정**된다. 또한, 구 학교폭력예방법 제17조는 가해학생에 대한 조치의 경중 및 각 조치의 병과 여부 등 조치별 적용 기준의 **기본적인 내용을 법률에서 직접 규정**하고 있으므로, 이 사건 조치별 적용기준 위임규정에 따라 대통령령에 규정될 내용은 자치위원회가 가해학생에 대한 조치의 내용을 정함에 있어 고려해야 할 학교폭력의 태양이나 정도, 피해학생의 피해 정도나 피해 회복 여부, 가해학생의 태도 등 **세부적인 기준에 관한 내용**이 될 것임을 **충분히 예측**할 수 있다. 따라서 이 사건 **조치별 적용기준 위임규정은 포괄위임금지원칙에 위배되지 않는다**(헌재 2023. 2. 23. 2019헌바93 등).

🔒 005. ○

03 신뢰보호원칙

기출 OX

006 구 법령에 따라 폐자동차재활용업 등록을 한 자에게도 3년 이내에 등록기준을 갖추도록 한 「전기·전자제품 및 자동차의 자원순환에 관한 법률 시행령」 부칙 제3조제1항 및 제2항 중 '3년' 부분은 신뢰보호원칙에 위배되어 그 등록을 한 자의 직업의 자유를 침해한다. 24 국회 8   O│X

> **전기·전자제품 및 자동차의 자원순환에 관한 법률 시행령 제30조 [별표 7의3] 제2호 나목 2) 가) 본문 등 위헌확인**
> 이 사건 부칙조항이 정한 **3년의 유예기간은 법령의 개정으로 인한 상황변화에 적절히 대처**하기에 상당한 기간으로 지나치게 짧은 것이라 할 수 없으므로, 이 사건 부칙조항은 **신뢰보호원칙에 위배되어 청구인의 직업의 자유를 침해하지 아니한다**
> (헌재 2022. 9. 29. 2019헌마1352).

🔒 **006.** ×(신뢰보호원칙 및 직업의 자유 침해 아님)

007 헌법재판소가 성인대상 성범죄자에 대하여 10년 동안 일률적으로 의료기관에의 취업제한 등을 하는 규정에 대하여 위헌결정을 한 뒤, 개정법 시행일 전까지 성인대상 성범죄로 형을 선고받아 그 형이 확정된 사람에 대해서 형의 종류 또는 형량에 따라 기간에 차등을 두어 의료기관에의 취업 등을 제한하는 「아동·청소년의 성보호에 관한 법률」 부칙 제5조제1호는 신뢰보호원칙에 위배되지 아니한다. 24 국회 8   O│X

> **아동·청소년의 성보호에 관한 법률 부칙 제5조 위헌소원**
> 성인대상 성범죄자에게 **일률적으로 10년** 동안 의료기관에의 취업제한을 하도록 한 조항에 대한 헌법재판소의 2016. 3. 31. 2013헌마585등 **위헌결정**에 따르더라도 재범의 위험성 및 필요성에 상응하는 취업제한 기간을 정하여 부과하는 **의료기관 취업제한이 가능함은 예상할 수 있었다**고 보아야 하고, 취업제한은 장래의 위험을 방지하기 위한 것으로서, 향후 성인대상 성범죄자에게 의료기관 취업제한이 없을 것이라는 기대는 **정당한 신뢰** 또는 **헌법상 보호가치 있는 신뢰**로 보기 **어렵다**. … 이 사건 부칙조항은 **신뢰보호원칙에 위배되지 아니한다**(헌재 2023. 5. 25. 2020헌바45).

🔒 **007.** ○

008 공익법인이 유예기한이 지난 후에도 보유기준을 초과하여 주식을 보유하는 경우 10년을 초과하지 않는 범위에서 매년 가산세를 부과하도록 정한 구「상속세 및 증여세법」제78조제4항 중 제49조제1항제2호에 관한 부분은 신뢰보호원칙에 반하지 아니한다. 24 국회 8   O | X

> **구 상속세 및 증여세법 제78조제4항 위헌소원**
> 출연재산을 변칙적인 탈세나 부의 증식 내지 세습수단으로 악용하는 것을 방지하기 위하여 입법자는 공익법인에 출연한 내국법인 주식 중 증여세과세가액에 산입하지 않는 한도기준을 낮추고, 더 나아가 유예기한 경과 후까지 기준을 초과하여 보유하는 경우에는 가산세를 부과하는 것으로 법을 개정하여 왔으며, 심판대상조항은 기존 입법들의 연장선상에서 그 문제점을 보완한 것이다. 관련 규정의 개정 경과에 비추어 청구인과 같은 공익사업 영위자는 제도의 시행과정에서 발생하는 문제점을 제거하기 위하여 추가적인 법률개정이 필요할 수 있음을 **충분히 예상**할 수 있었으므로 법률의 존속에 대한 **신뢰이익의 보호가치는 크다고 할 수 없는** 반면 조세회피나 부의 세습을 방지함으로써 얻게 되는 **공익은 막중**하므로 심판대상조항은 **신뢰보호원칙에 반하지 아니한다**(헌재 2023. 7. 20. 2019헌바223).

🔒 008. ○

009 주택 임대차와 관련한 임차인의 보호 및 주택의 이용에 관한 정책은 입법자가 정책적으로 결정하여야 할 사항으로 원칙적으로 광범위한 입법형성의 자유가 인정되므로, 특단의 사정이 없는 한 구법상의 기대이익을 존중하여야 할 입법자의 의무가 있는 것은 아니라고 할 것이어서 신뢰보호원칙에 위배되는지 여부는 문제되지 않는다. 25 경찰 1차   O | X

> **주택임대차보호법 제6조의3 위헌확인 등 (주택임대차보호법상 임차인의 계약갱신요구권 및 차임증액 제한 사건)**
> 주택 임대차와 관련한 임차인의 보호 및 주택의 이용에 관한 정책은 임차인에 대한 사회적 보호의 필요성, 임대차 시장의 여건, 사회경제적 사정 등을 종합적으로 고려하여 입법자가 정책적으로 결정하여야 할 사항으로 원칙적으로 광범위한 입법형성의 자유가 인정된다. 따라서 특단의 사정이 없는 한 구법상의 기대이익을 존중하여야 할 입법자의 의무가 있는 것은 아니나, 이 경우에도 **신뢰보호원칙에 위배되는지 여부는 여전히 문제**된다. … 따라서 부칙조항은 신뢰보호원칙에 반하여 청구인들의 **계약의 자유와 재산권을 침해하지 아니한다**(헌재 2024. 2. 28. 2020헌마1343 등).

🔒 009. ×(신뢰보호원칙 적용됨)

04 국제법 존중주의

> **기출OX**

010 ^{3회} '유엔 시민적·정치적 권리 규약 위원회'가 「국가보안법」의 폐지나 개정을 권고하였다는 이유만으로 이적행위조항과 이적표현물 소지조항이 국제법존중주의에 위배되는 것은 아니다. 25 경찰 1차 Ⓞ Ⓧ

010-1 국제법존중주의는 국제법과 국내법의 동등한 효력을 인정한다는 취지인바, '유엔 시민적·정치적 권리규약 위원회'가 「국가보안법」의 폐지나 개정을 권고하였으므로 「국가보안법」 제7조제1항 중 '찬양·고무·선전 또는 이에 동조한 자'에 관한 부분은 국제법존중주의에 위배된다. 24 국가 7 Ⓞ Ⓧ

> **국가보안법 제7조제1항 등 위헌소원**
> 청구인은 이적행위조항과 이적표현물 소지조항이 국제법존중주의에 위배된다고 주장한다. 그러나 헌법 제6조 제1항에서 선언하고 있는 **국제법존중주의는 국제법과 국내법의 동등한 효력을 인정**한다는 취지일 뿐이므로 **유엔 자유권위원회가 국가보안법의 폐지나 개정을 권고**하였다는 이유만으로 이적행위조항과 이적표현물 소지조항이 **국제법존중주의에 위배되는 것은 아니다**(헌재 2024. 2. 28. 2023헌바381).

010. ○ **010-1.** ×(국제법 존중주의 위배 아님)

05 정당설립의 자유와 정당제도

기출 OX

2회 011 당내경선은 공직선거 자체와는 구별되는 정당 내부의 자발적인 의사결정에 해당하고, 경선운동은 원칙적으로 공직선거에서의 당선 또는 낙선을 위한 행위인 선거운동에 해당하지 않는다. 25 국회 8 ⓄⓍ

011-1 당내경선에서 이루어지는 경선운동은 원칙적으로 공직선거에서의 당선 또는 낙선을 위한 행위인 선거운동에 해당하지 않으나, 경선운동을 금지하는 조항이 과잉금지원칙에 반하는지 여부를 판단할 때에는 엄격한 심사기준이 적용되어야 한다. 22 법무사 ⓄⓍ

> **지방공사 상근직원의 경선운동 금지 사건 (공직선거법 제57조의6제1항 본문 등 위헌제청)**
> **당내경선은 공직선거 자체와는 구별**되는 **정당 내부의 자발적인 의사결정**에 해당하고, **경선운동**은 원칙적으로 공직선거에서의 당선 또는 낙선을 위한 행위인 **선거운동에 해당하지 않는다**. 따라서 당내경선의 형평성과 공정성을 담보하기 위해서 국가가 개입하여야 하는 정도가 공직선거와 동등하다고 보기는 어렵다. 이와 같은 당내경선 및 경선운동의 내용 및 성질과 경선운동은 정치적 표현의 자유의 보호영역에 속하는 점 등을 고려하면, 심판대상조항이 과잉금지원칙에 반하는지 여부를 판단할 때에는 **엄격한 심사기준이 적용**되어야 한다(헌재 2022. 6. 30. 2021헌가24).
>
> 🔗 011. ○ 011-1. ○

2회 012 서울교통공사의 상근직원은 서울교통공사의 경영에 관여하거나 실질적인 영향력을 미칠 수 있는 권한이 있다고 인정하기 어려우므로, 당원이 아닌 자에게도 투표권을 부여하여 실시하는 당내경선에서 서울교통공사의 상근직원이 경선운동을 할 수 없도록 일률적으로 금지·처벌하는 것은 정치적 표현의 자유를 과도하게 제한하는 것이다. 23 법원 9 ⓄⓍ

> **지방공사 상근직원의 경선운동 금지 사건 (공직선거법 제57조의6제1항 본문 등 위헌제청)**
> **서울교통공사의 상근직원**은 서울교통공사의 경영에 관여하거나 실질적인 영향력을 미칠 수 있는 권한을 가지고 있지 아니하므로, 경선운동을 한다고 하여 그로 인한 부작용과 폐해가 크다고 보기 어렵다. 또한 공직선거법은 이미 서울교통공사의 상근직원이 당내경선에 직·간접적으로 영향력을 행사하는 행위들을 금지·처벌하는 규정들을 마련하고 있다. 서울교통공사의 상근직원이 그 지위를 이용하여 경선운동을 하는 행위를 금지·처벌하는 규정을 두는 것은 별론으로 하고, 경선운동을 일률적으로 금지·처벌하는 것은 정치적 표현의 자유를 과도하게 제한하는 것이다. 정치적 표현의 자유의 중대한 제한에 비하여, 서울교통공사의 상근직원이 당내경선에서 공무원에 준하는 영향력이 있다고 볼 수 없는 점 등을 고려하면 심판대상조항이 당내경선의 형평성과 공정성의 확보라는 공익에 기여하는 바가 크다고 보기 어렵다. 따라서 심판대상조항은 과잉금지원칙에 반하여 **정치적 표현의 자유를 침해**한다(헌재 2022. 6. 30. 2021헌가24).
>
> 🔗 012. ○

013 안성시 시설관리공단(이하 '공단')의 상근직원이, 당원이 아닌 자에게도 투표권을 부여하는 당내경선에서 경선운동을 할 수 없도록 금지·처벌하는 「공직선거법」 조항의 해당 부분은 당내경선의 공정성과 형평성 확보에 기여하여 공단 상근직원의 정치적 표현의 자유를 침해하지 않는다. 24 경찰 2차 ⓞⅠ✕

> **지방공단 상근직원의 경선운동 금지 사건 (공직선거법 제57조의6제1항 본문 등 위헌제청)**
> 안성시시설관리공단의 상근직원은 안성시시설관리공단의 경영에 관여하거나 실질적인 영향력을 미칠 수 있는 권한을 가지고 있지 아니하므로, 경선운동을 한다고 하여 그로 인한 부작용과 폐해가 크다고 보기 어렵다. … 정치적 표현의 자유의 중대한 제한에 비하여, 안성시시설관리공단의 상근직원이 당내경선에서 공무원에 준하는 영향력이 있다고 볼 수 없는 점 등을 고려하면 심판대상조항이 당내경선의 형평성과 공정성의 확보라는 공익에 기여하는 바가 크다고 보기 어렵다. 따라서 심판대상조항은 과잉금지원칙에 반하여 **정치적 표현의 자유를 침해**한다(헌재 2022. 12. 22. 2021헌가36).
>
> 🔑 **013.** ✕ (정치적 표현의 자유 침해함)

014 정당의 시·도당은 1천인 이상의 당원을 가져야 한다고 규정한 「정당법」 조항은 헌법 제8조 제1항의 정당의 자유 자체를 처음부터 전면 부정하는 결과를 초래한다는 점에서 과잉금지원칙을 위반하여 정당조직의 자유와 정당활동의 자유를 포함한 정당의 자유를 침해한다. 26 경간 ⓞⅠ✕

> **정당법 제3조 등 위헌확인 (정당의 내부조직인 시·도당의 법정당원수 사건)**
> 우리나라에 현존하는 정당의 수, 각 시·도의 인구 및 유권자수, 인구수 또는 선거인수 대비 당원의 비율, 당원의 자격 등을 종합하여 보면, **시·도당은 1,000명 이상의 당원을 가져야 한다고 규정한 법정당원수 조항**이 신생정당의 창당이나 기성정당의 추가적인 시·도당 창당을 현저히 어렵게 하여 시·도당창당준비위원회의 대표자들에게 **지나치게 과도한 부담을 지운 것이라고 보기 어렵다.** … 따라서 **법정당원수 조항**은 과잉금지원칙을 위반하여 각 시·도당창당준비위원회의 대표자들의 정당조직의 자유와 정당활동의 자유를 포함한 **정당의 자유를 침해하지 아니한다**(헌재 2022. 11. 24. 2019헌마445).
>
> 🔑 **014.** ✕ (정당의 자유 침해 아님)

015 정당을 창당하고자 하는 창당준비위원회가 「정당법」상의 요건을 갖추어 등록을 신청하면 중앙선거관리위원회는 「정당법」상 외의 요건으로 이를 거부할 수 없고 반드시 수리하여야 한다. 24 국회 8 ⓞ | Ⓧ

015-1 「정당법」상 등록된 정당이 아니면 정당이라는 명칭을 사용하지 못하게 하는 정당명칭사용금지조항은 과잉금지원칙을 위반하여 정당의 자유를 침해한다고 볼 수 없다. 출제예상 ⓞ | Ⓧ

> **정당등록, 정당명칭사용금지, 지역정당, 법정당원수에 대한 정당법 사건 (정당법 제59조제2항 등 위헌제청)**
> (1) 정당법 제15조도 "등록신청을 받은 관할 선거관리위원회는 형식적 요건을 구비하는 한 이를 거부하지 못한다."라고 규정하여, 정당이 정당법에서 정한 형식적 요건을 구비한 경우 중앙선거관리위원회는 이를 반드시 수리하도록 하고, 정당법에 명시된 요건이 아닌 다른 사유로 정당등록신청을 거부하는 등으로 정당설립의 자유를 제한할 수 없도록 하고 있다. 따라서 **정당을 창당하고자 하는 창당준비위원회가 정당법상의 요건을 갖추어 등록을 신청**하면, 중앙선거관리위원회는 정당법상 외의 요건으로 이를 **거부할 수 없고 반드시 수리**하여야 한다(헌재 2023. 9. 26. 2021헌가23 등).
> (2) **정당명칭사용금지조항**은 정당법에 따른 등록요건을 갖추지 못한 단체들이 임의로 정당이라는 명칭을 사용하는 것을 금지하여 정당등록제도 및 등록요건의 실효성을 담보하고, 국민의 정치적 의사형성 참여과정에 혼란이 초래되는 것을 방지하기 위한 것이다. 정당의 명칭사용과 관련하여 국민의 정치적 의사형성 참여과정에 위협이 되는 행위만 일일이 선별하여 금지하는 것은 현실적으로 어렵고, 1년 이하의 징역 또는 100만 원 이하의 벌금이라는 법정형이 과도하다고 보기도 어렵다. 따라서 **정당명칭사용금지조항**이 과잉금지원칙을 위반하여 **정당의 자유를 침해한다고 볼 수 없다**(헌재 2023. 9. 26. 2021헌가23 등).

🔒 015. ◯ 015-1. ◯

016 "누구든지 2 이상의 정당의 당원이 되지 못한다."라고 규정하고 있는 「정당법」 조항은 정당의 정체성을 보존하고 정당 간의 위법·부당한 간섭을 방지함으로써 정당정치를 보호·육성하기 위한 것으로서, 정당 당원의 정당 가입·활동의 자유를 침해한다고 할 수 없다. 23 국가 7 ⓞ | Ⓧ

016-1 복수당적 보유를 금지하는 「정당법」 조항은 과잉금지원칙에 위배되어 정당 가입 및 활동의 자유를 침해한다. 23 국회 8 ⓞ | Ⓧ

> **복수 당적 보유 금지 사건 (정당법 제42조제2항 등 위헌확인)**
> 심판대상조항은 정당의 정체성을 보존하고 정당 간의 위법·부당한 간섭을 방지함으로써 정당정치를 보호·육성하기 위한 것으로 볼 수 있다. 이러한 입법목적은 국민의 정치적 의사형성에 중대한 영향을 미치는 정당의 헌법적 기능을 보호하기 위한 것으로 정당하고, 복수 당적 보유를 금지하는 것은 입법목적 달성을 위한 적합한 수단에 해당한다. … 따라서 **심판대상조항이 정당의 당원인 청구인들의 정당 가입·활동의 자유를 침해한다고 할 수 없다**(헌재 2022. 3. 31. 2020헌마1729).

🔒 016. ◯ 016-1. ✕ (정당 가입 및 활동의 자유 침해 아님)

06 정치자금

기출 OX

4회 017 선거와 무관하게 후원회를 설치 및 운영할 수 있는 자를 중앙당과 국회의원으로 한정하여 국회의원과 지방의회의원을 달리 취급하는 것은, 불합리한 차별에 해당한다. 23 법무사 ⓞ | ⓧ

017-1 국회의원을 후원회지정권자로 정하면서 「지방자치법」의 '도'의회의원, '시'의회의원을 후원회지정권자에서 제외하고 있는 「정치자금법」 제6조제2호는 국회의원과 지방의회의원의 업무의 특성을 고려한 합리적 차별로 평등권을 침해하지 않는다. 23 경찰 2차 ⓞ | ⓧ

> **지방의회의원의 후원회지정 금지 사건 (정치자금법 제6조 등 위헌확인)**
> 지방의회의원은 주민의 대표자이자 지방의회의 구성원으로서 주민들의 다양한 의사와 이해관계를 통합하여 지방자치단체의 의사를 형성하는 역할을 하므로, 지방의회의원의 전문성을 확보하고 원활한 의정활동을 지원하기 위해서는 지방의회의원들에게도 후원회를 허용하여 정치자금을 합법적으로 확보할 수 있는 방안을 마련해 줄 필요가 있다. … 따라서 심판대상조항이 국회의원과 달리 **지방의회의원을 후원회지정권자에서 제외**하고 있는 것은 **불합리한 차별**로서 청구인들의 **평등권을 침해**한다(헌재 2022. 11. 24. 2019헌마528 등).

🔖 **017.** ○ **017-1.** ✕ (평등권 침해함)

018 「정치자금법」 규정이 단일 지역단위 선거구의 지역구국회의원인지 다수 지역단위 선거구의 지역구국회의원인지 여부에 차이를 두지 않고 「정치자금법」에서 정하지 아니한 방법으로 정치자금을 기부받은 경우 정치자금부정수수죄로 처벌하는 것이 불합리하므로 평등원칙에 반한다. 23 소간 ⓞ | ⓧ

> **정치자금법 제45조제1항 위헌소원**
> 다수 지역단위 선거구의 지역구국회의원이라고 하더라도 지역활동을 위해 반드시 지역단위마다 국회의원 사무실을 설치하여야 하는 필연성이 인정된다고 보기 어려울 뿐만 아니라, 설령 다수의 국회의원 사무실을 설치하는 경우에도 대부분의 비용은 사무실 임차료, 인건비 등으로 구성될 것인데, 지역에 따라 사무실 임차료, 인건비 등이 모두 다르므로, 반드시 **다수 지역단위 선거구의 지역구국회의원이** 단일 지역단위 선거구의 지역구국회의원에 비해서 사무실 운영 등에 있어 **더 많은 비용이 소요된다고 볼 만한 근거가 없다.** … 심판대상조항이 단일 지역단위 선거구의 지역구국회의원인지 다수 지역단위 선거구의 지역구국회의원인지 여부에 차이를 두지 않고 정치자금법에서 정하지 아니한 방법으로 정치자금을 기부받은 경우 정치자금부정수수죄로 처벌하는 것이 불합리하다고 보기는 어려우므로, **평등원칙에 위반되지 아니한다**(헌재 2022. 10. 27. 2019헌바19).

🔖 **018.** ✕ (평등원칙에 반하지 않음)

07 선거권과 선거의 원칙

기출OX

3회 019 재외투표기간 개시일에 임박하여 또는 재외투표기간 중에 재외선거사무 중지결정이 있었고 그에 대한 재개결정이 없었던 예외적인 상황에서, 재외투표기간 개시일 이후에 귀국한 재외선거인 및 국외부재자신고인에 대하여 국내에서 선거일에 투표할 수 있도록 하는 절차를 마련하지 않은 것은 선거권을 침해한다. 25 해경

Ⓞ Ⓧ

019-1 재외투표기간 개시일에 임박하여 또는 재외투표기간 중에 재외선거 사무 중지결정이 있었고 그에 대한 재개결정이 없었던 예외적인 상황에서 재외투표기간 개시일 이후에 귀국한 재외선거인 및 국외부재자신고인이 국내에서 선거일에 투표할 수 있도록 하는 절차를 마련하지 않은 것이, 재외투표기간 개시일 이후에 귀국한 재외선거인 등의 선거권을 침해하는 것은 아니다. 25 경간

Ⓞ Ⓧ

> **공직선거법 제218조의16제3항 부진정입법부작위 위헌확인 사건 (공직선거법 제218조의16제3항 등 위헌확인)**
> 심판대상조항은 형식적으로 재외선거인등의 선거권 자체를 부정하지는 아니하지만, 일정한 경우에는 사실상 **재외선거인 등의 선거권을 부정하는 것**과 **다름없는 결과를 초래**할 수 있다. 따라서 심판대상조항이 재외선거인등의 선거권을 침해하는지 여부는 과잉금지원칙에 따라 심사한다. … 심판대상조항을 통해 달성하고자 하는 선거의 공정성은 매우 중요한 가치이다. 그러나 선거의 공정성도 결국에는 선거인의 선거권이 실질적으로 보장될 때 비로소 의미를 가진다. 심판대상조항의 불충분·불완전한 입법으로 인한 청구인의 선거권 제한을 결코 가볍다고 볼 수 없으며, 이는 심판대상조항으로 인해 달성되는 공익에 비해 작지 않다. 따라서 심판대상조항은 **과잉금지원칙에 위배되어 청구인의 선거권을 침해**한다(헌재 2022. 1. 27. 2020헌마895).

🔗 019. ○ 019-1. ✕(선거권 침해)

020 연동형 비례대표제는 지역구의석과 비례대표의석을 구분한 가운데 지역구선거와 비례대표를 위한 정당선거를 각기 치르는 방식이다. 26 경간   O | X

020-1 준연동형 비례대표제를 규정한 공직선거법상 의석배분조항은 직접선거원칙에 위배되지 않고, 평등선거원칙에 위배되지 않는다. 출제예상   O | X

> **공직선거법 제189조 제2항 등 위헌확인 (준연동형 비례대표제 사건)**
> (1) **병립형 비례대표제**는 지역구의석과 비례대표의석을 구분한 가운데 **지역구선거와 비례대표를 위한 정당선거를 각기 치르는 방식**이다. 반면, **연동형 비례대표제**는 정당의 전체 의석을 비례대표선거에서 얻은 정당 투표를 통해 결정하되, **지역구선거를 통해 획득한 의석을 우선 배정**하는 방식으로 **지역구선거와 비례대표선거를 연동시키는 제도**이다(헌재 2023. 7. 20. 2019헌마1443 등).
> (2) 이 사건 의석배분조항은 선거권자의 정당투표결과가 비례대표의원의 의석으로 전환되는 방법을 확정하고 있고, 선거권자의 투표 이후에 의석배분방법을 변경하는 것과 같은 사후개입을 허용하고 있지 않다. 따라서 이 사건 의석배분조항은 **직접선거원칙에 위배되지 않는다**. … 또한 이 사건 의석배분조항은 위성정당 창당과 같은 지역구의석과 비례대표의석의 연동을 차단시키기 위한 선거전략을 통제하는 제도를 마련하고 있지 않으나, 이 사건 의석배분조항이 개정 전 공직선거법상의 병립형 선거제도보다 선거의 비례성을 향상시키고 있고, 이러한 방법이 헌법상 선거원칙에 명백히 위반된다는 사정이 발견되지 않으므로, 정당의 투표전략으로 인하여 실제 선거에서 양당체제를 고착시키는 결과를 초래하였다는 이유만으로, 이 사건 의석배분조항이 투표가치를 왜곡하거나 선거의 대표성의 본질을 침해할 정도로 현저히 비합리적인 입법이라고 보기는 어렵다. 따라서 이 사건 의석배분조항은 **평등선거원칙에 위배되지 않는다**(헌재 2023. 7. 20. 2019헌마1443 등).
>
> 🔖 **020.** ×(병립형 비례대표제) **020-1.** ○

2회 021 선거에 관한 여론조사의 결과에 영향을 미치게 하기 위하여 둘 이상의 전화번호를 착신전환 등의 조치를 하여 같은 사람이 두 차례 이상 응답하는 등의 행위로 100만 원 이상의 벌금형의 선고를 받고 그 형이 확정된 후 5년을 경과하지 아니한 자는 선거권이 없다고 규정한 「공직선거법」 조항은, 공정한 선거를 보장하고 선거범에 대하여 사회적 제재를 부과하며 일반국민에 대하여 선거의 공정성에 대한 의식을 제고하려는 것으로 선거권을 침해하지 아니한다. 25 경간   O | X

021-1 청구인이 당선된 당해선거에 관한 것인지를 묻지 않고, 선거에 관한 여론조사의 결과에 영향을 미치게 하기 위하여 둘 이상의 전화번호를 착신 전환 등의 조치를 하여 같은 사람이 두 차례 이상 응답하여 100만 원 이상의 벌금형을 선고받은 자로 하여금 지방의회의원의 직에서 퇴직되도록 한 조항은 청구인의 공무담임권을 침해한다. 22 법원 9   O | X

> **선거범죄로 인한 선거권·공무담임권 제한 사건 (공직선거법 제266조제1항 등 위헌확인)**
> (1) 선거권제한조항은 **공정한 선거를 보장**하고 **선거범에 대하여 사회적 제재를 부과**하며 일반국민에 대하여 **선거의 공정성에 대한 의식을 제고**하려는 목적을 달성하는 데 적합한 수단이다. … 법원이 벌금 100만 원 이상의 형을 선고한다면, 여기에는 피고인의 행위가 선거의 공정을 침해할 우려가 높다는 판단과 함께 피고인의 선거권을 일정 기간 박탈하겠다는 판단이 포함되어 있다고 보아야 한다. 선거권 제한을 통하여 달성하려는 선거의 공정성 확보라는 공익이 선거권을 행사하지 못함으로써 침해되는 개인의 사익보다 크다. 따라서 선거권제한조항은 **선거권을 침해하지 아니한다**(헌재 2022. 3. 31. 2019헌마986).
> (2) 퇴직조항은 선거에 관한 여론조사의 결과에 부당한 영향을 미치는 행위를 방지하고 선거의 공정성을 담보하며 공직에 대한 국민 또는 주민의 신뢰를 제고한다는 목적을 달성하는 데 적합한 수단이다. 지방의회의원이 선거의 공정성을 해하는 범죄로 유죄판결이 확정되었다면 지방자치행정을 민주적이고 공정하게 수행할 것이라고 기대하기 어렵다. … 퇴직조항은 청구인들의 **공무담임권을 침해하지 아니한다**(헌재 2022. 3. 31. 2019헌마986).
>
> 🔖 **021.** ○ **021-1.** ×(공무담임권 침해 아님)

022 입법자가 사전투표제도를 형성함에 있어 국민의 선거권의 행사 등이 부당하게 제한되거나, 국민의 주권 행사를 왜곡되게 반영하도록 하지 않는 한 헌법에 위반된다고 할 수 없다. 25 국회 8   O | X

> **사전투표용지 일련번호에 관한 사건 (공직선거법 제158조제3항 위헌확인)**
> 헌법 제24조는 선거제도의 내용에 관한 구체적인 결정은 국회의 입법에 맡기고 있고, 선거권과 사전투표제도는 법률이 정하는 바에 따라 보장 또는 구체화되는 것이므로, 입법형성권을 갖고 있는 입법자는 사전투표제도의 운영에 있어서 선거권 행사를 위해 요구되는 사전투표용지의 발급 또는 교부절차에 관하여, 우리나라 선거제도와 정당의 역사성, 우리나라 선거 및 정치문화의 특수성, 정치적·경제적·사회적 환경, 선거와 관련된 국민의식의 정도와 법 감정, 선거풍토, 개표환경 등을 종합하여 합리적으로 입법할 수 있다. 입법자가 **사전투표제도를 형성함에 있어 국민의 선거권의 행사 등이 부당하게 제한**되거나, **국민의 주권행사를 왜곡되게 반영**하도록 **하지 않는 한 헌법에 위반된다고 할 수 없다**(헌재 2023. 10. 26. 2022헌마231).
>
> 🔖 022. ○

023 사전투표관리관이 투표용지의 일련번호를 떼지 아니하고 선거인에게 교부하도록 정한 「공직선거법」 조항은 사전투표자들의 선거권을 침해하지 아니한다. 25 경간   O | X

> **사전투표용지 일련번호에 관한 사건 (공직선거법 제158조제3항 위헌확인)**
> 2014년 공직선거법이 개정되어 사전투표제도를 도입하게 되면서 디지털 기기를 이용한 위조·복사 등의 위험성을 최소화하기 위하여 위조용지 식별이 보다 정확하고 용이한 바코드 방식 일련번호제도를 채택하게 되었다. 위조용지 식별을 용이하게 하기 위해서는 일련번호를 투표용지로부터 분리하지 않는 게 유리한데, 바코드 방식의 일련번호는 육안으로는 식별이 어렵기에 더 이상 숫자식 일련번호 방식에서와 같은 이유에서 비밀투표 침해를 막기 위한 목적으로 반드시 이를 떼어낼 필요는 없게 되었다. … 게다가 바코드 방식의 일련번호는 육안으로 식별이 어려워 누군가가 바코드를 기억하는 방법으로 비밀투표 원칙에 위배되는 상황을 상정하기 어렵고, 공직선거법은 바코드에 선거인을 식별할 수 있는 개인정보가 들어가지 않도록 관리하므로, 바코드를 투표용지로부터 분리하지 않았다는 이유만으로 비밀투표원칙에 위배된다고 할 수 없다. 따라서 공선법 조항은 청구인들의 **선거권을 침해하지 아니한다**(헌재 2023. 10. 26. 2022헌마231 등).
>
> 🔖 023. ○

024 사전투표관리관이 투표용지에 자신의 도장을 찍는 경우 도장의 날인을 인쇄날인으로 갈음할 수 있도록 한 「공직선거관리규칙」 조항은 현저히 불합리하거나 불공정하여 사전투표자의 선거권을 침해한다고 볼 수 없다. 25 경간   O | X

> **사전투표용지 인쇄날인에 관한 사건 (공직선거관리규칙 제84조제3항 위헌확인)**
> 사전투표의 경우 전국 어느 투표소에서든 투표가 가능하므로 각 사전투표소에서는 총 방문자 수나 대기시간을 예측하는 것이 현저히 곤란하다. 심판대상조항은 이러한 점을 고려하여 사전투표의 효율적 진행을 위해 마련되었다. … 심판대상조항으로 인하여 사전투표관리관이 자신의 도장을 직접 찍을 때에 비하여 위조된 투표지의 유입가능성이 있다고 보기 어렵다. 이를 종합해 보면, 심판대상조항이 현저히 불합리하거나 불공정하여 청구인들의 **선거권을 침해한다고 볼 수 없다**(헌재 2023. 10. 26. 2022헌마232 등).
>
> 🔖 024. ○

08 선거운동의 자유 (정치적 표현의 자유)

기출 OX

025 선거의 공정성은 정치적 표현의 자유를 보장하는 전제 조건이 되므로 정치적 표현의 자유에 대한 전면적·포괄적 제한을 정당화할 수 있는 공익이라고 볼 수 있다. 25 국회 8 ⓞⓧ

> 현수막, 그 밖의 광고물 설치·게시, 그 밖의 표시물 착용, 벽보 게시, 인쇄물 배부·게시, 확성장치사용을 금지하는 공직선거법 조항 사건 (공직선거법 제255조제2항제4호 등 위헌소원)
> **선거의 공정성**은 국민의 정치적 의사를 정확하게 반영하는 선거를 실현하기 위한 **수단적 가치**이고, **그 자체가 헌법적 목표는 아니다**. 그러므로 **선거의 공정성은 정치적 표현의 자유에 대한 전면적·포괄적 제한을 정당화**할 수 있는 **공익이라고 볼 수 없고**, 선거의 공정성이 **정치적 표현의 자유를 보장하는 전제 조건이 되는 것도 아니므로** 이를 이유로 **선거에서 표현의 자유**가 **과도하게 제한되어서는 안 된다**. 선거에 있어 자유와 공정은 반드시 상충관계에 있는 것만이 아니라 서로 보완하는 기능도 함께 가지고 있다(헌재 2022. 7. 21. 2017헌바100 등).

🔑 **025.** ✕ (정치적 표현의 자유 보장의 전제조건 아님, 전면적·포괄적 제한 정당화 공익 아님)

026 선거일 전 180일부터 선거일까지 선거에 영향을 미치게 하기 위한 벽보의 게시, 인쇄물의 배부·게시행위를 금지한 공직선거법 조항은 과잉금지원칙에 반하여 정치적 표현의 자유를 침해한다. 24 법무사 ⓞⓧ

> 현수막, 그 밖의 광고물 설치·게시, 그 밖의 표시물 착용, 벽보 게시, 인쇄물 배부·게시, 확성장치사용을 금지하는 공직선거법 조항 사건 (공직선거법 제255조제2항제4호 등 위헌소원)
> 인쇄물배부 등 금지조항은 목적 달성에 필요한 범위를 넘어 장기간 동안 벽보 게시, 인쇄물 배부·게시를 금지·처벌하는 것으로서 침해의 최소성에 반한다. 또한 인쇄물배부 등 금지조항으로 인하여 일반 유권자나 후보자가 받는 정치적 표현의 자유에 대한 제약이 위 조항을 통하여 달성되는 공익보다 중대하므로 인쇄물배부 등 금지조항은 법익의 균형성에도 위배된다. 따라서 인쇄물배부 등 금지조항은 **과잉금지원칙에 반하여 정치적 표현의 자유를 침해**한다(헌재 2022. 7. 21. 2017헌바100 등).

🔑 **026.** ⓞ

2회 027 선거일 전 180일부터 선거일까지 선거에 영향을 미치게 하기 위한 광고물의 설치·진열·게시나 표시물의 착용을 금지하는 공직선거법 조항은 과잉금지원칙에 반하여 정치적 표현의 자유를 침해한다. 24 법무사 O I X

027-1 「공직선거법」상 대통령선거·국회의원선거·지방선거가 순차적으로 맞물려 돌아가는 현실에서 선거일 전 180일부터 선거일까지 장기간 광고물을 설치·게시하는 행위를 금지·처벌하는 것은 후보자와 일반 유권자의 정치적 표현의 자유를 과도하게 제한하는 것은 아니다. 23 국회 8 O I X

> **선거에 영향을 미치게 하기 위한 시설물 설치 등 금지 사건 (공직선거법 제256조제3항제1호아목 등 위헌제청)**
> 공직선거법상 대통령선거, 국회의원선거, 지방선거가 순차적으로 맞물려 돌아가는 현실에 비추어 보면, 선거일 전 180일부터 선거일까지 장기간 동안 선거에 영향을 미치게 하기 위한 광고물의 설치·진열·게시 및 표시물의 착용을 금지·처벌하는 심판대상조항은 당초의 입법취지에서 벗어나 선거와 관련한 국민의 자유로운 목소리를 상시적으로 억압하는 결과를 초래할 수 있다. … 이는 입법목적 달성을 위하여 반드시 필요한 최소한의 범위를 넘어서 **후보자 및 일반 유권자의 정치적 표현의 자유를 과도하게 제한**하는 것으로서 **침해의 최소성을 충족하지 못한다.** … 심판대상조항은 과잉금지원칙에 반하여 **정치적 표현의 자유를 침해**하므로 헌법에 위반된다(헌재 2022. 7. 21. 2017헌가1 등).
> 🔒 **027.** ○ **027-1.** ✕(정치적 표현의 자유를 과도하게 제한함 = 침해)

4회 028 선거일 전 180일부터 선거일까지 선거에 영향을 미치기 위한 화환 설치를 금지하는 「공직선거법」 조항은 목적 달성에 필요한 범위를 넘어 장기간 동안 화환의 설치를 금지하는 것으로 정치적 표현의 자유를 침해한다. 25 경간(변형) O I X

028-1 누구든지 선거일 전 180일부터 선거일까지 선거에 영향을 미치게 하기 위하여 화환을 설치하는 것을 금지하는 「공직선거법」 규정은 정치적 표현의 자유를 침해한다고 볼 수 없다. 24 해간, 24 국회 8 O I X

028-2 입법자가 선거의 공정성을 보장하기 위해서 부득이하게 선거 국면에서의 정치적 표현의 자유를 제한하는 경우에는 선거운동 등에 대한 제한이 정치적 표현의 자유를 침해하는지 여부를 판단함에 있어서 완화된 심사기준을 적용하여야 한다. 25 소간 O I X

> **화환 설치를 금지하는 공직선거법 조항 사건 (공직선거법 제90조제1항제1호 등 위헌제청)**
> (1) 심판대상조항은 선거일 전 180일부터 선거일까지라는 장기간 동안 선거와 관련한 정치적 표현의 자유를 광범위하게 제한하고 있다. 화환의 설치는 경제적 차이로 인한 선거 기회 불균형을 야기할 수 있으나, 그러한 우려가 있다고 하더라도 공직선거법상 선거비용 규제 등을 통해서 해결할 수 있다. 또한 공직선거법상 후보자 비방 금지 규정 등을 통해 무분별한 흑색선전 등의 방지도 가능하다. 이러한 점들을 종합하면, 심판대상조항은 목적 달성에 필요한 범위를 넘어 장기간 동안 선거에 영향을 미치게 하기 위한 **화환의 설치를 금지**하는 것으로, **과잉금지원칙에 위반**되어 **정치적 표현의 자유를 침해**한다(헌재 2023. 6. 29. 2023헌가12).
> (2) 입법자는 선거의 공정성을 보장하기 위해서 **부득이하게 선거 국면에서의 정치적 표현의 자유를 제한**하더라도, 입법목적 달성과의 관련성이 구체적이고 명백한 범위 내에서 가장 최소한의 제한에 그치는 수단을 선택하지 않으면 안 된다. 정치적 표현에 대하여는 '**자유를 원칙으로, 금지를 예외로**' 하여야 하고, '**금지를 원칙으로, 허용을 예외로**' 해서는 안 된다는 점은 자명하다. 따라서 **선거운동 등에 대한 제한**이 **정치적 표현의 자유를 침해하는지 여부를 판단**함에 있어서는 표현의 자유의 규제에 관한 판단기준으로서 **엄격한 심사기준을 적용**하여야 한다(헌재 2023. 6. 29. 2023헌가12).
> 🔒 **028.** ○ **028-1.** ✕(정치적 표현의 자유 침해함) **028-2.** ✕(엄격한 심사기준 적용함)

3회 029 선거운동기간 전에 개별적으로 대면하여 말로 하는 선거운동을 금지한 공직선거법 조항은 과잉금지원칙에 반하여 선거운동 등 정치적 표현의 자유를 침해한다. 24 법무사 ◯│✕

029-1 선거운동기간 전에 개별적으로 대면하여 말로 하는 선거운동을 금지하고 처벌하는 공직선거법 해당 조항은, 탈법적인 선거운동 규제를 통한 선거의 공정성을 달성하고 부당한 과열경쟁으로 인한 사회·경제적 손실을 방지할 수 있으므로, 정치적 표현의 자유를 침해하지 않는다. 24 법원 9 ◯│✕

> **공직선거법상 선거운동기간 제한 및 처벌조항 사건 (공직선거법 제59조 본문 등 위헌소원)**
> 심판대상조항은 입법목적을 달성하는 데 지장이 없는 선거운동방법, 즉 돈이 들지 않는 방법으로서 '후보자 간 경제력 차이에 따른 불균형 문제'나 '사회·경제적 손실을 초래할 위험성'이 낮은, 개별적으로 대면하여 말로 지지를 호소하는 선거운동까지 금지하고 처벌함으로써, 과잉금지원칙에 반하여 선거운동 등 정치적 표현의 자유를 과도하게 제한하고 있다. 결국 이 사건 선거운동기간조항 중 **선거운동기간 전에 개별적으로 대면하여 말로 하는 선거운동**에 관한 부분, 이 사건 처벌조항 중 '그 밖의 방법'에 관한 부분 가운데 **개별적으로 대면하여 말로 하는 선거운동을 한 자**에 관한 부분은 과잉금지원칙에 반하여 **선거운동 등 정치적 표현의 자유를 침해**한다(헌재 2022. 2. 24. 2018헌바146).
>
> 🔒 029. ◯ 029-1. ✕(정치적 표현의 자유 침해함)

2회 030 「공직선거법」상 지방공사 상근직원에 대하여 일체의 선거운동을 금지하는 것은 선거운동의 자유를 중대하게 제한하는 정도에 비하여 선거의 공정성 및 형평성의 확보라는 공익에 기여하는 바가 크지 않으므로, 지방공사 상근직원의 선거운동의 자유를 침해한다. 25 변호사 ◯│✕

030-1 지방공사 상근직원의 선거운동을 금지하고, 이를 위반한 자를 처벌하는 「공직선거법」 조항의 해당 부분은 지방공사 상근직원에 대하여 '그 지위를 이용하여' 또는 '그 직무 범위 내에서' 하는 선거운동을 금지하는 방법만으로는 선거의 공정성이 충분히 담보될 수 없어 지방공사 상근직원의 선거운동의 자유를 침해하지 아니한다. 24 경찰 2차 ◯│✕

> **지방공사 상근직원 선거운동 금지 사건 (구 공직선거법 제60조제1항제5호 등 위헌제청)**
> **지방공사 상근직원에 대하여 일체의 선거운동을 금지**하는 것은, **선거운동의 자유를 중대하게 제한**하는 정도에 비하여 선거의 공정성 및 형평성의 확보라는 **공익에 기여하는 바가 크지 않으므로, 법익의 균형성을 충족하지 못하는 것**이다. … 직급에 따른 업무 내용과 수행하는 개별·구체적인 직무의 성격을 고려하여 지방공사 상근직원 중 선거운동이 제한되는 주체의 범위를 최소화하거나, 지방공사 상근직원에 대하여 **'그 지위를 이용하여'** 또는 **'그 직무 범위 내에서'** 하는 **선거운동을 금지하는 방법**으로도 선거의 공정성이 충분히 담보될 수 있다. 결국 심판대상조항은 과잉금지원칙을 위반하여 **지방공사 상근직원의 선거운동의 자유를 침해**한다(헌재 2024. 1. 25. 2021헌가14).
>
> 🔒 030. ◯ 030-1. ✕(선거운동의 자유 침해함)

031 「농업협동조합법」·「수산업협동조합법」에 의하여 설립된 조합(이하 '협동조합')의 상근직원에 대하여 선거운동을 금지하는 구「공직선거법」조항의 해당 부분은 정치적 의사표현 중 당선 또는 낙선을 위한 직접적인 활동만을 금지할 뿐이므로 협동조합 상근직원의 선거운동의 자유를 침해하지 않는다. 24 경찰 2차   O | X

> **공직선거법 제60조제1항제5호 등 위헌확인**
> 협동조합이 가지는 공법인적 특성과 기능적 공공성에 더하여, 협동조합의 상근직원이 각 지역 주민들의 생활에 매우 밀접한 직무를 수행하고 있는 점 등을 고려해볼 때, 협동조합의 상근직원이 그 직을 그대로 유지한 채 선거운동을 할 경우에는 선거의 공정성·형평성이 저해될 우려가 있다. … 심판대상조항은 정치적 의사표현 중 **당선 또는 낙선을 위한 직접적인 활동만을 금지**할 뿐이므로, 협동조합의 상근직원은 여전히 선거와 관련하여 일정 범위 내에서는 자유롭게 자신의 정치적 의사를 표현하면서 후보자에 대한 정보를 충분히 교환할 수 있다. 따라서 심판대상조항은 침해의 최소성 및 법익의 균형성을 충족한다. 결국 심판대상조항은 과잉금지원칙에 반하여 청구인들의 **선거운동의 자유를 침해하지 않는다**(헌재 2022. 11. 24. 2020헌마417).
>
> 🔖 031. ○

5회 **032** 누구든지 선거기간 중 선거에 영향을 미치게 하기 위하여 '그 밖의 집회나 모임'을 개최할 수 없고, 이를 위반하는 자를 처벌하는「공직선거법」조항은 선거의 공정이나 평온에 대한 구체적인 위험이 없는 경우에도 해당 목적을 위한 일반유권자의 집회나 모임을 전면적으로 금지하고 위반 시 처벌한다는 점에서 과잉금지원칙에 위배되어 해당 일반 유권자의 집회의 자유를 침해한다. 24 경찰 1차   O | X

032-1 누구든지 선거기간 중 선거에 영향을 미치게 하기 위하여 '그 밖의 집회나 모임'을 개최할 수 없도록 하고, 이를 위반하는 자를 처벌하는「공직선거법」조항은 정치적 표현의 자유를 침해하지 않는다. 25 변호사   O | X

> **선거기간 중 선거에 영향을 미치게 하기 위한 집회나 모임 〈개최 금지 사건〉(공직선거법 제103조제3항 위헌소원)**
> 심판대상조항은 정치적 의사표현이 활발하게 교환되어야 할 선거기간 중에, 오히려 특정 후보자나 정당이 특정 정책에 대한 찬성이나 반대를 하고 있다는 언급마저도 할 수 없는 범위 내에서만 집회나 모임의 방법으로 정치적 의사를 표현하도록 하여, **평소보다 일반 유권자의 정치적 표현의 자유를 더 제한**하고 있다. **선거의 공정이나 평온**에 대한 구체적인 위험이 없어, **규제가 불필요하거나 또는 예외적으로 허용하는 것이 가능**한 경우에도, 선거기간 중 선거에 영향을 미칠 염려가 있거나 미치게 하기 위한 **일반 유권자의 집회나 모임을 전면적으로 금지**하고 위반 시 처벌하는 것은 **침해의 최소성에 반한다**. 선거기간 중 선거와 관련된 집단적 의견표명 일체가 불가능하게 됨으로써 일반 유권자가 받게 되는 **집회의 자유, 정치적 표현의 자유에 대한 제한 정도는 매우 중대**하므로, 심판대상조항은 **집회의 자유, 정치적 표현의 자유를 침해**한다(헌재 2022. 7. 21. 2018헌바164).
>
> 🔖 032. ○   032-1. ×(집회의 자유·정치적 표현의 자유 침해함)

033 선거운동기간 전에 「공직선거법」에 의하지 않은 선전시설물·용구를 이용한 선거운동을 금지하고 이에 위반한 경우 처벌하도록 한 「공직선거법」상 조항 중 해당 부분(사전선거운동금지조항)은 선거에 관한 정치적 표현행위 가운데 특정후보자의 당선 또는 낙선을 도모한다는 목적의사가 뚜렷하게 인정되는 선거운동, 그 중에서도 선전시설물·용구를 이용한 선거운동을 선거운동기간 전에 한정하여 금지하고 있으므로 선거운동 등 정치적 표현의 자유를 침해하지 아니한다. 26 경간 O | X

> 공직선거법 제58조 제1항 본문 등 위헌소원 (선거에 영향을 미치게 하기 위한 광고물게시 등 금지 사건)
> **사전선거운동 금지조항**은 선거에 관한 정치적 표현행위 가운데 **특정후보자의 당선 또는 낙선을 도모한다는 목적의사가 뚜렷하게 인정되는 선거운동**, 그중에서도 **선전시설물·용구를 이용한 선거운동을 선거운동기간 전에 한정하여 금지**하고 있다. 이는 선거의 과열경쟁으로 인한 **사회·경제적 손실의 발생을 방지**하고 후보자 간의 **실질적인 기회균등을 보장**하기 위한 것으로서, 선거운동 등 **정치적 표현의 자유를 침해하지 아니한다**(헌재 2022. 11. 24. 2021헌바301).
>
> 🔒 **033.** ○

034 당선되지 못하게 할 목적으로 '후보자가 되고자 하는 자에 관하여 허위의 사실을 공표한 자'를 처벌하는 공직선거법 조항은 죄형법정주의의 명확성원칙에 위배되거나 과잉금지원칙에 위배되어 정치적 표현의 자유를 침해한다고 볼 수 없다. 출제예상 O | X

034-1 당선되거나 되게 하거나 되지 못하게 할 목적으로 공연히 사실을 적시하여 후보자가 되고자 하는 자를 비방한 자를 처벌하는 「공직선거법」 조항은 죄형법정주의의 명확성원칙에 위배되지는 않으나, 과잉금지원칙에 위배되어 정치적 표현의 자유를 침해한다. 25 변호사 O | X

034-2 당선되거나 되게 하거나 되지 못하게 할 목적으로 공연히 사실을 적시하여 후보자가 되고자 하는 자를 비방한 자를 처벌하는 「공직선거법」 제251조 중 '비방' 부분은 죄형법정주의의 명확성원칙에 위배된다. 25 경찰 1차 O | X

> 공직선거법상 허위사실공표죄 및 후보자비방죄에 관한 사건 (공직선거법 제250조제2항 등 위헌소원)
> (1) **허위사실공표금지** 조항 중 '허위의 사실'은 객관적 진실에 맞지 않는 사실을 의미하는바, **죄형법정주의의 명확성원칙에 위배되지 않는다**. 또한 허위사실공표금지조항은 선거의 공정성을 보장하기 위한 것으로 금지되는 행위의 유형이 제한되고 다른 대안을 상정하기도 어려우므로, **정치적 표현의 자유를 침해한다고 볼 수도 없다**(헌재 2024. 6. 27. 2023헌바78).
> (2) 비방금지 조항의 '**비방**'은 사회생활에서 존중되는 모든 것에 대하여 정당한 이유 없이 상대방을 깎아내리거나 헐뜯는 것을 의미하는바, **죄형법정주의의 명확성원칙에 위배되지 않는다**(헌재 2024. 6. 27. 2023헌바78).
> (3) 비방행위가 허위사실에 해당할 경우에는 허위사실공표금지 조항으로 처벌하면 족하고, 허위가 아닌 사실에 대한 경우 후보자가 되고자 하는 자는 스스로 반박함으로써 유권자들이 그의 능력과 자질 등을 올바르게 판단할 수 있는 자료를 얻을 수 있게 하여야 한다. … 이 사건 비방금지 조항의 법정형은 **형법상의 사실 적시 명예훼손죄보다 더 중하고**, 선거범죄로 인한 당선무효 규정, 공무담임 등의 제한 규정 및 당선무효된 자 등의 비용반환 규정 등 공직선거법상 특칙이 적용되는 경우 위반자에게는 형법상의 사실 적시 명예훼손죄로 처벌하는 경우보다 **더 큰 불이익이 부여**된다. 이는 후보자가 되고자 하는 자에 대한 **사실 적시 비방행위**를 일반인에 대한 사실 적시 명예훼손행위보다 **더 중하게 처벌**하는 것으로, 스스로 공론의 장에 뛰어든 사람의 명예를 **일반인의 명예보다 더 두텁게 보호하는 결과가 초래**된다. … 그렇다면 이 사건 비방금지 조항은 과잉금지원칙에 위배되어 **정치적 표현의 자유를 침해한다**(헌재 2024. 6. 27. 2023헌바78).
>
> 🔒 **034.** ○ **034-1.** ○ **034-2.** ✕ (명확성원칙 위배 아님)

2회 035 누구든지 「공직선거법」에 의한 공개장소에서의 연설·대담장소에서 '기타 어떠한 방법으로도' 연설·대담장소 등의 질서를 문란하게 하는 행위를 금지하는 「공직선거법」 조항은, 질서문란행위만을 금지하고 질서를 문란하게 하지 않는 범위 내에서는 다소 소음을 유발하거나 후보자나 정당에 대한 부정적인 견해나 비판적인 의사표현도 가능하므로, 정치적 표현의 자유를 침해한다고 보기 어렵다. 25 경간 O│X

035-1 누구든지 이 법의 규정에 의한 공개장소에서의 연설·대담장소에서 기타 어떠한 방법으로도 연설·대담장소 등의 질서를 문란하게 하는 행위를 금지하고 있는 「공직선거법」 조항 중 '기타 어떠한 방법으로도' 부분은 죄형법정주의의 명확성원칙에 위배된다. 25 변호사 O│X

> **공직선거법 제104조 위헌제청**
> (1) 심판대상조항은 공개장소에서의 연설·대담의 원활한 진행과 연설·대담장소에서의 안전과 질서를 확보하여 자유로운 선거운동의 기회를 보장하고 선거의 공정성을 달성하기 위한 것이다. 공개장소에서의 연설·대담은 후보자 등이 직접 선거인들을 만나 자신의 식견이나 자질, 정견, 정책 등을 알릴 수 있는 기회이므로, 만약 연설 자체를 방해하는 정도에 이르지 않는다는 이유로 질서문란행위가 허용된다면, 원활한 연설이나 대담을 확보할 수 없을 뿐만 아니라 경우에 따라서는 선거운동을 방해하는 수단으로 악용될 우려가 있다. 심판대상조항은 질서문란행위만을 금지하고 질서를 문란하게 하지 않는 범위 내에서는 다소 소음을 유발하거나 후보자나 정당에 대한 부정적인 견해나 비판적인 의사표현도 가능하다. 따라서 심판대상조항이 과잉금지원칙에 위배되어 **정치적 표현의 자유를 침해한다고 보기 어렵다**(헌재 2023. 5. 25. 2019헌가13).
> (2) 심판대상조항의 입법취지와 목적, 다른 공직선거법 규정과의 관계, 문언적 의미 등을 종합하면, '**기타 어떠한 방법으로도**'가 연설·대담을 방해할 정도에 이르지 않더라도 자유롭고 평온한 분위기를 깨뜨려 **후보자 등과 선거인 사이에 원활한 소통을 저해하거나 사고가 발생할 우려가 있는 모든 행위태양을 의미**한다는 것을 알 수 있다. 따라서 심판대상조항은 **죄형법정주의의 명확성원칙에 위배되지 않는다**(헌재 2023. 5. 25. 2019헌가13).
>
> 🔗 **035.** ○ **035-1.** ×(명확성원칙 위배 아님)

2회 036 공개장소에서의 연설·대담장소 또는 대담·토론회장에서 연설·대담·토론용으로 사용하는 경우를 제외하고는 선거운동을 위하여 확성장치를 사용할 수 없도록 한 「공직선거법」 조항 및 이에 위반한 경우 처벌하는 구 「공직선거법」상 조항 중 해당 부분(확성장치 사용금지조항)이 달성하고자 하는 공익은 그로써 제한되는 정치적 표현의 자유보다 더 작다고 볼 수 있으므로 법익의 균형성에 반한다. 26 경간 O│X

036-1 공개장소에서의 연설·대담장소 또는 대담·토론회장에서 연설·대담·토론용으로 사용하는 경우를 제외하고는 선거운동을 위하여 확성장치를 사용할 수 없도록 한 공직선거법 조항은 과잉금지원칙에 반하여 정치적 표현의 자유를 침해한다. 24 법무사 O│X

> **현수막, 그 밖의 광고물 설치·게시, 그 밖의 표시물 착용, 벽보 게시, 인쇄물 배부·게시, 확성장치사용을 금지하는 공직선거법 조항 사건 (공직선거법 제255조제2항제4호 등 위헌소원)**
> 확성장치사용 금지조항은 선거운동 과정에서 확성장치 사용으로 인한 소음을 규제하여 국민의 건강하고 쾌적한 환경에서 생활할 권리를 보장하고자 한 것으로, 목적의 정당성 및 수단의 적합성이 인정된다. … 나아가 **확성장치사용 금지조항이 달성하고자 하는 공익이 그로써 제한되는 정치적 표현의 자유보다 작다고 할 수 없으므로**, 위 조항은 **법익의 균형성에도 어긋나지 않는다.** 따라서 확성장치사용 금지조항은 과잉금지원칙에 반하여 **정치적 표현의 자유를 침해하지 않는다**(헌재 2022. 7. 21. 2017헌바100 등).
>
> 🔗 **036.** ×(법익의 균형성 위반 아님) **036-1.** ×(정치적 표현의 자유 침해 아님)

2회 037 종교적인 기관·단체 등의 조직 내에서의 직무상 행위를 이용하여 그 구성원에 대하여 선거운동을 하거나 하게 할 수 없도록 한 「공직선거법」 조항은 종교적 신념 자체 또는 종교의식, 종교교육, 종교적 집회·결사의 자유 등을 제한하는 것이 아니므로 종교의 자유가 직접적으로 제한된다고 보기 어렵다. 25 경간   Ⓞ Ⓧ

037-1 "누구든지 종교적인 기관·단체 등의 조직 내에서의 직무상 행위를 이용하여 그 구성원에 대하여 선거운동을 하거나 하게 할 수 없다."고 정하고 이를 위반한 경우 처벌하는 「공직선거법」상 직무이용 제한조항은 종교의 자유 및 표현의 자유를 침해한다. 25 입시   Ⓞ Ⓧ

> 공직선거법 제255조제1항제9호 등 위헌소원 (종교단체 내 직무상 지위 이용 선거운동 제한 사건)
> 청구인들은 직무이용 제한조항이 종교의 자유도 침해한다고 주장하나, 위 조항은 종교적 신념 자체 또는 종교의식, 종교교육, 종교적 집회·결사의 자유 등을 제한하는 것이 아니라, 단지 종교단체 내에서 직무상 지위를 이용한 선거운동을 제한하는 것이므로 그로 인해 **종교의 자유가 직접적으로 제한된다고 보기 어렵다.** 따라서 직무이용 제한조항이 종교의 자유를 침해하는지 여부에 대해서는 따로 살펴보지 않는다. … 그렇다면 직무이용 제한조항은 과잉금지원칙을 위반하여 선거운동 등 **정치적 표현의 자유를 침해하지 않는다**(헌재 2024. 1. 25. 2021헌바233 등).
>
> 🔖 037. ○ 037-1. ✕ (종교의 자유 및 표현의 자유 침해 아님)

038 공무원이 지위를 이용하여 범한 공직선거법위반죄에 대하여 일반인이 범한 공직선거법위반죄와 달리 해당 선거일 후 10년으로 공소시효를 정한 공직선거법 규정은 합리적인 이유 있는 차별로서 평등원칙에 위반되지 않는다. 23 법무사   Ⓞ Ⓧ

> 공직선거법상 장기 공소시효 사건 (공직선거법 제268조제3항 등 위헌소원)
> 공무원이 지위를 이용하여 범한 공직선거법위반죄의 경우 선거의 공정성을 중대하게 저해하고 공권력에 의하여 조직적으로 은폐되어 단기간에 밝혀지기 어려울 수도 있어 단기 공소시효에 의할 경우 처벌규정의 실효성을 확보하지 못할 수 있다. 이러한 취지에서 **공무원이 지위를 이용하여 범한 공직선거법위반죄**의 경우 해당 **선거일 후 10년으로 공소시효**를 정한 입법자의 판단은 합리적인 이유가 인정되므로 **평등원칙에 위반되지 않는다**(헌재 2022. 8. 31. 2018헌바440).
>
> 🔖 038. ○

> 출제예상

039 일정기간 동안 선거에 영향을 미치게 하기 위한 현수막, 광고물의 설치·게시나 표시물의 착용을 금지하고 이에 위반한 경우 처벌하는 공직선거법상 시설물설치 등 금지조항은 정치적 표현의 자유를 침해한다.

`헌법불합치, 계속적용`

> **현수막, 그 밖의 광고물 설치·게시, 그 밖의 표시물 착용, 벽보 게시, 인쇄물 배부·게시, 확성장치사용을 금지하는 공직선거법 조항 사건 (공직선거법 제255조제2항제4호 등 위헌소원)**
>
> 시설물설치 등 금지조항은 선거에서의 균등한 기회를 보장하고 선거의 공정성을 확보하기 위한 것으로서 입법목적의 정당성 및 수단의 적합성이 인정된다. 그러나 선거비용을 제한·보전하거나 일반 유권자가 과도한 비용을 들여 현수막, 그 밖의 광고물을 설치·게시하거나 그 밖의 표시물을 착용하는 행위를 제한하는 수단을 통해서 선거에서의 기회 균등이라는 심판대상조항의 입법목적의 달성이 가능하고, 공직선거법상 후보자 비방 금지 규정 등을 통해 무분별한 흑색선전 등의 방지도 가능한 점을 종합하면, **시설물설치 등 금지조항**은 목적 달성에 필요한 범위를 넘어 장기간 동안 선거에 영향을 미치게 하기 위한 **현수막, 그 밖의 광고물의 설치·게시나 그 밖의 표시물의 착용을 금지·처벌**하는 것으로서 **침해의 최소성에 반한다**. 또한 시설물설치 등 금지조항으로 인하여 일반 유권자나 후보자가 받는 정치적 표현의 자유에 대한 제약이 위 조항을 통해 달성되는 공익보다 중대하므로 시설물설치 등 금지조항은 법익의 균형성에도 위배된다. 따라서 시설물설치 등 금지조항은 과잉금지원칙에 반하여 **정치적 표현의 자유를 침해**한다(헌재 2022. 7. 21. 2017헌바100 등).

040 일정기간 동안 선거에 영향을 미치게 하기 위한 인쇄물 살포를 금지하는 공직선거법 조항은 정치적 표현의 자유를 침해한다.

`헌법불합치, 계속적용`

> **인쇄물 살포를 금지하는 공직선거법 조항 사건 (공직선거법 제93조제1항 본문 등 위헌제청)**
>
> 심판대상조항은 선거에서의 균등한 기회를 보장하고 선거의 공정성을 확보하기 위한 것으로서 입법목적의 정당성 및 수단의 적합성이 인정된다. 그러나 인쇄물은 시설물 등과 비교하여 보더라도 투입되는 비용이 상대적으로 적어 경제력 차이로 인한 선거 기회 불균형의 문제가 크지 않고, 그러한 우려도 공직선거법상 선거비용 규제나 인쇄물의 종류 또는 금액을 제한하는 수단을 통해서 방지할 수 있다. 또한 공직선거법상 후보자 비방 금지 규정이나 허위사실공표 금지 규정 등을 통해 무분별한 흑색선전 등의 방지도 가능한 점을 종합하면, **심판대상조항은 목적 달성에 필요한 범위를 넘어 장기간 동안 인쇄물 살포를 금지·처벌**하는 것으로서 **침해의 최소성에 반한다**. 또한 심판대상조항으로 인하여 일반 유권자나 후보자가 받는 정치적 표현의 자유에 대한 제약이 위 조항을 통하여 달성되는 공익보다 중대하므로 심판대상조항은 법익의 균형성에도 위배된다. 따라서 심판대상조항은 과잉금지원칙에 반하여 **정치적 표현의 자유를 침해**한다(헌재 2023. 3. 23. 2023헌가4).

041

일정기간 선거에 영향을 미치게 하기 위한 광고, 문서·도화의 첩부·게시를 금지하고 이에 위반한 경우 처벌하는 공직선거법상 문서·도화게시 등 금지조항은 정치적 표현의 자유를 침해한다. `헌법불합치, 계속적용`

> 집회나 모임(향우회·종친회·동창회·단합대회·야유회가 아닌 것에 한정) 개최, 현수막 그 밖의 광고물 게시, 광고, 문서·도화 첩부·게시, 확성장치사용을 금지하는 공직선거법 조항 사건 (공직선거법 제90조제1항제1호 등 위헌소원)
>
> 문서·도화게시 등 금지조항은 선거에서의 균등한 기회보장과 선거의 공정성 확보를 위한 것이다. 그러나 광고, 문서·도화는 시설물 등과 비교하여 보더라도 투입되는 비용이 상대적으로 적어 경제력 차이로 인한 선거 기회 불균형의 문제가 크지 않고, 선거 기회의 불균형에 대한 우려는 공직선거법상 선거비용 제한·보전 제도나 광고, 문서·도화의 종류나 금액 등을 제한하는 수단을 마련하여 방지할 수 있으며, 무분별한 흑색선전, 허위사실유포 등에 대한 규제도 공직선거법에 이미 도입되어 있다. 광고, 문서·도화에 담긴 정보가 반드시 일방적·수동적으로 전달되거나 수용되는 것은 아니므로 매체의 특성만을 이유로 광범위한 규제를 정당화할 수 없는바, **문서·도화게시 등 금지조항**은 입법목적 달성을 위하여 필요한 범위를 넘어 **광고, 문서·도화의 첩부·게시**를 통한 정치적 표현을 장기간 동안 포괄적으로 금지·처벌하고 있으므로 **침해의 최소성에 반한다**. 또한 문서·도화게시 등 금지조항으로 인하여 유권자나 후보자가 받는 정치적 표현의 자유에 대한 제약이 달성되는 공익보다 중대하므로 법익의 균형성에도 위배된다. 따라서 **문서·도화게시 등 금지조항은 과잉금지원칙에 반하여 정치적 표현의 자유를 침해**한다(헌재 2022. 7. 21. 2018헌바357 등).

09 공무담임권과 직업공무원제도

기출OX

5회 042 반인륜적인 범죄인 아동에 대한 성적 학대행위를 저지른 사람이 공무를 수행할 경우 공직 전반에 대한 국민의 신뢰를 유지하기 어려우므로, 아동에게 성적 수치심을 주는 성희롱 등의 성적 학대행위로 형을 선고받아 그 형이 확정된 사람은 일반직공무원으로 임용될 수 없도록 한 국가공무원법 해당 조항이 공무담임권을 침해한다고 보기 어렵다. 24 법원 9 (O|X)

042-1 「군인사법」 제10조제2항제6호의4나목 중 「아동복지법」 제17조제2호 가운데 '아동에게 성적 수치심을 주는 성희롱 등의 성적 학대행위로 형을 선고받아 그 형이 확정된 사람은 부사관으로 임용될 수 없도록 한 것'에 관한 부분은 공무담임권을 침해하지 않는다. 24 경찰2차 (O|X)

> **아동 성적 학대행위자에 대한 공무원 결격사유 사건 (국가공무원법 제33조제6의4호 등 위헌확인)**
> 심판대상조항은 아동과 관련이 없는 직무를 포함하여 **모든 일반직공무원 및 부사관에 임용될 수 없도록** 하므로, **제한의 범위가 지나치게 넓고 포괄적**이다. 또한, 심판대상조항은 영구적으로 임용을 제한하고, 결격사유가 해소될 수 있는 어떠한 가능성도 인정하지 않는다. 아동에 대한 성희롱 등의 성적 학대행위로 형을 선고받은 경우라고 하여도 범죄의 종류, 죄질 등은 다양하므로, 개별 범죄의 비난가능성 및 재범 위험성 등을 고려하여 상당한 기간 동안 임용을 제한하는 덜 침해적인 방법으로도 입법목적을 충분히 달성할 수 있다. 따라서 심판대상조항은 과잉금지원칙에 위배되어 청구인의 **공무담임권을 침해**한다(헌재 2022. 11. 24. 2020헌마1181).
>
> 🔒 **042.** ×(공무담임권 침해함) **042-1.** ×(공무담임권 침해함)

2회 043 아동·청소년대상성범죄는 재범위험성이 높고 시간이 지나도 공무수행을 맡기기에 충분할 만큼 국민의 신뢰가 회복되기 어려우므로, 아동·청소년이용음란물임을 알면서 이를 소지한 죄로 형을 선고받아 그 형이 확정된 사람은 일반직공무원으로 임용될 수 없도록 규정한 「국가공무원법」 및 「지방공무원법」 조항은 그 형이 확정된 사람의 공무담임권을 침해하지 않는다. 24 경찰2차 (O|X)

043-1 아동·청소년이용음란물소지죄로 형을 선고받은 사람은 공직에 대한 국민의 신뢰를 현저히 해치고 시간이 지나도 공무수행을 맡기기에 충분할 만큼 국민의 신뢰가 회복되기 어려우므로 범행의 구체적인 내용이나 시기를 불문하고 영구적으로 모든 공직에 임용을 금지할 필요가 있다. 25 국회 8 (O|X)

> **아동·청소년이용음란물소지죄로 형이 확정된 자에 대한 공무원 결격사유 사건 (기본권 침해 위헌확인)**
> 심판대상조항은 아동·청소년과 관련이 없는 직무를 포함하여 **모든 일반직공무원에 임용될 수 없도록** 하므로, **제한의 범위가 지나치게 넓고 포괄적**이다. 또한, 심판대상조항은 **영구적으로 임용을 제한**하고, 결격사유가 해소될 수 있는 어떠한 가능성도 인정하지 않는다. 그런데 아동·청소년이용음란물소지죄로 형을 선고받은 경우라고 하여도 **범죄의 종류, 죄질 등은 다양**하므로, 개별 범죄의 비난가능성 및 재범위험성 등을 고려하여 **상당한 기간 동안 임용을 제한**하는 덜 침해적인 **방법**으로도 입법목적을 충분히 달성할 수 있다. 따라서 심판대상조항은 **과잉금지원칙에 위배**되어 청구인들의 **공무담임권을 침해**한다(헌재 2023. 6. 29. 2020헌마1605 등).
>
> 🔒 **043.** ×(공무담임권 침해함) **043-1.** ×(상당 기간 임용 제한하는 덜 침해적 방법 有)

044 ⁴ᵉ 과거 3년 이내의 당원 경력을 법관 임용 결격사유로 정한 「법원조직법」 조항 중 '당원의 신분을 상실한 날부터 3년이 경과되지 아니한 사람'에 관한 부분은 입법목적 달성을 위해 합리적인 범위를 넘어 정치적 중립성과 재판 독립에 긴밀한 연관성이 없는 경우까지 과도하게 공직취임의 기회를 제한함으로써 청구인의 공무담임권을 침해한다. 26 경간   ⓞ | ⓧ

044-1 과거 3년 이내의 모든 당원 경력을 법관 임용 결격사유로 정한 것은, 법관의 정치적 중립성을 준수하고 재판의 독립을 지킬 수 있도록 하려는 것이므로 법관이 되려는 자의 공무담임권을 침해하지 않는다. 25 입시   ⓞ | ⓧ

> **법원조직법 제43조제1항제5호 위헌확인 ('과거 3년 이내 당원 경력'과 '법관 임용 결격사유' 사건)**
> 가사 과거에 당원 신분을 취득한 경력을 규제할 필요성이 있더라도, 적극적으로 정치적 활동을 하였던 경우에 한하여 법관 임용을 제한할 수 있고, 이에 법원조직법은 관련 규정을 별도로 두고 있다. 그럼에도 불구하고, 심판대상조항과 같이 **과거 3년 이내의 모든 당원 경력을 법관 임용 결격사유**로 정하는 것은, 입법목적 달성을 위해 합리적인 범위를 넘어 정치적 중립성과 재판 독립에 긴밀한 연관성이 없는 경우까지 **과도하게 공직취임의 기회를 제한**한다. 따라서 **심판대상조항은 과잉금지원칙에 반하여** 청구인의 **공무담임권을 침해**한다(헌재 2024. 7. 18. 2021헌마460).
>
> 🔒 **044. ○   044-1. ✕**(공무담임권 침해함)

045 「국가공무원법」상 당연퇴직제도는 공무원의 직무수행에 대한 국민의 신뢰, 공무원직에 대한 신용 등을 유지하고, 그 직무의 정상적인 운영을 확보하는 데 기여한다. 25 소간   ⓞ | ⓧ

> **피성년후견인 국가공무원 당연퇴직 사건 (국가공무원법 제69조제1호 위헌제청)**
> 국가공무원법은 **당연퇴직제도**를 마련하여 재직 중 공직에 대한 국민의 신뢰를 손상시키고 원활한 공무수행에 어려움을 초래하여 **공공의 이익을 해할 우려가 있는** 사유가 있는 사람은 **공직으로부터 배제**될 수 있도록 규정하고 있다. 이는 공무원의 직무수행에 대한 **국민의 신뢰, 공무원직에 대한 신용 등을 유지**하고, 그 **직무의 정상적인 운영을 확보**하는 데 기여한다(헌재 2022. 12. 22. 2020헌가8).
>
> 🔒 **045. ○**

046 ⁵ᵉ 피성년후견인인 국가공무원은 당연퇴직한다고 규정한 「국가공무원법」 조항은 성년후견이 개시되지는 않았으나 동일한 정도의 정신적 장애가 발생한 국가공무원의 경우와 비교할 때 사익의 제한 정도가 과도하여 과잉금지원칙에 위반되므로 공무담임권을 침해한다. 23 경찰1차   ⓞ | ⓧ

046-1 국가공무원의 원활한 공무수행에 대한 국민의 신뢰를 보호하는 것은 매우 중요하므로 법원의 성년후견개시 심판 선고에 의하여 피성년후견인이 된 국가공무원을 곧바로 당연퇴직하도록 하더라도 공무담임권을 침해한다고 보기 어렵다. 25 국회8   ⓞ | ⓧ

> **피성년후견인 국가공무원 당연퇴직 사건 (국가공무원법 제69조제1호 위헌제청)**
> 심판대상조항은 성년후견이 개시되지는 않았으나 동일한 정도의 **정신적 장애가 발생한 국가공무원**의 경우와 비교할 때 **사익의 제한 정도가 과도**하고, 성년후견이 개시되었어도 정신적 제약을 극복하여 후견이 종료될 수 있고, 이 경우 법원에서 성년후견 종료심판을 하고 있다는 사실에 비추어 보아도 사익의 제한 정도가 지나치게 가혹하다. 또한 심판대상조항처럼 국가공무원의 당연퇴직사유를 임용결격사유와 동일하게 규정하려면 국가공무원이 재직 중 쌓은 지위를 박탈할 정도의 충분한 공익이 인정되어야 하나, 이 조항이 달성하려는 공익은 이에 미치지 못한다. 따라서 **심판대상조항은 과잉금지원칙에 반하여 공무담임권을 침해한다**(헌재 2022. 12. 22. 2020헌가8).
>
> 🔒 **046. ○   046-1. ✕**(공무담임권 침해함)

047 경북대학교 총장임용후보자선거의 후보자로 등록하려면 3,000만 원의 기탁금을 납부하고 후보자등록신청 시 기탁금납부영수증을 제출하도록 정한 '경북대학교 총장임용후보자 선정 규정' 해당 조항은 기탁금액의 측면에서도 기본권 제한이 과도하여 후보자로서의 성실성을 갖춘 사람도 출마를 포기하게 할 가능성이 있으므로 청구인의 공무담임권을 침해한다. 26 경간   O | X

047-1 국립대학교 총장임용후보자 선거 시 투표에서 일정 수 이상을 득표한 경우에만 기탁금 전액이나 일부를 후보자에게 반환하고, 반환되지 않은 기탁금은 국립대학교 발전기금에 귀속시키는 기탁금귀속조항에 대해서는 재산권보다 공무담임권을 중심으로 살핀다. 24 경간   O | X

047-2 경북대학교 총장임용후보자선거의 후보자로 등록하려면 3,000만 원의 기탁금을 납부하고 제1차 투표에서 유효투표수의 100분의 15 이상을 득표한 경우에는 기탁금 전액을, 100분의 10 이상 100분의 15 미만을 득표한 경우에는 기탁금 반액을 반환하고, 반환되지 않은 기탁금은 경북대학교발전 기금에 귀속하도록 정한 「경북대학교 총장임용 후보자 선정 규정」의 해당 조항은 재산권을 침해하지 않는다. 23 소간   O | X

경북대학교 총장임용후보자 선정 규정 제20조제1항 등 위헌확인

(1) 이 사건 기탁금납부조항으로 인하여 청구인은 **총장임용후보자선거의 후보자**가 되기 위해 **3,000만 원의 기탁금**을 납부하여야 하는 불이익을 입게 된다. 그러나 이 사건 기탁금납부조항은 **총장임용후보자선거의 과열 방지 및 후보자의 성실성 확보에 기여**하고, 후보자가 되려는 사람의 입후보를 단념케 할 정도로 **과다한 금액을 규정하지 않으므로**, 제한되는 사익이 달성되는 공익보다 크다고 할 수 없다. 따라서 이 사건 기탁금납부조항은 법익의 균형성도 갖추었다. 그러므로 이 사건 기탁금납부조항은 청구인의 **공무담임권을 침해하지 아니한다**(헌재 2022. 5. 26. 2020헌마1219).

(2) 이 사건 기탁금귀속조항은 후보자가 사망하거나 제1차 투표에서 유효투표수의 100분의 15 이상을 득표한 경우에는 기탁금 전액을, 제1차 투표에서 유효투표수의 100분의 10 이상 100분의 15 미만을 득표한 경우에는 기탁금 반액을 후보자에게 반환하고, 반환되지 않은 기탁금은 경북대학교 발전기금에 귀속되도록 하고 있다. 이하에서는 이 사건 기탁금귀속조항이 후보자의 **재산권을 침해하는지 여부**에 대하여 살핀다(헌재 2022. 5. 26. 2020헌마1219).

(3) 총장임용후보자선거 후보자의 진지성과 성실성을 확인하는 과정에서 득표한 유효투표수에 따라 기탁금의 반환 여부 및 반환 정도를 결정하고 반환되지 않은 기탁금을 대학의 발전기금에 귀속시키는 것이 부당하다고 할 수 없고, 후보자들로서도 입후보를 결심하는 과정에서 자신이 납부하게 될 기탁금이 학교 발전을 위해 쓰일 수 있으리라는 점을 충분히 예측할 수 있고, 이를 용인한 것으로 보인다. 나아가 현재 경북대학교의 기탁금액이 아주 큰 금액이라고 볼 수는 없다는 점까지 종합하면, 경북대학교가 **후보자 난립 방지 및 후보자의 진지성 및 성실성 확보**를 위하여 제1차 투표에서 유효투표수 100분의 10 이상 100분의 15 미만을 득표한 경우에는 기탁금 반액을, 유효투표수 100분의 10 미만을 득표한 경우에는 기탁금 전액을 반환하지 않고 발전기금에 귀속되도록 정한 자율적 판단이 청구인의 **재산권을 과도하게 제한한다고 할 수 없다**. 따라서 이 사건 기탁금귀속조항은 청구인의 **재산권을 침해하지 아니한다**(헌재 2022. 5. 26. 2020헌마1219).

047. ×(공무담임권 침해 아님) **047-1.** ×(재산권 중심으로 살핌) **047-2.** ○

2회 **048** 비위공무원에 대한 징계를 통해 불이익을 줌으로써 공직기강을 바로 잡고 공무수행에 대한 국민의 신뢰를 유지하고자 하는 공익은 제한되는 사익 이상으로 중요하므로, 공무원이 감봉 처분을 받은 경우 12월간 승진임용을 제한하는 「국가공무원법」 조항 중 '승진임용'에 관한 부분은 공무담임권을 침해하지 않는다. 24 경간

O | X

> **공무원 징계에 따른 승진, 승급, 정근수당 제한 사건 (국가공무원법 제80조제6항 등 위헌확인)**
> 징계처분에 따른 승진임용 제한기간을 정함에 있어서는 일반적으로 승진임용에 소요되는 기간을 고려하여 적어도 공무원 징계처분의 취지와 효력을 담보할 수 있는 기간이 설정될 필요가 있다. 감봉의 경우 12개월간 승진임용이 제한되는데 이는 종래 18개월이었던 것을 축소한 것이며, 강등·정직(18개월)이나 견책(6개월)과의 균형을 고려하면 과도하게 긴 기간이라고 보기는 어렵다. 비위공무원에 대한 징계를 통해 불이익을 줌으로써 공직기강을 바로 잡고 공무수행에 대한 국민의 신뢰를 유지하고자 하는 공익은 제한되는 사익 이상으로 중요하다. 이 사건 승진조항은 과잉금지원칙을 위반하여 청구인의 **공무담임권을 침해하지 않는다**(헌재 2022. 3. 31. 2020헌마211).

048. O

049 교육부 및 그 소속기관에서 근무하는 교육연구사 선발에 수석교사가 응시할 수 없도록 응시자격을 제한한 교육부장관의 '2017년도 교육전문직 선발 계획 공고'와 '2017년도 교육부 및 소속기관 근무 교육전문직 선발 계획'은 공무담임권을 침해하지 않는다. 25 경찰 1차

O | X

> **교육부 및 소속기관 근무 2017년도 교육전문직 선발 계획 4. 부분 등 위헌확인**
> 이 사건 공고는 수석교사가 고유 업무인 연구·교수 업무에 전념하게 하기 위한 것으로 목적의 정당성이 인정되며, 수석교사를 교육연구사 선발에 응시하지 못하게 하는 것은 위 목적을 달성하기 위한 적합한 수단이다. 교육전문직원으로 전직하면 추후에 교감, 교장으로 임용되는 데 유리한 측면이 있으므로, 수석교사의 교육연구사 선발 응시를 허용하는 경우 수석교사제도의 도입취지가 몰각될 수 있다. 또한 수석교사가 임기 종료 후 재임용을 받지 않거나 수석교사직을 포기하면 교육연구사 선발에 응시할 수 있고, 수석교사직을 잃더라도 교사 지위는 유지된다는 점에 비추어 보면 침해의 최소성 및 법익의 균형성에도 반하지 않는다. 결국 이 사건 공고는 과잉금지원칙에 위배되어 **공무담임권을 침해하지 않는다**(헌재 2023. 2. 23. 2017헌마604).

049. O

050 관련 자격증 소지자에게 관세직 국가공무원 공개경쟁채용시험에서 일정한 가산점을 부여하는 구「공무원임용시험령」제31조제2항에 따른 별표 11 가운데 1. 행정직군 및 기술직군의 직급별 가산비율 중 6·7급의 변호사, 공인회계사, 관세사에 대한 가산비율 5% 부분 및 별표 12 가운데 관세직렬에 관한 부분은 공무담임권을 침해하지 아니한다. 25 경찰1차 (O | X)

> **인사혁신처 공고 제2019-1호 국가공무원 7급 및 9급 공개경쟁채용시험 1. 관세직 선발예정인원 부분 등 위헌확인**
> 공무원 공개경쟁채용시험에서 자격증에 따른 가산점을 인정하는 목적은 공무원의 업무상 전문성을 강화하기 위함인바, 관세 업무에 전문성을 갖춘 것으로 평가되는 자격증(변호사·공인회계사·관세사) 소지자들에게 관세직렬 공개경쟁채용시험에서 가산점을 부여하는 것은 관세행정의 전문성을 제고하는 데 기여하는 것으로 목적의 정당성 및 수단의 적합성이 인정된다. … 이 사건 가산점근거조항은 과잉금지원칙에 위배하여 청구인의 **공무담임권을 침해하지 아니한다**(헌재 2023. 2. 23. 2019헌마401).
>
> 🔒 050. ○

051 지방자치단체 공무원이 연구기관이나 교육기관 등에서 연수하기 위한 휴직기간은 2년 이내로 한다고 규정한「지방공무원법」조항은 연수휴직 기간의 상한을 제한하는 내용으로, 공직취임의 기회를 배제하거나 공무원 신분을 박탈하는 것과 관련이 없으므로, 휴직조항으로 인하여 법학전문대학원에 진학하려는 9급 지방공무원의 공무담임권이 침해될 가능성을 인정하기 어렵다. 24 경찰2차 (O | X)

> **법학전문대학원 설치·운영에 관한 법률 등 위헌확인**
> 휴직조항은 **연수휴직 기간의 상한을 제한**하는 내용으로, **공직취임의 기회를 배제**하거나 **공무원 신분을 박탈**하는 것과 관련이 없으므로 휴직조항으로 인하여 **공무담임권이 침해될 가능성을 인정하기 어렵다**(헌재 2024. 2. 28. 2020헌마1377).
>
> 🔒 051. ○

10 지방자치제도

기출 OX

052 헌법은 지방자치단체의 조례제정권을 보장하고 있고「지방자치법」은 개별 법률의 위임이 있는 경우에는 조례로써도 주민의 권리를 제한하거나 주민에게 의무를 부과하는 것이 가능함을 밝히고 있으므로, 조례도 법률의 위임이 있으면 입법사항을 정할 수 있다. 25 변호사 〔O | X〕

> **가축분뇨의 관리 및 이용에 관한 법률 제8조제1항 위헌소원 (가축사육 제한구역 지정에 관한 위임 법률 사건)**
> 우리 헌법 제117조 제1항은 **지방자치단체의 조례제정권을 보장**하고 있고, 나아가 지방자치법은 **개별 법률의 위임**이 있는 경우에는 **조례로써도 주민의 권리를 제한하거나 주민에게 의무를 부과**하는 것이 가능함을 밝히고 있다. 따라서 **조례도 법률의 위임**이 있으면 **입법사항을 정할 수 있다**(헌재 2023. 12. 21. 2020헌바374).

🔒 052. ○

053 헌법상 지방자치단체의 지방자치권 역시 국가 통치조직의 분배와 작용에 관한 것으로서 국가권력의 일부분을 담당하는 권한인 이상, 지방자치단체의 조직과 자치기능 및 자치사무의 자율성에 관한 기본적이고 본질적인 사항은 법률에서 직접 규정하여야 한다. 25 변호사 〔O | X〕

> **구 지방자치법 제4조제3항 위헌소원**
> 헌법상 **지방자치단체의 지방자치권** 역시 **국가 통치조직의 분배와 작용**에 관한 것으로서 **국가권력의 일부분을 담당하는 권한**인 이상 지방자치단체의 조직과 자치기능 및 자치사무의 자율성에 관한 **기본적이고 본질적 사항은 법률에서 직접 규정**하여야 한다(헌재 2024. 3. 28. 2021헌바57).

🔒 053. ○

054 지방자치단체의 자치사무에 관한 한 기초지방자치단체는 광역지방자치단체와 대등하고 상이한 권리주체에 해당하고, 광역지방자치단체의 기초지방자치단체에 대한 감사는 상이한 법인격 주체 사이의 감독권의 행사로서 외부적 효과를 가지는 통제에 해당한다고 보아야 한다. 24 지방 7 〔O | X〕

> **경기도가 남양주시에 대하여 실시한 감사가 남양주시의 지방자치권을 침해하였는지 여부에 관한 사건 (남양주시와 경기도 간의 권한쟁의)**
> 지방자치단체의 **자치사무**에 관한 한 **기초지방자치단체**는 **광역지방자치단체와 대등하고 상이한 권리주체**에 해당하고, 광역지방자치단체의 기초지방자치단체에 대한 감사는 **상이한 법인격 주체 사이의 감독권의 행사로서 외부적 효과를 가지는 통제**에 해당한다고 보아야 한다(헌재 2023. 3. 23. 2020헌라5).

🔒 054. ○

055 광역지방자치단체가 기초지방자치단체의 자치사무에 대한 감사에 착수하기 위해서는 자치사무에 관하여 특정한 법령위반행위가 확인되었거나 위법행위가 있었으리라는 합리적 의심이 가능한 경우이어야 하고 그 감사대상을 특정하여야 한다. 24 지방 7 O | X

> **경기도가 남양주시에 대하여 실시한 감사가 남양주시의 지방자치권을 침해하였는지 여부에 관한 사건 (남양주시와 경기도 간의 권한쟁의)**
> 헌법재판소 2006헌라6 결정의 내용은 광역지방자치단체의 기초지방자치단체의 자치사무에 대한 감사에 대해서도 그대로 적용되어야 할 것으로, 광역지방자치단체가 기초지방자치단체의 **자치사무에 대한 감사에 착수**하기 위해서는 자치사무에 관하여 **특정한 법령위반행위가 확인**되었거나 **위법행위가 있었으리라는 합리적 의심**이 가능한 경우이어야 하고 그 **감사대상을 특정**하여야 하며, 위법사항을 특정하지 않고 개시하는 감사 또는 법령위반사항을 적발하기 위한 감사는 허용될 수 없다(헌재 2023. 3. 23. 2020헌라5).
>
> 🔒 055. ○

056 연간 감사계획에 포함되지 아니하고 사전조사가 수행되지 아니한 감사의 경우 「지방자치법」에 따른 감사의 절차와 방법 등에 관한 관련 법령에서 감사대상이나 내용을 통보할 것을 요구하는 명시적인 규정이 없어, 광역지방자치단체가 기초지방자치단체의 자치사무에 대한 감사에 착수하기 위해서는 감사대상을 특정하여야 하나, 특정된 감사대상을 사전에 통보할 것까지 요구된다고 볼 수는 없다. 23 국가 7 O | X

056-1 광역지방자치단체가 기초지방자치단체의 자치사무에 대한 감사에 착수하기 위해서는 법령에 따른 사전조사와 관계없이 감사대상 지방자치단체에게 특정된 감사대상을 사전에 통보할 것까지 요구된다. 24 지방 7 O | X

056-2 중앙행정기관이나 광역지방자치단체가 지방자치단체의 자치사무에 대한 감사에 착수하기 위해서는 감사대상이 사전에 특정되어야 하고, 연간 감사계획에 포함되지 아니한 감사라 하더라도 감사대상 지방자치단체에게 특정된 감사대상을 사전에 통보하는 것이 감사의 개시요건이라 할 것이므로, 그러한 절차를 거치지 않았다면 해당 감사착수는 적법하다고 볼 수 없다. 23 법무사 O | X

> **경기도가 남양주시에 대하여 실시한 감사가 남양주시의 지방자치권을 침해하였는지 여부에 관한 사건 (남양주시와 경기도 간의 권한쟁의)**
> 연간 감사계획에 포함되지 아니하고 사전조사가 수행되지 아니한 감사의 경우 지방자치법에 따른 감사의 절차와 방법 등에 관한 사항을 규정하는 '지방자치단체에 대한 행정감사규정' 등 관련 법령에서 감사대상이나 내용을 통보할 것을 요구하는 명시적인 규정이 없다. 광역지방자치단체가 **자치사무에 대한 감사에 착수**하기 위해서는 **감사대상을 특정**하여야 하나, 특정된 감사대상을 **사전에 통보**할 것까지 **요구된다고 볼 수는 없다**(헌재 2023. 3. 23. 2020헌라5).
>
> 🔒 056. ○ 056-1. ✗(사전 통보까지 요구되지 않음) 056-2. ✗(사전 통보 감사 개시요건 아님)

5회 057 지방자치단체의 자치사무에 대한 무분별한 감사권의 행사는 헌법상 보장된 지방자치권을 침해할 가능성이 크므로, 원칙적으로 감사 과정에서 사전에 감사대상으로 특정되지 아니한 사항에 관하여 위법사실이 발견되었다고 하더라도 감사대상을 확장하거나 추가하는 것은 허용되지 않는다. 25 변호사 〔O│X〕

057-1 기초지방자치단체의 자치사무에 대한 광역지방자치단체의 감사 과정에서 사전에 감사대상으로 특정되지 않은 사항에 관하여 위법사실이 발견된 경우, 당초 특정된 감사대상과 관련성이 있어 함께 감사를 진행해도 기초지방자치단체가 절차적인 불이익을 받을 우려가 없고, 해당 감사대상을 적발하기 위한 목적으로 감사가 진행된 것으로 볼 수 없는 사항에 대하여는 감사대상의 확장 내지 추가가 허용된다. 24 경간 〔O│X〕

057-2 감사 과정에서 사전에 감사대상으로 특정되지 아니한 사항에 관하여 위법사실이 발견된 경우, 당초 특정된 감사대상과 관련성이 인정되는 것으로서 당해 절차에서 함께 감사를 진행하더라도 감사대상 지방자치단체가 절차적인 불이익을 받을 우려가 없고, 해당 감사대상을 적발하기 위한 목적으로 감사가 진행된 것으로 볼 수 없는 사항이라 하더라도, 감사대상을 확장하거나 추가하는 것은 허용되지 않는다. 23 국가 7 〔O│X〕

> **경기도가 남양주시에 대하여 실시한 감사가 남양주시의 지방자치권을 침해하였는지 여부에 관한 사건 (남양주시와 경기도 간의 권한쟁의)**
> 지방자치단체의 자치사무에 대한 무분별한 감사권의 행사는 헌법상 보장된 지방자치권을 침해할 가능성이 크므로, 원칙적으로 감사 과정에서 **사전에 감사대상으로 특정되지 아니한 사항**에 관하여 위법사실이 발견되었다고 하더라도 **감사대상을 확장하거나 추가**하는 것은 **허용되지 않는다**. 다만, **자치사무의 합법성 통제**라는 감사의 목적이나 감사의 효율성 측면을 고려할 때, **당초 특정된 감사대상과 관련성이 인정**되는 것으로서 당해 절차에서 함께 감사를 진행하더라도 감사대상 지방자치단체가 **절차적인 불이익을 받을 우려가 없고**, 해당 감사대상을 적발하기 위한 목적으로 감사가 진행된 것으로 볼 수 없는 사항에 대하여는 **감사대상의 확장 내지 추가가 허용**된다(헌재 2023. 3. 23. 2020헌라5).

🔒 **057.** O **057-1.** O **057-2.** X (관련성이 있고 절차적 불이익을 받을 우려가 없으면 허용됨)

출제예상

058 경기도가 2020. 6. 4. 남양주시를 특별조정교부금 배분에서 제외한 행위가 헌법 및 지방자치법에 의하여 부여된 남양주시의 지방자치권을 침해하지 않는다. `7:2 기각`

> **남양주시와 경기도 간의 권한쟁의 (남양주시 특별조정교부금 배분에 관한 권한쟁의 사건)**
> 이 사건 특별조정교부금 배분은, 피청구인이 지역화폐로 재난기본소득을 지급하는 '경기도형 재난기본소득 사업'에 동참한 시·군에 대하여 일정 금액의 특별조정교부금을 우선적으로 지원한 것인바, 청구인은 지역화폐가 아닌 현금으로 재난기본소득을 지급하였으므로 위 우선지급대상자에 해당하지 않는다. 지방재정법 관련 규정의 문언과 특별조정교부금 제도의 취지를 고려할 때, 청구인이 특별조정교부금을 신청하였다고 하여 피청구인이 이를 반드시 배분하여야 한다고 해석할 수 없고, 피청구인이 광역행정 정책인 '경기도형 재난기본소득 사업'에 동참하지 않은 청구인에게 이 사건 특별조정교부금을 지급하지 않았다고 하여 곧바로 청구인의 자치재정권에 대한 침해가 있었다고 단정할 수 없다. 피청구인이 지역화폐의 경기부양 효과 등을 고려하여 지역화폐 형태의 재난기본소득 지급을 유도하기 위하여 이를 특별조정교부금 우선 배분의 기준으로 정한 것이 객관적으로 명백히 부당하거나 현저하게 자의적이라고 볼 수 없다. 또한, 이 사건 배분 제외행위로 인하여 청구인의 재정자주도가 큰 타격을 입었다고 보기도 어려우며, 청구인도 지역화폐 형태의 재난기본소득 지급이 이 사건 특별조정교부금 배분의 요건임을 인식하고 있었다고 볼 수 있다. 따라서, **피청구인이 청구인을 이 사건 특별조정교부금 배분에서 제외한 행위**가 청구인의 **지방재정권을 침해한 것이라고 볼 수 없다**(헌재 2022. 12. 22. 2020헌라3).

059 피청구인 경기도가 2021. 4. 1. 청구인 남양주시에 통보한 종합감사 실시계획에 따른 자료제출요구 중, 자치사무에 관한 부분은 헌법 및 지방자치법에 의하여 부여된 남양주의 지방자치권을 침해한다. `5:4 인용`

> **남양주시와 경기도 간의 권한쟁의 (남양주시 자치사무 감사에 관한 권한쟁의 사건)**
> 지방자치단체의 자치권 보장을 위하여 **자치사무에 대한 감사는 합법성 감사로 제한**되어야 하는바, **포괄적·사전적 일반감사나 법령위반사항을 적발하기 위한 감사**는 **합목적성 감사에 해당**하므로 구 지방자치법 제171조 제1항 후문 상 **허용되지 않는다**는 점은 헌법재판소가 2009. 5. 28. 2006헌라6 결정에서 확인한 바 있다. 이 사건 자료제출요구는 헌법재판소가 위 결정에서 허용될 수 없다고 확인한 자치사무에 대한 포괄적·사전적 감사나 법령위반사항을 적발하기 위한 감사 절차와 그 양태나 효과가 동일하고, 감사자료가 아닌 사전조사자료 명목으로 해당 자료를 요청하였다고 하여 그 성질이 달라진다고 볼 수 없다. 따라서, **이 사건 자료제출요구는 합법성 감사로 제한되는 자치사무에 대한 감사의 한계를 벗어난 것으로서 헌법상 청구인에게 보장된 지방자치권을 침해**한다(헌재 2022. 8. 31. 2021헌라1).

PART 2

2

국민의 권리와 의무

01 기본권 주체

기출OX

060 학교가 보유·관리하는 정보는 국가기관이나 지방자치단체 등이 보유·관리하는 정보와 마찬가지로 국민의 알 권리의 대상이 되는 공적 정보에 해당하므로, 국립대학법인 서울대학교가 정보공개의무를 부담하는 경우에 있어서는 국민의 알 권리를 보호해야 할 의무를 부담하는 기본권 수범자의 지위에 있다. 25 경정 O | X

> **행정심판법 제49조제1항 위헌소원**
> 학교는 국민의 '교육을 받을 권리'를 보장하는 핵심적인 역할과 기능을 담당하는 등 그 수행하는 업무가 뚜렷한 공공성을 갖고 있는바, **학교가 보유·관리하는 정보**는 국가기관이나 지방자치단체 등이 보유·관리하는 정보와 마찬가지로 **국민의 알 권리의 대상이 되는 공적 정보**에 해당한다. 따라서 **국립대학법인 서울대학교**(이하 '서울대학교'라고 한다)가 **정보공개의무를 부담**하는 경우에 있어서는 **국민의 알 권리를 보호해야 할 의무를 부담하는 기본권 수범자의 지위**에 있다고 할 것이다(헌재 2023. 3. 23. 2018헌바385).

060. ○

061 주택재개발정비사업조합이 공법인의 지위에서 행정처분의 주체가 되는 경우, 재개발사업에 관한 국가의 기능을 대신하여 수행하는 공권력 행사자 내지 기본권 수범자의 지위에 있어서 행정심판의 피청구인이 되므로「행정심판법」을 다투는 헌법소원심판에서 기본권의 주체가 될 수 없다. 25 국회 8 O | X

> **행정심판법 제49조제1항 등 위헌소원**
> **재개발조합**은 노후·불량한 건축물이 밀집한 지역에서 주거환경을 개선하여 도시의 기능을 정비하고 주거생활의 질을 높여야 할 **국가의 의무를 국가를 대신하여 실현하는 기능을 수행**하고 있다. 그리고 도시정비법은 이 사건에서 문제된 청산금 부과를 비롯하여 관리처분계획 등 적극적 질서형성이 필요한 일부 영역에 관하여는 재개발조합에게 시장·군수 등의 감독 하에 행정처분을 할 권한도 부여하고 있다. … 이상의 사정을 종합하여 볼 때, **재개발조합**이 **기본권의 수범자**로 기능하면서 행정심판의 피청구인이 된 경우에 적용되는 심판대상조항의 위헌성을 다투는 이 사건에 있어, 재개발조합인 청구인은 **기본권의 주체가 된다고 볼 수 없다**. 따라서 청구인의 재판청구권 침해 주장은 더 나아가 살필 필요 없이 이유 없다(헌재 2022. 7. 21. 2019헌바543 등).

061. ○

02 일반적 인격권

기출OX

062 임신 32주 이전에 태아의 성별 고지를 금지하는 「의료법」 조항은 낙태로 나아갈 의도가 없는 부모까지 규제하여 기본권을 제한하는 과도한 입법으로 과잉금지원칙을 위반하여 헌법 제10조 일반적 인격권에서 나오는 부모가 태아의 성별 정보에 대한 접근을 방해받지 않을 권리를 침해한다. 25 경정 O | X

062-1 임신 32주 이전에 태아의 성별 고지를 금지하는 「의료법」 조항은 성별을 이유로 한 낙태를 방지함으로써 성비의 불균형을 해소하고 태아의 생명을 보호하기 위한 것으로서 목적의 정당성이 인정되지만, 태아의 성별을 이유로 한 낙태를 방지하기 위한 목적을 달성하는데 적합하고 실효성 있는 수단이라고 볼 수는 없다. 25 해경 O | X

062-2 태아의 성별고지 행위는 그 자체로 태아를 포함하여 누구에게도 해가 되는 행위가 아니지만, 보다 풍요롭고 행복한 가족생활을 영위하도록 하기 위해 진료과정에서 알게 된 태아에 대한 성별정보는 낙태방지를 위하여 임신 32주 이전에는 고지하지 못하도록 금지하여야 할 이유가 있다. 24 경찰 2차 O | X

062-3 현재 우리 사회는 성비불균형 문제가 해소되었고, 태아의 생명 보호라는 공익이 심판대상조항을 통해서는 실효적으로 달성된다고 보기 어렵다. 심판대상조항은 임신 32주 이전에는 모든 부모에게 태아의 성별 정보에 접근을 방해받지 않을 권리를 지나치게 제한하고 있으므로, 결국 심판대상조항은 법익의 균형성을 상실하였다. 25 법원 9 O | X

의료법 제20조제2항 위헌확인 (태아의 성별 고지 제한 사건)

(1) 헌법 제10조로부터 도출되는 **일반적 인격권**에는 각 개인이 그 삶을 사적으로 형성할 수 있는 자율영역에 대한 보장이 포함되어 있음을 감안할 때, 장래 가족의 구성원이 될 **태아의 성별 정보에 대한 접근을 국가로부터 방해받지 않을 부모의 권리**는 이와 같은 일반적 인격권에 의하여 보호된다고 보아야 할 것이다. 따라서 심판대상조항은 **일반적 인격권**으로부터 나오는 **부모가 태아의 성별 정보에 대한 접근을 방해받지 않을 권리**를 제한하고 있다(헌재 2024. 2. 28. 2022헌마356 등).

(2) **태아의 성별고지 행위는** 그 자체로 태아를 포함하여 누구에게도 해가 되는 행위가 아니므로, 보다 풍요롭고 행복한 가족생활을 영위하도록 하기 위해 진료과정에서 알게 된 태아에 대한 성별 정보를 굳이 **임신 32주 이전에는 고지하지 못하도록 금지**하여야 할 **이유는 없는 것이다**(헌재 2024. 2. 28. 2022헌마356 등).

(3) 심판대상조항은 **성별을 이유로 한 낙태를 방지**함으로써 성비의 불균형을 해소하고 태아의 생명을 보호하기 위해 입법된 것으로 **목적의 정당성이 인정**된다. 그러나 남아선호사상이 확연히 쇠퇴하고 있고, 심판대상조항이 사문화되었음에도 불구하고 출생성비가 자연성비의 정상범위 내이므로, 심판대상조항은 더 이상 태아의 성별을 이유로 한 낙태를 방지하기 위한 목적을 달성하는 데에 **적합하고 실효성 있는 수단이라고 보기 어렵고**, **입법수단으로서도 현저하게 불합리하고 불공정**하다. 태아의 생명 보호를 위해 국가가 개입하여 규제해야 할 단계는 성별고지가 아니라 낙태행위인데, 심판대상조항은 낙태로 나아갈 의도가 없는 부모까지 규제하여 **기본권을 제한하는 과도한 입법으로 침해의 최소성에 반하고, 법익의 균형성도 상실**하였다. 따라서 심판대상조항은 과잉금지원칙을 위반하여 **부모가 태아의 성별 정보에 대한 접근을 방해받지 않을 권리를 침해**한다(헌재 2024. 2. 28. 2022헌마356).

🔒 062. ○ 062-1. ○ 062-2. ×(성별고지 금지이유 없음) 062-3. ○

2회 063

지역아동센터의 시설별 신고정원의 80% 이상을 돌봄취약아동으로 구성하도록 한 보건복지부 '2019년 지역아동센터 지원사업안내' 관련 부분은 돌봄취약아동과 일반아동을 분리함으로써 아동들의 인격권을 침해한다.

23 경찰 1차

O | X

> **지역아동센터 이용아동 구성 제한 사건 (2019년 지역아동센터 지원 사업안내 제1장 1. 목적 등 위헌확인)**
> 이 사건 이용아동규정의 취지는 지역아동센터 이용에 있어서 돌봄취약아동과 일반아동을 분리하려는 것이 아니라 돌봄취약아동에게 우선권을 부여하려는 것이다. 돌봄취약아동이 일반아동과 함께 초·중등학교를 다니고 방과 후에도 다른 돌봄기관을 이용할 선택권이 보장되고 있는 이상, 설령 이 사건 이용아동규정에 따라 돌봄취약아동이 일반아동과 교류할 기회가 다소 제한된다고 하더라도 그것만으로 청구인 아동들의 인격 형성에 중대한 영향을 미친다고 보기는 어렵다. 이 사건 이용아동규정은 과잉금지원칙에 위반하여 청구인 **운영자들의 직업수행의 자유** 및 청구인 **아동들의 인격권을 침해하지 않는다**(헌재 2022. 1. 27. 2019헌마583).

063. ×(인격권 침해 아님)

03 일반적 행동의 자유

기출 OX

4회 064 누구든지 금융회사 등에 종사하는 자에게 타인의 금융거래의 내용에 관한 정보 또는 자료를 요구하는 것을 금지하고, 이를 위반 시 형사처벌하는 금융실명거래 및 비밀보장에 관한 법률 해당 조항은 공익에 비하여 지나치게 국민의 일반적 행동자유권을 제한한다. 24 법원 9 O | X

064-1 누구든지 금융회사 등에 종사하는 자에게 타인의 금융거래의 내용에 관한 정보 또는 자료를 요구하는 것을 금지하고 이를 위반시 형사처벌하는 구「금융실명거래 및 비밀보장에 관한 법률」상 조항은 과잉금지원칙에 반하여 일반적 행동자유권을 침해하지 않는다. 24 경간 O | X

> **누구든지 금융회사등에 종사하는 자에게 거래정보등의 제공을 요구하는 것을 금지하고, 위반시 형사처벌하는 금융실명법 조항에 관한 위헌제청 사건 (금융실명거래 및 비밀보장에 관한 법률 제6조제1항 등 위헌제청)**
> 금융거래의 비밀보장이 중요한 공익이라는 점은 인정할 수 있으나, 심판대상조항이 정보제공요구를 하게 된 사유나 행위의 태양, 요구한 거래정보의 내용을 고려하지 아니하고 일률적으로 일반 국민들이 거래정보의 제공을 요구하는 것을 금지하고 그 위반 시 형사처벌을 하는 것은 그 공익에 비하여 **지나치게 일반 국민의 일반적 행동자유권을 제한**하는 것이다. 따라서 심판대상조항은 과잉금지원칙에 반하여 **일반적 행동자유권을 침해**한다(헌재 2022. 2. 24. 2020헌가5).
>
> 🔒 **064. ○ 064-1. ✕**(일반적 행동자유권 침해함)

2회 065 「전기통신사업법」제30조 본문 중 '누구든지 전기통신사업자 가운데 이동통신사업자가 제공하는 전기통신역무를 타인의 통신용으로 제공하여서는 아니 된다' 부분이 통신수단을 자유로이 이용하여 타인과 의사소통하려는 이동통신서비스 이용자의 권리나 통신수단에 의하여 이루어지는 이용자와 타인 간의 의사소통과정의 비밀을 제한한다거나 이용자의 발언내용을 제한한다고 보기 어렵다. 25 경찰 1차 O | X

065-1 이동통신사사업자가 제공하는 전기통신역무를 타인의 통신용으로 제공하는 것을 원칙적으로 금지하고 위반 시에는 형사처벌하는「전기통신사업법」조항은 이동통신서비스 이용자의 일반적 행동자유권을 침해한다. 24 경정 O | X

> **선불폰 개통에 필요한 증서 등의 타인제공 금지 및 처벌 사건 (전기통신사업법 제30조 등 위헌제청)**
> (1) 심판대상조항은 이동통신서비스 이용자로 하여금 **해당 서비스를 다른 사람의 통신용으로 제공하는 행위를 금지**할 뿐 이동통신서비스 이용자의 **의사소통이나 의사표현을 제한하는 내용이 아니다**. 그러므로 심판대상조항이 통신수단을 자유로이 이용하여 타인과 의사소통하려는 이동통신서비스 이용자의 권리나 통신수단에 의하여 이루어지는 이용자와 타인 간의 **의사소통과정의 비밀**을 제한한다거나 **이용자의 발언내용을 제한**한다고 보기 **어렵다**(헌재 2022. 6. 30. 2019헌가14).
> (2) **이동통신서비스를 타인의 통신용으로 제공**한 사람들은 이동통신시장에 대포폰이 다량 공급되는 원인으로 작용하고 있으므로, 대포폰을 이용한 보이스피싱 등 신종범죄로부터 통신의 수신자 등을 보호하기 위해서는 이동통신서비스를 타인의 통신용으로 제공하는 것을 금지하고 위반 시 처벌할 필요성이 크다. … 따라서 **심판대상조항은 이동통신서비스 이용자의 일반적 행동자유권을 침해하지 아니한다**(헌재 2022. 6. 30. 2019헌가14).
>
> 🔒 **065. ○ 065-1. ✕**(일반적 행동자유권 침해 아님)

066 이륜자동차 등이 일반도로에서 통행할 수 있는 차로를 오른쪽 차로만으로 규정한 구「도로교통법 시행규칙」은 이륜자동차 등의 운전자가 일반도로의 모든 차로를 자유로이 통행할 수 없게 하여 행복추구권에서 파생되는 일반적 행동의 자유를 침해한다. 26 경간 ⓞⓧ

> **도로교통법 시행규칙 제16조 제1항 별표 9 위헌확인**
> 일반도로는 일반 공중의 사용에 제공된 도로로서 공동체의 이익과 직접 관련된 영역인바, 심판대상조항은 **이륜자동차 등의 통행 가능 차로를 오른쪽 차로로 제한함으로써 일반도로를 통행하는 차량들의 능률적인 운행과 원활한 교통소통 및 이에 따른 교통 안전성을 확보하고자 하는 것**이다. 그리고 이러한 공익에 비하여 이륜자동차 등 운전자가 일반도로에서 모든 차로를 자유로이 통행할 수 없게 됨에 따른 통행의 자유(일반적 행동의 자유)의 제한 정도가 중대하다고 보기 어렵다. 따라서 심판대상조항은 **법익의 균형성도 충족**한다. 심판대상조항은 청구인들의 **통행의 자유(일반적 행동의 자유)를 침해하지 아니한다**(헌재 2025. 4. 10. 2020헌마1437).

066. ✕ (일반적 행동자유권 침해 아님)

067 어린이보호구역에서 제한속도 준수의무 또는 안전운전 의무를 위반하여 어린이를 상해에 이르게 한 경우 가중처벌하는「특정범죄 가중처벌 등에 관한 법률」상 조항은 과잉금지원칙에 위반되어 청구인들의 일반적 행동자유권을 침해한다. 24 경간 ⓞⓧ

> **어린이 보호구역에서 교통사고로 어린이를 상해나 사망에 이르게 한 경우를 가중처벌하는 특정범죄가중처벌법 조항 사건 (이른바 '민식이법' 사건) (특정범죄 가중처벌 등에 관한 법률 제5조의13 위헌확인)**
> 어린이의 통행이 빈번한 초등학교 인근 등 제한된 구역을 중심으로 어린이 보호구역을 설치하고 엄격한 주의의무를 부과하여 위반자를 엄하게 처벌하는 것은 어린이에 대한 교통사고 예방과 보호를 위해 불가피한 조치이다. 심판대상조항에 의할 때 어린이 상해의 경우 죄질이 가벼운 위반행위에 대하여 벌금형을 선택한 경우는 정상참작감경을 통하여, 징역형을 선택한 경우는 정상참작감경을 하지 않고도 집행유예를 선고할 수 있음은 물론, 선고유예를 하는 것도 가능하다. 어린이 사망의 경우 법관이 정상참작감경을 하지 않더라도 징역형의 집행유예를 선고하는 것은 가능하다. 운전자의 주의의무 위반의 내용 및 정도와 어린이가 입은 피해의 정도가 다양하여 불법성 및 비난가능성에 차이가 있다고 하더라도, 이는 법관의 양형으로 충분히 극복될 수 있는 범위 내에 있다. … 따라서 심판대상조항은 과잉금지원칙에 위반되어 청구인들의 **일반적 행동자유권을 침해한다고 볼 수 없다**(헌재 2023. 2. 23. 2020헌마460 등).

067. ✕ (일반적 행동자유권 침해 아님)

068 가해학생에 대한 조치로 피해학생 및 신고·고발한 학생에 대한 접촉, 협박 및 보복행위의 금지를 규정한 조항은 가해학생의 일반적 행동자유권을 침해한다고 보기 어렵다. 23 경채 ⓞⓧ

> **학교폭력 가해학생에 대한 서면사과 조치 등 사건 (학교폭력예방 및 대책에 관한 법률 제12조제4항 등 위헌소원)**
> 가해학생의 접촉, 협박이나 보복행위를 금지하는 것은 피해학생과 신고·고발한 학생의 안전한 학교생활을 위한 불가결한 조치이다. 이 사건 접촉 등 금지조항은 가해학생의 의도적인 접촉 등만을 금지하고 통상적인 학교 교육활동 과정에서 의도하지 않은 접촉까지 모두 금지하는 것은 아니며, 학교폭력의 지속성과 은닉성, 가해학생의 접촉, 협박 및 보복행위 가능성, 피해학생의 피해 정도 등을 종합적으로 고려하여 이루어지는 것이므로, **가해학생의 일반적 행동자유권을 침해한다고 보기 어렵다**(헌재 2023. 2. 23. 2019헌바93 등).

068. ◯

069 피해학생이 가해학생과 동일한 학급 내에 있으면서 지속적으로 학교폭력의 위험에 노출된다면 심대한 정신적, 신체적 피해를 입을 수 있으므로 가해학생에 대한 조치로 학급교체를 규정한 조항은 가해학생의 일반적 행동자유권을 과도하게 침해한다고 보기 어렵다. 23 경채 〔O│X〕

> **학교폭력 가해학생에 대한 서면사과 조치 등 사건 (학교폭력예방 및 대책에 관한 법률 제12조제4항 등 위헌소원)**
> 이 사건 학급교체조항은 학교폭력의 심각성, 가해학생의 반성 정도, 피해학생의 피해 정도 등을 고려하여 가해학생과 피해학생의 격리가 필요한 경우에 행해지는 조치로서 가해학생은 학급만 교체될 뿐 기존에 받았던 교육 내용이 변경되는 것은 아니다. 피해학생이 가해학생과 동일한 학급 내에 있으면서 지속적으로 학교폭력의 위험에 노출된다면 심대한 정신적, 신체적 피해를 입을 수 있으므로, 이 사건 **학급교체조항**이 가해학생의 **일반적 행동자유권을 과도하게 침해한다고 보기 어렵다**(헌재 2023. 2. 23. 2019헌바93 등).

070 경찰공무원이 교통의 안전과 위험방지를 위하여 필요하다고 인정하는 경우 운전자가 술에 취하였는지를 호흡조사로 측정할 수 있도록 하고 운전자는 이러한 경찰공무원의 측정에 응하여야 하도록 규정한 「도로교통법」 조항은 운전자인 청구인의 일반적 행동의 자유를 제한한다. 24 경찰1차 〔O│X〕

> **도로교통법 제44조제2항 위헌소원**
> 심판대상조항은 운전자에게 경찰공무원의 음주측정 요구에 응할 의무를 부과함으로써 음주측정 요구에 응하지 않을 자유, 즉 **일반적 행동의 자유를 제한**하는바, 심판대상조항이 과잉금지원칙에 반하여 운전자인 청구인의 일반적 행동자유권을 침해하는지 여부를 살펴본다. … 심판대상조항은 과잉금지원칙에 위배되어 **일반적 행동자유권을 침해하지 아니한다**(헌재 2023. 10. 26. 2019헌바91).

071 ^{2회} 명의신탁이 증여로 의제되는 경우 명의신탁의 당사자에게 증여세의 과세가액 및 과세표준을 납세지 관할 세무서장에게 신고할 의무를 부과하는 「상속세 및 증여세법」 조항은 해당 명의신탁 당사자의 일반적 행동자유권을 침해하지 않는다. 24 경정 O│X

071-1 명의신탁이 증여로 의제되는 경우 명의신탁의 당사자에게 '증여세의 과세가액 및 과세표준을 납세지관할세무서장에게 신고할 의무'를 부과하는 구 「상속세 및 증여세법」 제68조제1항 본문의 '제4조의 규정에 의하여 증여세납세의무가 있는 자' 가운데 제4조제1항 본문 중 해당 부분은 형사상 불리한 진술을 강요하는 것이라고 볼 수 없다. 25 경간 O│X

> **명의신탁이 증여로 의제되는 경우 증여세 신고의무 사건 (구 상속세 및 증여세법 제68조제1항 본문 위헌소원)**
> (1) 심판대상조항은 **명의신탁이 증여로 의제**되는 경우 **명의신탁의 당사자**에게도 다른 여타의 증여세 납세의무자와 동일하게 **증여세 신고의무를 부과**함으로써, 효과적인 조세 부과 및 징수를 담보하고, 궁극적으로는 명의신탁을 내세워 조세를 회피하는 것을 방지하여 조세정의와 조세평등을 실현하려는 것이다. … 따라서 심판대상조항이 **일반적 행동의 자유를 침해한다고 볼 수 없다**(헌재 2022. 2. 24. 2019헌바225 등).
> (2) 심판대상조항에 따라 명의신탁의 당사자가 **신고의무를 이행**하는 것은 조세포탈을 확인하기 위한 것이 아니라 이미 성립한 납세의무를 확정하기 위하여 **과세를 위한 기초정보를 과세관청에 제공하는 것**에 불과하다. … 심판대상조항이 **형사상 불리한 진술을 강요하는 것이라고 볼 수 없으므로**, 심판대상조항으로 인하여 헌법 제12조 제2항에 규정된 **진술거부권이 제한된다고 볼 수 없다**(헌재 2022. 2. 24. 2019헌바225 등).

071. O 071-1. O

072 국내에 도착한 외국물품을 수입통관절차를 거치지 않고 다시 외국으로 반출하려면, 해당 물품의 품명·규격·수량 및 가격 등을 세관장에게 신고하도록 하는 「관세법」 조항은 환승 여행객인 청구인의 일반적 행동자유권을 제한한다. 24 경찰 1차 O│X

> **대규모 밀반송범의 관세법 및 특정범죄가중법상 처벌 사건 (특정범죄 가중처벌 등에 관한 법률 제6조제3항 등 위헌소원)**
> 이 사건 신고의무조항이 과잉금지원칙에 반하여 환승 여행객의 **일반적 행동자유권을 침해하는지 여부**를 살핀다. … 이 사건 신고의무조항은 과잉금지원칙에 반하여 환승 여행객의 **일반적 행동자유권을 침해하지 아니한다**(헌재 2023. 6. 29. 2020헌바177 등).

072. O

출제예상

073 금연구역으로 지정된 연면적 1천 제곱미터 이상의 사무용건축물, 공장 및 복합용도의 건축물에서 금연의무를 부과하고 있는 국민건강증진법 조항은 과잉금지원칙에 반하여 흡연자의 일반적 행동자유권을 침해한다고 볼 수 없다. `합헌`

> **광장 벤치 흡연 사건 (국민건강증진법 제9조제8항 위헌소원)**
> 심판대상조항은 공중 또는 다수인이 왕래할 수 있는 공간에서 흡연을 금지하여, 비흡연자의 간접흡연을 방지하고 흡연자 수를 감소시켜, 국민 건강을 증진시키기 위하여 만들어진 것이다. 실외 또는 실외와 유사한 공간이라고 하더라도 간접흡연의 위험이 완전히 배제된다고 볼 수 없고, 금연·흡연구역의 분리운영 등의 방법으로도 담배연기를 물리적으로 완벽히 차단하기 어려운 점, 심판대상조항은 특정 장소에 한정하여 금연의무를 부과하고 있을 뿐, 흡연 자체를 원천적으로 봉쇄하고 있지는 않은 점, 심판대상조항으로 인하여 흡연자는 일정한 공간에서 흡연을 할 수 없게 되는 불이익을 입지만, 일반적으로 타인의 흡연으로 인한 간접흡연을 원치 않는 사람을 보호하여야 할 필요성은 흡연자의 자유로운 흡연을 보장할 필요성보다 더 큰 점 등을 종합하면, 심판대상조항은 과잉금지원칙에 반하여 흡연자의 **일반적 행동자유권을 침해한다고 볼 수 없다**(헌재 2024. 4. 25. 2022헌바163).

074 정비사업 조합 임원의 선출과 관련하여 후보자가 금품을 제공받는 행위를 금지하고 이에 위반한 경우 처벌하는 구 도시 및 주거환경정비법 조항은 죄형법정주의의 명확성원칙에 위배되지 아니하고, 조합의 의사결정 과정에 금전이 결부되는 것을 사전에 방지하고자 하는 입법취지 등에 비추어 평등원칙에 위배되지 아니하며, 정비사업의 공공적 성격과 조합 임원 선거의 공정성·투명성 확보 필요성 등에 비추어 심판대상조항으로 인하여 정비사업 조합 임원후보자가 받게 되는 일반적 행동자유권의 제한은 과도한 것으로 볼 수 없다. `합헌`

> **정비사업 조합 임원 선출과 관련하여 후보자가 금품을 제공받는 행위를 금지하고 이에 위반한 경우 처벌하는 구 도시 및 주거환경정비법 조항에 대한 위헌소원 사건 (구 도시 및 주거환경정비법 제21조제4항 등 위헌소원)**
> 조합 임원의 선임은 조합 총회의 의결사항이므로 그 과정에 금품 수수행위가 개입되었다면 조합 총회의 의사결정이 왜곡된 것이어서 공정한 결정이 이루어진 것으로 보기 어렵고, 정비사업에 참여하는 시공사 및 협력업체와 정비사업 조합 임원 후보자 사이에 금품이 오가게 되면 협력업체 선정이나 대금증액 문제 등 정비사업 진행과정에 부당한 영향을 미칠 우려가 있다. 심판대상조항이 정비사업 조합 임원의 선출과 관련하여 후보자가 금품을 제공받는 행위를 금지한 것은 조합 임원 선거의 공정성과 투명성을 담보하여 정비사업이 공정하고 원활하게 진행될 수 있도록 하는 데 적합한 조치로서, 다른 방법으로는 위와 같은 공익이 효율적으로 실현될 수 없으므로, 이로 인하여 정비사업 조합 임원 후보자가 받게 되는 일반적 행동자유권의 제한은 과도한 것이라고 보기 어렵다. 따라서 심판대상조항은 과잉금지원칙에 위배하여 **일반적 행동자유권을 침해하지 아니한다**(헌재 2022. 10. 27. 2019헌바324).

04 계약의 자유

> 기출 OX

2회 075 「근로기준법」상 근로시간에 대한 주 52시간 상한제 조항은 연장근로 시간에 관한 사용자와 근로자 간의 계약 내용을 제한한다는 측면에서는 사용자와 근로자의 계약의 자유를 제한하고, 근로자를 고용하여 재화나 용역을 제공하는 사용자의 활동을 제한한다는 측면에서는 직업의 자유를 제한한다. 24 국회 8 (O | X)

075-1 주 52시간 상한제조항을 두어 1주간 최대 근로시간을 52시간으로 한정한 근로기준법 조항이 과잉금지원칙에 반하여 상시 5명 이상 근로자를 사용하는 사업주의 계약의 자유와 직업의 자유, 근로자의 계약의 자유를 침해하지 않는다. 24 법무사 (O | X)

> **주 52시간 상한제 사건 (최저임금법 제8조제1항 등 위헌확인)**
> **주 52시간 상한제조항**은 연장근로시간에 관한 사용자와 근로자 간의 계약 내용을 제한한다는 측면에서는 사용자와 근로자의 **계약의 자유를 제한**하고, 근로자를 고용하여 재화나 용역을 제공하는 사용자의 활동을 제한한다는 측면에서는 **직업의 자유를 제한**한다. … 입법자는 주 52시간 상한제로 인해 근로자에게도 임금 감소 등의 피해가 발생할 수 있지만, 근로자의 휴식을 보장하는 것이 무엇보다 중요하다는 인식을 정착시켜 장시간 노동이 이루어졌던 왜곡된 노동 관행을 개선해야 한다고 판단했다. 따라서 이러한 입법자의 판단이 합리성을 결여했다고 볼 수 없으므로 **주 52시간 상한제조항**은 과잉금지원칙에 반하여 상시 5명 이상 근로자를 사용하는 **사업주인 청구인의 계약의 자유와 직업의 자유, 근로자인 청구인들의 계약의 자유를 침해하지 않는다**(헌재 2024. 2. 28. 2019헌마500).

🔒 075. ○ 075-1. ○

2회 076 학습자가 수강을 계속할 수 없는 경우 학원설립·운영자로 하여금 교습비 등을 반환하도록 규정한 학원의 설립·운영 및 과외교습에 관한 법률 해당 조항은 과잉금지원칙에 반하여 학원설립·운영자의 계약의 자유를 침해한다고 할 수 없다. 25 법원 9 (O | X)

076-1 단순변심을 포함하여 학습자가 수강을 계속할 수 없는 사유가 발생한 경우 학원설립·운영자로 하여금 학습자로부터 받은 교습비 등을 반환하도록 하면서, 그 반환 사유 및 반환 금액 등을 대통령령으로 정하도록 한 「학원의 설립·운영 및 과외 교습에 관한 법률」 조항은 과잉금지원칙에 위배되어 학원설립·운영자의 계약의 자유를 침해한다. 25 입시 (O | X)

> **학원의 설립·운영 및 과외교습에 관한 법률 제18조제1항 등 위헌소원 (학습자의 사유로 인한 교습비 반환의무 사건)**
> 교습계약의 특성상 장기간의 교습비등을 일시불로 선불하도록 하는 경우가 많아 분쟁발생의 소지가 크므로 국가가 이에 일부 개입할 필요가 있는 점, 교습계약 당사자들이 교습비등의 반환여부 및 반환금액 등을 자유롭게 정하도록 한다면 상대적으로 불리한 지위에 놓이는 학습자에게 계약해지로 인한 위험이 전가될 수 있는 점, 구체적인 반환사유 및 반환금액 등을 대통령령으로 정하도록 하고 있는 점 등을 고려할 때, 교습비등반환조항은 과잉금지원칙에 반하여 **학원설립·운영자의 계약의 자유를 침해한다고 볼 수 없다**(헌재 2024. 8. 29. 2021헌바74).

🔒 076. ○ 076-1. ✗(계약의 자유 침해 아님)

출제예상

077 이자제한법에서 정한 최고이자율을 초과하여 이자를 받은 자를 1년 이하의 징역 또는 1천만 원 이하의 벌금에 처하도록 한 이자제한법 조항은 과잉금지원칙에 위반되어 일반적 행동자유권으로부터 파생되는 계약의 자유를 침해하지 아니한다. 〔합헌〕

> 이자제한법상 최고이자율 상한을 위반하는 행위에 대해 형사처벌을 규정한 이자제한법 조항에 관한 사건 (이자제한법 제8조제1항 위헌소원)
> 심판대상조항은 이자제한법에서 정한 이자율 상한을 위반한 경우에 대한 처벌규정을 둠으로써 금전대차에 관한 계약상의 최고이자율 제한을 준수하도록 하고 있다. 이자의 제한은 생활자금 내지 영업자본의 수요를 금전대차에 의존할 수밖에 없는 어려운 서민들의 생활을 안정시키기 위하여 필수적인 것인바, 고금리 채무로 인한 국민의 이자 부담을 경감하고 과도한 이자를 받아 일반 국민의 경제생활을 피폐하게 하는 등의 폐해를 방지하기 위해서는 형사처벌과 같은 제재 수단이 필요함을 부인하기 어렵다. … 심판대상조항이 달성하고자 하는 공익은 이자의 적정한 최고한도를 정함으로써 국민경제생활의 안정과 경제정의의 실현에 이바지하기 위한 것으로, 이를 위반하는 경우 처벌을 받음으로써 입는 불이익보다 훨씬 중대하므로, 심판대상조항은 과잉금지원칙에 위반되지 않는다(헌재 2023. 2. 23. 2022헌바22).

05 평등권 및 평등원칙

기출 OX

6회 078 국가를 상대로 하는 당사자소송의 경우에는 가집행선고를 할 수 없다고 규정한 행정소송법 조항의 평등원칙 위반 여부는 자의금지원칙에 따라 판단하기로 한다. 22 국회 8(변형) ⓞⅠⓧ

078-1 국가가 당사자소송의 피고인 경우 가집행선고를 할 수 없다고 규정한 「행정소송법」 조항은 평등원칙에 위반된다. 25 국회 8 ⓞⅠⓧ

078-2 재산권의 청구는 공법상의 법률관계를 전제로 하는 당사자소송이라는 점에서 민사소송과 본질적으로 달라, 국가를 상대로 한 당사자소송에서 가집행선고를 제한하는 「행정소송법」 조항은 국가만을 차별적으로 우대하는 데 합리적 이유가 있으므로 평등원칙에 위반되지 않는다. 23 경찰 1차 ⓞⅠⓧ

> **국가를 상대로 한 당사자소송에서의 가집행선고 제한 사건 (행정소송법 제43조 위헌제청)**
> (1) 심판대상조항으로 인한 가집행선고 제한은 헌법에서 특별히 평등을 요구하는 영역에 해당하지 않고, 소송 절차와 관련된 내용은 국민의 권리 구제에 있어 공정하고 신속하게 소송이 진행될 수 있도록 하는 목적에 따라 그 내용에 광범위한 입법재량이 인정되는 영역이다. 따라서 심판대상조항의 평등원칙 위반 여부는 **자의금지원칙에 따라 판단**하기로 한다 (헌재 2022. 2. 24. 2020헌가12).
> (2) 재산권의 청구가 공법상 법률관계를 전제로 한다는 점만으로 국가를 상대로 하는 당사자소송에서 **국가를 우대할 합리적인 이유가 있다고 할 수 없고**, 집행가능성 여부에 있어서도 국가와 지방자치단체 등이 실질적인 차이가 있다고 보기 어렵다는 점에서, 심판대상조항은 **국가가 당사자소송의 피고**인 경우 가집행의 선고를 제한하여, **국가가 아닌 공공단체 그 밖의 권리주체가 피고인 경우**에 비하여 **합리적인 이유 없이 차별**하고 있으므로 **평등원칙에 반한다**(헌재 2022. 2. 24. 2020헌가12).
>
> 🔗 078. ○ 078-1. ○ 078-2. ×(합리적 이유 없는 차별이므로 평등원칙에 위반됨)

3회 079 특별교통수단에 있어 표준휠체어만을 기준으로 휠체어 고정설비의 안전기준을 정한 것은 표준휠체어를 이용할 수 없는 장애인에 대한 고려 없이 고정설비의 안전기준을 정하여 불합리하고, 표준휠체어를 이용할 수 있는 장애인과 표준휠체어를 이용할 수 없는 장애인을 합리적 이유 없이 달리 취급하여 평등권을 침해한다. 25 입시 ⓞⅠⓧ

> **입법부작위 위헌확인 (장애인 특별교통수단 사건)**
> 심판대상조항은 교통약자의 이동편의를 위한 **특별교통수단에 표준휠체어만을 기준으로 휠체어 고정설비의 안전기준을** 정하고 있어 **표준휠체어를 사용할 수 없는 장애인은 안전기준에 따른 특별교통수단을 이용할 수 없게 된다**. 그런데 **표준휠체어를 이용할 수 없는 장애인**은 장애의 정도가 심하여 특수한 설비가 갖춰진 차량이 아니고서는 **사실상 이동이 불가능**하다. 그럼에도 불구하고 **표준휠체어를 이용할 수 없는 장애인**에 대한 고려 없이 **표준휠체어만을 기준으로 고정설비의 안전기준을 정하는 것은 불합리**하고, 특별교통수단에 장착되는 휠체어 탑승설비 연구·개발사업 등을 추진할 **국가의 의무를 제대로 이행한 것이라 보기도 어렵다**. … 따라서 심판대상조항은 합리적 이유 없이 표준휠체어를 이용할 수 있는 장애인과 표준휠체어를 이용할 수 없는 장애인을 달리 취급하여 청구인의 **평등권을 침해**한다(헌재 2023. 5. 25. 2019헌마1234).
>
> 🔗 079. ○

080 헌법불합치결정에 따라 실질적인 혼인관계가 존재하지 아니한 기간을 제외하고 분할연금을 산정하도록 개정된 「국민연금법」 조항을 개정법 시행 후 최초로 분할연금 지급사유가 발생한 경우부터 적용하도록 하는 「국민연금법」 부칙 제2조가 분할연금 지급 사유 발생시점이 신법 조항 시행일 전·후인지와 같은 우연한 사정을 기준으로 달리 취급하는 것은 합리적인 이유를 찾기 어렵다. 25 경간 O | X

> **국민연금법 부칙 제2조 위헌제청 (헌법불합치결정에 따른 개선입법을 소급적용하지 않도록 규정한 국민연금법 부칙 조항에 관한 위헌제청 사건)**
> 심판대상조항은 국민연금법 제64조제1항 및 제4항의 개정규정을 **신법 조항 시행 후 최초로 분할연금 지급 사유가 발생한 경우부터 적용하도록 규정**하고 있는바, 실질적인 혼인관계가 해소되어 분할연금의 기초가 되는 노령연금 수급권 형성에 아무런 기여가 없는 경우에는 노령연금 분할을 청구할 전제를 갖추지 못한 것으로 볼 수 있다는 점에서 **분할연금 지급 사유 발생 시점**이 신법 조항 **시행일 전인 경우와 후인 경우 사이에 아무런 차이가 없으므로**, 분할연금 지급 사유 발생시점이 신법 조항 시행일 전·후인지와 같은 우연한 사정을 기준으로 달리 취급하는 것은 **합리적인 이유를 찾기 어렵다**. … 따라서 심판대상조항은 **평등원칙에 위반**된다(헌재 2024. 5. 30. 2019헌가29).
>
> 🔒 **080.** ○

081 구 「건설근로자의 고용개선 등에 관한 법률」 제14조제2항 중 구 「산업재해보상보험법」 제63조제1항 가운데 '그 근로자가 사망할 당시 대한민국 국민이 아닌 자로서 외국에서 거주하고 있던 유족은 제외한다'를 준용하는 부분은 합리적 이유없이 외국거주 외국인 유족을 대한민국 국민인 유족 및 국내거주 외국인 유족과 차별하는 것으로 평등원칙에 위반된다. 23 경찰 2차 O | X

> **외국거주 외국인유족의 퇴직공제금 수급 자격 불인정 사건 (구 건설근로자의 고용개선 등에 관한 법률 제14조제2항 위헌소원)**
> 외국거주 외국인유족에게 퇴직공제금을 지급하더라도 국가 및 사업주의 재정에 영향을 미치거나 건설근로자공제회의 재원 확보 및 퇴직공제금 지급 업무에 특별한 어려움이 초래될 일도 없으므로 외국거주 외국인유족을 퇴직공제금을 지급받을 유족의 범위에서 제외할 이유가 없다는 점, … 외국거주 외국인유족은 자신이 거주하는 국가에서 발행하는 공신력 있는 문서로서 퇴직공제금을 지급받을 유족의 자격을 충분히 입증할 수 있으므로 그가 '외국인'이라는 사정 또는 '외국에 거주'한다는 사정이 대한민국 국민인 유족 혹은 국내거주 외국인유족과 달리 취급받을 합리적인 이유가 될 수 없다는 점 등을 종합하면, 심판대상조항은 합리적 이유 없이 **외국거주 외국인유족을 대한민국 국민인 유족 및 국내거주 외국인유족과 차별**하는 것이므로 **평등원칙에 위반**된다(헌재 2023. 3. 23. 2020헌바471).
>
> 🔒 **081.** ○

4회 082 내국인등 지역가입자와 달리 외국인 지역가입자가 보험료를 체납한 경우에는 다음 달부터 곧바로 보험급여를 제한하는 「국민건강보험법」 조항은, 외국인 지역가입자에 대하여 체납횟수와 경제적 사정 등을 전혀 고려하지 않고 예외 없이 1회의 보험료 체납사실만으로도 보험급여를 제한하고 있어 외국인 지역가입자의 평등권을 합리적 이유 없이 침해한다. 24 지방 7   O | X

> 외국인 국민건강보험 지역가입자의 보험료 하한 산정기준, 세대구성, 보험료 체납정보 요청, 보험급여 제한 사건 (국민건강보험법 제109조제10항 등 위헌확인)
> 외국인 지역가입자에 대한 보험급여 제한을 내국인등과 달리 실시하는 것 자체는 합리적인 이유가 있는 차별이나, **보험급여제한 조항**은 다음과 같은 점에서 **합리적인 수준을 현저히 벗어난다.** 보험급여제한 조항은 외국인의 경우 **보험료의 1회 체납만으로도** 별도의 공단 처분 없이 **곧바로 그 다음 달부터 보험급여를 제한**하도록 규정하고 있으므로, 보험료가 체납되었다는 통지도 실시되지 않는다. … 보험료 체납에도 불구하고 보험급여를 실시할 수 있는 예외를 전혀 인정하지 않는 것은 **합리적 이유 없이 외국인을 내국인등과 달리 취급**한 것이다. 따라서 보험급여제한 조항은 청구인들의 **평등권을 침해**한다(헌재 2023. 9. 26. 2019헌마1165).

🔒 082. O

083 내국인 및 영주(F-5)·결혼이민(F-6)의 체류자격을 가진 외국인과 달리 외국인 지역가입자에 대하여 납부할 월별 보험료의 하한을 전년도 전체 가입자의 평균을 고려하여 정하는 구 「장기체류 재외국민 및 외국인에 대한 건강보험 적용기준」 제6조제1항에 의한 별표2 제1호 단서는 합리적인 이유 없이 외국인을 내국인 등과 달리 취급한 것으로서 평등권을 침해한다. 24 국회 8   O | X

> 외국인 국민건강보험 지역가입자의 보험료 하한 산정기준, 세대구성, 보험료 체납정보 요청, 보험급여 제한 사건 (국민건강보험법 제109조제10항 등 위헌확인)
> 보험료하한 조항이 보험급여와 보험료 납부의 상관관계를 고려하고, 외국인의 보험료 납부의무 회피를 위한 출국 등의 제도적 남용 행태를 막기 위하여 **외국인 지역가입자가 납부**해야 할 월별 보험료의 하한을 **내국인등 지역가입자가 부담**하는 보험료 하한(보험료가 부과되는 연도의 전전년도 평균 보수월액보험료의 1천분의 60 이상 1천분의 65 미만의 범위에서 보건복지부장관이 정하여 고시하는 금액)보다 **높게 정한 것**은 **합리적인 이유가 있는 차별**이다(헌재 2023. 9. 26. 2019헌마1165).

🔒 083. ×(평등권 침해 아님)

4회 084 코로나19 확산으로 경제적 타격을 입은 국민들을 지원하기 위한 「긴급재난지원금 가구구성 및 이의신청 처리기준(2차)」이 긴급재난지원금 지급 대상인 '외국인만으로 구성된 가구'에 '영주권자 및 결혼이민자'는 포함시키면서 '난민인정자'를 제외한 것은 합리적 이유 없는 차별이므로 난민인정자의 평등권을 침해한다. 25 변호사 O│X

084-1 외국인만으로 구성된 가구 중 영주권자 및 결혼이민자만을 긴급재난지원금 지급대상에 포함시키고 난민인정자를 제외한 것은, 영주권자 및 결혼이민자는 한국에서 영주하거나 장기 거주할 목적으로 합법적으로 체류한다는 점에서 합리적인 차이가 있으므로 난민인정자의 평등권을 침해하지 않는다. 25 입시 O│X

084-2 외국인만으로 구성된 가구 중 영주권자 및 결혼이민자만을 긴급재난지원금 지급대상에 포함시키고 난민인정자를 제외한 관계부처합동 '긴급재난지원금 가구구성 및 이의신청 처리기준(2차)' 중 해당부분은, '영주권자 및 결혼이민자'와 '난민인정자' 간 합리적 차별이라 할 것이므로 난민인정자의 인간다운 생활을 할 권리를 침해하지 아니한다. 24 경찰 2차 O│X

> **난민인정자 긴급재난지원금 지급대상 제외 사건 (긴급재난지원금 세부시행계획 등 위헌확인)**
> (1) 코로나19로 인하여 경제적 타격을 입었다는 점에 있어서는 영주권자, 결혼이민자, 난민인정자간에 차이가 있을 수 없으므로 그 회복을 위한 지원금 수급 대상이 될 자격에 있어서 역시 이들 사이에 차이가 발생한다고 볼 수 없다. 또한, **'영주권자 및 결혼이민자'**는 한국에서 영주하거나 장기 거주할 목적으로 합법적으로 체류하고 있고, **'난민인정자'** 역시 우리나라에 합법적으로 체류하면서 취업활동에 제한을 받지 않는다는 점에서 영주권자 및 결혼이민자와 차이가 있다고 보기 어렵다. … 그렇다면 이 사건 처리기준이 긴급재난지원금 지급 대상인 외국인만으로 구성된 가구에 **'영주권자 및 결혼이민자'를 포함**시키면서 **'난민인정자'를 제외**한 것은 **합리적 이유 없는 차별**이라 할 것이므로, 이 사건 처리기준은 난민인정자인 청구인의 **평등권을 침해**한다(헌재 2024. 3. 28. 2020헌마1079).
> (2) 청구인은 심판대상조항이 난민인정자인 청구인의 **인간다운 생활을 할 권리도 침해한다는 주장**을 하고 있으나 이는 결국 영주권자 및 결혼이민자에 대해서는 재난지원금을 지급하면서 난민인정자에 대해서는 이를 지급하지 않는 것이 현저히 불합리하다는 주장과 다르지 아니하므로, **평등권 침해 여부를 판단**하는 이상 이에 관하여는 따로 **판단하지 아니한다**(헌재 2024. 3. 28. 2020헌마1079).

🔗 **084.** ○ **084-1.** ×(평등권 침해함) **084-2.** ×(인간다운 생활을 할 권리 판단 안 함)

085 「정부조직법」에 따른 각급 행정기관의 근로자가 가구원인 경우 해당 가구의 격리자를 생활지원비 지원제외 대상으로 정한 '코로나바이러스감염증-19 관련 입원·격리자 생활지원비 지원사업 안내 2-5판' 규정은 위 행정기관의 근로자를 가구원으로 둔 청구인의 평등권을 침해하지 않는다. 26 경간 O│X

> **코로나19 입원·격리자를 위한 생활지원사업 위헌확인 (코로나19 격리자의 가구원이 행정기관 근로자인 경우 생활지원비 지원 제외 사건)**
> 가구는 생계를 같이하는 경제공동체를 의미하는데, 격리자의 가구원 중 **행정기관 근로자**가 있는 경우에는 그 행정기관 근로자가 입원하거나 격리자와 함께 격리되더라도 입원 또는 격리기간 동안 **병가, 공가 등의 유급휴가**를 받을 수 있어 격리자를 포함한 **해당 가구가 생계곤란을 겪을 위험이 현저히 낮다**. … 위와 같은 사정을 종합하면, 이 사건 제외규정이 생계를 같이하는 경제공동체인 가구 단위로 생활지원비를 지원하면서, **격리자의 가구원이 행정기관 근로자인 경우를 지원제외 대상**으로 정한 데에는 **합리적 이유를 인정**할 수 있다. 따라서 **이 사건 제외규정은 청구인의 평등권을 침해하지 않는다**(헌재 2024. 8. 29. 2021헌마450).

🔗 **085.** ○

3회 086 구「감염병의 예방 및 관리에 관한 법률」제70조제1항에 감염병환자가 방문한 영업장의 폐쇄 등과 달리, 감염병의 예방을 위하여 집합제한 조치를 받은 영업장의 손실을 보상하는 규정을 두고 있지 않은 것은 평등권을 침해한다. 24 국회 8

○ | ×

086-1 「감염병예방법」에 근거한 집합제한 조치로 인하여 일반음식점 영업이 제한되어 영업이익이 감소되었다고 하더라도, 일반음식점 운영자가 소유하는 영업시설·장비 등에 대한 구체적인 사용·수익 및 처분권한을 제한받는 것은 아니므로, 보상규정의 부재가 일반음식점 운영자의 재산권을 제한한다고 볼 수 없다. 23 경채

○ | ×

086-2 「감염병예방법」에 근거한 집합제한 조치로 인하여 일반음식점 영업이 제한되어 영업이익이 감소된 경우, 일반음식점 운영자가 소유하는 영업시설·장비 등에 대한 구체적인 사용·수익 및 처분권한을 제한받는 것이므로 보상규정의 부재는 일반음식점 운영자의 재산권을 제한한다고 볼 수 있다. 24 해간

○ | ×

> **집합제한 조치로 발생한 손실을 보상하는 규정을 두지 않은 '감염병의 예방 및 관리에 관한 법률' 조항에 관한 사건 (입법부작위 위헌확인)**
> (1) 정부는 집합제한 조치로 인한 부담을 완화하기 위하여 다양한 지원을 하였고, '소상공인 보호 및 지원에 관한 법률'이 2021년 개정되어 집합제한 조치로 인한 손실을 보상하는 규정이 신설되었다. … 따라서 심판대상조항의 개정 배경과 보상 대상인 조치의 특성에 비추어 영업상 손실이 발생할 것으로 쉽게 예측할 수 있는 **감염병환자 방문 시설의 폐쇄** 등과 달리, **집합제한 또는 금지 조치로 인한 영업상 손실**을 보상하는 규정을 입법자가 미리 마련하지 않았다고 하여 곧바로 **평등권을 침해하는 것이라고 할 수 없다**(헌재 2023. 6. 29. 2020헌마1669).
> (2) 감염병예방법 제49조제1항제2호에 근거한 집합제한 조치로 인하여 청구인들의 **일반음식점 영업이 제한되어 영업이익이 감소**되었다 하더라도, 청구인들이 소유하는 영업 시설·장비 등에 대한 구체적인 사용·수익 및 처분권한을 제한받는 것은 아니므로, 보상규정의 부재가 청구인들의 **재산권을 제한한다고 볼 수 없다**(헌재 2023. 6. 29. 2020헌마1669).

🔗 086. ×(평등권 침해 아님) 086-1. ○ 086-2. ×(재산권 제한 아님)

087 독립유공자의 사망시기에 따라 그 손자녀의 보상금 지급 요건을 달리하거나 보상금 수급대상을 독립유공자의 손자녀 1명으로 한정한 「독립유공자예우에 관한 법률」 조항은 헌법에서 특히 평등을 요구하는 영역에서의 차별에 해당하지 않고 관련 기본권에 중대한 제한을 초래하지도 않는다. 24 경찰 1차

○ | ×

> **독립유공자예우에 관한 법률 제12조제2항 위헌확인**
> 심판대상조항이 독립유공자의 사망시기에 따라 그 **손자녀의 보상금 지급 요건을 달리**하거나 보상금 수급대상을 **독립유공자의 손자녀 1명으로 한정**하는 것은 **헌법에서 특히 평등을 요구**하는 영역에서의 차별에 해당한다고 **볼 수 없고**, 심판대상조항이 관련 **기본권에 중대한 제한을 초래**하는 것으로 보기도 **어렵다**. 독립유공자의 유족에 대한 예우의 제공대상, 범위 및 내용 등은 국가의 경제수준, 재정능력, 전체적인 사회보장 수준, 국민 통합의 필요성 등을 종합적으로 고려하여 결정할 문제로서, 입법자의 광범위한 입법형성의 자유에 속한다. 따라서 심판대상조항의 내용이 **현저하게 합리성이 결여**되어 있는 것이 아닌 한 평등권을 침해한다고 할 수 없다. … 심판대상조항은 청구인의 **평등권을 침해한다고 할 수 없다**(헌재 2022. 1. 27. 2020헌마594).

🔗 087. ○

088 사관생도의 사관학교 교육기간을 현역병 등의 복무기간과 달리 연금 산정의 기초가 되는 군 복무기간으로 산입할 수 있도록 규정하지 아니한 구 「군인연금법」상 조항은 현저히 자의적인 차별이라고 볼 수 없다. 24 경간

O | X

> **사관학교 교육기간의 군인연금법상 복무기간 산입 사건 (군인연금법 제16조제5항 위헌확인)**
> 사관생도는 병역의무의 이행을 위해 본인의 의사와 상관없이 복무 중인 현역병 등과 달리 자발적으로 직업으로서 군인이 되기를 선택한 점, 사관생도의 교육기간은 장차 장교로서의 복무를 준비하는 기간으로 이를 현역병 등의 복무기간과 동일하게 평가하기는 어려운 점 등 군인연금법상 군 복무기간 산입제도의 목적과 취지, 현역병 등과 사관생도의 신분, 역할, 근무환경 등을 종합적으로 고려하면, 심판대상조항이 **사관생도의 사관학교에서의 교육기간을 현역병 등의 복무기간과 달리 연금 산정의 기초가 되는 복무기간으로 산입할 수 있도록 규정하지 아니한 것이 현저히 자의적인 차별이라 볼 수 없다**(헌재 2022. 6. 30. 2019헌마150).

🔖 088. ○

089 국군포로로서 억류기간 동안의 보수를 지급받을 권리를 국내로 귀환하여 등록절차를 거친 자에게만 인정하는 「국군포로의 송환 및 대우 등에 관한 법률」 제9조 제1항은 귀환하지 않은 국군포로를 합리적 이유 없이 차별한 것이라 볼 수 없어 평등원칙에 위배되지 않는다. 23 경찰 2차

O | X

> **국내로 귀환하지 못한 국군포로의 보수지급 청구 사건 (국군포로의 송환 및 대우 등에 관한 법률 제9조제1항 위헌소원)**
> 국군포로가 국가를 위하여 겪은 희생을 위로하고 국민의 애국정신을 함양한다는 국군포로송환법의 취지에 비추어 볼 때 위와 같은 등록 및 등급 부여는 형식적인 절차가 아니라 국군포로에 대한 대우와 지원을 통하여 국군포로송환법의 취지를 구현하기 위한 필수적인 절차이다. 그런데 귀환하지 못한 국군포로의 경우에는 그와 같은 등록을 신청하는 것 자체가 불가능하다. 6·25 전쟁이 발발한 지 오랜 시간이 흘렀을 뿐만 아니라 북한은 국군포로의 존재 자체를 부인하는 등 국군포로의 존재 및 생사 여부에 대한 확인이 어려워, 북한을 이탈하여 대한민국에 귀환한 국군포로 본인의 주장과 신청에 의하는 경우 외에는 다른 등록방법을 상정하기 어렵기 때문이다. … 위와 같은 점들을 고려하면 심판대상조항이 **국군포로가 귀환하여 등록절차를 거친 경우에** 억류기간(단, 60세가 되는 날이 속하는 달까지)에 대한 보수를 지급하도록 하고 **귀환하지 못한 국군포로에 대하여 이를 인정하지 않는 것에는 합리적인 이유**가 있다. 따라서 심판대상조항은 **평등원칙에 위배되지 않는다**(헌재 2022. 12. 22. 2020헌바39).

🔖 089. ○

090 3·1운동의 정신과 4·19민주이념이 헌법 전문에 함께 규정되어 있는 점을 감안하여 보면, 4·19혁명공로자에 대한 보훈 수준은 애국지사와 동일하게 설정되어야 한다. 22 법무사

O | X

> **국가유공자 등 예우 및 지원에 관한 법률 제16조의4 등 위헌확인**
> 국가유공자나 그 가족에 대한 보상은 국가유공자의 희생과 공헌의 정도에 따른다. 4·19혁명공로자와 건국포장을 받은 애국지사는 활동기간의 장단(長短), 활동 당시의 시대적 상황, 국권이 침탈되었는지 여부, 인신의 자유 제약 정도, 입은 피해의 정도, 기회비용 면에서 차이가 있다. 이와 같은 점을 고려하면, 입법자가 **4·19혁명공로자**의 희생과 공헌의 정도를 **건국포장을 받은 애국지사와 달리 평가**하여 이 사건 법률조항에서 4·19혁명공로자에 대한 보훈급여의 종류를 수당으로 정하고, 이 사건 시행령조항에서 **보훈급여의 지급금액을 애국지사보다 적게 규정**한 것이 **합리적인 이유 없는 차별이라 할 수 없다**(헌재 2022. 2. 24. 2019헌마883).

🔖 090. ×(합리적인 이유가 있으므로 차별 취급 가능함)

5회 091 국립묘지 안장 대상자의 사망 당시의 배우자가 재혼한 경우에는 국립묘지에 안장된 안장 대상자와 합장할 수 없도록 규정한 「국립묘지의 설치 및 운영에 관한 법률」 조항은 안장 대상자의 사망 후 배우자가 재혼하였다는 이유만으로 그 기여를 전혀 고려하지 않고 일률적으로 국립묘지 합장 대상에서 제외하여 재혼한 배우자를 불합리하게 차별한 것으로서 평등원칙에 위배된다. 24 해간   O | X

091-1 국립묘지 안장 대상자의 사망 당시의 배우자가 재혼한 경우에 국립묘지에 안장된 안장 대상자와 합장할 수 없도록 하는 것은 안장 대상자가 사망한 뒤 그 배우자의 재혼을 제한하는 결과를 초래하여 혼인과 가족생활 보장에 관한 헌법 제36조 제1항에 위반된다. 25 소간   O | X

> **안장 대상자 배우자의 국립묘지 합장 사건 (국립묘지의 설치 및 운영에 관한 법률 제5조제3항제1호단서 위헌소원)**
> (1) 안장 대상자의 사망 후 **재혼하지 않은 배우자**나 **배우자 사망 후 안장 대상자가 재혼한 경우의 종전 배우자**는 자신이 사망할 때까지 안장 대상자의 배우자로서의 실체를 유지하였다는 점에서 합장을 허용하는 것이 국가와 사회를 위하여 헌신하고 희생한 안장 대상자의 충의와 위훈의 정신을 기리고자 하는 국립묘지 안장의 취지에 부합하고, **안장 대상자의 사망 후 그 배우자가 재혼**을 통하여 새로운 가족관계를 형성한 경우에 그를 안장 대상자와의 합장 대상에서 제외하는 것은 **합리적인 이유**가 있다. 따라서 심판대상조항은 **평등원칙에 위배되지 않는다**(헌재 2022. 11. 24. 2020헌바463).
> (2) 청구인은, 심판대상조항이 안장 대상자의 배우자가 재혼한 경우에는 종전 혼인에서 발생한, 국립묘지에 안장 대상자와 합장될 수 있는 권리를 소멸시킴으로써 재혼을 제한하는 결과를 초래하여 헌법 제36조 제1항을 위반한다고 주장한다. 그러나 심판대상조항이 안장 대상자의 **배우자가 재혼하는 것을 법적으로 금지하고 있지 않은 이상**, 재혼으로 인해 국립묘지에 합장되지 못한다 하더라도 **혼인과 가족생활 보장에 관한 헌법 제36조 제1항이 문제되는 것은 아니므로**, 이에 대해서는 판단하지 않는다(헌재 2022. 11. 24. 2020헌바463).
>
> 📌 091. ×(평등원칙 위배 아님) 091-1. ×(헌법 제36조 제1항 문제 아님)

092 국공립어린이집, 사회복지법인어린이집, 법인·단체등어린이집 등과 달리 민간어린이집에는 보육교직원 인건비를 지원하지 않는 '2020년도 보육사업안내(2020. 1. 10. 보건복지부지침)'상 조항은 합리적 근거 없이 민간어린이집을 운영하는 청구인을 차별하여 청구인의 평등권을 침해한다. 24 경간   O | X

> **국공립어린이집과 달리 민간어린이집에는 보육교직원 인건비를 지원하지 않는 보건복지부지침에 관한 위헌소원 사건 (2020년도 보육사업안내 중 X. 보육예산 지원 1. 공통사항 부분 등 위헌확인)**
> 영유아보육법상 어린이집은 설치·운영의 주체가 인건비 지원을 받고 있는지 및 영리를 추구할 수 있는지에 따라 두 유형으로 구별된다. 국공립어린이집, 사회복지법인어린이집, 법인·단체등어린이집은 보육예산으로부터 인건비 지원을 받으나 영리 추구를 제한받는다. 민간어린이집, 가정어린이집은 보육예산으로부터 인건비 지원을 받지 못하지만 영리를 추구하는 것이 일반적이다. 두 유형 사이에는 성격상 차이가 있으므로, 둘을 단순 비교하여 인건비 지원이 자의적으로 이루어지는지 판단하기는 쉽지 않다. … 이상을 종합하여 보면, 심판대상조항이 **합리적 근거 없이 민간어린이집**을 운영하는 청구인을 차별하여 청구인의 **평등권을 침해하였다고 볼 수 없다**(헌재 2022. 2. 24. 2020헌마177).
>
> 📌 092. ×(평등권 침해 아님)

093 전기판매사업자에게 약관의 명시·교부의무를 면제한 「약관의 규제에 관한 법률」 해당 조항 중 '전기사업'에 관한 부분은 일반 사업자와 달리 전기판매사업자에 대하여 약관의 명시·교부의무를 면제하고 있더라도 평등원칙에 위반되지 아니한다. 25 경간 ⓞ | ⓧ

> **약관의 규제에 관한 법률 제3조제2항제2호 위헌소원**
> 전기판매사업자는 전기사용자의 이익을 보호하기 위해 마련된 전기사업법과 그 시행령에서 정한 기준에 따라 공급약관을 마련하고, 주무관청의 인가를 받아야 하므로 전기판매사업자가 관련 규정을 준수하여 공급약관을 작성 또는 변경하고 인가받았다면, 그 내용의 공정성이 어느 정도 확보되어 소비자 보호라는 목적을 일응 달성할 수 있다. … 나아가 전기사용자는 전기판매사업자인 한국전력공사의 사업소와 인터넷 홈페이지를 통해 공급약관을 확인할 수 있다. 따라서 심판대상조항이 일반 사업자와 달리 **전기판매사업자에 대하여 약관의 명시·교부의무를 면제**하더라도, 그러한 차별을 정당화할 **합리적인 이유가 존재**한다고 볼 수 있으므로, 심판대상조항은 **평등원칙에 위반되지 않는다**(헌재 2024. 4. 25. 2022헌바65).
>
> 🔒 093. ⓞ

094 근로자의 날을 관공서의 공휴일에 포함시키지 않은 「관공서의 공휴일에 관한 규정」 조항은 공무원의 평등권을 침해하지 않는다. 25 입시 ⓞ | ⓧ

094-1 근로자의 날을 관공서의 공휴일에 포함시키지 않은 「관공서의 공휴일에 관한 규정」은 공무원의 평등권을 침해한다. 23 소간 ⓞ | ⓧ

094-2 근로자의 날을 관공서의 공휴일에 포함시키지 않은 「관공서의 공휴일에 관한 규정」 제2조 본문은, 근로자의 날에 출근을 하게 되어 다른 근로자들과 의사교환을 하고 기념행사 및 집회에 참석하는 등 집단적 소통의 기회를 갖지 못하게 하므로, 공무원의 집회의 자유를 침해한다. 25 경찰1차 ⓞ | ⓧ

> **근로자의 날을 관공서 공휴일에 포함시키지 않은 규정에 대한 사건 (관공서의 공휴일에 관한 규정 제2조 본문 위헌확인)**
> (1) 심판대상조항이 근로자의 날을 공무원의 유급휴일로 규정하지 않았다고 하여 일반근로자에 비해 **현저하게 부당하거나 합리성이 결여되어 있다고 보기 어려우므로**, 헌법재판소의 위 선례의 입장은 그대로 타당하고, 심판대상조항은 청구인들의 **평등권을 침해한다고 볼 수 없다**(헌재 2022. 8. 31. 2020헌마1025).
> (2) 근로자의 날을 공휴일로 규정하지 않은 심판대상조항에 따라 공무원인 청구인들은 근로자의 날에도 복무를 하여야 하고 근무시간에 집회를 하거나 기념행사를 자유롭게 할 수 없다. 그러나 심판대상조항은 공무원의 단결권이나 집회의 자유 등을 제한하기 위한 목적의 규정이 아니고, 공무원인 청구인들에게 근로자의 날 기념행사 및 집회 등에 참석하는 것을 직접적으로 방해하거나 금지하는 규정도 아니다. 따라서 심판대상조항이 근로자의 날을 공무원의 유급휴일로 보장하지 않았다고 하여 직접적으로 청구인들의 **단결권 및 집회의 자유를 제한한다고 볼 수 없으므로**, 심판대상조항은 청구인들의 **단결권 및 집회의 자유를 침해하지 아니한다**(헌재 2022. 8. 31. 2020헌마1025).
>
> 🔒 094. ⓞ 094-1. ⓧ(평등권 침해 아님) 094-2. ⓧ(집회의 자유 제한 아님)

095 일반직 공무원은 기술·연구 또는 행정 일반에 대한 업무를 담당하는 공무원으로서 경찰공무원과는 담당 직무가 다르고, 공무원 재산등록제도의 취지에 비추어 본 재산등록의 필요성 정도도 서로 다르므로, 일반직 공무원과 달리 경찰업무의 특수성을 고려하여 경사 계급까지 공직자 재산등록의무를 부과한 것은 합리적인 이유가 있으므로 경사의 평등권을 침해한다고 볼 수 없다. 24 해간 Ⓞ|Ⓧ

> **공직자윤리법 제3조제1항제13호 등 위헌확인**
> 일반직 공무원은 기술·연구 또는 행정 일반에 대한 업무를 담당하는 공무원으로서 경찰공무원과는 담당 직무가 다르고, 공무원 재산등록제도의 취지에 비추어 본 재산등록의 필요성 정도도 서로 다르다. 일반직 공무원과 달리 경찰업무의 특수성을 고려하여 **경사 계급까지 등록의무를 부과**한 것은 합리적인 이유가 있으므로 심판대상조항이 청구인 권○○의 **평등권을 침해한다고 볼 수 없다**(헌재 2024. 2. 28. 2021헌마845).

🔗 095. ○

096 확정판결의 기초가 된 민사나 형사의 판결, 그 밖의 재판 또는 행정처분이 다른 재판이나 행정처분에 따라 바뀌어 당사자가 행정소송의 확정판결에 대하여 재심을 제기하는 경우, 재심제기기간을 30일로 정한 「민사소송법」을 준용하는 「행정소송법」 제8조제2항 중 「민사소송법」 제456조제1항 가운데 제451조제1항제8호에 관한 부분을 준용하는 부분은 행정소송 당사자의 평등권을 침해한다. 24 국회 8 Ⓞ|Ⓧ

> **민사소송법 제456조제1항 등 위헌소원**
> 대립 당사자 간에 발생한 법률적 분쟁에 관하여 사실관계를 확정한 후 법을 해석·적용함으로써 분쟁을 해결한다는 절차적 측면에서 **민사소송과 행정소송은 유사**하다. 재심기간제한조항이 **민사소송과 동일**하게 재심제기기간을 30일로 정한 것이 행정소송 당사자의 **평등권을 침해하지 않는다**(헌재 2023. 9. 26. 2020헌바258).

🔗 096. ✕(평등권 침해 아님)

2회 097 '직계혈족, 배우자, 동거친족, 동거가족 또는 그 배우자' 이외의 친족 사이의 재산범죄를 친고죄로 규정한 「형법」 제328조제2항은 일정한 친족 사이에서 발생한 재산범죄의 경우 피해자의 고소를 소추조건으로 정하여 피해자의 의사에 따라 국가형벌권 행사가 가능하도록 한 것으로서 합리적 이유가 있다. 25 경간 Ⓞ|Ⓧ

097-1 직계혈족, 배우자, 동거친족, 동거가족 또는 그 배우자 이외의 친족 간에 권리행사방해죄를 범한 때는 고소가 있어야 공소를 제기할 수 있도록 한 형법 제328조 제2항은 '친족으로부터 재산적인 피해를 입은 국민'을 다른 국민과의 관계에서 합리적인 이유 없이 차별하여 헌법 제11조 제1항의 평등원칙에 위반된다. 25 법원 9 Ⓞ|Ⓧ

> **형법 제328조제2항 위헌소원**
> **친족 사이에 발생한 재산범죄**의 경우 친족관계의 특성상 친족 사회 내부에서 피해의 회복 등 자율적으로 문제를 해결할 가능성이 크고 재산범죄는 피해의 회복이나 손해의 전보가 비교적 용이한 경우가 많은 점, 형사소송법은 고소권자인 피해자의 고소의 의사표시가 어려운 경우의 보완규정을 두고 있는 점을 종합하면, **피해자의 고소를 소추조건으로 하여 피해자의 의사에 따라 국가형벌권 행사가 가능**하도록 한 심판대상조항은 **합리적 이유**가 있으므로 **평등원칙에 위배된다고 보기 어렵다**(헌재 2024. 6. 27. 2023헌바449).

🔗 097. ○ 097-1. ✕(평등원칙 위배 아님)

3회 098 지원에 의하여 현역복무를 마친 여성의 경우 현역복무 과정에서의 훈련과 경험을 통해 예비전력으로서의 자질을 갖추고 있을 것으로 추정할 수 있으므로 지원에 의하여 현역복무를 마친 여성을 예비역 복무의무자의 범위에서 제외한 「군인사법」 조항은 예비역복무의무자인 남성인 청구인의 평등권을 침해한다. 24 경찰 1차 O | X

> **군인의 지위 및 복무에 관한 기본법 시행령 제9조제3항 위헌확인 등**
> **지원에 의하여 현역복무를 마친 여성**의 경우, 현역복무에 필요한 **신체적 능력**을 갖추었다고 볼 수 있고, 현역복무 과정에서의 훈련과 경험을 통해 **예비전력으로서 갖추어야 할 자질**을 갖추고 있을 것으로 추정할 수 있으므로, 이러한 집단에 대하여 예비역 복무의무를 부과하지 않으면서 현역복무를 마친 남자에게만 예비역 복무의무를 부과하는 것이 합리적인지 여부에 의문이 제기될 수 있다. 그러나 국가 비상시 요청되는 예비전력의 성격이나 전시 요구되는 장교와 병의 비율, 예비역 인력 운영의 효율성 등을 고려하면, 현역복무를 마친 여성에 대한 예비역 복무 의무 부과는 국방력의 유지 및 병역동원의 소요(所要)를 충족할 수 있는 합리적 병력충원제도의 설계와 국방의 의무의 공평한 분담, 건전한 국가 재정, 여군의 역할 확대 및 복무 형태의 다양성 요구 충족 등을 복합적으로 고려하여 결정할 사항으로, 현재의 시점에서 제반 상황을 종합적으로 고려한 입법자의 판단이 현저히 자의적이라고 단정하기 어렵다. 이 사건 예비역 조항으로 인한 **차별취급을 정당화할 합리적 이유가 인정**되므로, 이 사건 예비역 조항은 청구인의 **평등권을 침해하지 아니한다**(헌재 2023. 10. 26. 2018헌마357).

098. ×(평등권 침해 아님)

099 군인 등에 대하여 항문성교나 그 밖의 추행을 한 사람을 처벌하는 「군형법」 조항은 평등원칙에 위반되지 아니한다. 25 국회 8 O | X

099-1 군형법상 추행죄는 상명하복체계로서 대부분 남성으로 구성된 군 조직의 특수성, 군기 확립 및 전투력 보호라는 공익 등을 종합하여 보면 과잉금지원칙에 위배되어 군인의 성적 자기결정권 또는 사생활의 비밀과 자유를 침해한다고 볼 수 없고, 평등원칙에도 위배되지 아니한다. 출제예상 O | X

> **군형법 추행 사건 (군형법 제92조의6 위헌제청)**
> (1) 여전히 절대 다수의 군 병력은 남성으로 이루어져 있고, 이러한 젊은 남성 의무복무자들은 생활관이나 샤워실 등 생활공간까지 모두 공유하면서 장기간의 폐쇄적인 단체생활을 해야 하므로, 일반 사회와 비교하여 **동성 군인 사이에 성적 행위가 발생할 가능성**이 높다. 이러한 점에 비추어보면, 이 사건 조항이 이성 군인과 달리 **동성 군인 간 합의에 의한 성적 행위를 처벌**하는 것에는 **합리적인 이유가 있다**고 볼 수 있으므로, 이 사건 조항은 **평등원칙에 위반되지 아니한다**(헌재 2023. 10. 26. 2017헌가16 등).
> (2) 군대는 상명하복의 수직적 위계질서체계 하에 있으므로, 직접적인 폭행·협박이 없더라도 위력에 의한 경우 또는 자발적 의사합치가 없는 동성 군인 사이의 추행에 대해서는 처벌의 필요성이 인정된다. 뿐만 아니라, 동성 군인 사이의 합의에 의한 성적 행위라 하더라도 그러한 행위가 근무장소나 임무수행 중에 이루어진다면, 이는 국군의 전투력 보존에 심각한 위해를 초래할 위험성이 있으므로, 이를 처벌한다고 하여도 과도한 제한이라고 할 수 없다. 그렇다면 이 사건 조항은 과잉금지원칙에 위배하여 **군인의 성적 자기결정권 또는 사생활의 비밀과 자유를 침해한다고 볼 수 없다**(헌재 2023. 10. 26. 2017헌가16 등).
> (3) 군형법 제92조의6의 제정취지, 개정연혁 등을 살펴보면, 이 사건 조항은 동성 간의 성적 행위에만 적용된다고 할 것이고, 추행죄의 객체 또한 군인·군무원 등으로 명시하고 있으므로 불명확성이 있다고 볼 수 없다. 이러한 점에 비추어보면, 건전한 상식과 통상적인 법 감정을 가진 군인, 군무원 등 군형법 피적용자는 어떠한 행위가 이 사건 조항의 구성요건에 해당되는지 여부를 충분히 파악할 수 있다고 판단되므로, 이 사건 조항은 **죄형법정주의의 명확성원칙에 위배되지 아니한다**(헌재 2023. 10. 26. 2017헌가16 등).

099. ○ **099-1.** ○

100 2000년 7월 1일 이전에 결정·고시된 도시계획시설결정의 실효에 관한 기산일을 2000년 7월 1일로 정한 「국토의 계획 및 이용에 관한 법률」 부칙 해당 부분은 2000년 7월 1일 이후에 고시된 도시계획시설결정의 실효기간은 고시일로부터 20년인 데 비하여, 그 전에 고시된 도시계획시설결정의 실효기간은 고시일로부터 20년이 초과되는 결과를 가져오는데 이러한 차별에는 합리적인 이유가 없으므로 평등원칙에 반한다. 25 경찰 1차 ⓞⅠ×

> **국토의 계획 및 이용에 관한 법률 부칙 제16조제1항제1호 등 위헌소원**
> 2000. 7. 1. 이전과 이후에 고시된 도시계획시설결정들 사이에 다른 실효기간이 적용되는 것이나 2000. 7. 1. 이전에 결정·고시된 도시계획시설결정들 사이에 이미 경과된 기간의 장단에 따라 차등을 두지 않고 일률적으로 실효기산일을 적용하는 것에는 모두 합리적인 이유가 있으므로, 이 사건 부칙조항은 **평등원칙에 위반되지 아니한다**(헌재 2024. 8. 29. 2020헌바602 등).

🔗 **100.** ×(평등원칙 위반 아님)

---

101 성폭력범죄를 저질러 벌금형이 확정된 체육지도자의 자격을 필요적으로 취소하도록 개정된 「국민체육진흥법」 조항을 개정법 시행 후 발생하는 자격취소사유부터 적용하도록 한 같은 법 부칙 제4조 중 해당 부분은 개정법 시행일을 기준으로 하여 성폭력범죄로 이미 벌금형이 확정된 체육지도자와 그렇지 않은 체육지도자를 합리적인 이유 없이 달리 취급하는 것이므로 평등원칙에 위반된다. 25 경찰 1차 ⓞⅠ×

> **국민체육진흥법 부칙 제3조 등 위헌소원**
> 이 사건 부칙조항이 개정법 시행일을 기준으로 하여 성폭력범죄로 이미 벌금형이 확정된 체육지도자와 그렇지 않은 체육지도자를 달리 취급하지만, 이는 자격취소조항의 입법목적을 효과적으로 달성하기 위한 것이다. 개정 전 국민체육진흥법 시행 당시 이미 성폭력범죄로 벌금형이 확정된 체육지도자의 경우 개정 전 국민체육진흥법에 근거한 제재처분의 요건이 충족된 상태이므로, 이들과 유죄판결 등의 확정 여부가 아직 결정되지도 아니한 체육지도자 사이에는 본질적인 차이가 있다. 따라서 이 사건 부칙조항은 **평등원칙에 위반되지 아니한다**(헌재 2024. 8. 29. 2023헌바73).

🔗 **101.** ×(평등원칙 위반 아님)

---

102 「공유재산 및 물품 관리법」 제6조제1항을 위반하여 행정재산을 사용하거나 수익한 자를 형사처벌하는 「공유재산 및 물품 관리법」 제99조는 사유재산을 점유한 자의 경우와 달리 형사적 제재를 가하는 것으로서 합리적 이유가 없으므로 평등원칙에 위배된다. 25 경찰 1차 ⓞⅠ×

> **공유재산 및 물품 관리법 제99조 위헌소원**
> 사유재산의 적절한 관리, 활용은 기본적으로 소유자인 사인의 이익에 기여할 뿐이지만, 행정재산의 적절한 관리, 활용은 지방자치단체와 주민 전체의 이익에 귀속되고 특히 지방자치단체를 위한 재원 확보의 수단이라는 점에서, 행정재산을 정당한 권원 없이 사용·수익하는 경우 **사유재산과 달리 형사적 제재를 가하는 것은 합리적인 이유가 있으므로 평등원칙에 위배되지 않는다**(헌재 2024. 8. 29. 2022헌바170).

🔗 **102.** ×(평등원칙 위배 아님)

출제예상

103 병원·치과병원·종합병원과 달리 정신병원의 경우에는 한의사를 두어 한의과 진료과목을 추가로 설치·운영할 수 있다고 규정하지 아니한 의료법 조항은 정신병원을 운영하는 청구인의 평등권을 침해한다.

<헌법불합치, 계속적용>

> **의료법 제43조제1항 등 위헌확인 (정신병원의 한의과 진료과목 추가 설치·운영 사건)**
> 심판대상조항의 입법목적은 병원급 의료기관 내에서 협진을 가능하게 하여 의료 소비자의 권익을 향상하려는 것이고, 정신병원에 한의사를 두어 한의과 진료과목을 추가로 설치·운영할 필요성이 종합병원·병원·치과병원에 비하여 낮다고 보기 어렵다. 더욱이, 의료법 제43조제2항 등에 따라 한방병원에 정신건강의학과를 추가로 설치·운영하는 것은 허용하면서, 정신병원은 한의과 진료과목을 추가로 설치·운영할 수 없다고 할 만한 사유를 찾아보기 어렵다. … 위와 같은 점을 종합하면 심판대상조항이 **정신병원을 운영하는 자**를 종합병원·병원·치과병원을 운영하는 자와 **달리 취급하는 데에 합리적인 이유가 있다고 볼 수 없으므로,** 심판대상조항은 정신병원을 운영하는 청구인의 **평등권을 침해**한다(헌재 2025. 1. 23. 2021헌마886).

104 우편을 이용한 접근금지를 피해자보호명령에 포함시키지 아니한 구 '가정폭력범죄의 처벌 등에 관한 특례법' 조항은 평등원칙에 위배되지 아니한다.

<4 : 5 합헌>

> **가정폭력처벌법상 피해자보호명령 사건 (가정폭력범죄의 처벌 등에 관한 특례법 제55조의2제1항 위헌소원)**
> 피해자보호명령제도는 가정폭력행위자가 피해자와 시간적·공간적으로 매우 밀접하게 관련되어 즉시 조치를 취하지 않으면 피해자에게 회복할 수 없는 피해를 입힐 가능성이 있을 때에 법원의 신속한 권리보호명령이 이루어질 수 있도록 하는 것이 입법의 주요한 목적 중 하나이다. 그런데 전기통신을 이용한 접근행위의 피해자와 우편을 이용한 접근행위의 피해자는 피해의 긴급성, 광범성, 신속한 조치의 필요성 등의 측면에서 차이가 있다. … 이러한 피해자보호명령제도의 특성, 우편을 이용한 접근행위의 성질과 그 피해의 정도 등을 고려할 때, 입법자가 심판대상조항에서 우편을 이용한 접근금지를 피해자보호명령의 종류로 정하지 아니하였다고 하더라도 이것이 입법자의 재량을 벗어난 자의적인 입법으로서 **평등원칙에 위반된다고 보기 어렵다**(헌재 2023. 2. 23. 2019헌바43).

105 영화업자가 영화근로자와 계약을 체결할 때 근로시간을 구체적으로 밝히도록 하고 위반 시 처벌하는 영화 및 비디오물의 진흥에 관한 법률 조항은 영화제작계약을 일반적인 근로계약과 마찬가지로 취급하는 것으로서 영화업자의 평등권을 침해하지 않는다.

<합헌>

> **영화근로자에 대한 근로시간 명시의무 사건 (영화 및 비디오물의 진흥에 관한 법률 제3조의4 등 위헌소원)**
> 심판대상조항은 사용자로 하여금 근로계약을 체결할 때 소정근로시간을 명시하도록 하는 근로기준법 조항이 영화근로자와 계약을 체결하는 영화업자에게도 적용됨을 분명히 한 것으로서, 사용자에 비해 상대적으로 취약한 지위에 있는 근로자를 보호하기 위해서 핵심적인 근로조건에 해당하는 근로시간을 근로계약 체결 당시에 미리 알리도록 할 필요가 있는 것은 영화근로자의 경우에도 마찬가지이다. 영화근로자의 업무가 재량근로 대상 업무에 해당할 수 있다는 사실만으로 달리 볼 수도 없다. 따라서 심판대상조항은 **영화업자의 평등권을 침해하지 않는다**(헌재 2022. 11. 24. 2018헌바514).

106 도시개발법의 도시개발사업, '도시 및 주거환경정비법'의 재개발사업 및 재건축사업, '빈집 및 소규모주택 정비에 관한 특례법'에 따른 가로주택정비사업 및 소규모재건축사업 등에 대해서는 사업시행 결과 사업구역 내 가구 수가 증가하지 아니하는 경우에는 학교용지부담금을 부과할 수 없도록 하면서, 주택법에 따른 주택건설사업에 대해서는 가구 수 증가와 상관없이 개발사업의 결과로 지어지는 전체 가구 수에 대하여 학교용지부담금을 부과하는 구 '학교용지 확보 등에 관한 특례법' 조항은 평등원칙에 위배되지 아니한다. `6:2 합헌`

> **구 학교용지 확보 등에 관한 특례법 제5조제1항 위헌소원 (학교용지부담금 부과 제외 대상 사건)**
> **도시개발법상 도시개발사업**이나 **도시정비법상 재개발사업 및 재건축사업**, 소규모주택정비법상 가로주택정비사업 및 소규모재건축사업 등은 그 실질이 **모두 기존 주택의 재건축**에 해당하는데, 이들 개발사업을 시행하는 조합의 조합원은 사업구역 내에 위치한 토지 또는 건물의 소유자 등으로 **기존 세대가 사업을 주도**하고 기존 세대 대부분이 조합원의 지위에서 분양을 받아 **사업시행 이후 그대로 거주**한다. 반면 주택법의 적용을 받는 **주택건설사업**은 사업주체가 택지를 매입하여 신규 주택을 건설하고 공급하는 사업으로, **기존 세대와 무관하게 신규 주택을 건설·공급**하게 되므로 사업시행 이후 기존 세대가 이전하고 **인구가 새로 유입되는 상황**을 예정하고 있다. 이와 같이 기존 세대가 잔류하지 아니하고 **인구가 새로 유입되면서 세대가 교체**되어 그 구성원에 변동이 생기는 상황이라면 **가구 수 자체의 변동이 없더라도 취학 수요가 증가하여 학교시설을 확보할 필요성이 유발**된다고 볼 수 있는데, 입법자가 이러한 주택법상 주택건설사업의 실질을 고려하여 주택법상 주택건설사업의 경우 **신축된 전체 가구 수를 기준**으로 학교용지부담금을 부과할 수 있도록 정한 것은 합리적인 이유가 있다. … **심판대상조항은 평등원칙에 위배되지 아니한다**(헌재 2025. 4. 10. 2020헌바363 등).

06 죄형법정주의

기출OX

107 종합문화재수리업을 하려는 자에게 요구되는 기술능력의 등록 요건을 대통령령에 위임하고 있는 「문화재수리 등에 관한 법률」 제14조제1항 문화재수리업 중 '종합문화재수리업'을 하려는 자의 '기술능력'에 관한 부분은 죄형법정주의에 위배되지 않는다. 24 국회 8 O | X

> **문화재수리 등에 관한 법률 제10조제3항 등 위헌소원**
> 종합문화재수리업의 기술능력에 관한 구체적인 사항은 문화재수리업의 시장 현실, 문화재수리 기술 및 관련 정책의 변화 등을 고려하여 그때그때의 상황에 맞게 규율하여야 할 필요가 있으므로 **위임의 필요성이 인정**된다. 또한, 관련조항 등을 종합하여 보면, 대통령령에 규정될 내용은 종합문화재수리업에 필요한 일정한 기술 및 자격을 갖춘 문화재수리기술자·문화재수리기능자 등의 인원수 내지 수준 등에 관한 사항이 될 것임을 충분히 예측할 수 있다. 따라서 심판대상조항은 **죄형법정주의 및 포괄위임금지원칙에 위배되지 아니한다**(헌재 2023. 6. 29. 2020헌바109).

107. ○

07 책임과 형벌의 비례원칙

기출OX

3회 108 음주운전 금지규정 위반 또는 음주측정거부 전력을 가중요건으로 삼으면서 해당 전력과 관련하여 아무런 시간적 제한도 두지 않은 채 뒤에 행해진 음주운전 금지규정 위반행위를 가중처벌하는 것은 책임에 비해 과도한 형벌을 규정한 것이다. 23 5급 [O│X]

> 도로교통법 제148조의2 제1항 위헌제청 (1. 음주운전 금지규정 위반 또는 음주측정거부 전력자가 다시 음주운전을 한 경우 가중처벌 사건)
> 심판대상조항은 음주운전 금지규정 위반 또는 음주측정거부 전력을 **가중요건**으로 삼으면서 해당 전력과 관련하여 **형의 선고나 유죄의 확정판결**을 받을 것을 요구하지 않는데다 **아무런 시간적 제한도 두지 않은 채 뒤에 행해진 음주운전 금지규정 위반행위를 가중처벌**하도록 하고 있어, 과거의 위반행위 이후 상당히 오랜 시간이 지나 '반규범적 행위'나 '반복적인 행위' 등이라고 평가하기 어려운 음주운전 금지규정 위반행위를 한 사람에 대해서는 **책임에 비해 과도한 형벌을 규정**하고 있다고 하지 않을 수 없다. … 그러므로 심판대상조항은 **책임과 형벌 간의 비례원칙에 위반**된다(헌재 2022. 5. 26. 2021헌가30).

108. O

109 음주측정거부 전력이 1회 이상 있는 사람이 다시 음주운전 금지규정 위반행위를 한 경우 2년 이상 5년 이하의 징역이나 1천만 원 이상 2천만 원 이하의 벌금에 처하도록 한 구 도로교통법 제148조의2 제1항 중 '제44조 제2항을 1회 이상 위반한 사람으로서 다시 같은 조 제1항을 위반한 사람'에 관한 부분은 책임과 형벌 간의 비례원칙에 위반된다. 25 법원9 [O│X]

> 구 도로교통법 제148조의2 제1항 위헌제청 (음주측정거부 전력자가 다시 음주운전 금지규정 위반행위 또는 음주측정거부 행위를 한 경우 가중처벌 사건)
> 심판대상조항은 **음주측정거부 전력이 1회 이상 있는 사람**이 **다시 음주운전 금지규정 위반행위**를 한 경우에 대한 처벌을 강화하기 위한 규정인데, 가중요건이 되는 과거의 위반행위와 처벌대상이 되는 재범 음주운전 금지규정 위반행위 사이에 **아무런 시간적 제한을 두지 않고 있다.** … 또한 심판대상조항은 과거 위반 전력의 시기 및 내용이나 음주운전 당시의 혈중알코올농도 수준과 발생한 위험 등을 고려할 때 비난가능성이 상대적으로 낮은 재범행위까지도 **법정형의 하한인 2년 이상의 징역 또는 1천만 원 이상의 벌금을 기준으로 처벌**하도록 하고 있어, **책임과 형벌 사이의 비례성을 인정하기 어렵다.** 따라서 심판대상조항은 **책임과 형벌 간의 비례원칙에 위반**된다(헌재 2022. 8. 31. 2022헌가14).

109. O

110 음주운전 금지규정 위반 전력이 1회 이상 있는 사람이 다시 음주측정거부를 한 경우 2년 이상 5년 이하의 징역이나 1천만 원 이상 2천만 원 이하의 벌금에 처하도록 규정한 구 도로교통법 제148조의2 제1항 및 도로교통법 제148조의2 제1항 중 각 '제44조 제1항을 1회 이상 위반한 사람으로서 다시 같은 조 제2항을 위반한 사람'에 관한 부분은 책임과 형벌 간의 비례원칙에 위반된다. 25 법원9 O | X

> **도로교통법 제148조의2 제1항 위헌제청 (2. 음주운전 금지규정 위반 전력자가 다시 음주측정거부를 한 경우 가중처벌 사건)**
> 심판대상조항은 **음주운전 금지규정 위반 전력이 1회 이상 있는 사람**이 **다시 음주측정거부행위**를 한 경우에 대한 처벌을 강화하기 위한 규정인데, 가중요건이 되는 과거의 위반행위와 처벌대상이 되는 재범 음주측정거부행위 사이에 **아무런 시간적 제한을 두지 않고 있다**. … 또한 심판대상조항은 과거 위반 전력의 시기 및 내용이나 음주측정거부 당시의 음주 의심 정도와 발생한 위험 등을 고려할 때 비난가능성이 상대적으로 낮은 재범행위까지도 **법정형의 하한인 2년 이상의 징역 또는 1천만 원 이상의 벌금을 기준으로 처벌**하도록 하고 있어, **책임과 형벌 사이의 비례성을 인정하기 어렵다**. 따라서 심판대상조항은 **책임과 형벌 간의 비례원칙에 위반**된다(헌재 2022. 5. 26. 2021헌가32 등).
>
> 110. O

111 음주운항 전력이 있는 사람이 다시 음주운항을 한 경우 2년 이상 5년 이하의 징역이나 2천만 원 이상 3천만 원 이하의 벌금에 처하도록 규정한 「해사안전법」상 조항은 책임과 형벌의 비례원칙에 위반되지 않는다. 24 경간 O | X

> **음주운항 재범에 대한 가중처벌 사건 (해사안전법 제104조의2제2항 위헌제청)**
> 심판대상조항은 가중요건이 되는 과거의 위반행위와 처벌대상이 되는 재범 음주운항 사이에 시간적 제한을 두지 않고 있다. 그런데 과거의 위반행위가 상당히 오래 전에 이루어져 그 이후 행해진 음주운항을 '해상교통법규에 대한 준법정신이나 안전의식이 현저히 부족한 상태에서 이루어진 반규범적 행위' 또는 '반복적으로 사회구성원에 대한 생명·신체 등을 위협하는 행위'라고 평가하기 어렵다면, 이를 가중처벌할 필요성이 인정된다고 보기 어렵다. 또한 심판대상조항은 과거 위반 전력의 시기 및 내용이나 음주운항 당시의 혈중알코올농도 수준 등을 고려할 때 비난가능성이 상대적으로 낮은 재범행위까지도 법정형의 하한인 2년 이상의 징역 또는 2천만 원 이상의 벌금을 기준으로 처벌하도록 하고 있어, 책임과 형벌 사이의 비례성을 인정하기 어렵다. 따라서 심판대상조항은 **책임과 형벌 간의 비례원칙에 위반**된다(헌재 2022. 8. 31. 2022헌가10).
>
> 111. ×(책임과 형벌 간의 비례원칙에 위반됨)

3회 **112** 예비군대원의 부재시 예비군훈련 소집통지서를 수령한 같은 세대 내의 가족 중 성년자가 정당한 사유 없이 소집통지서를 본인에게 전달하지 아니한 경우 6개월 이하의 징역 또는 500만 원 이하의 벌금에 처하도록 규정한 「예비군법」상 조항은 책임과 형벌의 비례원칙에 위반되지 않는다. 24 경간 ○ │ ×

> 가족 중 성년자가 예비군훈련 소집통지서를 예비군대원 본인에게 전달하여야 하는 의무를 위반한 행위를 형사처벌하는 예비군법 조항에 관한 위헌제청 사건 (예비군법 제15조제10항 전문 위헌제청)
> 예비군대원 본인과 세대를 같이 하는 가족 중 성년자라면 특별한 사정이 없는 한 소집통지서를 본인에게 전달함으로써 훈련불참으로 인한 불이익을 받지 않도록 각별히 신경을 쓸 것임이 충분히 예상되고, 설령 그들이 소집통지서를 전달하지 아니하여 행정절차적 협력의무를 위반한다고 하여도 **과태료 등의 행정적 제재를 부과하는 것만으로도 그 목적의 달성이 충분히 가능**하다고 할 것임에도 불구하고, 심판대상조항은 **훨씬 더 중한 형사처벌을 하고 있어** 그 자체만으로도 형벌의 보충성에 반하고, **책임에 비하여 처벌이 지나치게 과도하여 비례원칙에도 위반**된다고 할 것이다(헌재 2022. 5. 26. 2019헌가12).

🔖 **112.** ×(책임과 형벌 간의 비례원칙에 위반됨)

113 주거침입강제추행죄 및 주거침입준강제추행죄에 대하여 무기징역 또는 7년 이상의 징역에 처하도록 한 「성폭력범죄의 처벌 등에 관한 특례법」상 조항은 책임과 형벌의 비례원칙에 위반되지 않는다. 24 경간 ○ │ ×

> 성폭법상 주거침입강제추행·준강제추행죄 사건 (성폭력범죄의 처벌 등에 관한 특례법 제3조제1항 위헌제청)
> 심판대상조항은 법정형의 '상한'을 무기징역으로 높게 규정함으로써 불법과 책임이 중대한 경우에는 그에 상응하는 형을 선고할 수 있도록 하고 있다. 그럼에도 불구하고 법정형의 '하한'을 일률적으로 높게 책정하여 경미한 강제추행 또는 준강제추행의 경우까지 모두 엄하게 처벌하는 것은 책임주의에 반한다. 심판대상조항은 그 법정형이 형벌 본래의 목적과 기능을 달성함에 있어 필요한 정도를 일탈하였고, 각 행위의 개별성에 맞추어 그 책임에 알맞은 형을 선고할 수 없을 정도로 과중하므로, **책임과 형벌 간의 비례원칙에 위배**된다(헌재 2023. 2. 23. 2021헌가9 등).

🔖 **113.** ×(책임과 형벌 간의 비례원칙에 위배됨)

2회 114 허위재무제표작성죄와 허위감사보고서작성죄에 대하여 배수벌금형을 규정하면서도, '그 위반행위로 얻은 이익 또는 회피한 손실액이 없거나 산정하기 곤란한 경우'에 관한 벌금 상한액을 규정하지 아니한 외부감사법 조항은 허위재무제표작성죄나 허위감사보고서작성죄에서 그와 같이 이익 또는 회피한 손실액이 없거나 산정이 곤란한 경우에 법원으로 하여금 그 죄질과 책임에 비례하는 벌금형을 선고할 수 없도록 하여 책임과 형벌 간의 비례원칙에 위배된다. 출제예상   O | X

114-1 허위재무제표작성 및 허위감사보고서작성을 처벌하는 「주식회사 등의 외부감사에 관한 법률」 조항 중 '그 위반행위로 얻은 이익 또는 회피한 손실액의 2배 이상 5배 이하의 벌금'은 명확성원칙에 위배되지 않는다.
25 경간   O | X

114-2 허위재무제표작성죄와 허위감사보고서작성죄에 대하여 배수벌금을 규정하면서도, '그 위반행위로 얻은 이익 또는 회피한 손실액이 없거나 산정하기 곤란한 경우'에 관한 벌금 상한액을 규정하지 아니한 「주식회사 등의 외부감사에 관한 법률」 제39조제1항 중 '그 위반행위로 얻은 이익 또는 회피한 손실액의 2배 이상 5배 이하의 벌금'에 관한 부분은 죄형법정주의 명확성원칙에 위배된다. 25 경찰1차   O | X

> 주식회사 등의 외부감사에 관한 법률 제39조제1항 위헌제청 (허위재무제표작성죄와 허위감사보고서작성죄에 대하여 배수벌금형을 규정하면서도 '그 위반행위로 얻은 이익 또는 회피한 손실액이 없거나 산정하기 곤란한 경우'에 관한 벌금 상한액을 규정하지 아니한 '주식회사 등의 외부감사에 관한 법률' 조항에 관한 위헌제청 사건)
> (1) '그 위반행위로 얻은 이익 또는 회피한 손실액의 2배 이상 5배 이하의 벌금형'을 규정한 심판대상조항은 애매모호하거나 추상적이어서 법관의 자의적인 해석이 가능하다고 볼 수 없어 **죄형법정주의의 명확성원칙에 위배되지 않는다**(헌재 2024. 7. 18. 2022헌가6).
> (2) 이러한 심판대상조항의 입법적 불비(不備) 때문에 벌금형이 법정형으로 규정되어 있음에도 불구하고, 허위재무제표작성 행위 또는 허위감사보고서작성 행위로 얻은 이익이나 회피한 손실액이 없거나 산정하기 곤란하다고 법원이 판단하는 경우에는 벌금액을 확정할 수 없어 그 위반 정도와 책임에 상응하는 벌금형을 선고할 수 없게 되는 결과가 초래된다. … 따라서 심판대상조항은, **허위재무제표작성죄**나 **허위감사보고서작성죄**에서 그와 같이 이익 또는 회피한 손실액이 없거나 산정이 곤란한 경우에 법원으로 하여금 그 죄질과 책임에 비례하는 벌금형을 선고할 수 없도록 하여 **책임과 형벌 간의 비례원칙에 위배된다**고 할 것이다(헌재 2024. 7. 18. 2022헌가6).
>
> 🔑 114. ○ 114-1. ○ 114-2. ×(명확성원칙 위배 아님)

115 공연한 방법으로 상관을 모욕한 사람을 처벌하는 「군형법」 조항은 법관이 징역형이나 금고형 외에 벌금형을 선택할 수 없도록 하여 형벌의 개별화원칙에 부응하지 못하고 있으므로 형벌과 책임 간의 비례원칙에 위배된다. 25 입시 ⓞⓧ

> **군형법 제64조제2항 위헌제청**
> 군조직의 특성상 **상관을 모욕하는 행위**는 개인의 인격적 법익에 대한 침해를 넘어 군기를 문란하게 하는 행위로서 군조직의 위계질서를 파괴할 위험성이 크므로, **죄질과 책임이 가볍지 않다**. 심판대상조항은 징역이나 금고형의 하한을 두고 있지 않아 1개월부터 3년까지 다양한 기간의 형을 선고할 수 있고, 정상참작감경을 하지 않더라도 징역이나 금고형의 집행유예를 선고하거나 형의 선고를 유예할 수 있다. 심판대상조항은 **책임과 형벌 간의 비례원칙에 위반된다고 볼 수 없다**(헌재 2024. 8. 29. 2022헌가7 등).

🔗 **115.** ×(형벌과 책임 간 비례원칙 위배 아님)

116 반복적으로 범행을 저지르는 절도 사범에 관한 가중처벌 규정인 특정범죄가중처벌 등에 관한 법률 제5조의4 제5항제1호는 불법성의 정도가 같다고 보기 어려운 형법상 절도죄, 야간주거침입 절도죄, 특수절도죄를 동등하게 취급하는 것으로 평등원칙에 위반된다. 23 법무사 ⓞⓧ

> **특정범죄 가중처벌 등에 관한 법률 제5조의4제5항제1호 위헌소원**
> 선례 조항은 전범과 후범이 모두 동종의 절도 고의범일 것을 요하고, 전범에 대하여 세 번 이상의 징역형을 선고받아 형이 아직 실효되지 아니하여야 하며, 누범으로 처벌하는 경우여야 하는 등 매우 엄격한 구성요건을 설정하고 있다. 이와 같이 선례 조항은 형법상 절도죄나 상습절도죄와 구별되는 가중적 구성요건 표지를 별도로 규정하고 있어, 동일한 구성요건에 해당하는 절도범죄에 대한 법적용이 오로지 검사의 기소재량에만 맡겨진 경우에 해당하지 않는다. … 따라서 선례 조항이 검사의 기소재량에 의한 자의적 법집행을 허용하고 있다고 보기 어렵고, 형벌체계상 정당성이나 균형성을 잃어 **평등원칙에 위반된다고 볼 수 없다**(헌재 2023. 2. 23. 2022헌바273 등).

🔗 **116.** ×(평등원칙 위반 아님)

출제예상

117 음주측정거부 전력이 1회 이상 있는 사람이 다시 음주측정거부행위를 한 경우 2년 이상 5년 이하의 징역이나 1천만 원 이상 2천만 원 이하의 벌금에 처하도록 규정한 도로교통법 조항은 책임과 형벌 간의 비례원칙에 위반된다.

〔7:2 위헌〕

> **음주측정거부 전력자가 다시 음주운전 금지규정 위반행위 또는 음주측정거부행위를 한 경우 가중처벌 사건 (도로교통법 제148조의2제1항 위헌제청)**
> 심판대상조항은 음주측정거부 전력이 1회 이상 있는 사람이 다시 음주측정거부행위를 한 경우에 대한 처벌을 강화하기 위한 규정인데, 가중요건이 되는 과거의 위반행위와 처벌대상이 되는 재범 음주측정거부행위 사이에 아무런 시간적 제한을 두지 않고 있다. 그런데 과거의 위반행위가 상당히 오래 전에 이루어져 그 이후 행해진 음주측정거부행위를 '교통법규에 대한 준법정신이나 안전의식이 현저히 부족한 상태에서 이루어진 반규범적 행위' 또는 '반복적으로 사회구성원에 대한 생명·신체 등을 위협하고 그 위험방지를 위한 경찰작용을 방해한 행위'라고 평가하기 어렵다면, 이를 가중처벌할 필요성이 인정된다고 보기 어렵다. 그리고 범죄 전력이 있음에도 다시 범행한 경우 가중된 행위책임을 인정할 수 있다고 하더라도, 전범을 이유로 아무런 시간적 제한 없이 후범을 가중처벌하는 예는 발견하기 어렵고, 공소시효나 형의 실효를 인정하는 취지에도 부합하지 않는다. 또한 심판대상조항은 과거 위반 전력의 시기 및 내용이나 음주측정거부 당시의 음주 의심 정도와 발생한 위험 등을 고려할 때 비난가능성이 상대적으로 낮은 재범행위까지도 법정형의 하한인 2년 이상의 징역 또는 1천만 원 이상의 벌금을 기준으로 처벌하도록 하고 있어, **책임과 형벌 사이의 비례성을 인정하기 어렵다**. 따라서 심판대상조항은 **책임과 형벌 간의 비례원칙에 위반**된다(헌재 2022. 8. 31. 2022헌가18 등).

118 아동·청소년이 등장하는 아동·청소년성착취물을 배포한 자를 3년 이상의 징역에 처하도록 한 '아동·청소년의 성보호에 관한 법률' 조항은 책임과 형벌간의 비례원칙에 위반되지 아니하고, 형벌체계상 균형을 상실하여 평등원칙에 위반되지 아니한다.

〔합헌〕

> **아동·청소년성착취물 배포행위 처벌 사건 (아동·청소년의 성보호에 관한 법률 제11조제3항 위헌소원)**
> 아동·청소년성착취물의 배포는 아동·청소년의 성적 자기결정권의 침해에 그치는 것이 아니라 인격의 파괴에까지 이를 수 있으며 회복되기 어려울 정도로 삶을 무너뜨릴 수 있으므로 이들을 심판대상조항의 행위와 같은 성범죄로부터 보호하여 건전한 사회구성원으로 성장할 수 있도록 하는 것은 포기할 수 없는 중대한 법익이 아닐 수 없다. … 심판대상조항은 법정형의 하한이 징역 3년으로 법관이 법률상 감경이나 작량감경을 하지 않더라도 집행유예 선고가 가능하며, 죄질이 경미하고 비난가능성이 적은 경우 법관이 작량감경 등을 통해 양형 단계에서 피고인의 책임에 상응하는 형을 선고할 수 있다. 따라서 심판대상조항은 **책임과 형벌 간의 비례원칙에 위반되지 않는다**(헌재 2022. 11. 24. 2021헌바144).

119 대마를 수입한 자를 무기 또는 5년 이상의 징역에 처하도록 규정한 '마약류 관리에 관한 법률' 조항 중 '대마를 수입한 자' 부분은 죄형법정주의의 명확성원칙에 반하지 아니한다. [합헌]

119-1 대마를 수입한 자를 무기 또는 5년 이상의 징역에 처하도록 규정한 '마약류 관리에 관한 법률' 조항은 책임과 형벌 간의 비례원칙에 위반된다고 볼 수 없고, 형벌 체계상의 균형을 현저히 잃어 평등원칙에 위반된다고 보기 어렵다. [합헌]

> **소지 경위와 무관하게 대마 수입 행위를 처벌하는 마약류관리법 사건 (마약류 관리에 관한 법률 제58조제1항제5호 위헌소원)**
> (1) 관련 조항의 내용과 대마 수입의 규제 필요성 등을 종합하면, 심판대상조항에서 처벌대상으로 규정한 대마의 '수입'은 국외에서 대마를 소지하게 된 경위와 관계없이 국외로부터 국내로 대마를 반입하는 행위를 의미함이 명확하므로 **죄형법정주의 명확성원칙에 반하지 아니한다**(헌재 2022. 3. 31. 2019헌바242).
> (2) 대마의 '유통' 행위는 불특정 다수를 범죄행위에 끌어들여 범죄자를 양성할 수 있고, 유통행위 중에서도 '수출입' 행위는 대마를 국제적으로 확산시켜 대마의 국내 공급 및 유통을 더욱 증가시킨다는 점에서 가벌성이 매우 크다. 이러한 대마 수입죄에 대한 처벌 필요성은 대마의 반입 경위나 동기, 대마의 직접 구매 여부 등에 따라 달라진다고 볼 수 없다. 대마성분 의약품을 수입하는 것이 일부 환자들에게 허용되었으나, 한국희귀·필수의약품센터에서만 치료용으로 허가된 대마를 수입·판매할 수 있도록 함으로써 여전히 대마의 수입 및 사용을 엄격히 통제하고 있다. 또한 죄질이 경미한 경우에는 법률상 감경이나 작량감경을 통한 집행유예도 가능하다. 그러므로 심판대상조항이 규정한 법정형이 지나치게 과중한 형벌로서 **책임과 형벌 간의 비례원칙에 위반된다고 볼 수 없다**(헌재 2022. 3. 31. 2019헌바242).
> (3) '마약류 관리에 관한 법률'은 대마를 '수입하는 행위'와 '소지하는 행위' 모두 그 목적이 무엇인지에 따라 달리 처벌하고 있다. 형법상 대마 수입죄와 법정형이 동일한 범죄들은 대마 수입죄와 보호법익이 달라 법정형을 단순히 평면적으로 비교하여 그 경중을 논할 수 없고, 대마 수입행위가 위 형법상 범죄들에 비하여 반드시 죄질이 가볍다거나 비난가능성이 약하다고 단정할 수도 없다. '대마를 구입하여 국내로 반입'한 경우에는 수입죄 외에 매수죄가 별도로 성립하므로 '대마의 구입 없이 국내로 반입'만 한 경우와 동일하게 처벌되는 것은 아니다. 그러므로 심판대상조항은 **형벌 체계상의 균형을 현저히 잃어 평등원칙에 위반된다고 보기 어렵다**(헌재 2022. 3. 31. 2019헌바242).

120 군사기지·군사시설에서 군인 상호간의 폭행죄에 반의사불벌에 관한 형법조항의 적용을 배제하고 있는 군형법 조항은 형벌체계상 균형을 상실하였다고 보기 어려우므로 평등원칙에 위반되지 아니한다. `합헌`

120-1 병역의무자는 국방의 의무의 일환으로서 헌정질서를 보호하기 위하여 병역의무를 이행하는 대신, 국가는 병영생활을 하는 병역의무자의 신체와 안전을 보호해야 할 책임이 있다. `합헌`

> **군사기지·군사시설에서 군인 상호간 폭행죄에 '반의사불벌죄' 적용 배제 사건 (군형법 제60조의6제1호 위헌소원)**
> (1) '일반 폭행죄'와 '군사기지·군사시설에서 군인 상호간의 폭행죄'는 타인의 신체에 대한 유형력 행사로 성립되는 죄라는 공통점이 있다. 그러나 전자는 '신체의 안전'을 주된 보호법익으로 함에 반하여, 후자는 '군 조직의 기강과 전투력 유지'를 주된 보호법익으로 한다는 점에서 차이가 있다. 또한 엄격한 위계질서와 집단생활을 하는 군 조직의 특수성으로 인하여 피해자가 가해자에 대한 처벌을 희망할 경우 다른 구성원에 의해 피해를 당할 우려가 있고, 상급자가 가해자·피해자 사이의 합의에 관여할 경우 피해자가 처벌불원의사를 거부하기 어려운 경우가 발생할 수 있다. 특히 병역의무자는 헌법상 국방의 의무의 일환으로서 병역의무를 이행하는 대신, 국가는 병영생활을 하는 병역의무자의 신체·안전을 보호할 책임이 있음을 고려할 때, 궁극적으로는 군사기지·군사시설에서의 폭행으로부터 병역의무자를 보호해야 한다는 입법자의 판단이 헌법이 부여한 광범위한 형성의 자유를 일탈한다고 보기 어렵다. 따라서 심판대상조항이 **형벌체계상 균형**을 상실하였다고 보기 어려우므로 **평등원칙에 위반되지 아니한다**(헌재 2022. 3. 31. 2021헌바62 등).
> (2) 이 사건 피해자들은 모두 병역의무를 이행하던 현역 병(兵)이었는바, 헌정질서를 수호하는 국가와 병역의무자 사이에는 양면적인 의무와 책임이 존재한다. 즉, **병역의무자**는 국방의 의무의 일환으로서 헌정질서를 보호하기 위하여 **병역의무를 이행**하는 대신(헌법 제39조), **국가**는 병영생활을 하는 **병역의무자의 신체와 안전을 보호**해야 할 책임이 있는 것이다. 이에 엄격한 상명하복의 위계질서와 장기간의 병영생활이 요구되는 군의 특성을 고려하여, 해당 형사사건에 대한 공소권이 국가소추주의의 원칙에 따라 공정하게 행사되도록 함으로써 공소제기의 적정과 균형을 추구함과 동시에, 궁극적으로는 군사기지·군사시설에서의 폭행으로부터 병역의무자를 보호해야 한다는 판단이, 헌법이 입법부에 부여한 광범위한 형성의 자유를 일탈한 것으로 보기 어렵다(헌재 2022. 3. 31. 2021헌바62 등).

121 사후적 경합범에 대하여 형을 선고하는 경우 임의적으로 그 형을 감면하도록 규정한 형법 조항은 죄형법정주의의 명확성원칙, 책임과 형벌 간의 비례원칙, 일사부재리원칙에 위반되지 않는다. `합헌`

> **형법 제39조 제1항 등 위헌소원 (사후적 경합범에 대한 선고형을 임의적으로 감면하도록 한 형법조항)**
> 건전한 상식과 통상적인 법감정을 가진 사람이라면 어떠한 경우에 형법조항이 적용되는지를 충분히 예측할 수 있으므로, 형법조항은 **죄형법정주의의 명확성원칙에 위배되지 않는다**. … 형의 임의적 감면의 불가피성, 이와 관련한 법원의 실무, 각 국의 입법례 등을 종합하면, 형법조항이 사후적 경합범에 대한 형을 임의적으로 감면하도록 규정하고 있는 것이 **책임과 형벌 간의 비례원칙에 위반되는 과잉입법이라고 보기 어렵다**. … 일사부재리원칙은 형벌권이 '동일한 행위'를 대상으로 행해질 때 적용될 수 있는데, 형법조항은 이미 판결로 확정된 죄에 대하여 다시 심판하는 것이 아니고, 사후적 경합범 관계에 있는 판결을 받지 아니한 다른 죄에 대하여 그 형만을 다시 정하는 것이므로 **일사부재리원칙에 반하지 않는다.** … 헌법재판소는 2019. 7. 25. 2018헌바355 결정에서 형법 조항은 구체적 의미와 적용기준이 명확하고, 구체적 사정에 따라 부당한 결과가 발생할 가능성을 배제하기 위한 것이며, 이미 판결로 확정된 죄에 대하여 다시 심판하는 것이 아니므로 **죄형법정주의의 명확성원칙, 책임과 형벌 간의 비례원칙 및 일사부재리원칙에 위반되지 않는다**고 판단하였다. 이러한 선례의 판단은 이 사건에서도 그대로 타당하므로 형법조항은 헌법에 위반되지 않는다(헌재 2025. 6. 27. 2020헌바318).

08 죄형법정주의 명확성원칙

기출OX

122 위계공무집행방해를 처벌하는 「형법」 조항의 '위계', '직무집행', '방해'는 모두 불확실성을 지닌 용어이고, 특히 '위계'는 의미가 모호하여 일관된 해석기준이 확립되어 있지 않으므로 죄형법정주의에서 파생되는 명확성원칙에 위반된다. 24 국회 9 〔O | X〕

> **형법 제137조 위헌소원**
> 심판대상조항의 '**위계**'는 그 사전적 의미와 법원의 일관된 해석을 종합하면 '행위자의 행위목적을 이루기 위하여 상대방에게 오인, 착각, 부지를 일으키게 하여 그 오인, 착각, 부지를 이용하는 것'을 의미한다고 볼 수 있고, '**직무집행**'과 '**방해**'에 관하여도 해석의 기준이 되는 판례가 확립되어 있다. 따라서 심판대상조항으로 인하여 금지되는 행위가 무엇인지 **충분히 예측**할 수 있으므로, 심판대상조항은 **죄형법정주의의 명확성원칙에 위반되지 아니한다**(헌재 2024. 4. 25. 2020헌바600).
>
> 122. ×(명확성원칙 위반 아님)

123 의약외품이 아닌 것을 용기·포장 또는 첨부 문서에 의학적 효능·효과 등이 있는 것으로 오인될 우려가 있는 표시를 하거나, 이와 같은 의약외품과 유사하게 표시된 것을 판매하는 것을 금지하는 구 「약사법」 조항 가운데 '표시' 및 '표시된 것의 판매'에 관한 부분을 준용하는 부분의 '의학적 효능·효과 등'이라는 표현은 명확성원칙에 위배된다. 25 경간 〔O | X〕

> **구 약사법 제93조제1항제10호 등 위헌소원**
> 의약외품이 아닌 것을 용기·포장 또는 첨부 문서에 의학적 효능·효과 등이 있는 것으로 오인될 우려가 있는 표시를 하거나, 이와 같은 의약외품과 유사하게 표시된 것을 판매하는 것을 금지하는 구 약사법 제66조 중 제61조제2항 가운데 '**표시**' 및 '**표시된 것의 판매**'에 관한 부분을 준용하는 부분의 '**의학적 효능·효과 등**'이라는 **표현**은 해당 물품이 약사법 제2조제7호에서 정한 바대로 사용됨으로써 발생할 것으로 기대되는 일정한 효능·효과를 의미하는바, 약사법의 다른 규정들과의 체계 조화적 해석 등을 통해 법률의 적용단계에서 **다의적 해석의 우려 없이 그 의미가 구체화**될 수 있으므로, **죄형법정주의의 명확성원칙에 위반되지 않는다**(헌재 2024. 4. 25. 2022헌바204).
>
> 123. ×(명확성원칙 위반 아님)

3회 **124** 자산유동화계획에 의하지 아니하고 여유자금을 투자한 자를 처벌하는 「자산유동화에 관한 법률」 제40조제2호 중 '제22조의 규정에 위반하여 자산유동화계획에 의하지 아니하고 여유자금을 투자한 자' 부분은 죄형법정주의의 명확성원칙에 반하지 않는다. 25 경찰 1차 O│X

> **자산유동화에 관한 법률 제22조제1항제6호 등 위헌제청**
> 심판대상조항의 수범자는 유동화전문회사의 임직원이거나 자산유동화거래 업무와 관련된 전문 지식과 경험을 가진 자로 한정될 것인데, 이들은 자산유동화계획의 내용 중 여유자금의 투자에 관한 사항이 무엇인지, 그리고 어떠한 행위가 '**자산유동화계획에 의하지 않은 여유자금 투자**'인지를 충분히 파악하고 예측할 수 있는 지위에 있다. 따라서 심판대상조항이 수범자의 입장에서 예측가능성 내지 명확성을 결여한 조항이라고 보기 어렵다. 또한 '여유자금'의 사전적 정의와 심판대상조항의 입법목적, 관련 판례 등을 종합적으로 고려하면, 어떠한 행위가 자산유동화계획에 의하지 않은 여유자금 투자로서 처벌되는지에 관한 합리적이고 객관적인 해석기준이 **법관의 보충적 해석을 통하여 충분히 마련**되어 있다고 판단되므로, 심판대상조항이 **죄형법정주의의 명확성원칙에 반한다고 볼 수 없다**(헌재 2023. 10. 26. 2023헌가1).

🔖 **124.** ○

2회 **125** 납세의무자가 체납처분의 집행을 면탈할 목적으로 그 재산을 은닉·탈루하거나 거짓 계약을 하였을 때 형사처벌하는 「조세범 처벌법」 제7조제1항 중 '납세의무자가 체납처분의 집행을 면탈할 목적'은 적어도 체납처분의 집행을 받을 우려가 있는 시점에서야 인정될 수 있고, 이 규정은 '체납처분의 집행을 받을 우려가 있는 객관적인 상태가 발생한 이후'의 시기에 행해진 행위만을 처벌하는 것임이 명백하므로 명확성원칙에 위배되지 않는다. 25 국회 8 O│X

> **조세범 처벌법 제7조제1항 위헌소원**
> 심판대상조항은 정부의 국세징수권을 보호법익으로 하는 점, 심판대상조항이 명시적으로 요구하고 있는 '**체납처분의 집행을 면탈할 목적**'은 적어도 체납처분의 집행을 받을 우려가 있는 시점에서야 인정될 수 있는 점 등을 고려한다면, 심판대상조항은 '**체납처분의 집행을 받을 우려가 있는 객관적인 상태가 발생한 이후**'의 시기에 행해진 행위만을 처벌하는 것임이 명백하다. 심판대상조항은 **죄형법정주의의 명확성원칙에 위배되지 않는다**(헌재 2023. 8. 31. 2020헌바498).

🔖 **125.** ○

2회 **126** 누구든지 선박의 감항성의 결함을 발견한 때에는 해양수산부령이 정하는 바에 따라 그 내용을 해양수산부장관에게 신고하여야 한다고 규정한 구 「선박안전법」 조항 중 '선박의 감항성의 결함'에 관한 부분은 명확성원칙에 위배된다. 25 경간 O│X

> **선박 감항성 결함의 미신고행위에 대한 형사처벌 사건 (선박안전법 제84조제1항제11호 등 위헌소원)**
> 신고의무조항의 '**선박의 감항성의 결함**'이란 '선박안전법에서 규정하고 있는 각종 검사 기준에 부합하지 아니하는 상태로서, 선박이 안전하게 항해할 수 있는 성능인 감항성과 직접적인 관련이 있는 흠결'이라는 의미로 **명확하게 해석할 수 있으므로**, 신고의무조항은 **죄형법정주의의 명확성원칙에 위배되지 않는다**(헌재 2024. 5. 30. 2020헌바234).

🔖 **126.** ×(명확성원칙 위배 아님)

127 구「소방시설공사업법」제39조 중 '제36조제3호에 해당하는 위반행위를 하면 그 행위자를 벌한다'에 관한 부분이 '처벌대상으로 규정하고 있는 행위자'에는 감리업자 이외에 실제 감리업무를 수행한 감리원도 포함되는지 여부가 불명확하므로 죄형법정주의 명확성원칙에 위배된다. 24 국회 8 O | X

> **소방시설공사업법 제36조제3호 등 위헌소원**
> 이 사건 양벌규정의 문언과 관련 규정의 내용, 입법목적 및 확립된 판례를 통한 해석방법 등을 종합하여 보면, 위 조항이 처벌대상으로 규정하고 있는 '**행위자**'에는 감리업자 이외에 **실제 감리업무를 수행한 감리원**도 포함된다는 점을 충분히 알 수 있으므로, 이 사건 양벌규정은 **죄형법정주의 명확성원칙에 위배된다고 볼 수 없다**(헌재 2023. 2. 23. 2020헌바314).
>
> 🔖 **127.** ✕ (명확성원칙 위반 아님)

128 상조업은 물품 사재기 및 하위 판매원의 무한 확장에 의한 폐해가 없거나 미미하고, 「할부거래에 관한 법률」상 선불식 할부거래에 관한 규정을 통하여 소비자 피해를 충분히 예방할 수 있음에도 불구하고, 「방문판매 등에 관한 법률」 제2조제5호가 다단계판매의 성립요건을 모호하게 규정하여 상조업체도 다단계판매에 관한 규제를 받게 되는 것은 명확성원칙에 반하는 것으로 영업의 자유가 침해된다. 25 국회 8 O | X

> **방문판매 등에 관한 법률 제2조제5호 등 위헌소원**
> 심판대상조항 및 관련조항의 문언을 통하여 수범자는 '**다단계판매**'의 각 요건의 내용을 어렵지 않게 이해할 수 있다. 다단계판매의 규제 취지, 방문판매법 제2조제9호의 내용 등을 고려하면 심판대상조항의 '판매원', '**하위 판매원**', '**후원수당**'의 의미가 불분명하다고도 볼 수 없다. 따라서 심판대상조항은 **명확성원칙에 위배되지 아니한다.** … 청구인은 **심판대상조항이 영업의 자유를 침해한다는 취지로 주장**하나, 심판대상조항은 다단계판매의 의미를 정의하는 조항에 불과하고 다단계판매와 관련한 금지나 제한은 방문판매법 제23조제1항제9호 등 다른 조항에서 규율하고 있으므로, **위 주장에 대하여는 더 나아가 판단하지 아니한다**(헌재 2023. 8. 31. 2020헌바473).
>
> 🔖 **128.** ✕ (명확성원칙 위배 아님. 영업의 자유 판단 안 함)

129 「회계관계직원 등의 책임에 관한 법률」 제2조제1호카목의 '그밖에 국가의 회계사무를 처리하는 사람'은 그 의미가 불명확하므로 명확성원칙에 위배된다. 25 경간 O | X

129-1 회계직원책임법이 정하고 있는 회계관계직원의 횡령행위를 형법상 횡령죄나 업무상횡령죄의 법정형보다 가중처벌을 하도록 한 특정범죄가중법 조항은 합리적 이유가 있으므로 형벌체계상의 균형을 잃어 평등원칙에 위배된다고 할 수 없다. 출제예상 O | X

> **회계관계직원의 국고손실 가중처벌 사건 (특정범죄 가중처벌 등에 관한 법률 제5조 위헌소원)**
> (1) '**그 밖에 국가의 회계사무를 처리하는 사람**'이란 회계직원책임법 제2조제1호 가목부터 차목까지에 열거된 직명을 갖지 않는 사람이라도 실질적으로 그와 유사한 회계관계업무를 처리하는 사람으로, 그 업무를 전담하는지 여부나 직위의 높고 낮음은 불문함을 예측할 수 있다. 따라서 회계직원책임법 제2조제1호 카목 및 이를 구성요건으로 하고 있는 이 사건 특정범죄가중법 조항은 **죄형법정주의 명확성원칙에 위배되지 아니한다**(헌재 2024. 4. 25. 2021헌바21 등).
> (2) 형법상 횡령죄나 업무상횡령죄의 보호법익은 타인의 재물에 관한 소유권 등 본권인 데 반하여 이 사건 특정범죄가중법 조항의 보호법익에는 국가의 재물에 관한 재산권뿐만 아니라 국가 회계사무의 적정성도 포함되므로 보호법익이 서로 동일하다고 보기 어렵다. 이 사건 특정범죄가중법 조항은 회계직원책임법이 정하고 있는 회계관계직원의 횡령행위를 그 구성요건으로 하는 것으로, 형법상 횡령죄나 업무상횡령죄와 죄질이 동일하다고 할 수 없고, 이 사건 특정범죄가중법 조항의 대상인 1억 원 이상의 국고손실을 일으키는 횡령행위는 그로 인한 국가경제적 파급효가 크다. 따라서 이 사건 특정범죄가중법 조항이 **형법상 횡령죄나 업무상횡령죄의 법정형보다 가중처벌**을 하도록 한 것에는 합리적 이유가 있으므로 **형벌체계상의 균형을 잃어 평등원칙에 위배된다고 할 수 없다**(헌재 2024. 4. 25. 2021헌바21 등).
>
> 🔖 **129.** ✕ (명확성원칙 위배 아님) **129-1.** ○

130 전시·사변 등 국가비상사태에 있어서 전투에 종사하는 자에 대하여 각령(閣令)이 정하는 바에 의하여 전투근무수당을 지급하도록한 구「군인보수법」제17조 중 '전시·사변 등 국가비상사태' 부분은 전시·사변과 같이 전투가 발생하였거나 발생할 수 있는 수준의 대한민국의 국가적인 비상사태를 의미함을 쉽게 알 수 있으므로 이는 명확성원칙에 위반되지 않는다. 25 국회 8 　　　　　　　　　　　　　　　　　　　　　　　Ⓞ Ⓧ

130-1 전시·사변 등 국가비상사태에 있어서 전투에 종사하는 자에 대하여 각령(閣令)이 정하는 바에 의하여 전투근무수당을 지급하도록 한 구 군인보수법 조항 중 '전시·사변 등 국가비상사태' 부분은 평등원칙에 위반되지 않는다. 출제예상 　　　　　　　　　　　　　　　　　　　　　Ⓞ Ⓧ

> **전투근무수당에 관한 구 군인보수법 사건 (구 군인보수법 제17조 위헌소원)**
> (1) 전시·사변 등 대한민국의 존립이 위태롭거나 질서를 유지하기 어려운 국가비상사태에서 국가 안전보장 또는 질서유지 등을 위하여 전투를 수행하는 군인의 사기를 높임으로써 위와 같은 국가비상사태를 극복하고자 하는 한편, 위와 같은 전투를 수행하는 군인이 부담하는 생명과 신체에 대한 상당한 위험에 대하여 보상을 하려는 심판대상조항의 입법취지, 국가비상사태에 있어서 전투에 종사하는 군인은 큰 위험에 상시적으로 노출될 가능성이 큰 점, 위 군인의 사기를 높이는 등의 방법을 통하여 전시·사변 등 국가비상사태를 조속히 극복할 필요도 있는 점, 군인보수법령은 전시·사변 등 국가비상사태에서 전투에 종사하지 않는 군인에게도 그 군인이 수행하는 업무, 근무지, 근무형태 및 그 위험성 등을 고려하여 그에 맞는 특수근무수당을 지급하도록 하고 있는 점 등을 종합하면, **전시·사변 등 국가비상사태에 있어서 전투에 종사하는 자를 전투근무수당의 지급대상**으로 한 심판대상조항은 **평등원칙에 위반되지 않는다**(헌재 2023. 8. 31. 2020헌바594).
> (2) 심판대상조항의 '**전시**', '**사변**'은 그 문언 자체로도 그 의미가 명확하고, '전시·사변 등'이라는 예시가 있는 점, 그리고 심판대상조항이 전투근무수당의 지급대상으로 '전투에 종사한 자'를 규정하고 있는 점에 비추어 '**국가비상사태**'는 위 전시, 사변과 같이 전투가 발생하였거나 발생할 수 있는 수준의 **대한민국의 국가적인 비상사태**를 의미함을 쉽게 알 수 있다. 심판대상조항 중 '**전시·사변 등 국가비상사태**' 부분은 **명확성원칙에 위반되지 않는다**(헌재 2023. 8. 31. 2020헌바594).

📖 130. ◯　130-1. ◯

131 환매권의 요건에 관하여 규정한 구「공익사업을 위한 토지 등의 취득 및 보상에 관한 법률」제91조제1항 중 '필요 없게 된 경우'는 토지의 협의취득 또는 수용의 목적이 된 구체적인 특정 공익사업이 폐지되거나 변경되는 등의 사유로 인하여 해당 토지가 더 이상 그 공익사업에 직접 이용될 필요가 없어졌다고 볼 만한 객관적인 사정이 발생한 경우를 의미하여 문언상 그 의미가 비교적 명백하다. 25 국회 8 　　　　　　　　　　Ⓞ Ⓧ

131-1 구체적인 사안에서 법원이 원소유자의 재산권의 존속보장이라는 사익과 공익사업 시행을 전제로 하여 형성된 법률관계의 안정이라는 공익을 형량하여, 협의취득 또는 수용된 토지가 해당 사업의 폐지·변경 또는 그 밖의 사유로 필요 없게 되었는지 여부를 충분히 판단할 수 있다면 법집행기관의 자의적 해석을 가능하게 하는 불명확한 법률조항이라고 볼 수 없다. 25 국회 8 　　　　　　　　　　　　　　　　　　Ⓞ Ⓧ

> **공익사업을 위한 토지 등의 취득 및 보상에 관한 법률 제91조제1항 등 위헌소원**
> 관련 규정의 내용과 환매권의 목적 등을 종합할 때, 심판대상조항에서 정하는 '**필요 없게 된 경우**'란 토지의 협의취득 또는 수용의 목적이 된 **구체적인 특정 공익사업이 폐지되거나 변경되는 등의 사유로 인하여 당해 토지가 더 이상 그 공익사업에 직접 이용될 필요가 없어졌다고 볼 만한 객관적인 사정이 발생한 경우**를 뜻한다. 이처럼 심판대상조항은 문언상 **그 의미가 비교적 명백**하고, **구체적 사안**에서 법원이 원소유자의 재산권의 존속보장이라는 사익과 공익사업 시행을 전제로 하여 형성된 법률관계의 안정이라는 공익을 형량하여, 협의취득 또는 수용된 토지가 **해당 사업의 폐지·변경 또는 그 밖의 사유로 필요 없게 되었는지 여부를 충분히 판단**할 수 있다. 그러므로 심판대상조항이 수범자의 예측가능성을 해친다거나, 법 집행기관의 자의적인 해석을 가능하게 하는 **불명확한 법률조항이라고 볼 수는 없다**(헌재 2023. 8. 31. 2020헌바178).

📖 131. ◯　131-1. ◯

> 출제예상

132 집단급식소에 근무하는 영양사의 직무를 규정한 조항인 식품위생법상 직무수행조항을 위반한 자를 처벌하는 식품위생법상 처벌조항은 헌법에 위반된다.　　　　　　　　　　　　　　　　　　　　　　　　　7 : 2 위헌

> **집단급식소 영양사 직무미수행 처벌사건 (식품위생법 제96조 등 위헌소원)**
> (1) 재판관 이석태, 재판관 이종석, 재판관 이영진, 재판관 김기영, 재판관 문형배의 위헌의견
> 　　처벌조항은 직무수행조항을 위반한 자를 처벌하고 있는데, 직무수행조항은 집단급식소에 근무하는 영양사의 직무를 포괄적으로 규정하고 있다. 이로 인해 처벌조항에 규정된 처벌범위가 지나치게 광범위해질 수 있다는 문제가 발생한다. 처벌조항과 관련된 입법연혁 및 관련 입법자료, 그 밖에 식품위생법의 여러 규정을 살펴보아도 처벌대상에 관한 구체적이고 유용한 기준은 도출해낼 수 없고, 이에 관한 법원의 확립된 판례도 존재한다고 보기 어렵다. 집단급식소에 근무하는 영양사가 집단급식소에 전혀 출근을 하지 않고 아무런 업무를 수행하지 아니하는 경우에는 직무수행조항에 정한 직무를 수행하지 않았음이 분명하다고 볼 수 있지만, 사안에 따라서는 직무수행조항에 정한 각 호의 업무를 어떤 경우에 수행하지 않았다고 볼 것인지 불분명할 수 있다. … 처벌조항에 규정된 '위반'이라는 문언은 집단급식소에 근무하는 영양사가 직무를 수행하지 아니한 경우 처벌한다는 의미만을 전달할 뿐, 그 판단기준에 관해서는 구체적이고 유용한 지침을 제공하지 않는다. 이는 식품위생법의 다른 금지규정 및 형벌규정과 대조된다. 이상과 같은 점을 고려할 때 처벌조항은 **죄형법정주의의 명확성원칙에 위반**된다(헌재 2023. 3. 23. 2019헌바141).
> (2) 재판관 유남석, 재판관 이선애의 위헌의견
> 　　처벌조항은 그 내용이 포괄적이고 광범위하기는 하지만, 그로 인하여 법규범의 의미내용에 대한 예측가능성이 없다거나, 자의적인 법해석이나 법집행이 배제되지 않는다고 보기는 어렵다. 따라서 처벌조항은 **죄형법정주의의 명확성원칙에 위반되지는 않는다**. … 처벌조항으로 인해 집단급식소에 근무하는 영양사는 그 경중 또는 실질적인 사회적 해악의 유무에 상관없이 직무수행조항에서 규정하고 있는 직무를 단 하나라도 불이행한 경우 상시적인 형사처벌의 위험에 노출된다. 이는 범죄의 설정에 관한 입법재량의 한계를 현저히 일탈하여 과도하다고 하지 않을 수 없다. 그러므로 처벌조항은 **과잉금지원칙에 위반**된다(헌재 2023. 3. 23. 2019헌바141).
>
> 보충설명　법정의견 중 재판관 5인의 위헌의견은 죄형법정주의의 명확성원칙에 위반된다는 것이고, 재판관 2인의 위헌의견은 죄형법정주의의 명확성원칙에 위반되지는 않지만 과잉금지원칙에 위반된다는 것이다.

133 폭행 또는 협박으로 사람을 추행한 자를 형사처벌하도록 하는 형법 제298조는 조항은 죄형법정주의의 명확성원칙에 위배되지 아니한다.　　　　　　　　　　　　　　　　　　　　　　　　　합헌

> **형법 제298조 위헌소원 (강제추행죄 사건)**
> 　　일반적으로 폭행이라 함은 거칠고 사나운 행동으로서 유형력의 행사를 의미하고, 협박은 타인에게 겁을 주는 등 해악을 고지하는 것을 일컫는다. 이러한 폭행 또는 협박의 의미와 더불어 강제추행죄는 형법상 대표적인 성범죄의 하나라는 점을 고려하면, 추행은 타인의 의사에 반하여 그 사람의 성적 자유 또는 성적 자기결정권을 침해하는 행위 일체를 뜻하는 것으로 파악할 수 있다. … 이와 같이 심판대상조항의 문언이 가진 뜻, 입법목적이나 취지, 성범죄와 관련한 법규범의 체계 등을 종합하여 보았을 때, 건전한 상식과 통상적 법감정을 가진 사람이라면 어떠한 행위가 강제추행죄 구성요건에 해당하는지 합리적으로 파악할 수 있다. 또한 심판대상조항이 지닌 약간의 불명확성은 법관의 통상적인 해석작용으로써 충분히 보완될 수 있다. 그러므로 심판대상조항은 **죄형법정주의의 명확성원칙에 위반되지 아니한다**(헌재 2024. 7. 18. 2024헌바71).

134 사람의 항거불능 상태를 이용하여 간음 또는 추행한 자를 형사처벌하는 형법 제299조 중 '항거불능' 부분은 죄형법정주의 명확성원칙에 위배되지 아니한다. `합헌`

> **사람의 항거불능 상태를 이용하여 간음 또는 추행을 한 자를 형사처벌하는 형법 조항에 관한 위헌소원 (형법 제299조 위헌소원)**
>
> 심판대상조항의 사전적 의미와 형법 제299조의 입법목적을 고려하면 '항거불능'의 상태란 가해자가 성적인 침해행위를 함에 있어 별다른 유형력의 행사가 불필요할 정도로 피해자의 판단능력과 대응·조절능력이 결여된 상태를 말하는 것으로 볼 수 있는 점, '항거불능'의 상태는 형법 제299조의 문언상 '심신상실'에 준하여 해석되어야 하고, 강간죄 또는 강제추행죄에서 폭행·협박으로 인하여 야기된 대항능력의 결여 상태와도 상응하여야 하는 점, 대법원도 이러한 전제에서 심판대상조항의 의미에 관하여 일관된 해석을 제시하고 있는 점 등을 종합적으로 고려하면, 심판대상조항은 그 의미를 예측하기 곤란하다거나 법 집행기관의 자의적 해석이나 적용가능성이 있는 불명확한 개념이라고 보기 어려우므로 **죄형법정주의 명확성원칙에 위배되지 아니한다**(헌재 2022. 1. 27. 2017헌바528).

135 공무원이 직권을 남용하여 사람으로 하여금 의무 없는 일을 하게 하는 경우 형사처벌하도록 하는 형법 조항은 죄형법정주의 명확성원칙에 위반되지 아니한다. `합헌`

> **공무원의 직권남용권리행사방해 사건 (형법 제123조 위헌소원)**
>
> 헌법재판소는 2006. 7. 27. 2004헌바46 결정을 통해 이 사건 형법조항과 동일한 내용의 형법조항 중 '**직권**', '**남용**', '**의무 없는 일**'에 대하여 죄형법정주의 명확성원칙에 위반되지 아니한다고 판단한 바 있고, 이 사건에서 이러한 선례의 판단을 변경할 사정이 있다고 할 수 없으며, 이 사건 형법조항 중 '**사람**'의 의미에 **공무원이 배제되지 않는다**는 점도 충분히 예측할 수 있으므로, 이 사건 형법조항은 **죄형법정주의 명확성원칙에 위반되지 아니한다**(헌재 2024. 5. 30. 2021헌바55 등).

136 못된 장난 등으로 다른 사람, 단체 또는 공무수행중인 자의 업무를 방해한 사람을 20만 원 이하의 벌금, 구류 또는 과료로 처벌하는 경범죄 처벌법조항은 죄형법정주의 명확성원칙 및 과잉금지원칙을 위반하여 청구인의 일반적 행동자유권을 침해하지 않는다. `기각`

> **못된 장난 등으로 업무 및 공무를 방해하는 행위를 처벌하는 경범죄 처벌법 조항에 관한 사건 (경범죄 처벌법 제3조제2항 제3호 위헌확인)**
>
> 심판대상조항의 입법 목적, '못된 장난'의 사전적 의미, '경범죄 처벌법'의 예방적·보충적·도덕적 성격 등을 종합하면, 심판대상조항의 '못된 장난 등'은 타인의 업무에 방해가 될 수 있을 만큼 남을 괴롭고 귀찮게 하는 행동으로 일반적인 수인한도를 넘어 비난가능성이 있으나 형법상 업무방해죄, 공무집행방해죄에 이르지 않을 정도의 불법성을 가진 행위를 의미한다고 할 것이다. 형법상 업무방해죄, 공무집행방해죄에 이르지 아니하나 업무나 공무를 방해하거나 그러한 위험이 있는 행위의 유형은 매우 다양하므로 심판대상조항에서는 '못된 장난 등'이라는 다소 포괄적인 규정으로 개별 사안에서 법관이 그 적용여부를 판단할 수 있도록 하고 있으나, '경범죄 처벌법'은 제2조에서 남용금지 규정을 둠으로써 심판대상조항이 광범위하게 자의적으로 적용될 수 있는 가능성을 차단하고 있다. 따라서 심판대상조항은 **죄형법정주의 명확성원칙**을 위반하여 청구인의 **일반적 행동자유권을 침해하지 않는다**(헌재 2022. 11. 24. 2021헌마426).

137 테러단체 가입을 선동하는 사람을 처벌하는 테러방지법상 가입선동조항은 관련 조항의 체계적 해석과 대법원 판례 등을 종합하면 명확히 해석되므로 죄형법정주의의 명확성원칙에 위반되지 않고, 처벌의 정도도 과중하지 아니하여 과잉금지원칙에 위반되지 않는다. `합헌`

> **국민보호와 공공안전을 위한 테러방지법 제17조제3항 위헌소원 (테러단체 가입을 타인에게 권유 또는 선동하는 자를 처벌하는 '국민보호와 공공안전을 위한 테러방지법'조항에 관한 위헌소원 사건)**
> (1) 가입선동조항에서 말하는 '테러단체 가입 선동', '선동의 주체 및 객체', 그리고 '선동행위' 등의 의미는 관련 조항의 체계적 해석과 대법원 판례 등을 통하여 명확히 해석되므로, **죄형법정주의 명확성원칙에 위반되지 않는다**(헌재 2025. 1. 23. 2019헌바317).
> (2) 테러단체에 의한 테러의 실행 또는 실행의 위험성을 사전에 차단하여 테러로부터 국민의 생명과 재산을 보호하고 국가 및 공공의 안전을 확보하려는 가입선동조항의 입법목적은 정당하고, 테러단체 가입을 선동하는 행위를 독립적인 구성요건으로 규정하여 처벌할 경우 테러단체의 확장·증대를 방지함으로써 테러단체에 의한 테러의 실행 또는 실행의 위험성을 사전에 차단하는 데 기여할 수 있으므로 수단의 적합성도 인정된다. … 따라서 가입선동조항은 **과잉금지원칙에 위반되지 아니한다**(헌재 2025. 1. 23. 2019헌바317).

138 선량한 풍속 기타 사회질서에 위반한 사항을 내용으로 하는 법률행위를 무효로 하는 민법 조항은 명확성원칙에 위반된다고 볼 수 없다. `합헌`

> **반사회질서의 법률행위를 무효로 하는 민법 제103조 사건 (민법 제103조 위헌소원)**
> 심판대상조항은 사회적·문화적 환경의 변화 속에서 실정법에 의하여 미처 구체화되지 못한 사회의 질서를 수용하여 법질서를 보충·구체화하며, 법률행위의 당사자들이 공동체의 전체질서 내에서 사적자치를 발현하도록 하고자 한다. 심판대상조항의 '**선량한 풍속**'은 사회의 일반적 도덕관념 또는 건전한 도덕관념으로 모든 국민에게 지킬 것이 요구되는 최소한의 도덕률로 해석할 수 있고, '**사회질서**'란 사회를 구성하는 여러 요소와 집단이 조화롭게 균형을 이룬 상태로 해석할 수 있다. … 문제되는 법률행위가 선량한 풍속 기타 사회질서에 위반한 것인지에 대한 판단은 법관의 주관적·자의적 신념이 아닌 헌법을 최고규범으로 하는 **법 공동체의 객관적 관점**에 의하여 이루어질 수 있다. 따라서 심판대상조항은 **명확성원칙에 위반된다고 볼 수 없다**(헌재 2023. 9. 26. 2020헌바552).

09 책임주의원칙

출제예상

139 사용자가 노동조합의 조직·운영에 지배·개입하는 행위와 노조전임자에 대한 급여지원하는 행위를 부당노동행위로 규정하여 금지하고 이를 위반할 경우 사용자를 처벌하는 노동조합 및 노동관계조정법 조항은 과잉금지원칙에 위배되지 않는다. 〔합헌〕

139-1 법인의 대표자가 노동조합의 조직·운영에 지배·개입하거나 노조전임자에 대한 급여지원하는 경우 법인을 함께 처벌하는 노동조합 및 노동관계조정법상 양벌조항은 책임주의원칙에 위배되지 않는다. 〔합헌〕

> **부당노동행위에 대한 형사처벌 사건 (노동조합 및 노동관계조정법 제81조제4호 등 위헌소원)**
> (1) 이 사건 처벌조항은 사용자가 노동조합의 조직·운영에 지배·개입하거나 노조전임자에 대한 급여지원하는 것을 처벌함으로써 사용자로부터 노동조합의 자주성 및 독립성을 확보하여 궁극적으로 근로3권의 실질적인 행사를 보장하기 위한 것이므로 그 입법목적은 정당하다. 또한 형사처벌로써 사용자의 지배·개입행위 및 급여지원행위를 금지하는 것은 입법목적 달성을 위한 적합한 수단에 해당한다. … 따라서 이 사건 처벌조항은 **과잉금지원칙에 위반되지 않는다**(헌재 2022. 5. 26. 2019헌바341).
> (2) 법인 대표자의 법규위반행위에 대한 법인의 책임은 법인 자신의 법규위반행위로 평가될 수 있는 행위에 대한 법인의 직접책임이므로, 대표자의 고의에 의한 위반행위에 대하여는 법인이 고의 책임을, 대표자의 과실에 의한 위반행위에 대하여는 법인이 과실 책임을 부담한다. 따라서 이 사건 양벌조항은 **법인의 직접책임을 근거**로 하여 **법인을 처벌**하므로 **책임주의원칙에 위배되지 않는다**(헌재 2022. 5. 26. 2019헌바341).

10 적법절차원칙

기출OX

140 치료감호 가종료 시 3년의 보호관찰이 시작되도록 한 「치료감호 등에 관한 법률」 조항은 3년의 보호관찰기간 종료 전이라도 6개월마다 치료감호의 종료 여부 심사를 치료감호심의위원회에 신청할 수 있고, 그 신청에 관한 치료감호심의위원회의 기각결정에 불복하는 경우 행정소송을 제기하여 법관에 의한 재판을 받을 수 있다는 점 등을 고려하면 적법절차원칙에 반하지 않는다. 24 국가 7 　 Ⓞ Ⓧ

> **보호관찰제도 위헌확인**
> 치료감호와 보호관찰은 모두 적법절차원칙의 적용대상인 보안처분이지만 보호관찰은 '시설 외 처분'으로서 '시설 내 처분'인 치료감호보다 경한 처분이고, 독립성과 전문성을 갖춘 **치료감호심의위원회**로 하여금 치료의 필요성과 재범의 위험성을 판단하도록 한 것은 합리성이 인정된다. 또한 3년의 보호관찰기간 종료 전이라도 6개월마다 치료감호의 종료 여부 심사를 치료감호심의위원회에 신청할 수 있고, 그 신청에 관한 치료감호심의위원회의 기각 결정에 불복하는 경우 **행정소송을 제기**하여 법관에 의한 재판을 받을 수 있다. 따라서 심판대상조항은 **적법절차원칙**에 반하여 청구인의 **재판청구권을 침해하지 아니한다**(헌재 2023. 10. 26. 2021헌마839).

　　　🔗 140. ○

2회 141 구 「도시 및 주거환경정비법」 조항이 정비예정구역 내 토지 등 소유자의 100분의 30 이상의 해제 요청이라는 비교적 완화된 요건만으로 정비예정구역 해제 절차에 나아갈 수 있도록 하였다고 하여 적법절차원칙에 위반된다고 보기는 어렵다. 24 경간 　 Ⓞ Ⓧ

141-1 토지 등 소유자의 100분의 30 이상이 정비예정구역의 해제를 요청하는 경우 특별시장 등 해제권자로 하여금 지방도시계획위원회의 심의를 거쳐 정비예정구역의 지정을 해제할 수 있도록 한 구 「도시 및 주거환경정비법」 조항 중 '정비예정구역'에 관한 부분은 토지 등 소유자에게는 정비계획의 입안을 제안할 수 있는 방법이 없는 점 등을 종합적으로 고려하면 적법절차원칙에 위반된다. 24 국가 7 　 Ⓞ Ⓧ

> **구 도시 및 주거환경정비법 제4조의3제4항제3호 위헌소원**
> 심판대상조항은 정비예정구역으로 지정되어 있는 상태에서 정비사업이 장기간 방치됨으로써 발생하는 법적 불안정성을 해소하고, 정비예정구역 내 토지등소유자의 재산권 행사를 보장하기 위한 것이다. 정비예정구역으로 지정되어 있을 뿐인 단계에서부터 토지등소유자의 100분의 30 이상이 정비예정구역 해제를 요구하고 있는 상황이라면 추후 정비사업의 시행이 지연되거나 좌초될 가능성이 큰 점 … 정비예정구역 해제에 관한 위법이 있는 경우 항고소송을 통하여 이를 다툴 수 있는 점 등을 종합적으로 고려하면, 심판대상조항이 **적법절차원칙에 위반된다고 볼 수 없다**(헌재 2023. 6. 29. 2020헌바63).

　　　🔗 141. ○　141-1. ×(적법절차원칙 위반 아님)

출제예상

142 범죄인의 인도와 관련하여, 피청구국의 동의와 청구국의 동의요청서 제출 등이 있으면 청구국이 인도가 허용된 범죄 외에 추가적 범죄도 형사처벌을 할 수 있도록 규정한 '대한민국과 타일랜드왕국간의 범죄인인도조약'은 적법절차원칙에 위반되지 않는다. [합헌]

> **형법 제39조 제1항 등 위헌소원** (범죄인 인도와 관련하여 특정성원칙의 예외를 규정한 범죄인 인도조약조항에 관한 위헌소원 사건)
> ① 인도조약조항은 인도조약 체약국 사이의 외교적 절차를 규정한 것이므로 형사절차 등에서 요구되는 것과 같은 정도의 절차적 보장이 요청된다고 보기 어려운 점, ② 만약 인도조약조항에서 인도된 범죄인에 대한 고지 및 의견·자료 등의 제출기회 부여, 동의요청 기한 등을 규정한다면, 추가적 범죄를 처벌하려는 청구국의 형사사법 운용의 효율성을 저해하고 사법적 정의구현을 훼손할 우려가 있는 점, ③ 인도된 범죄인은 청구국에 의한 구금, 기소 또는 심리절차에서 사후적 불복 기회와 절차적·실체적 권리의 보장을 확보할 수 있는 점 등을 종합하면, 인도조약조항이 인도조약에 따른 범죄인의 인도 시 특정성의 원칙을 배제하는 예외사유로 '피청구국의 동의'와 '청구국의 동의요청서 등의 제출의무'를 규정하면서도, 해당 범죄인에 대한 동의요청절차 진행 고지 및 의견·자료 등의 제출 기회 부여, 이의신청 절차 등을 별도로 마련하지 않고, 청구국의 동의요청 기한을 정하지 않은 것이 **헌법 제12조 제1항에 따른 적법절차원칙에 위반된다고 보기 어렵다**(헌재 2025. 6. 27. 2020헌바318).

11 변호인의 조력을 받을 권리

기출 OX

5회 143 검사가 보관하고 있는 서류에 대하여 법원의 열람·등사 허용 결정이 있었음에도 검사가 청구인에 대한 형사사건과의 관련성을 부정하면서 해당 서류의 열람·등사를 허용하지 아니한 행위는 신속하고 공정한 재판을 받을 권리를 침해한다. 24 해간, 23 입시 (O | X)

143-1 별건으로 공소제기 후 확정되어 검사가 보관하고 있는 서류에 대해 법원의 열람·등사 허용 결정이 있었음에도 불구하고 청구인에 대한 형사사건과 별건이라는 이유로 검사가 해당 서류의 열람·등사를 허용하지 아니한 행위는 청구인이 갖는 변호인의 조력을 받을 권리를 침해한다. 24 경간 (O | X)

143-2 법원이 검사의 열람·등사 거부처분에 정당한 사유가 없다고 판단하고 그러한 거부처분이 피고인의 헌법상 기본권을 침해한다는 취지에서 수사서류의 열람·등사를 허용하도록 명한 이상 검사로서는 당연히 법원의 그러한 결정에 지체 없이 따라야 하지만, 별건으로 공소제기되어 확정된 관련 형사사건 기록에 관한 경우에는 이를 따르지 않을 수 있다. 23 경찰 1차 (O | X)

> **법원이 열람·등사 허용 결정을 하였음에도 검사가 열람·등사를 거부한 행위의 위헌확인 사건 (열람·등사신청 거부 위헌확인)**
> 형사소송법이 공소가 제기된 후의 피고인 또는 변호인의 수사서류 열람·등사권에 대하여 규정하면서 검사의 열람·등사 거부처분에 대하여 별도의 불복절차를 마련한 것은 신속하고 실효적인 권리구제를 통하여 피고인의 신속·공정한 재판을 받을 권리 및 변호인의 조력을 받을 권리를 보장하기 위함이다. 법원이 검사의 열람·등사 거부처분에 정당한 사유가 없다고 판단하고 그러한 거부처분이 피고인의 헌법상 기본권을 침해한다는 취지에서 **수사서류의 열람·등사를 허용하도록 명한 이상**, 법치국가와 권력분립의 원칙상 **검사로서는 당연히 법원의 그러한 결정에 지체 없이 따라야 하며**, 이는 **별건으로 공소제기되어 확정된 관련 형사사건 기록**에 관한 경우에도 **마찬가지**이다. 그렇다면 피청구인의 이 사건 **거부행위**는 청구인의 **신속·공정한 재판을 받을 권리** 및 **변호인의 조력을 받을 권리를 침해**한다(헌재 2022. 6. 30. 2019헌마356).
>
> 🔗 143. O 143-1. O 143-2. ✗(별건으로 공소제기되어도 마찬가지임)

12 신체의 자유

기출OX

144 강제퇴거명령을 받은 사람을 보호할 수 있도록 하면서 보호기간의 상한을 마련하지 아니한 「출입국관리법」 조항은, 보호기간의 상한을 법에 명시함으로써 보호기간의 비합리적인 장기화 내지 불확실성에서 야기되는 피해를 방지할 수 있어야 하는데, 단지 강제퇴거명령의 효율적 집행이라는 행정목적 때문에 기간의 제한이 없는 보호를 가능하게 하는 것으로 과잉금지원칙을 위반하여 피보호자의 신체의 자유를 침해한다. 26 경간

(O | X)

144-1 「출입국관리법」에 따라 강제퇴거대상자를 대한민국 밖으로 송환할 수 있을 때까지 보호시설에 인치·수용하여 강제퇴거명령을 효율적으로 집행할 수 있도록 함으로써 외국인의 출입국과 체류를 적절하게 통제하고 조정하여 국가의 안전과 질서를 도모하는 것은, 입법목적의 정당성과 수단의 적합성이 인정된다. 23 경채

(O | X)

144-2 강제퇴거명령을 받은 사람을 보호할 수 있도록 하면서 보호기간의 상한을 마련하지 않은 출입국관리법 해당 조항은 침해의 최소성과 법익의 균형성을 충족하지 못하여 피보호자의 신체의 자유를 침해한다. 24 법원9

(O | X)

강제퇴거대상자에 대한 보호기간의 상한 없는 보호 사건 (출입국관리법 제63조제1항 위헌제청)

(1) 심판대상조항은 강제퇴거대상자를 대한민국 밖으로 송환할 수 있을 때까지 보호시설에 인치·수용하여 **강제퇴거명령을 효율적으로 집행**할 수 있도록 함으로써 **외국인의 출입국과 체류를 적절하게 통제**하고 조정하여 **국가의 안전과 질서를 도모**하고자 하는 것으로, **입법목적의 정당성과 수단의 적합성은 인정**된다(헌재 2023. 3. 23. 2020헌가1 등).

(2) 보호기간의 상한을 두지 아니함으로써 **강제퇴거대상자를 무기한 보호**하는 것을 가능하게 하는 것은 **보호의 일시적·잠정적 강제조치로서의 한계를 벗어나는 것**이라는 점, **보호기간의 상한을 법에 명시**함으로써 보호기간의 비합리적인 장기화 내지 불확실성에서 야기되는 피해를 방지할 수 있어야 하는데, 단지 강제퇴거명령의 효율적 집행이라는 행정목적 때문에 기간의 제한이 없는 보호를 가능하게 하는 것은 행정의 편의성과 획일성만을 강조한 것으로 피보호자의 **신체의 자유를 과도하게 제한**하는 것인 점, … 등을 고려하면, 심판대상조항은 **침해의 최소성과 법익균형성을 충족하지 못한다**. 따라서 심판대상조항은 과잉금지원칙을 위반하여 **피보호자의 신체의 자유를 침해**한다(헌재 2023. 3. 23. 2020헌가1 등).

144. ○ 144-1. ○ 144-2. ○

145 행정절차상 강제처분에 의해 신체의 자유가 제한되는 경우, 강제처분의 집행기관으로부터 독립된 중립적인 기관이 이를 통제하도록 하는 것은 적법절차원칙의 중요한 내용에 해당하는바, 구체적인 통제의 모습이나 수준은 강제처분의 목적과 이로써 달성하고자 하는 공익, 강제처분으로 인해 신체의 자유가 제한되는 정도 등 모든 요소를 고려하여 결정되어야 한다. 26 경간 O | X

145-1 행정절차상 강제처분에 의해 신체의 자유가 제한되는 경우 강제처분의 집행기관으로부터 독립된 중립적인 기관이 이를 통제하도록 하는 것은 적법절차원칙의 내용에 해당하지 않는다. 24 경찰 2차 O | X

145-2 강제퇴거명령을 받은 사람을 보호할 수 있도록 하면서 보호기간의 상한을 마련하지 아니한「출입국관리법」조항에 의한 보호는 형사절차상 '체포 또는 구속'에 준하는 것으로 볼 수 있는 점을 고려하면, 보호의 개시 또는 연장 단계에서 그 집행기관인 출입국관리공무원으로부터 독립되고 중립적인 지위에 있는 기관이 보호의 타당성을 심사하여 이를 통제할 수 있어야 한다. 24 경간, 23 국가 7 O | X

145-3 강제퇴거명령을 받은 사람을 보호할 수 있도록 하면서 보호기간의 상한을 마련하지 아니한「출입국관리법」상 보호는 그 개시 또는 연장 단계에서 공정하고 중립적인 기관에 의한 통제절차가 없고 당사자에게 의견을 제출할 기회도 보장하고 있지 아니하므로 헌법상 적법절차원칙에 위배된다. 24 경간 O | X

> **강제퇴거대상자에 대한 보호기간의 상한 없는 보호 사건 (출입국관리법 제63조제1항 위헌제청)**
> (1) **행정절차상 강제처분**에 의해 **신체의 자유가 제한**되는 경우, 강제처분의 집행기관으로부터 **독립된 중립적인 기관이 이를 통제**하도록 하는 것은 **적법절차원칙의 중요한 내용**에 해당하는바, **구체적인 통제의 모습이나 수준**은 강제처분의 목적과 이로써 달성하고자 하는 공익, 강제처분으로 인해 신체의 자유가 제한되는 정도 등 **모든 요소를 고려하여 결정되어야 할 것이다**(헌재 2023. 3. 23. 2020헌가1 등).
> (2) 심판대상조항에 의한 보호는 신체의 자유를 제한하는 정도가 박탈에 이르러 형사절차상 '체포 또는 구속'에 준하는 것으로 볼 수 있는 점을 고려하면, **보호의 개시 또는 연장 단계**에서 그 집행기관인 출입국관리공무원으로부터 **독립되고 중립적인 지위에 있는 기관**이 보호의 타당성을 심사하여 이를 통제할 수 있어야 한다. 그러나 현재 출입국관리법상 **보호의 개시 또는 연장 단계**에서 집행기관으로부터 독립된 **중립적 기관에 의한 통제절차**가 마련되어 있지 아니하다. 또한 당사자에게 의견 및 자료 제출의 기회를 부여하는 것은 적법절차원칙에서 도출되는 중요한 절차적 요청이므로, 심판대상조항에 따라 보호를 하는 경우에도 피보호자에게 위와 같은 기회가 보장되어야 하나, 심판대상조항에 따른 보호명령을 발령하기 전에 **당사자에게 의견을 제출할 수 있는 절차적 기회가 마련되어 있지 아니하다**. 따라서 심판대상조항은 **적법절차원칙에 위배되어 피보호자의 신체의 자유를 침해한다**(헌재 2023. 3. 23. 2020헌가1 등).

🔖 145. ○ 145-1. ×(적법절차원칙의 내용에 해당함) 145-2. ○ 145-3. ○

2회 **146** 「출입국관리법」상의 외국인 강제퇴거명령 및 보호는 형사절차상 '체포 또는 구속'에 준하는 것으로서 외국인의 신체의 자유를 박탈하는 것이므로 검사의 신청, 판사의 발부를 거치지 않은 외국인 보호는 영장주의에 위배된다. 22 국회 8 ⓞⅠ✕

> **강제퇴거대상자에 대한 보호기간의 상한 없는 보호 사건 (출입국관리법 제63조제1항 위헌제청)**
> 출입국관리법상의 외국인보호는 형사절차상 '체포 또는 구속'에 준하는 것으로서 외국인의 **신체의 자유를 박탈**하는 것이므로, 검사의 신청, 판사의 발부라는 **엄격한 영장주의는 아니더라도**, 적어도 출입국관리공무원이 아닌 객관적·중립적 지위에 있는 자가 그 인신구속의 타당성을 심사할 수 있는 장치가 있어야 한다(헌재 2023. 3. 23. 2020헌가1 등).
> (보충설명) 제청법원은 영장주의 위배를 위헌제청이유로 기재하였으나, 헌법재판소는 **법정의견으로 영장주의 적용 여부를 판단하지 않았다.**
>
> 🔖 **146.** ✕(영장주의 입장 無)

3회 **147** 수형자가 민사재판에 출정하여 법정 대기실 내 쇠창살 격리시설 안에 유치되어 있는 동안 교도소장이 출정계호교도관을 통해 수형자에게 양손수갑 1개를 앞으로 사용한 행위는 수형자의 신체의 자유를 침해하지 않는다. 24 법무사 ⓞⅠ✕

147-1 구금 기능이 취약해질 수밖에 없는 법정 대기실 내 쇠창살 격리시설에서 수형자의 도주를 예방하고 법정 내 질서유지에 협력하기 위한 목적이라 하더라도 수갑과 같은 보호장비를 사용하는 것은 과잉금지원칙을 위반하여 청구인의 신체의 자유를 침해한다. 26 경간 ⓞⅠ✕

> **공권력 행사 위헌확인**
> 이 사건 **보호장비 사용행위**는 수형자가 도주나 자해, 다른 사람에 대한 위해와 같은 교정사고를 저지르는 것을 예방하고, 법원 내 질서 유지에 협력하기 위한 것으로, 그 목적의 정당성 및 수단의 적합성이 인정된다. … 따라서 이 사건 보호장비 사용행위는 과잉금지원칙을 위반하여 청구인의 **신체의 자유 및 인격권을 침해하지 않는다**(헌재 2023. 6. 29. 2018헌마1215).
>
> 🔖 **147.** ⓞ **147-1.** ✕(신체의 자유 침해 아님)

13 사생활의 비밀과 자유

기출OX

148 교도소장이 수형자의 정신과진료 현장과 정신과 화상진료 현장에 각각 간호직교도관을 입회시킨 것은, 수형자에게 사생활노출 염려로 솔직한 증세를 의사에게 전달하지 못하게 함으로써 해당 수형자의 사생활의 비밀과 자유를 침해한다. 24 경찰 2차   Ⓞ Ⓧ

> **기본권 침해 위헌확인**
> 이 사건 동행계호행위는 교정사고를 예방하고 수용자 및 진료 담당 의사의 신체 등을 보호하기 위한 것이다. 청구인이 상습적으로 교정질서 문란행위를 저지른 전력이 있는 점, 정신질환의 증상으로 자해 또는 타해 행동이 나타날 우려가 있는 점, 교정시설은 수형자의 교정교화와 건전한 사회복귀를 도모하기 위한 시설로서 정신질환자의 치료 중심 수용 환경 조성에는 한계가 있는 점 등을 고려하면 이 사건 동행계호행위는 과잉금지원칙에 반하여 청구인의 **사생활의 비밀과 자유를 침해하지 않는다**(헌재 2024. 1. 25. 2020헌마1725).

🔗 **148.** ✕(사생활의 자유 침해 아님)

149 인체면역결핍 바이러스에 감염된 사람이 혈액 또는 체액을 통하여 다른 사람에게 전파매개행위를 하는 것을 처벌하는「후천성면역결핍증예방법」조항은, 감염인 중에서도 의료인의 처방에 따른 치료법을 성실히 이행하는 감염인의 전파매개행위까지도 예외 없이 처벌함으로써 이들의 사생활의 자유를 침해한다. 25 경간   Ⓞ Ⓧ

> **인체면역결핍바이러스(HIV) 전파매개행위죄 사건 (후천성면역결핍증 예방법 제19조 등 위헌제청)**
> 심판대상조항으로 인하여 감염인에게는 상대방에게 감염사실을 고지하거나 예방조치를 사용해야 하므로 자유로운 방식의 성행위가 제한되나, 그렇지 않으면 상대방은 감염인과의 성행위로 인하여 완치가 불가능한 바이러스에 감염되어 평생 매일 약을 복용하여야 하는 등 심각한 위험에 처하게 될 수 있다. 이러한 점을 감안하면, 감염인의 사생활의 자유 및 일반적 행동자유권이 제약되는 것에 비하여 국민의 건강 보호라는 공익을 달성하는 것은 더욱 중대하다. 따라서 **심판대상조항은 과잉금지원칙을 위반하여 감염인의 사생활의 자유 및 일반적 행동자유권을 침해하지 아니한다**(헌재 2023. 10. 26. 2019헌가30).

🔗 **149.** ✕(사생활의 자유 침해 아님)

150 13세 이상 16세 미만의 사람에 대하여 간음 또는 추행을 한 19세 이상의 자를 강간죄, 유사강간죄, 강제추행죄의 예에 따라 처벌하도록 한 「형법」 조항은 개인의 성생활이라는 내밀한 사적 생활영역에서의 행위를 제한하므로 사생활의 비밀과 자유를 제한한다. 25 소간   (O│X)

150-1 13세 이상 16세 미만의 사람에 대하여 간음 또는 추행을 한 19세 이상의 자를 강간죄, 유사강간죄, 강제추행죄의 예에 따라 처벌하도록 한 「형법」 조항은 과잉금지원칙에 위반하여 성적 자기결정권 및 사생활의 비밀과 자유를 침해하지 아니한다. 26 경간   (O│X)

> 형법 제305조제2항 위헌소원 (16세 미만 미성년자 의제강간죄 사건)
> **19세 이상인 자**는 심판대상조항으로 인하여 **13세 이상 16세 미만인 사람을 성행위의 상대방으로 선택할 수 없으므로**, 심판대상조항은 19세 이상인 자의 **성적 자기결정권을 제한**한다. 또한 심판대상조항은 **개인의 성생활이라는 내밀한 사적 생활영역에서의 행위를 제한**하므로 헌법 제17조가 보장하는 **사생활의 비밀과 자유 역시 제한**한다. … 따라서 심판대상조항은 과잉금지원칙에 위반하여 **성적 자기결정권 및 사생활의 비밀과 자유를 침해하지 아니한다**(헌재 2024. 6. 27. 2022헌바106 등).
>
> 150. ○ 150-1. ○

14 개인정보자기결정권

> **기출 OX**

2회 151 가명정보는 원래의 상태로 복원하기 위한 추가 정보의 사용·결합 없이 그 자체만으로는 특정 개인을 알아볼 수 없고 극히 예외적인 경우에만 정보주체의 식별이 이루어지므로 개인정보자기결정권의 보호대상이 되는 개인정보에 해당하지 아니한다. 25 소간 (O | X)

151-1 가명정보의 재식별을 예외 없이 금지하는 「개인정보 보호법」의 재식별금지조항은 개인정보자기결정권을 침해하지 않는다. 25 입시 (O | X)

> **개인정보 보호법 제28조의7 등 위헌확인**
> **가명정보는** 원래의 상태로 복원하기 위한 추가 정보의 사용·결합을 통해서 특정 개인을 알아볼 수 있는 정보이므로 **개인정보자기결정권의 보호대상이 되는 개인정보에 해당**한다. … 재식별금지조항은 가명정보를 통해서는 특정 개인을 알아볼 수 없도록 함으로써 **정보주체의 개인정보자기결정권을 충분히 보호**하고자 하는 것으로서 그 입법목적이 정당하고, 재식별을 금지하여 특정 개인을 알아볼 가능성을 최소화하는 것은 그와 같은 입법목적을 달성하기에 적합한 수단이다. … 따라서 재식별금지조항은 청구인들의 **개인정보자기결정권을 침해하지 않는다**(헌재 2023. 10. 26. 2020헌마1477 등).
>
> 🔗 **151. ✗**(가명정보도 개인정보임) **151-1. ○**

2회 152 전기통신사업자가 수사기관 등의 통신자료 제공요청에 따라 수사기관 등에 제공하는 이용자의 성명, 주민등록번호, 주소, 전화번호, 아이디, 가입일 또는 해지일은 청구인들의 동일성을 식별할 수 있게 해주는 개인정보에 해당한다. 24 법무사 (O | X)

152-1 수사기관 등이 전기통신 사업자에게 통신자료 제공을 요청하면 전기통신사업자가 그 요청에 따를 수 있다고 정한 「전기통신사업법」 조항은 개인정보자기결정권을 제한한다. 23 경찰 1차 (O | X)

> **수사기관 등에 의한 통신자료 제공요청 사건 (통신자료 취득행위 위헌확인 등)**
> 전기통신사업자가 수사기관 등의 통신자료 제공요청에 따라 수사기관 등에 제공하는 **이용자의 성명, 주민등록번호, 주소, 전화번호, 아이디, 가입일 또는 해지일**은 청구인들의 동일성을 식별할 수 있게 해주는 **개인정보에 해당**하므로, 이 사건 법률조항은 **개인정보자기결정권을 제한**한다(헌재 2022. 7. 21. 2016헌마388 등).
>
> 🔗 **152. ○ 152-1. ○**

153 헌법상 영장주의는 체포·구속·압수·수색 등 기본권을 제한하는 강제처분에 적용되므로, 강제력이 개입되지 않은 임의수사에 해당하는 수사기관 등의 통신자료 취득에는 영장주의가 적용되지 않는다. 24 법무사, 23 경찰 1차
[O | X]

153-1 「전기통신사업법」은 수사기관 등이 전기통신사업자에 대하여 통신자료의 제공을 요청할 수 있는 권한을 부여하면서 전기통신사업자에게 수사기관 등의 통신자료 제공요청에 응하거나 협조하여야 할 의무를 부과하지 않으며, 달리 전기통신사업자의 통신자료 제공을 강제할 수 있는 수단을 마련하고 있지 아니하므로, 동법에 따른 통신자료 제공요청은 강제력이 개입되지 아니한 임의수사에 해당하고 이를 통한 수사기관 등의 통신자료 취득에는 영장주의가 적용되지 아니한다. 25 경찰 1차
[O | X]

153-2 수사기관 등이 전기통신사업자에게 이용자의 성명 등 통신자료의 열람이나 제출을 요청할 수 있도록 한 「전기통신사업법」 조항 중 해당 부분은 영장주의에 위배된다. 25 경간
[O | X]

> **수사기관 등에 의한 통신자료 제공요청 사건 (통신자료 취득행위 위헌확인 등)**
> 헌법상 **영장주의**는 체포·구속·압수·수색 등 기본권을 제한하는 **강제처분에 적용**되므로, **강제력이 개입되지 않은 임의수사**에 해당하는 **수사기관 등의 통신자료 취득에는 영장주의가 적용되지 않는다.** … 이 사건 법률조항은 수사기관 등이 전기통신사업자에 대하여 통신자료의 제공을 요청할 수 있는 권한을 부여하면서 전기통신사업자는 '그 요청에 따를 수 있다'고 규정하고 있을 뿐, 전기통신사업자에게 수사기관 등의 통신자료 제공요청에 응하거나 협조하여야 할 의무를 부과하지 않으며, 달리 전기통신사업자의 통신자료 제공을 강제할 수 있는 수단을 마련하고 있지 아니하다. 따라서 이 사건 법률조항에 따른 **통신자료 제공요청**은 **강제력이 개입되지 아니한 임의수사**에 해당하고 이를 통한 **수사기관 등의 통신자료 취득에는 영장주의가 적용되지 아니**하는바, 이 사건 법률조항은 헌법상 **영장주의에 위배되지 아니한다**(헌재 2022. 7. 21. 2016헌마388 등).
>
> 🔒 **153.** ○ **153-1.** ○ **153-2.** ×(영장주의 적용 안 됨)

154 수사기관 등에 의한 통신자료 제공요청은 임의수사에 해당하는 것으로, 전기통신사업자가 이에 응하지 아니한 경우에도 어떠한 법적 불이익을 받는다고 볼 수 없으므로, 헌법소원의 대상이 되는 공권력의 행사에 해당하지 않는다. 24 법무사
[O | X]

> **수사기관 등에 의한 통신자료 제공요청 사건 (통신자료 취득행위 위헌확인 등)**
> 수사기관 등에 의한 **통신자료 제공요청은 임의수사**에 해당하는 것으로, 전기통신사업자가 이에 응하지 아니한 경우에도 어떠한 법적 불이익을 받는다고 볼 수 없다. 따라서 이 사건 **통신자료 취득행위는 헌법소원의 대상이 되는 공권력의 행사에 해당하지 않는다**(헌재 2022. 7. 21. 2016헌마388 등).
>
> 🔒 **154.** ○

3회 **155** 수사기관 등이 전기통신 사업자에게 통신자료 제공을 요청하면 전기통신사업자가 그 요청에 따를 수 있다고 정한 「전기통신사업법」 조항 중 '국가안전보장에 대한 위해를 방지하기 위한 정보수집'은 국가의 존립이나 헌법의 기본질서에 대한 위험을 방지하기 위한 목적을 달성함에 있어 요구되는 최소한의 범위 내에서의 정보수집을 의미하는 것으로 해석되므로 명확성원칙에 위배되지 않는다. 23 경찰 1차 ○│X

> **수사기관 등에 의한 통신자료 제공요청 사건 (통신자료 취득행위 위헌확인 등)**
> 청구인들은 이 사건 법률조항 중 '국가안전보장에 대한 위해'의 의미가 불분명하다고 주장하나, **'국가안전보장에 대한 위해를 방지하기 위한 정보수집'**은 국가의 존립이나 헌법의 기본질서에 대한 위험을 방지하기 위한 목적을 달성함에 있어 요구되는 최소한의 범위 내에서의 정보수집을 의미하는 것으로 해석되므로, **명확성원칙에 위배되지 않는다**(헌재 2022. 7. 21. 2016헌마388 등).

🔒 155. ○

8회 **156** 수사기관 등이 전기통신사업자에게 이용자의 성명 등 통신자료의 열람이나 제출을 요청할 수 있도록 한 「전기통신사업법」 제83조제3항 중 '검사 또는 수사관서의 장(군수사기관의 장을 포함한다), 정보수사기관의 장의 수사, 형의 집행 또는 국가안전보장에 대한 위해방지를 위한 정보수집을 위한 통신자료 제공요청'에 관한 부분은 통신자료 취득에 대한 사후통지절차를 두지 않아 적법절차원칙에 위배된다. 24 국가 7 ○│X

156-1 수사기관 등이 전기통신사업자에게 이용자의 성명 등 통신자료의 열람이나 제출을 요청할 수 있도록 한 「전기통신사업법」 조항은 효율적인 수사의 필요성을 고려하여 사전에 정보주체인 이용자에게 그 내역을 통지하지 않았는데 수사기관 등이 통신자료를 취득한 이후에도 수사 등 정보수집의 목적에 방해가 되지 않는 범위 내에서 통신자료의 취득사실을 이용자에게 통지하지 않았다면 적법절차원칙에 위배되어 개인정보자기결정권을 침해한다. 23 국회 8 ○│X

156-2 효율적인 수사와 정보수집의 신속성, 밀행성 등의 필요성을 고려하여 통신자료 제공 내역을 통지하도록 하는 것이 적절하지 않기 때문에, 수사기관 등이 전기통신 사업자에게 통신자료 제공을 요청하면 전기통신사업자가 그 요청에 따를 수 있다고 정한 「전기통신사업법」 조항이 통신자료 취득에 대한 사후통지절차를 두지 않은 것은 적법절차원칙에 위배되지 않는다. 23 경찰 1차 ○│X

> **수사기관 등에 의한 통신자료 제공요청 사건 (통신자료 취득행위 위헌확인 등)**
> 이 사건 법률조항에 의한 통신자료 제공요청이 있는 경우 통신자료의 정보주체인 이용자에게는 통신자료 제공요청이 있었다는 점이 **사전에 고지되지 아니**하며, 전기통신사업자가 수사기관 등에게 통신자료를 제공한 경우에도 이러한 사실이 **이용자에게 별도로 통지되지 않는다**. 그런데 당사자에 대한 통지는 당사자가 기본권 제한 사실을 확인하고 그 정당성 여부를 다툴 수 있는 전제조건이 된다는 점에서 매우 중요하다. 효율적인 수사와 정보수집의 신속성, 밀행성 등의 필요성을 고려하여 **사전에 정보주체인 이용자에게 그 내역을 통지**하도록 하는 것이 **적절하지 않다면** 수사기관 등이 통신자료를 취득한 이후에 수사 등 정보수집의 목적에 방해가 되지 않는 범위 내에서 **통신자료의 취득사실을 이용자에게 통지**하는 것이 얼마든지 가능하다. 그럼에도 이 사건 법률조항은 통신자료 취득에 대한 **사후통지절차를 두지 않아 적법절차원칙에 위배**된다. … 이 사건 법률조항이 **통신자료 취득에 대한 사후통지절차를 규정하고 있지 않은 것은 적법절차원칙에 위배**하여 청구인들의 **개인정보자기결정권을 침해**한다(헌재 2022. 7. 21. 2016헌마388 등).

🔒 156. ○ 156-1. ○ 156-2. ×(적법절차원칙에 위배됨)

157 수사기관 등이 전기통신사업자에게 이용자의 성명 등 통신자료의 열람이나 제출을 요청할 수 있도록 한 전기통신사업법 조항은 통신자료를 요청할 수 있는 사유를 지나치게 광범위하고 포괄적으로 규정하고 있으므로 과잉금지원칙을 위반하여 개인정보자기결정권을 침해한다. 24 법무사 ○│✕

> **수사기관 등에 의한 통신자료 제공요청 사건 (통신자료 취득행위 위헌확인 등)**
> 이 사건 법률조항은 범죄수사나 정보수집의 초기단계에서 수사기관 등이 통신자료를 취득할 수 있도록 함으로써 수사나 형의 집행, 국가안전보장 활동의 신속성과 효율성을 도모하고, 이를 통하여 실체적 진실발견, 국가 형벌권의 적정한 행사 및 국가안보보장에 기여한다. 이 사건 법률조항은 수사기관 등이 통신자료 제공요청을 할 수 있는 정보의 범위를 성명, 주민등록번호, 주소 등 피의자나 피해자를 특정하기 위한 불가피한 최소한의 기초정보로 한정하고, 민감정보를 포함하고 있지 않으며, 그 사유 또한 '수사, 형의 집행 또는 국가안전보장에 대한 위해를 방지하기 위한 정보수집'으로 한정하고 있다. 또한, 전기통신사업법은 통신자료 제공요청 방법이나 통신자료 제공현황 보고에 관한 규정 등을 두어 통신자료가 수사 등 정보수집의 목적달성에 필요한 최소한의 범위 내에서 이루어지도록 하고 있다. … 따라서 이 사건 법률조항은 **과잉금지원칙**을 위반하여 청구인들의 **개인정보자기결정권을 침해한다고 볼 수 없다**(헌재 2022. 7. 21. 2016헌마388 등).
>
> 🔒 **157.** ✕(과잉금지원칙 위반 아님)

158 정보주체의 배우자나 직계혈족이 정보주체의 위임 없이도 정보주체의 가족관계 상세증명서의 교부 청구를 할 수 있도록 하는 「가족관계의 등록 등에 관한 법률」의 해당 조항은 개인정보자기결정권을 침해하지 않는다. 23 소간 ○│✕

158-1 정보주체의 배우자나 직계혈족이 정보주체의 위임 없이도 정보주체의 가족관계 상세증명서의 교부 청구를 할 수 있도록 한 것은 현재의 혼인 외에서 얻은 자녀 등에 관한 내밀한 개인정보를 정보주체의 의사에 반하여 배우자나 직계혈족에게 공개 당하게 되므로 개인정보자기결정권을 침해한다. 23 국회 8 ○│✕

> **가족관계의 등록 등에 관한 법률 제14조제1항 본문 위헌확인**
> 심판대상조항은 정보주체의 배우자나 직계혈족이 스스로의 정당한 법적 이익을 지키기 위하여 정보주체 본인의 위임 없이도 가족관계 상세증명서를 간편하게 발급받을 수 있게 해 주는 것이므로, 상세증명서 추가 기재 자녀의 입장에서 보아도 자신의 개인정보가 공개되는 것을 중대한 불이익이라고 평가하기는 어렵다. … **심판대상조항은 과잉금지원칙에 위배되어** 청구인의 **개인정보자기결정권을 침해하지 아니한다**(헌재 2022. 11. 24. 2021헌마130).
>
> 🔒 **158.** ○ **158-1.** ✕(개인정보자기결정권 침해 아님)

3회 159 무효인 혼인의 기록사항 전체에 하나의 선을 긋고, 말소 내용과 사유를 각 해당 사항란에 기재하는 방식의 정정 표시는 청구인의 인격주체성을 식별할 수 있게 하는 개인정보에 해당하고, 이와 같은 정보를 보존하는 「가족관계등록부의 재작성에 관한 사무처리지침」 조항 중 해당 부분은 청구인의 개인정보자기결정권을 제한한다. 24 국가 7 ⓞⅠ×

159-1 혼인의사의 합의가 없음을 원인으로 혼인무효판결을 받았으나 혼인 무효사유가 한쪽 당사자나 제3자의 범죄행위로 인한 경우에 해당하지 않는 사람에 대해서는 가족관계등록부 재작성 신청권이 인정되지 않고, 정정된 가족관계등록부가 보존되도록 한 '가족관계등록부의 재작성에 관한 사무처리지침' 조항 중 '혼인무효'에 관한 부분은 혼인과 가족생활을 스스로 결정하고 형성할 수 있는 자유를 제한한다. 25 경간 ⓞⅠ×

> **혼인무효판결로 정정된 가족관계등록부의 재작성 사건 (가족관계의 등록 등에 관한 법률 제11조제2항 등 위헌확인)**
> (1) 심판대상조항에 따라 청구인과 같이 혼인의사의 합의가 없음을 원인으로 혼인무효판결을 받았으나 혼인무효사유가 한쪽 당사자나 제3자의 범죄행위로 인한 경우에 해당하지 않는 사람에 대해서는 등록부 재작성 신청권이 인정되지 않고, 정정된 등록부가 보존된다. 무효인 혼인의 기록사항 전체에 하나의 선을 긋고, 말소 내용과 사유를 각 해당 사항란에 기재하는 방식의 **정정 표시**는 청구인의 인격주체성을 식별할 수 있게 하는 **개인정보에 해당**하고, 이와 같은 정보를 보존하는 심판대상조항은 청구인의 **개인정보자기결정권을 제한**한다. … 심판대상조항은 과잉금지원칙을 위반하여 청구인의 **개인정보자기결정권을 침해하지 않는다**(헌재 2024. 1. 25. 2020헌마65).
> (2) 청구인은 심판대상조항이 사생활의 비밀과 자유, 혼인과 가족생활에 관한 기본권, 행복추구권, 평등권도 침해한다고 주장한다. 그러나 심판대상조항은 신분등록제도에 관한 규정일 뿐, **혼인과 가족생활을 스스로 결정하고 형성할 수 있는 자유를 제한하고 있다고 볼 수 없고**, 사생활의 비밀과 자유는 개인정보자기결정권의 근거조항이며, 행복추구권이나 평등권 침해 주장은 심판대상조항이 등록부 재작성 신청권자를 한정한 것이 과도하여 개인정보자기결정권을 침해한다는 주장과 다르지 않으므로, 이에 관하여도 별도로 판단하지 않는다(헌재 2024. 1. 25. 2020헌마65).

🔗 **159.** ○ **159-1.** ×(혼인과 가족생활을 스스로 결정하고 형성할 수 있는 자유 제한 아님)

160 주민등록증에 지문을 수록하도록 한 구「주민등록법」제24조제2항 본문 중 '지문(指紋)'에 관한 부분은, 주민등록증의 수록사항의 하나로 지문을 규정하고 있을 뿐 "오른손 엄지손가락 지문"이라고 특정한 바가 없으므로, 과잉금지원칙을 위반하여 개인정보자기결정권을 침해한다. 24 국가 7 ○|×

160-1 시장·군수·구청장으로 하여금 주민등록증 발급신청서를 관할 경찰서 지구대장 등에게 보내도록 한「주민등록법 시행규칙」조항은「주민등록법」및 같은 법 시행령 등에 아무런 근거가 없이 제정된 것이라고 볼 수밖에 없으므로, 법률유보원칙에 위배되어 개인정보자기결정권을 침해한다. 25 입시 ○|×

> **주민등록법상 지문날인제도 관련 사건 (주민등록법 제24조제2항 위헌확인 등)**
> (1) 주민등록법상 지문날인제도는 신원확인기능의 효율적인 수행을 도모하고, 신원확인의 정확성 내지 완벽성을 제고하기 위하여 17세 이상 모든 국민의 열 손가락 지문정보를 수집하고 이를 보관·전산화하여 이용하는 것이다. 경찰이 범죄수사나 사고피해자의 신원확인 등을 위하여 지문정보를 효율적으로 이용하기 위해서는 사전에 광범위한 지문정보를 보관하여야 할 필요가 있는 점, 한 손가락 지문정보로는 신원확인이 불가능하게 되는 경우가 흔히 발생할 수 있는 점, 다른 여러 신원확인수단 중에서 정확성·간편성·효율성 등의 종합적인 측면에서 지문정보와 비견할 만한 것은 현재에도 찾아보기 어려운 점을 종합하면, 이 사건 법률조항, 이 사건 시행령조항 및 이 사건 보관등행위는 **과잉금지원칙에 위반되지 않는다**(헌재 2024. 4. 25. 2020헌마542).
> (2) 주민등록법상 지문날인제도는 주민등록제도 일반에 관한 입법목적 외에도 **치안유지나 국가안보가 보다 적극적으로 고려**된 것이고, 이러한 입법목적에는 날인된 지문의 **범죄수사목적상 이용도 포함**된다. '개인정보 보호법' 제15조제1항제3호, 제18조제2항제7호의 규정내용과 '국가경찰과 자치경찰의 조직 및 운영에 관한 법률' 및 '경찰관 직무집행법'이 국민의 생명·신체 및 재산의 보호, 범죄의 예방·진압 및 수사 등을 경찰의 임무로 규정하고 있는 점 등을 고려하면, **시장·군수·구청장이 주민등록증 발급신청서**를 관할 경찰서의 지구대장 또는 파출소장에게 보내도록 한 이 사건 규칙조항이 **법률유보원칙에 위반된다고 볼 수 없다**(헌재 2024. 4. 25. 2020헌마542).
>
> 🔑 160. ×(개인정보자기결정권 침해 아님) 160-1. ×(법률유보원칙 및 개인정보자기결정권 침해 아님)

161 감염병의 예방 및 감염 전파의 차단을 위하여 필요한 경우 보건복지부장관 또는 질병관리본부장이 개인정보를 요청하여 수집할 수 있도록 수권하는 구「감염병의 예방 및 관리에 관한 법률」조항은 청구인의 개인정보자기결정권을 침해하지 않는다. 26 경간 ○|×

161-1 감염병 전파 차단을 위한 개인정보 수집의 수권조항인 구「감염병의 예방 및 관리에 관한 법률」해당 조항은 정보수집의 목적 및 대상이 제한되어 있으나, 관련 규정에서 절차적 통제장치를 마련하지 못하여 정보의 남용 가능성이 있어 정보주체의 개인정보자기결정권을 침해한다. 25 입시 ○|×

> **코로나19 관련 이태원 기지국 접속자 정보수집 사건 (감염병의 예방 및 관리에 관한 법률 제2조제15호 위헌확인 등)**
> 심판대상조항은 보건당국이 전문성을 가지고 감염병의 성질과 전파정도, 유행상황이나 위험정도, 예방 백신이나 치료제의 개발 여부 등에 따라 **정보 수집이 필요한 범위를 판단하여 정보를 요청**할 수 있도록 하여 효과적인 방역을 달성할 수 있도록 한다. 또한 **정보수집의 목적 및 대상이 제한**되어 있고, **관련 규정에서 절차적 통제장치를 마련**하여 정보의 남용 가능성을 통제하고 있다. 심판대상조항은 감염병이 유행하고 신속한 방역조치가 필요한 예외적인 상황에서 일시적이고 한시적으로 적용되는 반면, 인적사항에 관한 정보를 이용한 적시적이고 효과적인 방역대책은 국민의 생명과 건강을 보호하고 사회적·경제적인 손실 방지를 위하여 필요한 것인 점에서 그 공익의 혜택 범위와 효과가 광범위하고 중대하다. 따라서 심판대상조항은 과잉금지원칙에 반하여 청구인의 **개인정보자기결정권을 침해하지 않는다**(헌재 2024. 4. 25. 2020헌마1028).
>
> 🔑 161. ○ 161-1. ×(개인정보자기결정권 침해 아님)

2회 162 미결수용자인 청구인에게 징벌을 부과한 뒤 그 규율위반 내용 및 징벌처분 결과 등을 법원에 양형 참고자료로 통보한 행위는 개인정보자기결정권을 침해한다. 25 입시 ○ | ×

162-1 교정시설의 장이 미결수용자에게 교정시설 내 규율위반에 대해 징벌을 부과한 뒤 그 규율위반 내용 및 징벌처분 결과 등을 관할 법원에 양형 참고자료로 통보한 것은, 법관이 양형에 참고할 수 있는 자료로 작용할 수 있어 미결수용자의 공정한 재판을 받을 권리를 제한한다. 24 경찰 2차 ○ | ×

> **양형자료통보 취소 등**
> 청구인은 이 사건 통보행위로 인하여 형사재판에서 양형상 불이익을 받게 되므로 공정한 재판을 받을 권리가 침해된다고 주장한다. … 그런데 교정시설의 장이 미결수용자의 교정시설 내 규율위반 내용 및 징벌처분 결과를 법원에 통보한다고 하더라도 이는 법관이 양형에 참고할 수 있는 자료 중 하나로 작용할 수 있을 뿐이고, 그 내용이 공개된 법정에서 양형을 위한 증거조사의 대상이 되는 데에 어떠한 장애가 되거나, 이와 관련한 청구인의 공격·방어권 행사에 영향을 미치는 것은 아니다. 청구인은 그 내용이 양형에 불리하게 작용하지 않도록 자신에게 유리한 주장을 하거나 반증을 제출할 수 있다. 따라서 **이 사건 통보행위**가 청구인의 **공정한 재판을 받을 권리를 제한한다고 보기 어렵다.** … 이 사건 통보행위는 과잉금지원칙에 위배되어 청구인의 **개인정보자기결정권을 침해하였다고 볼 수 없다**(헌재 2023. 9. 26. 2022헌마926).
> 🔒 **162.** ×(개인정보자기결정권 침해 아님) **162-1.** ×(공정한 재판을 받을 권리 제한 × → 개인정보자기결정권 제한 ○)

6회 163 거짓이나 그 밖의 부정한 방법으로 보조금을 교부받거나 보조금을 유용한 어린이집에 대하여 그 어린이집 대표자 또는 원장의 의사와 관계없이 어린이집의 명칭, 종류, 주소, 대표자 또는 어린이집 원장의 성명 등을 불특정 다수인이 알 수 있도록 공표하는 것은 공표대상자의 개인정보자기결정권을 제한한다. 25 소간 ○ | ×

163-1 거짓이나 그 밖의 부정한 방법으로 보조금을 교부받거나 보조금을 유용하여 어린이집 운영정지, 폐쇄명령 또는 과징금처분을 받은 어린이집에 대하여 그 위반사실을 공표하도록 규정한 법률조항은 어린이집 설치·운영자의 유사한 위반행위를 예방하고 영유아 보호자들의 보육기관 선택권을 보장하기 위한 것으로서 개인정보자기결정권을 침해하지 아니한다. 24 변호사 ○ | ×

163-2 거짓이나 그 밖의 부정한 방법으로 보조금을 교부받거나 보조금을 유용하여 어린이집 운영정지, 폐쇄명령 또는 과징금 처분을 받은 어린이집에 대하여 그 위반사실을 공표하도록 한 구 「영유아보육법」 조항은 개인정보자기결정권을 침해한다. 24 해경, 24 경정 ○ | ×

> **영유아보육법 제49조의3 위헌소원**
> (1) 심판대상조항은 거짓이나 그 밖의 부정한 방법으로 보조금을 교부받거나 보조금을 유용한 어린이집에 대하여 그 어린이집 대표자 또는 원장의 의사와 관계없이 어린이집의 명칭, 종류, 주소, 대표자 또는 어린이집 원장의 성명 등을 불특정 다수인이 알 수 있도록 하고 있으므로 공표대상자의 **개인정보자기결정권을 제한**한다(헌재 2022. 3. 31. 2019헌바520).
> (2) 어린이집의 투명한 운영을 담보하고 영유아 보호자의 보육기관 선택권을 실질적으로 보장하기 위해서는 **보조금을 부정수급하거나 유용한 어린이집의 명단 등을 공표**하여야 할 필요성이 있으며, 심판대상조항은 공표대상이나 공표정보, 공표기간 등을 제한적으로 규정하고 공표 전에 의견진술의 기회를 부여하여 공표대상자의 절차적 권리도 보장하고 있다. 나아가 심판대상조항을 통하여 추구하는 영유아의 건강한 성장 도모 및 영유아 보호자들의 보육기관 선택권 보장이라는 공익이 공표대상자의 법 위반사실이 일정기간 외부에 공표되는 불이익보다 크다. 따라서 심판대상조항은 과잉금지원칙을 위반하여 **인격권 및 개인정보자기결정권을 침해하지 아니한다**(헌재 2022. 3. 31. 2019헌바520).
> 🔒 **163.** ○ **163-1.** ○ **163-2.** ×(개인정보자기결정권 침해 아님)

15 통신의 비밀

기출OX

164 피청구인 방송통신심의위원회는 공권력행사의 주체인 국가행정기관이고, 정보통신서비스제공자는 조치결과 통지의무 등을 부담하지만, 시정요구에 따르지 않을 경우 제재수단이 없으므로 피청구인이 2019년 2월 11일 주식회사 ○○ 외 9개 정보통신서비스제공자 등에 대하여 895개 웹사이트에 대한 접속차단의 시정을 요구한 행위는 헌법소원심판의 대상이 되는 공권력 행사에 해당하지 않는다. 24 국가 7 ○ | ✗

> **불법 인터넷 사이트 접속차단 사건 (웹사이트 차단 위헌확인)**
> 피청구인은 **공권력 행사의 주체인 국가행정기관**이고, **정보통신서비스제공자는 조치결과 통지의무 등을 부담**하며, **시정요구에 따르지 않을 경우 제재수단**이 있으므로, 이 사건 **시정요구는 헌법소원심판의 대상이 되는 공권력 행사**에 해당한다(헌재 2023. 10. 26. 2019헌마158 등).

164. ✗ (공권력 행사에 해당)

5회 **165** 방송통신심의위원회가 2019. 2. 11. 주식회사 ○○ 외 9개 정보통신서비스제공자 등에 대하여 895개 웹사이트에 대한 접속차단의 시정을 요구한 행위는, 그 차단 과정에서 정보통신서비스이용자들이 접속하고자 하는 웹사이트를 알 수 있는 SNI 등의 접속정보가 정보통신서비스제공자에게 공개되어, 정보통신서비스이용자들의 통신의 비밀과 자유를 제한한다. 25 경찰 1차 ⓞ｜Ⓧ

165-1 보안접속 프로토콜(https)을 사용하는 경우에도 접근을 차단할 수 있도록 서버 이름 표시('SNI')를 확인하여 불법정보 등을 담고 있는 특정 웹사이트에 대한 접속을 차단하는 것은 수단의 적합성이 인정된다. 26 경간 ⓞ｜Ⓧ

165-2 방송통신심의위원회가 정보통신서비스제공자 등에 대하여 특정 웹 사이트에 대한 접속차단의 시정을 요구한 것은, 불법정보 등의 유통을 차단함으로써 정보통신에서의 건전한 문화를 창달하고 정보통신의 올바른 이용환경을 조성하고자 하는 것으로서, 정보통신서비스제공자의 통신의 비밀과 자유를 침해하지 아니한다. 25 경간 ⓞ｜Ⓧ

165-3 방송통신심의위원회가 주식회사 ○○ 외 9개 정보통신서비스제공자 등에게 불법정보 및 청소년에게 유해한 정보 등 심의가 필요하다고 인정되는 정보에 해당하는 895개 웹사이트에 대한 접속차단의 시정을 요구한 행위는 정보통신서비스이용자의 통신의 비밀을 침해한다. 24 해간 ⓞ｜Ⓧ

> **불법 인터넷 사이트 접속차단 사건 (웹사이트 차단 위헌확인)**
> 이 사건 시정요구는 정보통신서비스제공자 등이 피청구인과 사전에 협의한 내용을 바탕으로 기존의 차단 방식과 SNI 차단 방식을 함께 적용하여 **특정 웹사이트에 대한 접속을 차단**하도록 하므로, 그 차단 과정에서 청구인들이 접속하고자 하는 웹사이트를 알 수 있는 SNI 등의 **접속정보가 정보통신서비스제공자에게 공개**되어 청구인들의 **통신의 비밀과 자유가 제한**된다. … 이 사건 시정요구는 불법정보 등의 유통을 차단함으로써 정보통신에서의 건전한 문화를 창달하고 정보통신의 올바른 이용환경을 조성하고자 하는 것으로서 그 목적이 정당하다. 보안접속 프로토콜(https)을 사용하는 경우에도 접근을 차단할 수 있도록 서버 이름 표시를 확인하여 **불법정보 등을 담고 있는 특정 웹사이트에 대한 접속을 차단**하는 것은 **수단의 적합성이 인정**된다. … 그렇다면 이 사건 시정요구는 청구인들의 **통신의 비밀과 자유 및 알 권리를 침해하지 아니한다**(헌재 2023. 10. 26. 2019헌마158 등).
>
> 🔗 165. ⓞ 165-1. ⓞ 165-2. ⓞ 165-3. ✕(통신의 비밀 침해 아님)

16 양심의 자유

기출OX

7회 166 학교폭력의 가해학생에 대한 조치로 피해학생에 대한 서면사과를 규정한 것은 가해학생에게 반성과 성찰의 기회를 제공하고 피해학생의 피해 회복과 정상적인 학교생활로의 복귀를 돕기 위한 교육적 조치로 볼 수 있으므로 가해학생의 양심의 자유를 침해한다고 보기 어렵다. 23 국회 8   O | X

166-1 서면사과를 강제하지 않고도 얼마든지 학교폭력 가해학생을 교정할 수 있는 방법이 있으므로, 가해학생에게 서면사과를 하도록 규정한 구「학교폭력예방 및 대책에 관한 법률」조항은 가해학생의 양심의 자유와 인격권을 침해한다. 25 경찰 1차   O | X

> **학교폭력 가해학생에 대한 서면사과 조치 등 사건 (학교폭력예방 및 대책에 관한 법률 제12조제4항 등 위헌소원)**
> 서면사과 조치는 내용에 대한 강제 없이 자신의 행동에 대한 반성과 사과의 기회를 제공하는 교육적 조치로 마련된 것이고, 가해학생에게 의견진술 등 적정한 절차적 기회를 제공한 뒤에 학교폭력 사실이 인정되는 것을 전제로 내려지는 조치이며, 이를 불이행하더라도 추가적인 조치나 불이익이 없다. 또한 이러한 서면사과의 교육적 효과는 가해학생에 대한 **주의나 경고 또는 권고적인 조치만으로는 달성하기 어렵다.** … 따라서 이 사건 **서면사과조항이 가해학생의 양심의 자유와 인격권을 과도하게 침해한다고 보기 어렵다**(헌재 2023. 2. 23. 2019헌바93 등).

166. O **166-1.** X (양심의 자유 및 인격권 침해 아님)

6회 167 대체복무요원의 복무기간을 '36개월'로 한 「대체역법」 제18조제1항, 대체복무기관을 '교정시설'로 한정한 「대체역의 편입 및 복무 등에 관한 법률 시행령」 제18조, 대체복무요원으로 하여금 '합숙'하여 복무하도록 한 「대체역법」 제21조제2항은 청구인들의 양심의 자유를 침해하지 않는다. 24 해간 (O | X)

167-1 대체복무요원의 복무기간을 '36개월'로 정한 「대체역의 편입 및 복무 등에 관한 법률」 조항은, 대체복무요원의 복무강도가 통상의 현역병과 큰 차이가 나지 않도록 정해졌음에도 대체복무기간을 육군 현역병의 실제 복무기간인 18개월의 2배로 정한 것으로 과잉금지원칙을 위반하여 대체복무요원의 양심의 자유를 침해한다. 25 경찰 1차 (O | X)

167-2 대체복무에는 군사적 역무와 관련한 것이 모두 제외되어 있으므로 반드시 신체등급을 고려하여 복무기관을 달리하여야 한다고 보기 어렵다. 26 경간 (O | X)

167-3 대체복무요원의 복무기간을 36개월로 규정한 것은 대체복무요원에 대한 징벌적 처우로서 침해의 최소성에 반한다. 26 경간 (O | X)

167-4 현역병 합숙복무의 실질적 강도와 현역 등의 복무를 대신하여 병역을 이행한다는 대체복무제의 목적에 비추어 볼 때 대체복무요원의 복무형태를 합숙복무로 규정한 것은 기본권을 지나치게 제한하는 것이다. 26 경간 (O | X)

> **대체역의 편입 및 복무 등에 관한 법률 제18조 제1항 등 위헌확인 (대체복무제 사건)**
> (1) 대체복무에는 군사적 역무와 관련한 것이 모두 제외되어 있으므로, **반드시 신체등급을 고려하여 복무기관을 달리하여야 한다고 보기 어렵다.** 현역병도 희망하는 병과에서 특정 직무를 수행하는 방법으로 병역의무를 이행하게 해 줄 것을 요구할 구체적 권리가 존재하지 않는다(헌재 2024. 5. 30. 2021헌마117 등).
> (2) 대체역을 제외한 여타 병역들은 기본적으로 집총을 전제로 하여 그 복무 내용들이 정해지는 데 반하여, 대체복무는 군사적 역무에 관한 것이 복무 내용에서 모두 제외되어 있으므로, 집총이 전제되면서 군 조직 및 인력 운용과 연계된 다른 병역들과 비교했을 때 그 **복무기간이 같거나 더 길다는 이유**만으로 대체복무요원이 **징벌적 처우를 받는 것**이라고 **보기 어렵다.** … 따라서 심판대상조항들이 **침해의 최소성에 반하는 기본권 제한을 하고 있다고 볼 수 없다**(헌재 2024. 5. 30. 2021헌마117 등).
> (3) 대체복무요원의 복무는 원칙적으로 개별적 사정이 고려되지 못하고 합숙복무를 하면서 그 복무기간이 현역병보다 길다는 사정은 인정되나, 위와 같은 현역병 합숙복무의 실질적 강도와 현역 등의 복무를 대신하여 병역을 이행한다는 대체복무제의 목적에 비추어 볼 때, **합숙조항**이 **기본권의 지나친 제한이라고 보기는 어렵다**(헌재 2024. 5. 30. 2021헌마117 등).
> (4) 이와 같은 현역병 복무의 실질적 강도와 현역 등의 복무를 대신하여 병역을 이행한다는 대체복무제의 목적에 비추어 볼 때, 복무기관조항, 기간조항 및 합숙조항으로 인한 고역의 정도가 지나치게 과도하여 양심적 병역거부자가 도저히 대체복무를 선택하기 어렵게 만드는 것으로 볼 수는 없다. 따라서 위 조항들은 과잉금지원칙을 위반하여 청구인들의 **양심의 자유를 침해한다고 볼 수 없다**(헌재 2024. 5. 30. 2021헌마117 등).
>
> 🔒 **167.** ○ **167-1.** ×(양심의 자유 침해 아님) **167-2.** ○ **167-3.** ×(징벌적 처우 아님, 침해최소성 위반 아님) **167-4.** ×(지나친 제한 아님)

168 군사적 역무가 완전히 배제되고 전시에도 병력동원에서 배제되는 대체역과 그렇지 아니한 사회복무요원에 대하여 그 복무기간 등에 일정한 차이를 둔다면 그로 인하여 사회복무요원 소집 대상에서 편입된 대체역은 침해의 최소성에 반하는 과도한 제한을 받는 것이다. 26 경간 O | X

168-1 국가에게 혼인과 가족생활의 보호자로서 부모의 자녀양육을 지원할 헌법상 과제가 부여되어 있다 하더라도, 그로부터 곧바로 헌법이 국가에게 자녀를 양육하는 모든 병역의무 이행자들의 출퇴근 복무를 보장하여 자녀가 있는 대체복무요원들까지 합숙복무의 예외를 인정하여야 할 명시적인 입법의무를 부여하였다고 할 수는 없다. 24 경찰 2차 O | X

> **대체역의 편입 및 복무 등에 관한 법률 제18조제1항 등 위헌확인 (대체복무제 사건)**
> (1) 우리나라의 지정학적 특수성이나 안보상황에 더하여 세계 곳곳에 전쟁과 분쟁의 참상이 있는 오늘날의 현실에서, 군사적 역무가 완전히 배제되고 전시에도 병력동원에서 배제되는 **대체역**과 그렇지 아니한 **사회복무요원**에 대하여, 그 **복무기간 등에 일정한 차이**를 둔다 하더라도, 그로 인하여 **사회복무요원 소집 대상에서 편입된 대체역**이 **침해의 최소성에 반하는 과도한 제한을 받는다고 보기는 어렵다**(헌재 2024. 5. 30. 2021헌마117 등).
> (2) 국가에게 혼인과 가족생활의 보호자로서 **부모의 자녀양육을 지원할 헌법상 과제**가 부여되어 있다 하더라도, 그로부터 곧바로 헌법이 국가에게 **자녀를 양육하는 모든 병역의무 이행자들의 출퇴근 복무를 보장**하여 **자녀가 있는 대체복무요원들까지 합숙복무의 예외를 인정**하여야 할 **명시적인 입법의무**를 부여하였다고 할 수는 **없다**. 입법자는 병역의무자의 합숙의무에 관한 입법을 함에 있어 제도의 목적, 대상 병역의 복무형태와 수행업무 및 지위, 병력 인력운영 상황, 국민정서 등 제반 사정을 고려하여야 하므로, 병역의무자에 대한 출퇴근 허용 요건이나 허용 대상, 허용 기간 등을 어떻게 정할 것인지는 상당 부분 입법자의 재량에 맡겨져 있다고 보아야 한다(헌재 2024. 5. 30. 2021헌마117 등).
>
> 🔒 168. ×(최소침해성 위반 아님) 168-1. ○

169 대체복무요원 생활관 내부의 공용공간에 CCTV를 설치하여 촬영하는 행위는 군부대와 달리 대체복무요원들의 모든 사적활동의 동선을 촬영하여, 개인의 행동과 심리에 심각한 제약을 느끼게 하므로 대체복무요원들의 사생활의 비밀과 자유를 침해한다. 24 경찰 2차 O | X

> **대체역의 편입 및 복무 등에 관한 법률 제16조 제1항 등 위헌확인**
> CCTV 촬영행위는 교정시설의 계호, 경비, 보안, 안전, 관리 등을 위한 목적에서 행해지는 것이다. CCTV 촬영행위는 대체복무 생활관에서 합숙하는 청구인들의 안전한 생활을 보호해주는 측면도 있다. 청구인들의 생활관 내부에 설치된 CCTV들은 외부인의 허가 없는 출입이나 이동, 시설의 안전, 화재, 사고 등을 확인할 수 있는 위치들에 설치되어 있고, 개별적인 생활공간에는 CCTV가 설치되어 있지 않다. 따라서 CCTV 촬영행위는 과잉금지원칙을 위반하여 청구인들의 **사생활의 비밀과 자유를 침해하지 아니한다**(헌재 2024. 5. 30. 2022헌마707 등).
>
> 🔒 169. ×(사생활의 자유 침해 아님)

170 현 상황에서 순수 민간단체가 주관하는 사회봉사를 수행하고자 하는 자를 위한 적절한 대체복무제도를 통해 병역자원을 효율적으로 관리하고 병역의무의 형평성을 유지하는 것이 가능하므로, 이러한 제도를 대체복무의 형태로 인정하지 아니한 입법자의 판단은 수긍할 수 없다. 25 경찰1차 ○|X

> **병역법 제88조제1항 위헌확인**
> 우리나라의 병역제도하에서는 공평하고 공정한 징집이라는 병역상의 정의 실현이 강하게 요청된다. 이에 따라 대체복무제도도 현역복무와 대체복무 사이의 형평성이 확보되도록 제도를 설계·시행하는 것이 필요하다. 위에서 본 우리나라의 병역의무 이행과 관련된 현실에 비추어 볼 때, 순수 민간단체가 주관하는 사회봉사를 대체복무로 허용하는 경우에는 관리의 어려움이나 복무 강도의 차이 등으로 인해 현역복무와 대체복무 사이의 형평성 확보에 어려움이 따를 것으로 예상된다. … 위와 같은 사정을 종합하면, 현 상황에서 **민간 사회봉사제도**를 통해 병역자원을 효율적으로 관리하고 병역의무의 형평성을 유지하는 것을 기대하기는 어려우므로, **민간 사회봉사제도를 대체복무의 형태로 인정하지 아니한 입법자의 판단**은 수긍할 만하다. … 따라서 심판대상조항은 과잉금지원칙을 위반하여 **절대적 병역거부자의 양심의 자유를 침해하지 않는다** (헌재 2024. 8. 29. 2021헌마1278).

170. ×(입법자 판단 수긍할 만함)

17 종교의 자유

기출OX

2회 **171** 육군훈련소장이 청구인들로 하여금 육군훈련소 내 종교행사에 참석하도록 한 종교행사 참석조치는 육군훈련소장이 우월적 지위에서 청구인들에게 일방적으로 강제한 행위로, 헌법소원심판의 대상이 되는 권력적 사실행위에 해당한다. 25 법원 9 ⟨O|X⟩

171-1 청구인들이 육군훈련소에서 기초군사훈련을 마치고 퇴소하여 더 이상 기본권을 제한받고 있지 아니한 이상, 육군훈련소장이 청구인들로 하여금 육군훈련소 내 종교행사에 참석하도록 한 종교행사 참석조치는 이미 종료된 행위로서 심판의 이익이 인정되지 않는다. 25 법원 9 ⟨O|X⟩

> **육군훈련소 내 종교행사 참석 강제 위헌확인 (육군훈련소 내 종교행사 참석 강제 사건)**
> (1) 피청구인이 청구인들로 하여금 육군훈련소 내 종교행사에 참석하도록 한 이 사건 **종교행사 참석조치**는 피청구인이 **우월적 지위에서 청구인들에게 일방적으로 강제한 행위**로, **헌법소원심판의 대상**이 되는 **권력적 사실행위에 해당**한다(헌재 2022. 11. 24. 2019헌마941).
> (2) 청구인들은 이미 육군훈련소에서 **기초군사훈련을 마치고 퇴소하여 더 이상 기본권을 제한받고 있지 아니**하므로 이 사건 심판청구가 인용된다고 하더라도 청구인들의 **주관적인 권리구제에는 도움이 되지 아니**한다. 그러나 헌법소원이 주관적 권리구제에는 별 도움이 되지 않는다 하더라도 그러한 **침해행위가 앞으로도 반복될 위험**이 있거나 **당해 분쟁의 해결이 헌법질서의 수호·유지를 위하여 긴요한 사항**이어서 **헌법적으로 그 해명이 중대한 의미**를 지니고 있는 경우에는 **심판청구의 이익을 인정**할 수 있다(헌재 2022. 11. 24. 2019헌마941).

🔑 171. ○ 171-1. ×(심판의 이익 인정)

3회 172 국가의 종교적 중립성은 종교의 자유를 온전히 실현하기 위하여도 필요한데, 국가가 특정한 종교를 장려하는 것은 다른 종교 또는 무종교의 자유에 대한 침해가 될 수 있다. 26 경간 ⓞⅠ✕

172-1 국가의 종교적 중립성은 종교의 자유를 온전히 실현하기 위하여도 필요하지만, 국가가 특정한 종교를 장려하는 것이 다른 종교 또는 무종교의 자유에 대한 침해가 되지는 아니한다. 25 법원 9 ⓞⅠ✕

172-2 군인이라 하더라도 종교의 자유는 보장되어야 하며, 특히 전시·사변 등 국가비상사태가 발생하여 군인이 실제 무장 전투에 동원되는 경우 사상자가 발생하는 등 죽음에 대한 공포가 극대화되는 상황에서는 종교가 군인들에게 더욱 중요한 의미를 가질 수 있다. 25 법원 9 ⓞⅠ✕

> **육군훈련소 내 종교행사 참석 강제 위헌확인 (육군훈련소 내 종교행사 참석 강제 사건)**
> (1) 헌법 제20조 제2항에서 정하고 있는 정교분리원칙은 종교와 정치가 분리되어 상호간의 간섭이나 영향력을 행사하지 않는 것으로 국가의 종교에 대한 중립을 의미한다. 정교분리원칙에 따라 국가는 특정 종교의 특권을 인정하지 않고 종교에 대한 중립을 유지하여야 한다. **국가의 종교적 중립성**은 **종교의 자유를 온전히 실현**하기 위하여도 필요한데, **국가가 특정한 종교를 장려**하는 것은 **다른 종교 또는 무종교의 자유에 대한 침해**가 될 수 있다(헌재 2022. 11. 24. 2019헌마941).
> (2) **군인**이라 하더라도 그 **종교의 자유는 보장**되어야 하며, 특히 전시·사변 등 국가비상사태가 발생하여 **군인이 실제 무장 전투에 동원**되는 경우 사상자가 발생하는 등 죽음에 대한 공포가 극대화되는 상황에서는 종교가 **군인들에게 더욱 중요한 의미를** 가질 수 있다(헌재 2022. 11. 24. 2019헌마941).
> 🔑 **172.** ○ **172-1.** ✕(침해가 될 수 있음) **172-2.** ○

6회 173 육군훈련소장이 훈련병들로 하여금 개신교, 천주교, 불교, 원불교 4개 종교의 종교행사 중 하나에 참석하도록 한 것이 그 자체로 종교적 행위의 외적 강제에 해당한다고 볼 수는 없다. 24 소간 ⓞⅠ✕

173-1 육군훈련소장이 훈련병에게 개신교, 불교, 천주교, 원불교 종교행사 중 하나에 참석하도록 한 것은 국가가 종교를 군사력 강화라는 목적을 달성하기 위한 수단으로 전락시키거나, 반대로 종교단체가 군대라는 국가권력에 개입하여 선교행위를 하는 등 영향력을 행사할 수 있는 기회를 제공하므로, 국가와 종교의 밀접한 결합을 초래한다는 점에서 헌법상 정교분리원칙에 위배된다. 23 경찰 1차 ⓞⅠ✕

173-2 육군훈련소장이 훈련병들로 하여금 개신교, 천주교, 불교, 원불교 4개 종교의 종교행사 중 하나에 참석하도록 한 것은 종교단체가 군대라는 국가권력에 개입하여 선교행위를 하는 등 영향력을 행사할 수 있는 기회를 제공하는 것은 아니므로 정교분리원칙에 위배되는 것은 아니다. 25 경간 ⓞⅠ✕

> **육군훈련소 내 종교행사 참석 강제 위헌확인 (육군훈련소 내 종교행사 참석 강제 사건)**
> 피청구인이 청구인들로 하여금 개신교, 천주교, 불교, 원불교 **4개 종교의 종교행사 중 하나에 참석**하도록 한 것은 그 자체로 **종교적 행위의 외적 강제**에 해당한다. 이는 피청구인이 위 4개 종교를 승인하고 장려한 것으로, 국가의 종교에 대한 중립성을 위반하여 특정 종교를 우대하는 것이다. 또한, 이 사건 **종교행사 참석조치**는 국가가 **종교를 군사력 강화라는 목적을 달성하기 위한 수단으로 전락**시키거나, 반대로 종교단체가 군대라는 국가권력에 개입하여 **선교행위를 하는 등 영향력을 행사할 수 있는 기회를 제공**하므로, 국가와 종교의 밀접한 결합을 초래한다는 점에서 **정교분리원칙에 위배**된다(헌재 2022. 11. 24. 2019헌마941).
> 🔑 **173.** ✕(종교적 행위의 외적 강제에 해당) **173-1.** ○ **173-2.** ✕(정교분리원칙 위배)

174 신앙의 자유는 그 자체가 내심의 자유의 핵심이므로 법률로써도 이를 침해할 수 없는 반면, 종교적 행위의 자유와 종교적 집회·결사의 자유는 신앙의 자유와는 달리 절대적 자유가 아니므로 질서유지, 공공복리 등을 위하여 제한할 수 있다. 24 국회 8 ⓞ ⓧ

> **2021년도 간호조무사 국가시험 시행계획 공고 취소**
> 헌법 제20조 제1항은 모든 국민은 종교의 자유를 가진다고 규정하여 종교의 자유를 선언하고 있다. 종교의 자유는 일반적으로 신앙의 자유, 종교적 행위의 자유 및 종교적 집회·결사의 자유로 구성된다. **신앙의 자유는** 그 자체가 **내심의 자유의 핵심**이므로 **법률로써도 이를 침해할 수 없는** 반면, **종교적 행위의 자유와 종교적 집회·결사의 자유는** 신앙의 자유와는 달리 절대적 자유가 아니므로 질서유지, 공공복리 등을 위하여 **제한할 수 있다**(헌재 2023. 6. 29. 2021헌마171).
>
> 174. ⓞ

175 [5회] 대부분의 지방자치단체에서 시험장소 임차 및 인력동원 등의 이유로 일요일 시험실시가 불가하거나 현실적으로 어려우므로, 연 2회 실시하는 간호조무사 국가시험의 시행일시를 모두 토요일 일몰 전으로 정한 '2021년도 간호조무사 국가시험 시행계획 공고'는 제칠일안식일예수재림교를 믿는 응시자의 종교의 자유를 침해하지 아니한다. 25 경간 ⓞ ⓧ

175-1 연 2회 실시하는 간호조무사 국가시험의 시행일시를 모두 토요일 일몰 전으로 정하여 특정 종교의 교인들로 하여금 안식일에 관한 교리를 위반하도록 하거나 토요일 응시에 제한을 받도록 하는 것은, 두 번의 시험 중 적어도 한 번은 토요일이 아닌 날 시행할 수 있는 등 다른 방법을 고려할 수 있으므로, 과잉금지원칙에 반하여 종교의 자유를 침해한다. 24 법원 9 ⓞ ⓧ

> **2021년도 간호조무사 국가시험 시행계획 공고 취소**
> 시험일을 일요일로 정하는 경우 제칠일안식일예수재림교(이하 '재림교'라 한다)를 믿는 청구인의 종교의 자유에 대한 제한은 없을 것이나, 일요일에 종교적 의미를 부여하는 응시자의 종교의 자유를 제한하게 되므로, 종교의 자유 제한 문제는 기본권의 주체만을 달리하여 그대로 존속하게 된다. 또한 대부분의 지방자치단체에서 시험장소 임차 및 인력동원 등의 이유로 일요일 시험실시가 불가하거나 어려워, 현재로서는 일요일에 시험을 시행하는 것도 현실적으로 어려운 상황이다. 이러한 사정을 고려할 때, **연 2회 실시되는 간호조무사 국가시험을 모두 토요일에 실시**한다고 하여 그로 인한 **기본권 제한이 지나치다고 볼 수 없다**. 따라서 이 사건 공고는 과잉금지원칙에 반하여 청구인의 **종교의 자유를 침해하지 아니한다**(헌재 2023. 6. 29. 2021헌마171).
>
> 175. ⓞ 175-1. ⓧ (종교의 자유 침해 아님)

176 독학학위 취득시험의 시험일을 일요일로 정한 것은 시험장소의 확보와 시험관리를 용이하게 하기 위한 것으로 기독교인인 응시자의 종교의 자유를 침해하지 아니한다. 25 경간 ⓞ ⓧ

> **독학학위제 시험 일정 위헌확인**
> **독학학위 취득시험의 시험일을 일요일로 정한 것은**, 가능한 한 다수의 국민이 본인의 학업·생계활동 등 일상생활에 지장 없이 시험에 응시할 수 있도록 하고, **시험장소의 확보와 시험관리를 용이**하게 하기 위한 것이다. 독학학위 취득시험의 응시 인원, 연령 및 직업 구성, 국가전문자격시험과 공무원시험 등 국가나 지방자치단체가 주관하는 시험이라 할지라도 각각의 시험별로 시행부처 및 시행기관이 달라 시험의 목적과 실시기간 역시 다를 수밖에 없는 점 등을 종합적으로 고려하면 이 사건 1 내지 3과정 시험 공고는 청구인의 **종교의 자유를 침해하지 아니한다**(헌재 2022. 12. 22. 2021헌마271).
>
> 176. ⓞ

18 학문과 예술의 자유

기출OX

177 자신의 미적 감상 등을 문신시술을 통하여 시각적으로 표현할 수 있다는 측면에서 문신시술이 예술의 자유 또는 표현의 자유의 영역에 포함될 수 있다. 22 경찰 2차 ⓞⅠ⊗

> **의료법 제27조제1항 본문 위헌소원**
> 청구인은 심판대상조항이 예술의 자유도 제한한다고 주장하고, 청구인이 자신의 미적 감상 등을 **문신시술을 통하여 시각적으로 표현**할 수 있다는 측면에서 **문신시술이 예술의 자유의 영역에 포함**될 수 있다(헌재 2022. 7. 21. 2022헌바3).

🔒 177. ○

출제예상

178 법률에 따라 국내에서 출원공개된 경우 신규성 상실의 예외를 제한하는 디자인보호법 조항은 입법형성권의 한계를 일탈하였다고 보기 어렵다. 기각

> **신규성 상실의 예외를 제한하는 디자인보호법 조항에 관한 사건 (디자인보호법 제36조제1항 단서 위헌소원)**
> 심판대상조항은 신규성 상실의 예외가 인정되지 않는 경우로서 **디자인이 법률에 따라 국내에서 출원공개된 경우**를 규정한다. 이는 디자인 개발 후 사업준비 등으로 미처 출원하지 못한 디자인에 대하여 출원의 기회를 부여하는 신규성 상실 예외 제도의 취지를 고려할 때, 이미 출원되어 공개된 디자인은 재출원의 기회를 부여하지 않아도 출원인에게 불이익이 없고 재출원의 기회를 부여할 필요도 없기 때문이다. 특히 일반에 공개된 디자인은 공공의 영역에 놓인 것으로서 원칙적으로 누구나 자유롭게 이용할 수 있어야 한다는 점을 고려하면, **이미 출원공개된 디자인**에 대하여 **신규성 상실의 예외를 인정하지 않는 것에 합리적 이유가 없다고 볼 수 없다**. 또한 디자인보호법상 디자인권의 효력, 관련디자인제도 등을 고려할 때 법률에 따라 국내에서 출원공개된 경우 신규성 상실의 예외를 인정하지 않는다고 하더라도 디자인 등록 출원인에게 가혹한 결과를 초래한다고 볼 수 없다. 그러므로 심판대상조항은 **입법형성권의 한계를 일탈하였다고 보기 어렵다**(헌재 2023. 7. 20. 2020헌바497).

19 표현의 자유

기출OX

4회 179 남북합의서 위반행위로서 전단등 살포를 하여 국민의 생명·신체에 위해를 끼치거나 심각한 위험을 발생시키는 것을 금지하고 이를 위반한 경우 처벌하는 「남북관계 발전에 관한 법률」 조항은 그 궁극적인 의도가 북한 주민을 상대로 한 북한 체제 비판 등의 내용을 담은 표현을 제한하는 데 있다는 점에서 표현의 내용과 무관한 내용중립적 규제로 보기는 어렵다. 24 경찰 1차 〔O | X〕

179-1 전단등을 살포하여 국민의 생명·신체에 위해를 끼치거나 심각한 위험을 발생시키는 것을 금지하고 이를 위반하는 경우 처벌하는 「남북관계 발전에 관한 법률」 조항은 북한 접경지역에서 발생할 수 있는 위험예방을 위한 것으로 북한 접경지역에서 북한으로 전단살포 활동을 하는 사람들의 표현의 자유를 침해하지 아니한다. 25 경간 〔O | X〕

> **대북 전단 등의 살포 금지·처벌 사건 (남북관계 발전에 관한 법률 일부 개정법률 위헌확인)**
> 전단등 살포 행위자가 전달하려는 내용을 북한이 문제 삼기 때문에 심판대상조항을 통해 전단등 살포 행위를 제한하려는 것이다. 이는 '전단등 살포'라는 행위를 제한하는 심판대상조항의 궁극적인 의도가 **북한 주민을 상대로 한 북한 체제 비판 등의 내용을 담은 표현을 제한**하는 데 있다는 것이고, 이는 결국 심판대상조항이 그 효과에 있어서 주로 특정 관점에 대하여 그 표현을 제한하는 결과를 가져온다고 할 것이다. 따라서 심판대상조항에 의한 표현의 자유 제한이 표현의 내용과 무관한 **내용중립적 규제라고 보기는 어려운바**, 심판대상조항은 **표현의 내용을 규제**하는 것으로 봄이 타당하다. … 그렇다면 심판대상조항은 과잉금지원칙에 위배되어 청구인들의 **표현의 자유를 침해**한다(헌재 2023. 9. 26. 2020헌마1724 등).
>
> 🔑 179. ○   179-1. ×(표현의 자유 침해)

3회 180 공공기관등이 게시판을 설치·운영하려면 그 게시판 이용자의 본인 확인을 위한 방법 및 절차의 마련 등 대통령령으로 정하는 필요한 조치를 하도록 정한 「정보통신망 이용촉진 및 정보보호 등에 관한 법률」 조항은 본인확인을 하지 않은 사람에 대해서는 공공기관등이 설치·운영하는 게시판에서 표현을 할 기회를 원천적으로 봉쇄하고 게시판에 자신의 사상이나 견해를 표현하고자 하는 사람에 대해서는 표현의 내용과 수위 등에 대해 자기검열을 할 가능성을 높이는 것이므로 익명표현의 자유에 대한 과도한 제한이다. 26 경간 〔O | X〕

> **공공기관등 게시판 본인확인제 사건 (정보통신망 이용촉진 및 정보보호 등에 관한 법률 제44조의5제1항제1호 위헌확인)**
> 심판대상조항에 따른 본인확인조치는 정보통신망의 익명성 등에 따라 발생하는 부작용을 최소화하여 공공기관등의 게시판 이용에 대한 책임성을 확보·강화하고, 게시판 이용자로 하여금 언어폭력, 명예훼손, 불법정보의 유통 등의 행위를 자제하도록 함으로써 건전한 인터넷 문화를 조성하기 위한 것이다. 심판대상조항이 규율하는 게시판은 그 성격상 대체로 공공성이 있는 사항이 논의되는 곳으로서 공공기관등이 아닌 주체가 설치·운영하는 게시판에 비하여 통상 누구나 이용할 수 있는 공간이므로, 공동체 구성원으로서의 책임이 더욱 강하게 요구되는 곳이라고 할 수 있다. … 따라서 **심판대상조항은 청구인의 익명표현의 자유를 침해하지 않는다**(헌재 2022. 12. 22. 2019헌마654).
>
> 🔑 180. ×(익명표현의 자유 침해 아님)

2회 **181** 변호사법 제23조 제2항 제7호의 위임을 받아 변호사 광고에 관한 구체적인 규제 사항 등을 정한 대한변호사협회의 '변호사 광고에 관한 규정'은 헌법소원심판의 대상이 되는 공권력의 행사에 해당한다. 25 법원9 ⓞⅠ✕

> 변호사 광고에 관한 규정 제3조 제2항 등 위헌확인 (변호사 광고의 내용, 방법 등을 규제하는 대한변호사협회의 변호사 광고에 관한 규정 사건)
> **변협**은 변호사법 제23조 제2항 제7호에서 명시적으로 위임받은 변호사 광고에 관한 규제를 설정함에 있어 **공법인으로서 공권력 행사의 주체**가 된다. 나아가, 변협의 구성원인 변호사등은 위 규정을 준수하여야 할 의무가 있고, 이를 위반하게 되면 변호사법 등 관련 규정에 따라 징계를 받게 되는바, 이 사건 규정이 단순히 변협 내부 기준이라거나 사법적인 성질을 지니는 것이라 보기 어렵고, **수권법률인 변호사법과 결합**하여 **대외적 구속력**을 가진다. 따라서 **변협이 변호사 광고에 관한 규제와 관련하여 정립한 규범**인 이 사건 규정은 **헌법소원의 대상이 되는 공권력의 행사**에 해당한다(헌재 2022. 5. 26. 2021헌마619).

🔗 181. ⓞ

2회 **182** 「변호사법」 규정의 위임을 받아 변호사 광고에 관한 구체적인 규제사항 등을 정한 대한변호사협회의 「변호사 광고에 관한 규정」에 대하여, 그 규정의 수범자인 변호사를 상대로 법률서비스 온라인 플랫폼을 운영하며 변호사 등의 광고·홍보·소개 등에 관한 영업행위를 하고 있는 업체가 영업의 자유가 침해된다고 주장하면서 청구한 헌법소원심판은 자기관련성이 인정된다. 23 변호사 ⓞⅠ✕

182-1 '변호사 광고에 관한 규정'의 직접적인 수범자는 변호사로서, 법률서비스 온라인 플랫폼을 운영하며 변호사의 광고 등에 관한 영업행위를 하고 있는 업체는 '변호사 광고에 관한 규정'에 관한 기본권침해의 자기관련성이 인정되지 아니한다. 25 법원9 ⓞⅠ✕

> 변호사 광고에 관한 규정 제3조 제2항 등 위헌확인 (변호사 광고의 내용, 방법 등을 규제하는 대한변호사협회의 변호사 광고에 관한 규정 사건)
> (1) **변협**은 변호사법 제23조 제2항 제7호에서 명시적으로 위임받은 변호사 광고에 관한 규제를 설정함에 있어 **공법인으로서 공권력 행사의 주체**가 된다. 나아가, 변협의 구성원인 변호사등은 위 규정을 준수하여야 할 의무가 있고, 이를 위반하게 되면 변호사법 등 관련 규정에 따라 징계를 받게 되는바, 이 사건 규정이 단순히 변협 내부 기준이라거나 사법적인 성질을 지니는 것이라 보기 어렵고, **수권법률인 변호사법과 결합**하여 **대외적 구속력**을 가진다. 따라서 **변호사 광고에 관한 규제와 관련하여 정립한 규범**인 이 사건 규정은 **헌법소원의 대상이 되는 공권력의 행사**에 해당한다 (헌재 2022. 5. 26. 2021헌마619).
> (2) **법률서비스 온라인 플랫폼을 운영**하며 변호사등의 광고·홍보·소개 등에 관한 **영업행위를 하고 있는 청구인 회사**는 이 사건 규정의 **직접적인 수범자인 변호사의 상대방**으로서 변호사가 준수해야 하는 광고방법, 내용 등의 제약을 그대로 이어받게 된다. 이는 실질적으로는 변호사등과 거래하는 위와 같은 사업자의 광고 수주 활동을 제한하거나 해당 부문 영업을 금지하는 것과 다르지 않은 점, 이 사건 규정 개정 목적의 가장 주요한 것이 청구인 회사가 운영하는 것과 같은 온라인 플랫폼을 규제하는 것이었던 점 등에 비추어 보면, 이 사건 규정은 **청구인 회사의 영업의 자유 내지 법적 이익에 불리한 영향**을 주는 것이므로, **기본권침해의 자기관련성을 인정**할 수 있다(헌재 2022. 5. 26. 2021헌마619).

🔗 182. ⓞ 182-1. ✕(자기관련성 인정)

183 변호사 또는 소비자로부터 대가를 받고 법률상담 또는 사건들을 소개·알선·유인하기 위하여 변호사등을 광고·홍보·소개하는 행위를 금지하는 대한변호사협회의 '변호사광고에 관한 규정' 중 대가수수 광고금지규정은 과잉금지원칙을 위반하여 청구인들의 표현의 자유를 침해한다. 24 경간 ⓞⅠ✕

183-1 변호사 또는 소비자로부터 금전·기타 경제적 대가를 받고 법률상담 또는 사건 등을 소개·알선·유인하기 위하여 변호사 등을 광고·홍보·소개하는 행위를 금지하는 변호사 광고에 관한 규정은 변호사법이 금지하는 특정 변호사에 대한 소개·알선·유인행위의 실질을 갖춘 광고행위를 금지하는 것으로 과잉금지원칙에 위배되지 아니한다. 23 법무사 ⓞⅠ✕

> **변호사 광고에 관한 규정 제3조 제2항 등 위헌확인** (변호사 광고의 내용, 방법 등을 규제하는 대한변호사협회의 변호사 광고에 관한 규정 사건)
> 각종 매체를 통한 변호사 광고를 원칙적으로 허용하는 변호사법 제23조제1항의 취지에 비추어 볼 때, 변호사등이 다양한 매체의 광고업자에게 광고비를 지급하고 광고하는 것은 허용된다고 할 것인데, 이러한 행위를 일률적으로 금지하는 위 규정은 **수단의 적합성을 인정하기 어렵다.** … 위 규정으로 입법목적이 달성될 수 있을지 불분명한 반면, 변호사들이 광고업자에게 유상으로 광고를 의뢰하는 것이 사실상 금지되어 청구인들의 표현의 자유, 직업의 자유에 중대한 제한을 받게 되므로, 위 규정은 **침해의 최소성 및 법익의 균형성도 갖추지 못하였다.** 따라서 대가수수 광고금지규정은 과잉금지원칙에 위반되어 청구인들의 **표현의 자유와 직업의 자유를 침해**한다(헌재 2022. 5. 26. 2021헌마619).
>
> 🔒 183. ⓞ   183-1. ✕(과잉금지원칙에 위반되어 표현의 자유 및 직업의 자유 침해)

184 대한변호사협회의 유권해석에 반하는 내용의 광고를 금지하고, 대한변호사협회의 유권해석에 위반되는 행위를 목적 또는 수단으로 하여 행하는 법률상담과 관련한 광고를 하거나 그러한 사업구조를 갖는 타인에게 하도록 하는 것을 금지하는 변호사 광고에 관한 규정은 법률유보원칙을 위반하여 변호사들의 표현의 자유, 직업의 자유를 침해한다. 23 법무사 ⓞⅠ✕

> **변호사 광고에 관한 규정 제3조 제2항 등 위헌확인** (변호사 광고의 내용, 방법 등을 규제하는 대한변호사협회의 변호사 광고에 관한 규정 사건)
> **유권해석위반 광고금지규정**은 변호사가 변협의 유권해석에 위반되는 광고를 할 수 없도록 금지하고 있다. 위 규정은 '협회의 유권해석에 위반되는'이라는 표지만을 두고 그에 따라 금지되는 광고의 내용 또는 방법 등을 한정하지 않고 있고, 이에 해당하는 내용이 무엇인지 변호사법이나 관련 회규를 살펴보더라도 알기 어렵다. 유권해석위반 광고금지규정 위반이 징계사유가 될 수 있음을 고려하면 적어도 수범자인 변호사는 유권해석을 통해 금지될 수 있는 내용들의 대강을 알 수 있어야 함에도, 규율의 예측가능성이 현저히 떨어지고 법집행기관의 자의적인 해석을 배제할 수 없는 문제가 있다. 따라서 위 규정은 수권법률로부터 위임된 범위 내에서 명확하게 규율 범위를 정하고 있다고 보기 어려우므로, **법률유보원칙에 위반**되어 청구인들의 **표현의 자유, 직업의 자유를 침해**한다(헌재 2022. 5. 26. 2021헌마619).
>
> 🔒 184. ⓞ

185 변호사에 대하여 공정한 수임질서를 저해할 우려가 있는 무료 또는 부당한 염가의 수임료를 표방하거나 무료 또는 부당한 염가의 법률상담 방식을 내세운 광고를 금지하는 것은, 무고한 법률 소비자들의 피해를 막고 정당한 수임료나 법률상담료를 제시하는 변호사들을 보호함으로써 공정한 수임질서를 확립하기 위한 것으로 과잉금지원칙에 위배되지 아니한다. 23 법무사 〇 Ⅹ

> 변호사 광고에 관한 규정 제3조 제2항 등 위헌확인 (변호사 광고의 내용, 방법 등을 규제하는 대한변호사협회의 변호사 광고에 관한 규정 사건)
> **무료 또는 부당한 염가의 수임료를 표방하거나 무료 또는 부당한 염가의 법률상담방식을 내세운 광고를 금지**하는 것은, 무고한 법률 소비자들의 피해를 막고 정당한 수임료나 법률상담료를 제시하는 변호사들을 보호함으로써 공정한 수임질서를 확립하기 위한 것으로 그 **공익은 매우 중대**하다. … 위 조항으로 달성하고자 하는 공익은 제한되는 사익보다 크다고 할 것이므로, 위 규정들은 법익의 균형성도 갖추었다. 따라서 위 규정들은 **과잉금지원칙에 위배되지 아니한다**(헌재 2022. 5. 26. 2021헌마619).
>
> 🔗 185. 〇

186 변호사 등이 아님에도 변호사 등의 직무와 관련한 서비스의 취급·제공 등을 표시하거나 소비자들이 변호사 등으로 오인하게 만들 수 있는 자에게 광고를 의뢰하거나 참여·협조하는 행위를 금지하는 변호사 광고에 관한 규정은 변호사 자격제도를 유지하고 소비자의 피해를 방지하기 위한 적합한 수단이다. 23 법무사 〇 Ⅹ

> 변호사 광고에 관한 규정 제3조 제2항 등 위헌확인 (변호사 광고의 내용, 방법 등을 규제하는 대한변호사협회의 변호사 광고에 관한 규정 사건)
> 위 규정은 '**변호사등이 아님**에도 변호사등의 직무와 관련한 서비스의 취급·제공 등을 표시하거나 소비자들이 **변호사등으로 오인하게 만들 수 있는 자에게 광고를 의뢰하거나 참여·협조하는 행위를 금지**'하고 있다. 이는 비변호사의 법률사무 취급행위를 미연에 방지함으로써 법률 전문가로서 변호사 자격제도를 유지하고 소비자의 피해를 방지하기 위한 **적합한 수단**이다. … 따라서 위 규정은 **과잉금지원칙에 위배되지 아니한다**(헌재 2022. 5. 26. 2021헌마619).
>
> 🔗 186. 〇

187 장교가 군무와 관련된 고충사항을 집단으로 진정 또는 서명하는 행위를 하는 것을 금지하고 있는 「군인의 지위 및 복무에 관한 기본법」상 조항 중 '장교'에 관한 부분은 군무와 관련된 고충사항을 집단으로 진정 또는 서명하는 행위가 구체적 위험을 발생시킬 만한 것인지, 그 목적이 공익에 반하는지, 정치적 중립성과 관련이 있는지 여부 등과 관계없이 이를 일률적으로 금지하고 있으므로 침해의 최소성에 반한다. 26 경간 〇 Ⅹ

> 군인의 지위 및 복무에 관한 기본법 제31조 제1항 제5호 위헌확인 (장교의 집단 진정 또는 서명 행위 금지 사건)
> 심판대상조항이 군무와 관련된 고충사항을 집단으로 진정하거나 서명하는 행위를 일률적으로 금지하고 있기는 하나, 장교는 군대 내부의 절차는 물론, 국가인권위원회 등을 통한 군대 외부의 절차를 통하여 군무와 관련된 고충사항을 해결할 수 있고, 이와 같은 행위는 군인복무기본법에서 폭넓게 보호되고 있다. 이러한 사정을 고려하면 심판대상조항은, 장교가 국민 전체의 봉사자로서 공공의 이익을 위하여 근무하도록 하고 군조직의 고도의 질서 및 규율을 유지하기 위하여, 필요한 범위 내에서 최소한의 제한을 하는 것이라고 볼 수 있다. 따라서 심판대상조항은 **침해의 최소성에 반하지 않는다**. … 심판대상조항은 과잉금지원칙을 위반하여 청구인의 **표현의 자유를 침해하지 않는다**(헌재 2024. 4. 25. 2021헌마1258).
>
> 🔗 187. Ⅹ (최소침해성 위반 아님)

2회 **188** 「청원경찰법」상 품위손상행위란 '청원경찰이 경찰관에 준하여 경비 및 공안업무를 하는 주체로서 직책을 맡아 수행해 나가기에 손색이 없는 인품에 어울리지 않는 행위를 함으로써 국민이 가지는 청원경찰에 대한 정직성, 공정성, 도덕성에 대한 믿음을 떨어뜨릴 우려가 있는 행위'라고 해석할 수 있으므로 명확성원칙에 위배되지 않는다. 24 해경, 23 경찰 1차 O | X

> **청원경찰법 제5조의2제1항 본문 등 위헌소원**
> 이 사건 품위손상조항에서 규정하고 있는 **품위손상행위**란, '청원경찰이 경찰관에 준하여 경비 및 공안업무를 하는 주체로서 직책을 맡아 수행해 나가기에 **손색이 없는 인품에 어울리지 않는 행위**를 함으로써 국민이 가지는 청원경찰에 대한 정직성, 공정성, 도덕성에 대한 **믿음을 떨어뜨릴 우려가 있는 행위**'라고 해석할 수 있으므로 **명확성원칙에 위배되지 않는다**(헌재 2022. 5. 26. 2019헌바530).

188. ○

출제예상

189 반국가단체나 그 구성원 등의 활동을 찬양·고무·선전·동조한 사람 및 이적행위를 할 목적으로 문서·도화 기타 표현물을 제작·운반·반포한 사람을 처벌하도록 정하고 있는 국가보안법상 이적행위 및 이적표현물 조항은 죄형법정주의의 명확성원칙에 위배되지 아니하고, 과잉금지원칙에 위배되지 아니하여 표현의 자유를 침해하지 않는다. 6 : 3 합헌

189-1 이적행위를 할 목적으로 문서·도화 기타 표현물을 소지·취득한 사람을 처벌하도록 정하고 있는 국가보안법상 이적표현물 소지·취득 조항은 죄형법정주의의 명확성원칙 및 책임과 형벌의 비례원칙에 위배되지 아니하고, 과잉금지원칙에도 위배되지 아니하여 표현의 자유 내지는 양심의 자유를 침해하지 않는다. 4 : 5 합헌

> **국가보안법상 이적행위 및 이적표현물 제작행위 등 처벌규정에 관한 사건 (국가보안법 제2조제1항 등 위헌소원)**
> 헌법재판소가 2015. 4. 30. 2012헌바95등 결정에서 이적행위조항이나 이적표현물조항이 헌법에 위배되지 아니한다고 밝힌 이후 이에 대한 판단을 변경하여야 할 정도로 규범상태 및 사실상태가 변화하였다고 볼 수 없고, 달리 이에 대한 규범적 해석을 달리하여야 할 필요성도 인정되지 아니한다. 따라서 이적행위조항 및 이적표현물조항이 **죄형법정주의의 명확성원칙 및 책임과 형벌의 비례원칙**에 위배되지 아니하고, **과잉금지원칙**에도 위배되지 아니하여 **표현의 자유 내지는 양심의 자유**를 침해하지 않는다는 선례의 입장은 지금 시점에서도 그대로 타당하고, 달리 선례를 변경할 만한 필요하고도 충분한 사정변경이 있다고 인정할 수 없다. 그렇다면 이적행위조항과 이적표현물조항은 **헌법에 위반되지 않는다**(헌재 2023. 9. 26. 2017헌바42 등).

20 방송의 자유

기출 OX

190 방송의 자유는 헌법 제21조 제1항 및 제3항에서 도출되는 것으로서, 주관적인 자유권으로서의 특성을 가질 뿐 아니라 다양한 정보와 견해의 교환을 가능하게 함으로써 민주주의의 존립·발전을 위한 기초가 되는 언론의 자유의 실질적 보장에 기여한다는 특성을 가지고 있다. 25 법원9 (O | X)

> **한국방송공사 수신료 분리징수 사건 (방송법 시행령 입법예고 공고 취소)**
> **방송의 자유**는 헌법 제21조 제1항 및 제3항에서 도출되는 것으로서, **주관적인 자유권**으로서의 특성을 가질 뿐 아니라 다양한 정보와 견해의 교환을 가능하게 함으로써 민주주의의 존립·발전을 위한 기초가 되는 **언론의 자유의 실질적 보장에 기여**한다는 특성을 가지고 있다(헌재 2024. 5. 30. 2023헌마820 등).
>
> 🔒 190. O

191 우리나라는 방송의 공공성을 고려하여 공익향상과 문화발전을 위한 공영방송제도를 두고 방송운영에 대하여 국가가 직·간접적인 지원과 규율을 하고 있다. 25 법원9 (O | X)

191-1 공영방송은 사회·문화·경제적 약자나 소외계층이 마땅히 누려야 할 문화에 대한 접근기회를 보장하여 인간다운 생활을 할 권리를 실현하는 기능을 수행하므로 우리 헌법상 그 존립가치와 책무가 크다. 25 경찰1차, 25 경간 (O | X)

> **한국방송공사 수신료 분리징수 사건 (방송법 시행령 입법예고 공고 취소)**
> 우리나라는 방송의 공공성을 고려하여 공익향상과 문화발전을 위한 **공영방송제도**를 두고 **방송운영에 대하여 국가가 직·간접적인 지원과 규율**을 하고 있다. **공영방송**은 민주주의를 실현하기 위한 필수조건인 다양하고 민주적인 여론을 매개하고, 공적 정보를 제공함으로써 **시민의 알 권리를 보장**하며, 사회·문화·경제적 약자나 소외계층이 마땅히 누려야 할 **문화에 대한 접근기회를 보장**하여 **인간다운 생활을 할 권리를 실현하는 기능**을 수행하므로 **우리 헌법상 그 존립가치와 책무가 크다**(헌재 2024. 5. 30. 2023헌마820 등).
>
> 🔒 191. O   191-1. O

3회 192 텔레비전방송 수신료는 공영방송사업이라는 특정한 공익사업의 경비조달에 충당하기 위하여 수상기를 소지한 특정집단에 대하여 부과되는 특별부담금에 해당하여 조세나 수익자부담금과는 구분된다. 24 국가 7 O│X

192-1 텔레비전방송 수신료는 한국방송공사의 텔레비전방송을 시청하는 대가이므로 특정 이익의 혜택이나 특정 시설의 사용 가능성에 대한 금전적 급부인 수익자부담금에 해당한다. 24 법원 9 O│X

> **한국방송공사 수신료 분리징수 사건 (방송법 시행령 입법예고 공고 취소)**
> 헌법재판소는 수신료의 법적 성격에 관하여, **수신료**는 공영방송사업이라는 특정한 공익사업의 경비조달에 충당하기 위하여 수상기를 소지한 특정집단에 대하여 부과되는 **특별부담금에 해당**한다고 판시하였고, **조세나 수익자부담금과는 구분된다**고 보았다(헌재 2024. 5. 30. 2023헌마820 등).
>
> 🔗 192. ○ 192-1. ✕(수익자부담금 ✕ → 특별부담금 ○)

4회 193 수신료 징수업무를 지정받은 자가 수신료를 징수하는 때 지정받은 자의 고유업무와 관련된 고지행위와 결합하여 이를 행해서는 안 된다고 규정한 방송법 시행령 제43조 제2항(이하 '심판대상조항'이라 한다)은 수신료의 구체적인 고지방법에 관한 규정인바, 이는 수신료의 부과·징수에 관한 본질적인 요소로서 법률에 직접 규정할 사항이 아니므로 이를 법률에서 직접 정하지 않았다고 하여 의회유보원칙에 위반된다고 볼 수 없다. 25 법원 9 O│X

193-1 상위법령인 방송법 제67조 제2항은 한국방송공사가 지정하는 자에게 수신료의 징수업무를 위탁할 수 있다고만 규정할 뿐 그 경우 수신료 징수방법의 제한 가능성에 대해서는 규정을 두고 있지 아니하므로, 심판대상조항은 국민의 권리·의무에 관한 사항을 정한 위임명령에 해당한다. 25 법원 9 O│X

193-2 집행명령의 경우 법률의 구체적·개별적 위임 여부 등이 문제되지 않고, 다만 상위법의 집행과 무관한 독자적인 내용을 정할 수 없다는 한계가 있다. 25 법원 9 O│X

> **한국방송공사 수신료 분리징수 사건 (방송법 시행령 입법예고 공고 취소)**
> 심판대상조항은 **수신료의 구체적인 고지방법**에 관한 규정인바, 이는 수신료의 부과·징수에 관한 본질적인 요소로서 법률에 직접 규정할 사항이 아니므로 이를 법률에서 직접 정하지 않았다고 하여 **의회유보원칙에 위반된다고 볼 수 없다.** 심판대상조항은 수신료의 징수를 규정하는 **상위법의 시행**을 위하여 **수신료 납부통지에 관한 절차적 사항**을 규정하는 **집행명령**이다. 집행명령의 경우 **법률의 구체적·개별적 위임 여부** 등이 문제되지 않고, 다만 **상위법의 집행과 무관한 독자적인 내용을 정할 수 없다는 한계**가 있다. 심판대상조항은 청구인이 방송법 제65조, 제67조 제2항에 따라 수신료 징수업무를 위탁하는 경우 그 **구체적인 시행방법을 규정하고 있을 뿐**이라는 점에서 **집행명령의 한계를 일탈**하였다고 볼 수 **없다**(헌재 2024. 5. 30. 2023헌마820 등).
>
> 🔗 193. ○ 193-1. ✕(집행명령임) 193-2. ○

194 헌법 제21조 제3항은 "통신·방송의 시설기준과 신문의 기능을 보장하기 위하여 필요한 사항은 법률로 정한다."라고 규정하고 있는바, 입법자는 자유민주주의를 기본원리로 하는 헌법의 요청에 따라 국민의 다양한 의견을 반영하고 국가권력이나 사회세력으로부터 독립된 방송을 실현할 수 있도록 광범위한 입법형성재량을 갖고 방송체제의 선택을 비롯하여, 방송의 설립 및 운영에 관한 조직적, 절차적 규율과 방송운영주체의 지위에 관하여 실체적인 규율을 행할 수 있다. 25 법원 9   O | X

> **한국방송공사 수신료 분리징수 사건 (방송법 시행령 입법예고 공고 취소)**
> 헌법 제21조 제3항은 "통신·방송의 시설기준과 신문의 기능을 보장하기 위하여 필요한 사항은 법률로 정한다."라고 규정하고 있는바, 입법자는 자유민주주의를 기본원리로 하는 헌법의 요청에 따라 국민의 다양한 의견을 반영하고 국가권력이나 사회세력으로부터 독립된 방송을 실현할 수 있도록 **광범위한 입법형성재량**을 갖고 방송체제의 선택을 비롯하여, **방송의 설립 및 운영에 관한** 조직적, 절차적 규율과 방송운영주체의 지위에 관하여 **실체적인 규율을 행할 수 있다**(헌재 2024. 5. 30. 2023헌마820 등).
>
> 🔒 194. ○

195 수신료 징수업무를 지정받은 자가 수신료를 징수하는 때 그 고유업무와 관련된 고지행위와 결합하여 이를 행해서는 안 된다고 규정한 「방송법시행령」 조항으로 인하여, 한국방송공사가 징수할 수 있는 수신료의 금액이나 범위의 변경은 없고 오로지 그 징수방법이 기존 전기요금과 통합하여 납부통지하던 것에서 이를 분리하여 납부통지하는 것으로 변경될 뿐, 위 조항이 신뢰보호원칙에 위배된다고 볼 수 없다. 25 경찰 1차   O | X

> **한국방송공사 수신료 분리징수 사건 (방송법 시행령 입법예고 공고 취소)**
> 심판대상조항은 공영방송의 기능을 위축시킬 만큼 청구인의 재정적 독립에 영향을 끼친다고 볼 수 없으므로, **입법재량의 한계를 일탈하여 청구인의 방송운영의 자유를 침해하지 아니한다**. … 심판대상조항의 입법과정에 위법사항이 있었다고 보기 어려우므로, **적법절차원칙에 위배되지 않는다**. … 심판대상조항으로 인하여 청구인이 징수할 수 있는 수신료의 금액이나 범위의 변경은 없고 오로지 그 징수방법이 기존 전기요금과 통합하여 납부통지하던 것에서 이를 분리하여 납부통지하는 것으로 변경될 뿐이다. 반면, 심판대상조항을 통하여 수신료 납부의무 유무를 인지하고 과오납 되지 않도록 보장하고자 하는 공익 실현의 중요성을 고려할 때, 심판대상조항이 **신뢰보호원칙에 위배된다고 볼 수 없다**(헌재 2024. 5. 30. 2023헌마820 등).
>
> 🔒 195. ○

21 알 권리

기출OX

3회 196 신문의 편집인 등으로 하여금 아동보호사건에 관련된 아동학대행위자를 특정하여 파악할 수 있는 인적 사항 등을 신문 등 출판물에 싣거나 방송매체를 통하여 방송할 수 없도록 하는 「아동학대범죄의 처벌 등에 관한 특례법」 제35조제2항 중 '아동학대행위자'에 관한 부분은 언론·출판의 자유와 국민의 알 권리를 침해하지 않는다. 23 지방 7 (O | X)

196-1 신문의 편집인 등으로 하여금 아동보호사건에 관련된 아동학대행위자를 특정하여 파악할 수 있는 인적 사항 등을 신문 등 출판물에 싣거나 방송매체를 통하여 방송할 수 없도록 하는 「아동학대범죄의 처벌 등에 관한 특례법」 제35조제2항 중 '아동학대행위자'에 관한 부분은 국민의 알 권리를 침해한다. 24 해간 (O | X)

> **아동학대행위자의 식별정보 보도금지 사건 (아동학대범죄의 처벌 등에 관한 특례법 제35조제2항 위헌제청)**
> 아동학대행위자 대부분은 피해아동과 평소 밀접한 관계에 있으므로, 행위자를 특정하여 파악할 수 있는 식별정보를 신문, 방송 등 매체를 통해 보도하는 것은 피해아동의 사생활 노출 등 2차 피해로 이어질 가능성이 매우 높다. 식별정보 보도 후에는 2차 피해를 차단하기 어려울 수 있고, 식별정보 보도를 허용할 경우 대중에 알려질 가능성을 두려워하는 피해아동이 신고를 자발적으로 포기하게 만들 우려도 있다. 따라서 아동학대행위자에 대한 식별정보의 보도를 금지하는 것이 과도하다고 보기 어렵다. … 따라서 보도금지조항은 언론·출판의 자유와 국민의 알 권리를 침해하지 않는다(헌재 2022. 10. 27. 2021헌가4).

196. ○   196-1. ×(알 권리 침해 아님)

22 집회의 자유

기출 OX

3회 197 대통령 관저의 경계 지점으로부터 100미터 이내의 장소에서는 옥외집회 또는 시위를 금지한 구「집회 및 시위에 관한 법률」조항은, 대통령 관저 인근 일대를 광범위하게 집회금지장소로 설정함으로써 집회가 금지될 필요가 없는 장소까지도 집회금지장소에 포함되게 하므로 집회의 자유를 침해한다. 25 경간 O│X

197-1 막연히 폭력·불법적이거나 돌발적인 상황이 발생할 위험이 있다는 가정만을 근거로 하여 대통령 관저 인근이라는 특정한 장소에서 열리는 모든 집회를 금지하는 것은 헌법적으로 정당화되기 어렵다. 24 경간 O│X

197-2 대통령 관저의 경계 지점으로부터 100미터 이내의 장소에서는 옥외집회 또는 시위를 금지하고 위반 시 형사처벌한다고 규정한 구「집회 및 시위에 관한 법률」은 대통령과 그 가족의 신변 안전 및 주거 평온을 확보하고, 대통령의 원활한 직무수행을 보장함으로써, 궁극적으로는 대통령의 헌법적 기능 보호를 목적으로 하므로 헌법에 위반되지 아니한다. 24 국회9 O│X

> **대통령 관저 인근 집회금지 사건 (집회 및 시위에 관한 법률 제11조제2호 위헌소원)**
> 대통령 관저 인근에서의 일부 집회를 예외적으로 허용한다고 하더라도 위와 같은 수단들을 통하여 심판대상조항이 달성하려는 대통령의 헌법적 기능은 충분히 보호될 수 있다. 따라서 개별적인 경우에 구체적인 위험 상황이 발생하였는지를 고려하지 않고, **막연히 폭력·불법적이거나 돌발적인 상황이 발생할 위험이 있다는 가정만을 근거**로 하여 대통령 관저 인근이라는 특정한 장소에서 열리는 **모든 집회를 금지**하는 것은 헌법적으로 **정당화되기 어렵다**. … 심판대상조항은 대통령과 그 가족의 **신변 안전 및 주거 평온을 확보**하고, 대통령 등이 **자유롭게 대통령 관저에 출입**할 수 있도록 하며 경우에 따라서는 **대통령의 원활한 직무수행을 보장**함으로써, 궁극적으로는 **대통령의 헌법적 기능 보호를 목적**으로 한다. 심판대상조항은 **대통령 관저 인근 일대를 광범위하게 집회금지장소로 설정**함으로써, 집회가 금지될 필요가 없는 장소까지도 집회금지장소에 포함되게 한다. 대규모 집회 또는 시위로 확산될 우려가 없는 **소규모 집회**의 경우, 심판대상조항에 의하여 보호되는 법익에 대해 직접적인 위험이 될 가능성은 낮고, 이러한 집회가 대통령 등의 안전이나 대통령 관저 출입과 **직접적 관련이 없는 장소**에서 열릴 경우에는 위험성은 더욱 낮아진다. 또한, '집회 및 시위에 관한 법률' 및 '대통령 등의 경호에 관한 법률'은 폭력적이고 불법적인 집회에 대처할 수 있는 다양한 수단을 두고 있다. 이러한 점을 종합하면, **심판대상조항은 과잉금지원칙에 위배되어 집회의 자유를 침해**한다(헌재 2022. 12. 22. 2018헌바48 등).
>
> 🔗 197. ○ 197-1. ○ 197-2. ✕(헌법에 위반됨)

4회 198 국회의장 공관의 경계 지점으로부터 100미터 이내의 장소에서의 옥외집회 또는 시위를 일률적으로 금지하고, 이를 위반한 집회·시위의 참가자를 처벌하는 것은 해당 장소에서 옥외집회·시위가 개최되더라도 국회의장에게 물리적 위해를 가하거나 국회의장 공관으로의 출입 내지 안전에 위협을 가할 우려가 없는 장소까지 포함되어 있다는 점에서 입법목적 달성에 필요한 범위를 넘어 집회의 자유를 과도하게 제한하는 것으로 집회의 자유를 침해한다. 23 법원 9   Ⓞ | Ⓧ

198-1 국회의장 공관의 경계 지점으로부터 100미터 이내의 장소에서의 옥외집회 또는 시위를 일률적으로 금지하고, 이를 위반한 집회·시위의 참가자를 처벌하는 구「집회 및 시위에 관한 법률」 조항은 국회의장의 원활한 직무 수행, 공관 거주자 등의 신변 안전, 주거의 평온, 공관으로의 자유로운 출입 등이 저해될 위험이 있음을 고려한 것으로 집회의 자유를 침해하지 않는다. 24 경정   Ⓞ | Ⓧ

198-2 국회의장 공관의 경계 지점으로부터 100미터 이내의 장소에서의 옥외집회 또는 시위를 일률적으로 금지하고, 이를 위반한 집회·시위의 참가자를 처벌하는 구「집회 및 시위에 관한 법률」상 조항은 위헌적인 부분과 합헌적인 부분이 공존하고 있는데 국회의장 공관 인근의 집회 중 어떠한 형태의 집회를 예외적으로 허용함으로써 집회의 자유를 필요최소한의 범위에서 제한할 것인지는 입법자의 판단에 맡기는 것이 바람직하다. 26 경간   Ⓞ | Ⓧ

> **구 집회 및 시위에 관한 법률 제11조 제2호 등 위헌제청 (국회의장 공관 인근 집회금지 사건)**
> (1) 심판대상조항이 집회 금지 장소로 설정한 '**국회의장 공관의 경계 지점으로부터 100미터 이내에 있는 장소**'에는, 해당 장소에서 옥외집회·시위가 개최되더라도 **국회의장에게 물리적 위해**를 가하거나 **국회의장 공관으로의 출입 내지 안전에 위협**을 가할 우려가 **없는 장소**까지 포함되어 있다. 또한 대규모로 확산될 우려가 없는 소규모 옥외집회·시위의 경우, 심판대상조항에 의하여 보호되는 법익에 직접적인 위험을 가할 가능성은 상대적으로 낮다. … 그럼에도 심판대상조항은 국회의장 공관 인근 일대를 **광범위하게 전면적인 집회 금지 장소로 설정**함으로써 입법목적 달성에 필요한 범위를 넘어 집회의 자유를 과도하게 제한하고 있는바, 과잉금지원칙에 반하여 **집회의 자유를 침해한다**(헌재 2023. 3. 23. 2021헌가1).
> (2) 이 사건 구법조항이 가지는 위헌성은 국회의장 공관의 기능과 안녕을 보호하는 데 필요한 범위를 넘어서 **국회의장 공관 인근**에서의 **집회를 일률적·전면적으로 금지**하는 것에 있는바, 이 사건 구법조항에는 위헌적인 부분과 합헌적인 부분이 공존하고 있다. 그런데 국회의장 공관 인근의 집회 중 어떠한 형태의 집회를 예외적으로 허용함으로써 **집회의 자유를 필요최소한의 범위에서 제한**할 것인지는 **입법자의 판단**에 맡기는 것이 바람직하다(헌재 2023. 3. 23. 2021헌가1).

🔒 **198.** Ⓞ   **198-1.** Ⓧ (집회의 자유를 침해함)   **198-2.** Ⓞ

6회 199 집회 또는 시위를 하기 위하여 인천애(愛)뜰 중 잔디마당과 그 경계 내 부지에 대한 사용허가 신청을 한 경우 인천광역시장이 이를 허가할 수 없도록 제한하는 '인천애(愛)뜰의 사용 및 관리에 관한 조례'는 잔디마당을 집회 장소로 선택할 자유를 완전히 제한하는바, 시민들의 집회의 자유를 침해한다. 25 경간 O|X

199-1 집회 또는 시위를 하기 위하여 인천애(愛)뜰 중 잔디마당과 그 경계 내 부지에 대한 사용허가 신청을 한 경우 인천광역시장이 이를 허가할 수 없도록 제한하는 「인천애뜰의 사용 및 관리에 관한 조례」는 「지방자치법」에 근거하여 인천광역시가 인천애뜰의 사용 및 관리에 필요한 사항을 규율하기 위하여 제정되었으므로 법률유보원칙에 위배되지 않는다. 24 국가 7 O|X

199-2 집회 또는 시위를 하기 위하여 인천애(愛)뜰 중 잔디마당과 그 경계 내 부지에 대한 사용허가 신청을 한 경우 인천광역시장이 이를 허가할 수 없도록 제한하는 「인천애(愛)뜰의 사용 및 관리에 관한 조례」상 해당 조항은 법률유보원칙에 위배되어 청구인들의 집회의 자유를 침해한다. 26 경간 O|X

199-3 집회 또는 시위를 하기 위하여 인천애(愛)뜰 중 잔디마당과 그 경계 내 부지에 대한 사용허가 신청을 한 경우 인천광역시장이 이를 허가할 수 없도록 제한하는 「인천애(愛)뜰의 사용 및 관리에 관한 조례」조항은 잔디마당에서 집회 또는 시위를 하려고 하는 경우 시장이 그 사용허가를 할 수 없도록 전면적·일률적으로 불허하고, '예외적 허용'의 가능성을 열어 두고 있지 않아, 헌법 제21조 제2항에서 금지하는 허가제를 규정하였다고 보기 어렵다. 25 경찰 1차 O|X

199-4 집회 또는 시위를 하기 위하여 인천애(愛)뜰 중 잔디마당과 그 경계 내 부지에 대한 사용허가 신청을 한 경우 인천광역시장이 이를 허가할 수 없도록 제한하는 「인천애(愛)뜰의 사용 및 관리에 관한 조례」조항은 헌법 제21조제2항이 규정하는 집회에 대한 허가제 금지원칙에 위배된다. 24 경찰 1차 O|X

> 집회·시위를 위한 인천애뜰 잔디마당의 사용을 제한하는 인천광역시 조례 조항에 관한 헌법소원 사건 (인천애(愛)뜰의 사용 및 관리에 관한 조례 제6조 등 위헌확인)
> (1) 심판대상조항에 의하여 잔디마당을 집회 장소로 선택할 자유가 완전히 제한되는바, 공공에 위험을 야기하지 않고 시청사의 안전과 기능에도 위험이 되지 않는 집회나 시위까지도 **예외 없이 금지되는 불이익**이 발생한다. 그렇다면 심판대상조항은 **과잉금지원칙에 위배**되어 청구인들의 **집회의 자유를 침해한다**(헌재 2023. 9. 26. 2019헌마1417).
> (2) 조례에 대한 법률의 위임은 법규명령에 대한 법률의 위임과 같이 반드시 구체적으로 범위를 정할 필요가 없으며, 포괄적으로도 할 수 있다. 이 사건 조례는 **지방자치법 제13조제2항제1호자목 및 제5호나목 등에 근거**하여 인천광역시가 소유한 공유재산이자 공공시설인 인천애뜰의 사용 및 관리에 필요한 사항을 규율하기 위하여 제정되었고, 심판대상조항은 잔디마당과 그 경계 내 부지의 사용 기준을 정하고 있다. 그렇다면 심판대상조항은 법률의 위임 내지는 법률에 근거하여 규정된 것이라고 할 수 있으므로 **법률유보원칙에 위배되지 않는다**(헌재 2023. 9. 26. 2019헌마1417).
> (3) 청구인들은 심판대상조항이 헌법 제21조 제2항이 규정하는 집회에 대한 허가제 금지 원칙에 위반된다고 주장한다. 그러나 심판대상조항은 잔디마당에서 집회 또는 시위를 하려고 하는 경우 시장이 그 사용허가를 할 수 없도록 **전면적·일률적으로 불허**하고, '허가제'의 핵심 요소라 할 수 있는 **'예외적 허용'**의 가능성을 열어 두고 있지 않다. 그렇다면 심판대상조항은 **집회에 대한 허가제를 규정하였다고 보기 어려우므로**, 헌법 제21조 제2항 위반 주장에 대해서는 나아가 살펴보지 않기로 한다(헌재 2023. 9. 26. 2019헌마1417).
> 🔒 199. ○ 199-1. ○ 199-2. ×(법률유보원칙 위배 아님) 199-3. ○ 199-4. ×(허가제 금지원칙에 위배 아님)

²회 **200** 국내 주재 외교기관 인근의 옥외집회 또는 시위를 예외적으로 허용하는 구「집회 및 시위에 관한 법률」제11조제4호 중 '국내 주재 외국의 외교기관'에 관한 부분은 행정청이 주체가 되어 집회의 허용 여부를 사전에 결정하는 것이므로 헌법 제21조 제2항의 허가제금지에 위배된다. 24 국가 7 　(O I X)

> **집회 및 시위에 관한 법률 제11조제4호 위헌소원**
> 심판대상조항은 입법자가 법률로써 직접 집회의 장소적 제한을 규정한 것으로, 행정청이 주체가 되어 집회의 허용 여부를 사전에 결정하는 것이 아니므로 헌법 제21조 제2항의 **허가제 금지에 위배되지 않는다**. … 심판대상조항은 **과잉금지원칙**에 위반하여 **집회의 자유를 침해한다고 볼 수 없다**(헌재 2023. 7. 20. 2020헌바131).

🔒 200. ×(사전 허가제 아님)

²회 **201** 「집회 및 시위에 관한 법률」제14조 제1항, 제2항 중 '그 기준 이하의 소음 유지 또는 확성기 등의 사용 중지를 명할 수 있다'에 관한 부분은 집회 또는 시위의 주최자가 확성기 등을 사용한 경우만 규제하고 구호나 함성 또는 노래나 박수 등은 규제대상에서 제외하고 있으며 사회통념상 수인한도를 넘는 피해를 주는 소음만을 규제하고 있으므로 과잉금지원칙에 위배되어 집회의 자유를 침해하지 않는다. 26 경간 　(O I X)

201-1 대통령령에 정하여질 구체적인 소음 기준의 내용으로 규정한 '타인에게 심각한 피해를 주는 소음'의 의미가 명확하지 않으므로「집회 및 시위에 관한 법률」제14조 제1항은 죄형법정주의의 명확성원칙에 위배된다. 25 경찰 1차 　(O I X)

> **집회 및 시위에 관한 법률 제14조 등 위헌소원**
> (1) 심판대상조항은 집회 또는 시위의 주최자가 **확성기 등을 사용한 경우만 규제**하고 구호나 함성 또는 노래나 박수 등은 규제대상에서 제외하고 있으며, 단지 불편한 정도가 아니라 **사회통념상 수인한도를 넘는 피해를 주는 소음만을 규제**하고 있다. … 따라서 심판대상조항은 과잉금지원칙에 위배되어 **집회의 자유를 침해하지 않는다**(헌재 2024. 3. 28. 2020헌바586).
> (2) 집시법 제14조제1항 중 '타인에게 심각한 피해를 주는 소음' 부분의 죄형법정주의의 명확성원칙 위반 여부는 포괄위임금지원칙 위반 여부에 대한 심사로써 충족된다 할 것이므로 **죄형법정주의의 명확성원칙 위반 여부에 대하여는 별도로 판단하지 아니한다**. 집회 또는 시위에서 발생하는 소음의 제한과 관련하여 세부적인 사항은 대상지역, 시간대, 측정방법 등을 고려하여 탄력적으로 정할 필요가 있다. '집회 및 시위에 관한 법률' 제14조제1항은 '타인에게 심각한 피해를 주는 소음'으로 대통령령이 규정할 소음기준을 정하고 있고, 이에 따라 대통령령에서 대상지역이나 시간대 등을 고려하여 소음기준이 정해질 것임을 충분히 예측할 수 있으므로, '집회 및 시위에 관한 법률' 제14조제1항은 **죄형법정주의 및 포괄위임금지원칙에 위배되지 않는다**(헌재 2024. 3. 28. 2020헌바586).

🔒 201. ○　201-1. ×(죄형법정주의 명확성원칙 판단 안 함)

202 감염병을 예방하기 위하여 집회를 제한하거나 금지하는 구「감염병의 예방 및 관리에 관한 법률」제49조제1항제2호의 규율 대상은 일정한 내용과 형식을 갖춘 '행사 자체'로서 '여러 사람의 집합'이므로, 동 조항에 의하여 집회의 내용 자체가 제한된다. 25 경찰1차 ⟨O│X⟩

> **감염병의 예방 및 관리에 관한 법률 제49조제1항제2호 등 위헌소원**
> 심판대상조항이 규정한 방역을 목적으로 한 집회제한 등 조치는 사람들 사이의 접촉을 통한 감염병 전파를 차단하기 위한 것이다. 방역을 위해 집회를 제한하거나 금지하는 이유는 사람들 사이의 물리적·공간적 거리를 두기 위한 것일 뿐, 집회의 목적이나 동기는 방역의 관점에서 아무런 의미를 가질 수 없다. 감염병 예방조치의 일환으로 이루어지는 집회제한 등 조치의 기준이 되는 것은 집회의 목적이나 내용이 아니라 참가자들 사이의 물리적·공간적 거리의 확보 가능성이다. 결국 심판대상조항의 규율 대상은 일정한 내용과 형식을 갖춘 '**행사 자체**'가 아니라 '**여러 사람의 집합**'이고, 따라서 위 조항에 의하더라도 **집회의 내용 자체를 제한한다고 보기는 어렵다**. … 이상의 사정들을 종합하여 보면, 심판대상조항이 과잉금지원칙에 위배되어 **집회의 자유를 침해한다고 볼 수 없다**(헌재 2024. 8. 29. 2022헌바177 등).

202. ×(집회 내용 자체 제한 아님)

23 결사의 자유

기출OX

203 조합장선거에서 후보자가 아닌 사람의 선거운동을 금지하는 「공공단체등 위탁선거에 관한 법률」 조항은, 조합장선거의 과열과 혼탁을 방지함으로써 선거의 공정성을 담보하고자 하는 것으로서, 조합장선거의 후보자 및 선거인인 조합원의 결사의 자유 등 기본권을 침해하지 아니한다. 25 경간 〔O│X〕

> **공공단체등 위탁선거에 관한 법률 제24조제1항 등 위헌제청**
> 위탁선거법 조항들은 조합장선거의 과열과 혼탁을 방지함으로써 **선거의 공정성을 담보**하고자 하는 것으로서 그 입법목적이 정당하고, 후보자가 아닌 사람의 선거운동을 전면 금지하고 이를 위반하면 형사처벌하는 것은 입법목적을 달성하기 위한 적정한 수단이 되며, … **조합장선거의 후보자 및 선거인인 조합원**의 **결사의 자유 등 기본권을 침해하지 아니하므로** 헌법에 위반되지 않는다고 판단하였다(헌재 2024. 2. 28. 2021헌가16).

203. ○

204 농업협동조합중앙회(이하 '농협중앙회') 회장선거의 관리를 농협중앙회의 자율에 맡기지 않고 「선거관리위원회법」에 따른 중앙선거관리위원회에 의무적으로 위탁하도록 한 「농업협동조합법」 조항은 농협중앙회 및 회원조합의 결사의 자유를 침해한다고 볼 수 없다. 25 경간 〔O│X〕

> **공공단체등 위탁선거에 관한 법률 제4조제1호 등 위헌소원**
> 농협중앙회의 회원조합이 수행하는 사업 내지 업무가 국민경제에서 상당한 비중을 차지하고, 국가나 국민 전체와 관련된 경제적 기능에 있어서 금융기관에 준하는 공공성을 가진다는 점, 중앙선관위가 수탁하여 관리하는 사무는 주로 선거절차에 관한 사무에 해당하는 점 등을 고려하면 의무위탁조항은 과잉금지원칙에 위반되지 않으므로, **농협중앙회 및 회원조합의 결사의 자유를 침해한다고 볼 수 없다**(헌재 2023. 5. 25. 2021헌바136).

204. ○

205 운송사업자로 구성된 협회로 하여금 연합회에 강제로 가입하게 하고 임의로 탈퇴할 수 없도록 하는 「화물자동차 운수사업법」의 해당 조항 중 '운송사업자로 구성된 협회'에 관한 부분은 결사의 자유를 침해한다고 볼 수 없다. 23 소간 〔O│X〕

> **화물자동차 운수사업법 제50조제1항 후문 위헌제청**
> 연합회는 법령에 따라 다양한 공익적 기능을 수행하는바, 전국적인 단일 조직을 갖추지 못한다면 업무 수행의 효율성과 신속성 등이 저해될 우려가 있다. 국가나 지방자치단체가 공익적 기능을 직접 수행하거나 별개의 단체를 설립하는 방안은 연합회에의 가입강제 내지 임의탈퇴 불가와 같거나 유사한 효과를 가진다고 보기 어렵다. 따라서 심판대상조항이 **과잉금지원칙에 위배되어 결사의 자유를 침해한다고 볼 수 없다**(헌재 2022. 2. 24. 2018헌가8).

205. ○

24 거주·이전의 자유

> 기출OX

3회 206 병역준비역에 대하여 27세를 초과하지 않는 범위에서 단기 국외여행을 허가하도록 한 구 '병역의무자 국외여행 업무처리 규정'은 27세가 넘은 병역준비역의 거주·이전의 자유를 침해하지 않는다. 25 경간 O | X

206-1 지방병무청장으로 하여금 병역준비역에 대하여 27세를 초과하지 않는 범위에서 단기 국외여행을 허가하도록 한 구 「병역의무자 국외여행 업무처리 규정」 해당 조항 중 '병역준비역의 단기 국외여행 허가기간을 27세까지로 정한 부분'은 27세가 넘은 병역준비역인 청구인의 거주·이전의 자유를 침해한다. 24 국가 7 O | X

> **병역법 시행령 제124조제1항제4호 등 위헌확인**
> 심판대상조항은 병역법령에 의할 때 예외적인 경우가 아니면 27세까지만 집집 연기가 가능하다는 점을 고려하여, 병역준비역에 대하여 **27세를 초과하지 않는 범위에서만 단기 국외여행을 허가**하도록 규정한다. … 이처럼 심판대상조항은 공정하고 효율적인 병역의무의 이행을 확보한다는 입법목적을 해치지 않으면서도 집집 연기가 가능한 범위에서 국외여행의 자유를 최대한 보장하고 있다. 따라서 심판대상조항은 청구인의 **거주·이전의 자유를 침해하지 않는다**(헌재 2023. 2. 23. 2019헌마1157).

🔗 **206.** ○ **206-1.** ×(거주·이전의 자유 침해 아님)

25 직업선택의 자유

기출OX

207 ²⁹ 감염병의 유행은 일률적이고 광범위한 기본권 제한을 허용하는 면죄부가 될 수 없고, 감염병의 확산으로 인하여 의료자원이 부족할 수도 있다는 막연한 우려를 이유로 확진환자 등의 국가시험응시를 일률적으로 금지하는 것은 직업선택의 자유를 과도하게 제한한 것이다. 23 경채   O | X

207-1 법무부장관이 2020. 11. 23.에 한 '코로나19 관련 제10회 변호사시험 응시자 유의사항 등 알림' 중 코로나바이러스감염증-19 확진환자의 시험 응시를 금지한 부분은 청구인들의 직업선택의 자유를 침해한다. 26 경간   O | X

> 변호사시험에서 코로나19 확진환자의 응시를 금지하고, 자가격리자 및 고위험자의 응시를 제한한 법무부 공고에 관한 사건 (법무부공고 제2020-360호 등 위헌확인)
> **감염병의 유행**은 일률적이고 광범위한 기본권 제한을 허용하는 면죄부가 될 수 없고, 감염병의 확산으로 인하여 **의료자원이 부족할 수도 있다는** 막연한 우려를 이유로 **확진환자 등의 응시를 일률적으로 금지**하는 것은 청구인들의 **기본권을 과도하게 제한**한 것이라고 볼 수밖에 없다. 확진환자가 시험장 이외에 의료기관이나 생활치료센터 등 입원치료를 받거나 격리 중인 곳에서 시험을 치를 수 있도록 한다면 감염병 확산 방지라는 목적을 동일하게 달성하면서도 확진환자의 시험 응시 기회를 보장할 수 있다. 따라서 이 사건 알림 중 **코로나19 확진환자의 시험 응시를 금지**한 부분은 청구인들의 **직업선택의 자유를 침해**한다(헌재 2023. 2. 23. 2020헌마1736).
>
> 🔑 **207. ○ 207-1. ○**

208 고위험자의 정의나 판단기준을 정하고 있지 않다고 하더라도, 시험장 출입 시 또는 시험 중에 37.5도 이상의 발열이나 기침 또는 호흡곤란 등의 호흡기 증상이 있는 응시자 중 국가시험 주관부서의 판단에 따른 고위험자를 의료기관에 일률적으로 이송하도록 하는 것은 피해의 최소성을 충족한다. 23 경채   O | X

> 변호사시험에서 코로나19 확진환자의 응시를 금지하고, 자가격리자 및 고위험자의 응시를 제한한 법무부 공고에 관한 사건 (법무부공고 제2020-360호 등 위헌확인)
> 이 사건 고위험자 이송은 시험장 출입 시 또는 시험 중에 37.5도 이상의 발열이나 기침 또는 호흡곤란 등의 호흡기 증상이 있는 응시자 중 고위험자를 의료기관에 이송하도록 하면서도 고위험자의 정의나 판단기준을 정하고 있지 않다. 따라서 고위험자의 분류 및 이송이 반드시 감염병 확산 방지와 적정한 시험 운영 및 관리를 위하여 필요한 범위 내에서 최소한으로만 이루어질 것이 보장된다고 볼 수 없다. … 따라서 피청구인 측의 판단에 따라 '**고위험자**'를 **일률적으로 의료기관에 이송**하도록 한 이 사건 고위험자 이송은 **피해의 최소성을 충족하지 못한다**. … 따라서 이 사건 알림 중 고위험자를 의료기관에 이송하도록 한 부분은 청구인들의 **직업선택의 자유를 침해**한다(헌재 2023. 2. 23. 2020헌마1736).
>
> 🔑 **208. ×**(피해의 최소성 충족 못 함, 직업선택의 자유 침해함)

209 수범자인 경비업자로 하여금 허가받은 시설경비업무 외의 업무에 경비원을 종사하게 하는 것을 금지하고 이를 위반한 경우 경비업의 허가를 필요적으로 취소하도록 규정한 경비업법 해당 조항은, 시설경비법을 수행하는 경비업자에 대하여 직업을 수행하는 방법에 제한을 가하고 경비업자의 직업을 계속 유지하는 것을 불가능하게 하므로 직업의 자유를 제한한다. 25 법원 9   O│X

209-1 경비업은 국가의 경찰업무를 보완하는 차원에서 인정된 업무로 국민의 생명·신체 또는 재산의 안전에 미치는 영향이 크기 때문에, 경비업의 운영 및 관리와 관련해서는 입법자의 입법재량이 넓게 인정될 수 없다. 25 법원 9   O│X

209-2 시설경비업을 허가받은 경비업자로 하여금 허가받은 경비업무 외의 업무에 경비원을 종사하게 하는 것을 금지하고 이를 위반한 경비업자에 대한 허가를 취소하도록 규정한 「경비업법」상 조항은 직업의 자유를 침해한다. 24 경간   O│X

> **경비원의 비경비업무 수행 금지 및 위반시 경비업 허가 취소 사건 (경비업법 제7조제5항 등 위헌제청)**
> (1) 심판대상조항은 수범자인 **경비업자**로 하여금 허가받은 **시설경비업무 외의 업무에 경비원을 종사하게 하는 것을 금지**하고 이를 **위반**한 경우 **경비업의 허가를 필요적으로 취소**하도록 규정함으로써, 시설경비업을 수행하는 경비업자에 대하여 **직업을 수행하는 방법에 제한**을 가하고 경비업자의 직업을 계속 유지하는 것을 불가능하게 하므로 **직업의 자유를 제한**한다(헌재 2023. 3. 23. 2020헌가19).
> (2) 직업의 자유에 대한 제한이 헌법상 용인되기 위해서는 헌법 제37조 제2항의 과잉금지원칙이 준수되어야 하는바, 이하에서는 심판대상조항이 과잉금지원칙에 위배되는지 여부가 문제된다. 다만, **경비업**은 국가의 경찰업무를 보완하는 차원에서 인정된 업무로 **국민의 생명·신체 또는 재산의 안전에 미치는 영향**이 크기 때문에, **경비업의 운영 및 관리와 관련**해서는 **입법자의 입법재량이 넓게 인정**될 수 있음이 고려되어야 한다(헌재 2023. 3. 23. 2020헌가19).
> (3) 비경비업무의 수행이 경비업무의 전념성을 직접적으로 해하지 아니하는 경우가 있음에도 불구하고, 심판대상조항은 경비업무의 전념성이 훼손되는 정도를 고려하지 아니한 채 경비업자가 경비원으로 하여금 비경비업무에 종사하도록 하는 것을 일률적·전면적으로 금지하고, 경비업자가 허가받은 시설경비업무 외의 업무에 경비원을 종사하게 한 때에는 필요적으로 경비업의 허가를 취소하도록 규정하고 있는 점, … 등에 비추어 볼 때, 심판대상조항은 침해의 최소성에 위배되고, 경비업무의 전념성을 중대하게 훼손하지 않는 경우에도 경비원에게 비경비업무를 수행하도록 하면 허가받은 경비업 전체를 취소하도록 하여 경비업을 전부 영위할 수 없도록 하는 것은 법익의 균형성에도 반한다. 따라서 심판대상조항은 **과잉금지원칙에 위반**하여 시설경비업을 수행하는 **경비업자의 직업의 자유를 침해**한다(헌재 2023. 3. 23. 2020헌가19).

🔗 **209.** ○ **209-1.** ×(입법재량 넓게 인정) **209-2.** ○

210 청구인은 의료인이 아니라도 문신시술업을 합법적인 직업으로 영위할 수 있어야 함을 주장하고 있고, 「의료법」 조항의 1차적 의도도 보건위생상 위해 가능성이 있는 행위를 규율하고자 하는 경우에는 직업선택의 자유를 중심으로 위헌 여부를 살피는 이상 예술의 자유 침해 여부는 판단하지 아니한다. 24 경간   O│X

> **비의료인 문신시술 금지 사건 (의료법 제27조제1항 본문 전단 위헌확인 등)**
> 이 사건에서 청구인들은 의료인이 아니더라도 문신시술업을 합법적인 직업으로 영위할 수 있어야 함을 주장하고 있고, 심판대상조항의 일차적 의도도 보건위생상 위해 가능성이 있는 행위를 규율하고자 하는 데 있으며, 심판대상조항에 의한 예술의 자유 또는 표현의 자유의 제한은 문신시술업이라는 직업의 자유에 대한 제한을 매개로 하여 간접적으로 제약되는 것이라 할 것인바, 사안과 가장 밀접하고 침해의 정도가 큰 **직업선택의 자유를 중심**으로 심판대상조항의 위헌 여부를 살피는 **이상 예술의 자유와 표현의 자유 침해 여부에 대하여는 판단하지 아니한다**(헌재 2022. 3. 31. 2017헌마1343 등).

🔗 **210.** ○

3회 211 의료인이 아닌 자의 문신시술업을 금지하고 처벌하는 것은 비의료인의 직업선택의 자유를 침해하지 않는다.
22 국회 9 O | X

211-1 의료인이 아닌 자의 문신시술업을 금지하고 처벌하는 「의료법」 조항은 문신시술자에 대하여 의료인 자격까지 요구하지 않고도, 시술자의 자격, 위생적인 문신시술 환경, 문신시술 절차 및 방법 등에 관한 규제를 통하여도 안전한 문신시술을 보장할 수 있다는 점에서 과잉금지원칙에 위배되어 문신시술을 업으로 삼고자 하는 청구인의 직업선택의 자유를 침해한다. 24 경찰 1차 O | X

211-2 의료인이 아닌 자의 문신시술업을 금지하고 처벌하는 「의료법」 조항 중 '의료행위'는, 의학적 전문지식을 기초로 하는 경험과 기능으로 진찰, 검안, 처방, 투약 또는 외과적 시술을 시행하여 하는 질병의 예방 또는 치료행위 이외에도 의료인이 행하지 아니하면 보건위생상 위해가 생길 우려가 있는 행위로 분명하게 해석되어 명확성원칙에 위배된다고 할 수 없다. 23 국가 7 O | X

> **비의료인 문신시술 금지 사건 (의료법 제27조제1항 본문 전단 위헌확인 등)**
> (1) 문신시술은, 바늘을 이용하여 피부의 완전성을 침해하는 방식으로 색소를 주입하는 것으로, 감염과 염료 주입으로 인한 부작용 등 위험을 수반한다. 심판대상조항은 의료인만이 문신시술을 할 수 있도록 하여 그 안전성을 담보하고 있다. … 그러므로 심판대상조항은 **명확성원칙**이나 **과잉금지원칙**을 위반하여 청구인들의 **직업선택의 자유를 침해하지 않는다**(헌재 2022. 3. 31. 2017헌마1343 등).
> (2) 구 의료법 제25조제1항의 **의료행위**라 함은 의학적 전문지식을 기초로 하는 경험과 기능으로 진찰, 검안, 처방, 투약 또는 외과적 시술을 시행하여 하는 **질병의 예방 또는 치료행위** 이외에도 의료인이 행하지 아니하면 **보건위생상 위해가 생길 우려가 있는 행위**를 의미한다고 해석하고 있다. 이와 같이 의료법의 입법목적, 의료인의 사명에 관한 의료법상의 여러 규정 및 의료행위의 개념에 관한 대법원 판례 등을 종합적으로 고려해 보면, 심판대상조항 중 **'의료행위'의 개념**은 건전한 일반상식을 가진 자에 의하여 일의적으로 파악되기 어렵다거나 법관에 의한 적용단계에서 다의적으로 해석될 우려가 있다고 보기 어려우므로, 죄형법정주의의 **명확성원칙에 위배된다고 할 수 없다**(헌재 2022. 3. 31. 2017헌마1343 등).

🔗 211. ○ 211-1. ✕(직업선택의 자유 침해 아님) 211-2. ○

212 의료인이 아닌 사람도 문신시술을 업으로 행할 수 있도록 그 자격 및 요건을 법률로 제정하도록 하는 내용의 명시적인 입법위임은 헌법에 존재하지 않으며, 문신시술을 위한 별도의 자격제도를 마련할지 여부는 여러 가지 사회적·경제적 사정을 참작하여 입법부가 결정할 사항으로, 그에 관한 입법의무가 헌법해석상 도출된다고 보기는 어렵다. 23 법무사 O | X

> **비의료인 문신시술 금지 사건 (의료법 제27조제1항 본문 전단 위헌확인 등)**
> **의료인이 아닌 사람도 문신시술**을 업으로 행할 수 있도록 그 자격 및 요건을 법률로 제정하도록 하는 내용의 **명시적인 입법위임**은 헌법에 존재하지 않으며, 문신시술을 위한 별도의 자격제도를 마련할지 여부는 여러 가지 사회적·경제적 사정을 참작하여 **입법부가 결정할 사항**으로, 그에 관한 **입법의무가 헌법해석상 도출**된다고 보기는 **어렵다**. 따라서 이 사건 입법부작위에 대한 심판청구는 입법자의 입법의무를 인정할 수 없다(헌재 2022. 3. 31. 2017헌마1343 등).

🔗 212. ○

213 국민권익위원회 심사보호국 소속 5급 이하 7급이상의 일반직공무원으로 하여금 퇴직일부터 3년간 취업심사대상기관에 취업할 수 없도록 한 「공직자윤리법」 및 동법 시행령 조항은 과잉금지원칙에 위배되어 직업선택의 자유를 침해하지 않는다. 24 해간 ⓞⅠ✕

> **국민권익위원회 공무원 취업제한 사건 (공직자윤리법 제17조제1항 위헌확인)**
> 국민권익위원회 심사보호국은 부패관련 각종 신고를 직접 접수, 분류하고 처리하는 부서로서 업무의 공정성과 투명성을 확보하기 위하여서는 소속 공무원들의 재취업을 일정 기간 제한할 필요가 있다. … 따라서 심판대상조항은 과잉금지원칙에 위배되어 청구인의 **직업선택의 자유를 침해하지 않는다**(헌재 2024. 3. 28. 2020헌마1527).

🔗 213. ⓞ

214 사회복무요원은 출·퇴근 근무를 원칙으로 하며 퇴근 이후에는 상대적으로 자유로운 생활관계를 형성하고 있는바, 사회복무요원이 '복무기관의 장의 허가 없이 다른 직무를 겸하는 행위'를 한 경우 경고처분하고, 경고처분 횟수가 더하여질 때마다 5일을 연장하여 복무하도록 하는 「병역법」 제33조제2항은 사회복무요원인 청구인의 직업의 자유를 침해한다. 23 경찰 2차 ⓞⅠ✕

> **사회복무요원의 겸직 제한 사건 (병역법 제33조제2항 본문 등 위헌확인)**
> 심판대상조항은 사회복무요원이 자신의 직무에만 전념하도록 함으로써 그의 공정한 직무 수행과 충실한 병역의무 이행을 담보하고자 하는 것이므로 그 입법목적의 정당성이 인정된다. 그리고 사회복무요원이 복무기관의 장의 허가 없이 겸직행위를 한 경우 경고처분 및 복무기간 연장이라는 불이익을 부과하는 것은 위 입법목적을 달성하기 위한 적합한 수단이다. … 심판대상조항은 과잉금지원칙을 위반하여 청구인의 **직업의 자유 내지 일반적 행동자유권을 침해하지 않는다**(헌재 2022. 9. 29. 2019헌마938).

🔗 214. ✕(직업의 자유 침해 아님)

215 금고 이상의 형의 집행유예선고를 받고 그 유예기간 중에 있는 자에 대하여 특수경비원이 될 수 없도록 규정한 구 「경비업법」 조항은 민간근로자인 특수경비원에게 공무원과 같은 수준의 준법의무 내지 성실의무를 요구하여 지나치게 공익만을 우선하는 것이므로 직업의 자유를 침해한다. 25 변호사 ⓞⅠ✕

> **경비업법 제10조제2항제2호 위헌확인**
> 심판대상조항은 특수경비원의 도덕성, 준법의식 등을 확보하고, 성실하고 공정한 직무수행을 위한 자질을 담보하여 국민의 신뢰를 제고하기 위한 것이므로, **입법목적의 정당성 및 수단의 적합성이 인정**된다. … 따라서 심판대상조항은 과잉금지원칙에 반하여 **특수경비원의 직업의 자유를 침해하지 않는다**(헌재 2023. 6. 29. 2021헌마157).

🔗 215. ✕(직업의 자유 침해 아님)

216 아동학대관련범죄로 처벌받은 어린이집 원장 또는 보육교사의 자격을 행정청으로 하여금 취소할 수 있도록 규정한 「영유아보육법」상 조항은 직업의 자유를 침해한다. 24 경간 ⓞⓧ

> **어린이집 원장 및 보육교사 자격취소 사건 (영유아보육법 제16조제6호 등 위헌소원)**
> 어린이집 원장 또는 보육교사는 6세 미만의 취학 전 아동인 영유아와 상시적으로 접촉하면서 긴밀한 생활관계를 형성하므로, 이들에 의한 아동학대관련범죄는 영유아의 신체·정서 발달에 치명적 영향을 미칠 수 있다. 어린이집의 안전성에 대한 사회적 신뢰를 지키고 영유아의 완전하고 조화로운 인격 발달을 도모하기 위해서는, 아동학대관련범죄로 처벌받은 어린이집 원장 또는 보육교사의 자격을 취소하여 보육현장에서 배제할 필요가 크다. 심판대상조항은 행정청에 자격취소에 관한 재량을 부여하는 임의적 규정이고, 재량권 행사의 당부를 법원에서 사후적으로 판단받을 수도 있다. … 따라서 심판대상조항은 과잉금지원칙에 반하여 **직업선택의 자유를 침해하지 아니한다**(헌재 2023. 5. 25. 2021헌바234).

216. ×(직업선택의 자유 침해 아님)

217 아동·청소년에 대한 위계에 의한 추행죄를 범하여 금고 이상의 형의 집행유예를 선고받은 자에 대하여 택시운전자격을 필요적으로 취소하도록 규정한 「여객자동차 운수사업법」조항은 과잉금지원칙을 위배하여 택시운수종사자의 직업선택의 자유를 침해한다. 26 경간 ⓞⓧ

> **여객자동차 운수사업법 제24조 제4항 제1호 다목 등 위헌소원 (아동·청소년에 대한 위계에 의한 추행죄로 금고 이상의 형의 집행유예를 선고받은 경우 택시운전자격 필요적 취소 사건)**
> 심판대상조항으로 택시운전자격이 취소되더라도 집행유예기간이 지나면 다시 자격을 취득할 수 있으므로 택시운수종사자가 받는 불이익은 제한적인 반면, 아동·청소년에 대한 위계에 의한 추행죄를 범하여 금고 이상의 형의 집행유예를 선고받은 사람을 택시운송사업의 운전업무에서 배제하여 국민을 범죄로부터 보호하고 일반 공중의 여객운송서비스 이용에 대한 불안감을 해소하며, 도로교통에 관한 공공의 안전을 확보한다는 공익은 매우 중요하다. 이러한 점을 고려할 때 심판대상조항은 법익의 균형성도 충족한다. 따라서 심판대상조항이 과잉금지원칙에 반하여 **택시운수종사자의 직업선택의 자유를 침해한다고 할 수 없다**(헌재 2025. 5. 29. 2024헌바448).

217. ×(직업선택의 자유 침해 아님)

218 중개법인의 임원이 「공인중개사법」을 위반하여 300만 원 이상의 벌금형의 선고를 받고 3년이 지나지 아니한 자에 해당하는 경우 중개법인의 등록을 필요적으로 취소하도록 하는 것은 해당 중개법인의 직업의 자유를 침해한다. 24 해경, 24 국회 8 ⓞⓧ

> **공인중개사법 제38조제1항제3호 본문 등 위헌소원**
> 심판대상조항은 적법하게 중개 업무를 영위할 것으로 기대되는 자들로 하여금 부동산중개업을 운영하게 함으로써 부동산 거래시장의 전문성 및 공정성과 이에 대한 국민적 신뢰를 확보하기 위한 것인바, 그와 같은 입법목적은 정당하고, 수단의 적합성도 인정된다. … 따라서 심판대상조항은 과잉금지원칙을 위반하여 **중개법인의 직업의 자유를 침해하지 않는다**(헌재 2024. 2. 28. 2022헌바109).

218. ×(직업의 자유 침해 아님)

2회 219 고체 형태의 세안용 비누를 수입·판매하려는 자에게 화장품책임판매업 등록을 하고, 책임판매관리자를 의무적으로 두도록 요구하는 「화장품법」 조항은 직업선택의 자유를 침해한다. 25 입시 〔O | X〕

> **화장품법 시행규칙 제19조제3항 [별표3] 제1호 다목 3)항 위헌확인**
> 심판대상조항은 **국민보건향상**에 기여하고 국민들이 안심하고 화장품을 사용할 수 있도록 하기 위한 것이다. 고형세안비누는 화장품법상의 화장품에 해당하고, 피부에 매일 직접 작용하는 제품이므로, **식품의약품안전처에서 화장품으로 관리하는 것이 필요**하다. … 화장품법 등에서 인체에 직접 적용되는 제품을 식품의약품안전처에서 규율하도록 하고, 동시에 고형세안비누 등을 화장품으로 관리하도록 하는 것이 과잉한 규제라고 보기도 어렵다. 이를 종합하면 심판대상조항은 청구인의 **직업선택의 자유를 침해하지 않는다**(헌재 2024. 5. 30. 2021헌마291).

🔗 **219.** ×(직업의 자유 침해 아님)

출제예상

220 아동학대관련범죄로 벌금형이 확정된 날부터 10년이 지나지 아니한 사람은 어린이집을 설치·운영하거나 어린이집에 근무할 수 없고, 같은 이유로 보육교사 자격이 취소되면 그 취소된 날부터 10년간 자격을 재교부받지 못하도록 한, 영유아보육법 조항은 직업선택의 자유를 침해한다. 〔6 : 3 위헌〕

> **아동학대관련범죄전력자 어린이집 취업제한 사건 (영유아보육법 제16조제8호 등 위헌확인)**
> 심판대상조항에 의하여 재범의 위험성에 대한 판단이 관련 범죄전력자에 대하여 일률적으로 이루어지고 있고, 10년 기간 내에는 재범의 위험성이 있다는 혐의를 벗어날 수 없으며, 범죄의 경중이나 재범의 위험성 존부에 관하여 구체적이고 개별적으로 판단할 수 있는 어떠한 제도적 절차도 구비되어 있지 않은 점 등을 종합하면, 심판대상조항은 그것이 달성하려는 공익의 무게에도 불구하고 우리 사회가 청구인에게 감내하도록 요구할 수 있는 수준을 넘어선다고 할 것이다. 따라서 심판대상조항은 **법익의 균형성 요건을 충족하지 아니한다**. … 심판대상조항은 과잉금지원칙에 위반되어 청구인의 **직업선택의 자유를 침해**한다(헌재 2022. 9. 29. 2019헌마813).

221 2회 이상 음주운전 금지규정을 위반하여 운전면허가 취소된 경우 그 취소일부터 2년간 운전면허를 받을 수 없도록 규정한 도로교통법상 결격조항은 일반적 행동의 자유 및 직업의 자유를 침해하지 않는다. 〔기각〕

> **도로교통법 제93조 제1항 단서 등 위헌확인 (2회 이상 음주운전 시 2년간의 운전면허 결격 사건)**
> 결격조항은 음주운전으로부터 국민의 생명, 신체, 재산을 보호하고 도로교통과 관련된 안전을 확보함과 동시에 반복적 음주운전 행위를 억제하도록 하는 예방적 효과를 달성하고자 하는 데 그 입법목적이 있다. 이러한 입법목적은 정당하고, 수단의 적합성 또한 인정된다. … 따라서 결격조항은 과잉금지원칙에 반하여 **일반적 행동의 자유 및 직업의 자유를 침해하지 않는다**(헌재 2025. 6. 27. 2022헌마1505 등).

222 강제추행죄로 벌금형이 확정된 체육지도자의 자격을 필요적으로 취소하도록 한 구 국민체육진흥법 조항은 과잉금지원칙에 위반하여 강제추행죄로 벌금형이 확정된 체육지도자의 직업선택의 자유를 침해한다고 볼 수 없다. 〔합헌〕

> 국민체육진흥법 제12조제1항제4호 등 위헌제청 (강제추행죄 벌금형 확정시 체육지도자의 필요적 자격 취소)
> 심판대상조항은 체육지도자 자격제도에 대한 공공의 신뢰를 보호하고 국민을 잠재적 성범죄로부터 보호하는 한편 건전한 스포츠 환경을 조성하기 위한 것이다. 일반 국민을 잠재적 성범죄로부터 보호할 필요성, 피해자의 효과적 대응이 어려운 전문체육분야의 특성 등을 고려하면, 체육지도자 자격의 필요적 취소에 관한 입법자의 판단이 현저히 불합리하다고 보기 어렵고, 법률에서 체육지도자 자격을 필요적으로 요구하는 분야 이외에는 체육지도자 자격이 취소되더라도 체육 종목 지도가 가능하므로, 이를 과도한 제한이라고 단정하기 어렵다. 또한 심판대상조항으로 인한 필요적 자격 취소의 불이익보다 체육활동을 하는 국민과 선수들을 보호하고 건전한 스포츠 환경을 조성하는 공익이 훨씬 더 중요하다. 따라서 심판대상조항은 과잉금지원칙에 위반하여 **직업선택의 자유를 침해한다고 볼 수 없다**(헌재 2024. 8. 29. 2023헌가10).

223 방치폐기물 처리이행보증보험계약의 갱신명령을 불이행한 건설폐기물 처리업자의 허가를 취소하는 '건설폐기물의 재활용촉진에 관한 법률' 조항은 과잉금지원칙에 반하여 직업의 자유를 침해한다고 볼 수 없다. 〔합헌〕

> 방치폐기물 처리이행보증보험계약 갱신명령을 불이행한 건설폐기물 처리업자의 허가취소 사건 (건설폐기물의 재활용촉진에 관한 법률 제25조제1항제4호의2 위헌소원)
> 심판대상조항은 시·도지사가 방치폐기물을 대신 처리하는 데 필요한 비용을 사전에 확보할 수 있게 함으로써 폐기물의 신속하고 적절한 처리를 도모하고 국민의 건강과 환경을 보호하기 위한 것이다. 건설폐기물 처리업자가 처리이행보증보험계약이 만료되었음에도 이를 갱신하지 않았다는 것은 향후 해당 폐기물 처리업자가 폐기물 처리를 제대로 하지 않아 폐기물이 방치될 우려가 매우 높은 경우이므로, 이러한 업체에 대하여는 허가취소를 통하여 폐기물 처리업을 더 이상 하지 못하도록 하는 것이 방치폐기물의 발생가능성을 줄일 수 있는 불가피한 조치이다. … 따라서 심판대상조항은 과잉금지원칙에 반하여 **직업의 자유를 침해한다고 볼 수 없다**(헌재 2022. 2. 24. 2019헌바184).

26 직업수행의 자유

기출 OX

3회 224 접촉차단시설이 설치되지 않은 장소에서의 수용자 접견 대상을 소송사건의 대리인인 변호사로 한정하는 법령조항은 아직 소송대리인으로 선임되지 않은 변호사의 직업수행의 자유를 제한한다. 25 국회 8 ○ | X

224-1 접촉차단시설이 설치되지 않은 장소에서의 수용자 접견 대상을 소송사건의 대리인인 변호사로 한정한 구「형의 집행 및 수용자의 처우에 관한 법률 시행령」조항은 변호사인 청구인의 직업수행의 자유를 침해한다. 26 경간 ○ | X

224-2 접촉차단시설이 설치되지 않은 장소에서의 수용자 접견 대상을 소송사건의 대리인인 변호사로 한정한 구「형의 집행 및 수용자의 처우에 관한 법률 시행령」조항은, 그로 인해 접견의 상대방인 수용자의 재판청구권이 제한되는 효과도 함께 고려하면 수용자의 대리인이 되려는 변호사의 직업수행의 자유와 수용자의 변호인의 조력을 받을 권리를 침해한다. 23 국가 7 ○ | X

> **소송대리인이 되려는 변호사에 대한 소송대리인 접견신청 불허 사건 (형의 집행 및 수용자의 처우에 관한 법률 시행령 제58조제4항 위헌확인 등)**
> (1) 심판대상조항에 의하면 민사재판, 행정재판, 헌법재판 등에서 **소송사건의 대리인이 되려고 하는 변호사는 아직 소송대리인으로 선임되기 전**이라는 이유로 **접촉차단시설이 설치된 장소에서 일반접견의 형태로 수용자를 접견**하도록 되어 있어, 변호사가 소송사건의 수임단계에서는 수용자에게 직접 서류를 보여주는 등 충분한 정보를 제공하고 자유로운 의사소통을 하면서 업무를 진행할 수 없으므로, 심판대상조항은 변호사인 청구인의 **직업수행의 자유를 제한**한다. … 심판대상조항은 변호사인 청구인의 **업무를 원하는 방식으로 자유롭게 수행할 수 있는 자유를 침해한다고 할 수 없다**(헌재 2022. 2. 24. 2018헌마1010).
> (2) 접견 제한에 따른 변호사의 직업수행의 자유 제한에 대한 심사에서는 **변호사 자신의 직업 활동에 가해진 제한의 정도**를 살펴보아야 할 뿐 아니라 그로 인해 접견의 상대방인 **수용자의 재판청구권이 제한되는 효과도** 함께 고려되어야 하나, 소송대리인이 되려는 변호사의 수용자 접견의 주된 목적은 소송대리인 선임 여부를 확정하는 것이고 소송준비와 소송대리 등 소송에 관한 직무활동은 소송대리인 선임 이후에 이루어지는 것이 일반적이므로 소송대리인 선임 여부를 확정하기 위한 단계에서는 접촉차단시설이 설치된 장소에서 접견하더라도 그 접견의 목적을 수행하는데 필요한 의사소통이 심각하게 저해될 것이라고 보기 어렵다. … 따라서 심판대상조항은 **변호사인 청구인**의 업무를 원하는 방식으로 **자유롭게 수행할 수 있는 자유를 침해한다고 할 수 없다**(헌재 2022. 2. 24. 2018헌마1010).
>
> 🔑 **224.** ○ **224-1.** ×(직업수행의 자유 침해 아님) **224-2.** ×(직업수행의 자유 침해 아님, 변조권 관련 없음)

225 사업주로부터 위임을 받아 고용보험 및 산재보험에 관한 보험사무를 대행할 수 있는 기관의 자격을 일정한 기준을 충족하는 단체 또는 법인, 공인노무사, 세무사로 한정하고 있는 「고용보험 및 산업재해 보상보험의 보험료징수 등에 관한 법률」 조항은 개인 공인회계사의 직업의 자유를 침해한다고 볼 수 없다. 24 국회 8

O | X

고용·산재보험 보험사무대행기관 자격제한 사건 (고용보험 및 산업재해보상보험의 보험료징수 등에 관한 법률 제33조제1항 등 위헌확인)
심판대상조항이 규정하고 있는 단체, 법인이나 개인들은 사업주들의 접근이 비교적 용이하거나, 그 공신력과 신용도를 일정 수준 이상 담보할 수 있거나, 그 직무상 보험사무대행업무의 전문성이 있거나, 이미 상당수의 영세 사업장에서 사실상 보험사무대행업무를 수행하여 와서 보험사무대행기관으로 추가할 현실적 필요성이 있었다는 점에서 보험사무대행기관의 범위에 포함될 나름의 합리적인 이유를 갖고 있다고 볼 수 있다. 반면 개인 공인회계사의 경우는 그 직무와 보험사무대행업무 사이의 관련성이 높다고 보기 어렵고, 사업주들의 접근이 용이하다거나 보험사무대행기관으로 추가해야 할 현실적 필요성이 있다고 보기도 어렵다. ⋯ 따라서 심판대상조항은 과잉금지원칙에 위배되어 청구인들의 **직업수행의 자유를 침해한다고 볼 수 없다**(헌재 2024. 2. 28. 2020헌마139).

225. O

226 코로나19 팬데믹 사태로 약사가 환자에게 의약품을 교부함에 있어 그 교부방식을 환자와 약사가 협의하여 결정할 수 있도록 한시적 예외를 인정하였다고 해도 의약품의 판매장소를 약국 내로 제한하는 것은 국민의 건강과 직접 관련된 보건의료 분야라는 점을 고려할 때, 과잉금지원칙을 위반하여 약국개설자의 직업수행의 자유를 침해한다고 볼 수 없다. 23 경채

O | X

약사법 제50조제1항 위헌소원
최근 코로나19 팬데믹(pandemic) 사태로 인하여 보건복지부 고시로 의사·환자 간 비대면 진료·처방이 한시적으로 허용되고, 약사가 환자에게 **의약품을 교부**함에 있어 그 교부방식을 **환자와 약사가 협의하여 결정**할 수 있도록 한시적 예외가 인정되었지만, **의약품 판매**는 국민의 건강과 직접 관련된 보건의료 분야라는 점을 고려할 때 선례조항이 **의약품의 판매장소를 약국으로 제한**하는 것은 여전히 **불가피한 측면이 있다**. ⋯ 따라서 선례조항은 과잉금지원칙을 위반하여 **약국개설자의 직업수행의 자유를 침해한다고 볼 수 없다**(헌재 2023. 3. 23. 2021헌바400).

226. O

227 동물약국 개설자가 수의사 등의 처방전 없이 판매할 수 없는 동물용의약품을 규정한 '처방대상 동물용의약품 지정에 관한 규정'(농림축산식품부고시)은 동물약국 개설자들의 직업수행의 자유를 침해하지 아니한다.
출제예상
O | X

227-1 헌법재판소는 동물약국 개설자가 수의사 또는 수산질병관리사의 처방전 없이 판매할 수 없는 동물용의약품을 규정한 「처방대상 동물용 의약품 지정에 관한 규정」 제3조가 의약분업이 이루어지지 않은 동물 분야에서 수의사가 동물용의약품에 대한 처방과 판매를 사실상 독점할 수 있도록 하여 동물약국 개설자의 직업수행의 자유를 침해하는지 여부를 판단하는 이상 평등권 침해 여부에 관하여는 따로 판단하지 아니하였다. 24 국회 8
O | X

> **수의사 등 처방대상 동물용의약품 사건 (처방대상 동물용의약품 지정에 관한 규정 위헌확인)**
> 심판대상조항에 따라 동물약국에서 수의사 등의 처방전 없이는 판매할 수 없는 동물용의약품이 더욱 늘어나게 되었으므로, 심판대상조항이 동물약국 개설자인 청구인들의 **직업수행의 자유를 침해하는지 여부**를 살펴본다. … 심판대상조항이 동물약국 개설자인 청구인들의 직업수행의 자유를 침해하는지 여부를 판단하는 이상 **평등권 침해 여부에 관하여는 따로 판단하지 아니한다**. … 심판대상조항이 동물약국 개설자에 대한 과도한 제약이라고 보기 어려워, 동물약국 개설자인 청구인들의 **직업수행의 자유를 침해하지 아니한다**(헌재 2023. 6. 29. 2021헌마199).
>
> 🔒 **227.** ○ **227-1.** ○

228 일반게임제공업자 등이 게임물의 버튼 등 입력장치를 자동으로 조작하여 게임을 진행하는 장치 또는 소프트웨어를 제공하거나 게임물 이용자가 이를 이용하게 해서는 안 된다고 하는 것은 일반 게임제공업자의 직업의 자유를 침해하지 않는다. 22 국회 9
O | X

228-1 일반게임제공업자가 게임물의 버튼 등 입력장치를 자동으로 조작하여 게임을 진행하는 장치 또는 소프트웨어를 제공하거나 게임물 이용자로 하여금 이를 이용하게 하는 행위를 금지하는 「게임산업진흥에 관한 법률 시행령」 조항에 대하여, 일반게임제공업자를 회원으로 하는 단체인 사단법인이 직업의 자유가 침해된다고 주장하면서 청구한 헌법소원심판은 자기관련성이 인정된다. 23 변호사
O | X

> **게임산업진흥에 관한 법률 시행령 별표2제9호 위헌확인 등**
> (1) 심판대상조항은 일반게임제공업자가 자동진행장치를 제공하거나 이를 이용하게 하는 것을 금지함으로써 게임물이 사행적으로 이용되는 것을 방지하여 건전한 게임문화를 확립하려는 것으로, 입법목적의 정당성이 인정된다. 자동진행장치의 제공 또는 이용을 금지하면 게임물의 사행적 이용행위 예방에 기여할 수 있다는 점에서, 수단의 적합성도 인정된다. … 따라서 심판대상조항은 과잉금지원칙을 위반하여 일반게임제공업자인 청구인들의 **직업의 자유를 침해한다고 볼 수 없다**(헌재 2022. 5. 26. 2020헌마670 등).
> (2) 심판대상조항의 수범자는 일반게임제공업자인데 청구인 사단법인은 이에 해당하지 않고, 청구인 **사단법인**은 그 구성원과 별개의 독립된 인격체로서 **구성원인 일반게임제공업자 회원들의 기본권 구제**를 위하여 **이 사건 심판을 청구할 수 없다**(헌재 2022. 5. 26. 2020헌마670 등).
>
> 🔒 **228.** ○ **228-1.** ×(자기관련성 부정)

229 「교육환경 보호에 관한 법률」상의 상대보호구역에서 「게임산업진흥에 관한 법률」상의 '복합유통게임제공업' 시설을 갖추고 영업을 하는 것을 원칙적으로 금지하는 것은 교육환경보호구역 안의 토지나 건물의 임차인 내지 복합유통게임제공업을 영위하고자 하는 자의 직업수행의 자유를 침해하지 아니한다. 24 국회 8 〔O|X〕

> **교육환경 보호에 관한 법률 제8조제1항 위헌소원**
> 상대보호구역 안에서는 지역위원회의 심의를 거쳐 학습과 교육환경에 나쁜 영향을 주지 아니한다고 인정하는 행위 및 시설은 허용될 수 있으므로, 이 조항으로 인하여 교육환경보호구역 안의 토지나 건물의 임차인 내지 '복합유통게임제공업'을 영위하고자 하는 사람이 받게 되는 직업수행의 자유 및 재산권의 제한은 과도한 것이라고 보기 어려우므로, 과잉금지원칙을 위반하여 **직업수행의 자유 및 재산권을 침해하지 아니한다**(헌재 2024. 1. 25. 2021헌바231).

🔖 229. ○

230 시내버스운송사업자가 사업계획 가운데 운행대수 또는 운행횟수를 증감하려는 때에는 국토교통부장관 또는 시·도지사의 인가를 받거나 신고하도록 하고 이를 위반한 경우 처벌하는 「여객자동차 운수사업법」 조항은 시내버스운송사업자의 직업수행의 자유를 침해한다고 볼 수 없다. 24 국회 8 〔O|X〕

> **기소유예처분취소**
> 노선을 정하여 여객을 운송하는 시내버스운송사업에서 사업계획 가운데 운행대수 또는 운행횟수의 증감에 관한 사항은 시내버스의 운행거리, 배차간격, 배차시간 등에 영향을 미치는 것으로서, 원활한 운송체계를 확보하고 일반 공중의 교통편의성을 제공하기 위하여 관할관청이 파악해야 하는 필수적인 사항에 해당하고, 이에 이 사건 법률조항은 시내버스운송사업자가 운행대수 또는 운행횟수를 증감하려면 원칙적으로 관할관청으로부터 변경인가를 받도록 하면서도, 국토교통부령이 정하는 경미한 사항의 변경은 관할관청에 대한 신고만으로 사업계획을 변경할 수 있도록 정하고 있는바, 이 사건 법률조항은 **직업수행의 자유를 침해하지 아니한다**(헌재 2024. 1. 25. 2020헌마1144).

🔖 230. ○

231 법무사 1인이 채용할 수 있는 사무원의 수를 5인을 초과하지 못한다고 규정한 「법무사규칙」 조항은 소속 지방법무사협회가 제반사정을 고려하여 5인을 초과하는 사무원 채용을 승인하는 등의 대안이 있음에도 이를 간과한 것으로 과잉금지의 원칙에 위배되어 법무사인 청구인의 직업의 자유를 침해한다. 25 경정 〔O|X〕

> **법무사법 제2조제1항제2호 위헌확인 등**
> **법무사 1인당 5인이라는 정원**은 대법원이 법률에 의해 주어진 권한범위 내에서 법무사의 업무범위 및 그 특성 등을 종합적으로 고려하여 **법무사가 적절하게 지도·감독할 수 있다고 판단되는 사무원의 수**를 규칙으로 정한 것이라 볼 수 있다. 소속 지방법무사협회가 제반사정을 고려하여 5인을 초과하는 사무원 채용을 승인하는 등의 대안으로는 5인이라는 정원을 둔 목적을 동일하게 달성할 수 있다고 보기 어렵다. … 따라서 법무사규칙 제37조제5항은 청구인의 **직업수행의 자유를 침해하지 않는다**(헌재 2023. 2. 23. 2019헌마1235).

🔖 231. ×(직업수행의 자유 침해 아님)

232 문화체육관광부장관이 정부광고 업무를 한국언론진흥재단에 위탁하도록 하는 시행령 조항은 정부광고 대행 업무를 직접 수주할 수 없도록 함으로써 광고대행업을 영위하는 법인의 직업수행의 자유를 제한한다.
25 국회 8
O | X

232-1 문화체육관광부장관이 정부광고 업무를 한국언론진흥재단에 위탁하도록 한, '정부기관 및 공공법인 등의 광고시행에 관한 법률 시행령' 조항은 광고대행업에 종사하는 청구인들의 직업수행의 자유를 침해한다고 볼 수 없다. 출제예상
O | X

> **정부광고 업무 한국언론진흥재단 위탁 사건 (정부기관 및 공공법인 등의 광고시행에 관한 법률 제10조 등 위헌확인)**
> (1) 이 사건 시행령조항은 문화체육관광부장관이 정부광고 업무를 한국언론진흥재단에 위탁하도록 하고 있다. 이로 인해 청구인들과 같은 광고사업자들은 정부기관등으로부터 정부광고 대행 업무를 직접 수주할 수 없고, 수탁기관인 한국언론진흥재단을 통해서만 위 업무를 수주할 수 있게 된다. 따라서 이 사건 시행령조항은 광고대행업을 영위하는 청구인들의 **직업수행의 자유를 제한**한다(헌재 2023. 6. 29. 2019헌마227).
> (2) 이 사건 시행령조항은 정부광고의 업무 집행을 일원화함으로써 정부광고 업무의 공공성과 투명성, 효율성을 도모하여 정부광고의 전반적인 질적 향상을 이루고자 하는 것이다. 정부광고의 대국민 정책소통 효과를 높이기 위해서는 정부광고의 기획부터 집행에 이르는 과정을 통합적으로 관리할 필요가 있다. 또한, 정부광고 업무를 전담하여 수행할 기관을 두지 않을 경우, 광고사업자들 사이에 과다한 광고 유치 경쟁이 벌어져 정부광고 거래질서가 지금보다 혼란스러워질 수 있다. 정부광고는 그 대부분이 소액광고들인 반면, 광고주에 해당하는 정부기관등의 수는 매우 많다. 이에 이 사건 시행령조항은 단일한 공적 기관이 규모의 경제를 통하여 협상력을 가지고 정부광고 업무를 신속하고 효율적으로 처리할 수 있도록 한 것이다. … 따라서 이 사건 시행령조항은 과잉금지원칙에 위배되어 청구인들의 **직업수행의 자유를 침해한다고 볼 수 없다**(헌재 2023. 6. 29. 2019헌마227).

232. O   232-1. O

233 간행물 판매자에게 정가 판매 의무를 부과하고, 가격할인의 범위를 가격할인과 경제상의 이익을 합하여 정가의 15퍼센트 이하로 제한하는 도서정가제는 출판 유통질서의 확립 등을 위해 도입된 제도인바, 판매자의 직업의 자유를 침해하지 않는다. 25 경간
O | X

> **출판문화산업 진흥법 제22조제4항 등 위헌확인 (도서정가제 사건)**
> 종이출판물 시장에서 자본력, 협상력 등의 차이를 그대로 방임할 경우 지역서점과 중소형출판사 등이 현저히 위축되거나 도태될 개연성이 매우 높고 이는 우리 사회 전체의 문화적 다양성 축소로 이어지므로 가격할인 등을 제한하는 입법자의 판단은 합리적일 뿐만 아니라 필요하다고 인정된다. 반면 신간도서에 대하여만, 또는 대형서점 서점에게만 가격할인 등에 관한 제한을 부과하는 것은 실효적인 대안이라고 보기 어렵다. … 따라서 이 사건 심판대상조항은 과잉금지원칙에 위배되어 청구인의 **직업의 자유를 침해한다고 할 수 없다**(헌재 2023. 7. 20. 2020헌마104).

233. O

234 가축사육의 제한이 필요하다고 인정되는 지역에 대해 해당 지방자치단체의 조례로 정하는 바에 따라 가축사육제한구역을 지정·고시할 수 있도록 규정하고 있는 「가축분뇨의 관리 및 이용에 관한 법률」 조항은 사실상 특정 지역에서 축산업 종사를 금지한 것으로, 직업수행의 자유를 형해화하여 직업의 자유를 침해한다.
25 변호사 O | X

234-1 시장·군수·자치구청장이 지방자치단체의 조례로 정하는 바에 따라 일정한 구역을 지정·고시하여 가축의 사육을 제한할 수 있도록 한 「가축분뇨의 관리 및 이용에 관한 법률」 조항은 포괄위임금지원칙에 위배되지 아니한다. 25 국회 8 O | X

> **가축사육 제한구역 지정에 관한 위임 법률 사건 (가축분뇨의 관리 및 이용에 관한 법률 제8조제1항 위헌소원)**
> (1) 심판대상조항은 가축사육에 따라 배출되는 환경오염물질 등으로 인하여 **지역주민의 생활환경이나 상수원의 수질이 오염되는 것을 방지**하기 위한 것이다. 가축사육으로 인한 오염물질 배출을 전적으로 차단할 수 있는 기술적 조치가 현재 존재하고 있다고 단정하기는 어려우므로, 가축의 사육 자체를 제한할 필요성이 인정되고, 오염물질의 환경에 대한 영향력의 정도는 가축의 사육이 이루어지는 장소와 관련성이 크므로 장소적 특성을 기준으로 생활환경이나 자연환경에 대한 위해 가능성이 큰 경우에 가축사육의 제한을 허용하는 심판대상조항의 제한은 부득이하다. … 심판대상조항은 **과잉금지원칙에 위배되지 아니한다**(헌재 2023. 12. 21. 2020헌바374).
> (2) 가축사육의 제한은 가축사육에 따라 배출되는 환경오염물질 등이 지역주민에 미치는 영향을 종합적으로 고려하여 이루어질 필요가 있고, 이는 생활환경 및 자연환경에 따라 달라질 수 있으므로 **각 지방자치단체가 실정에 맞게 합리적으로 규율하도록 할 필요성**이 인정된다. 심판대상조항은 가축사육 제한이 가능한 대상 지역의 한계를 설정하고 있고, 지역주민의 생활환경이나 상수원의 수질이 오염되는 것을 방지하려는 심판대상조항의 목적을 종합적으로 고려하면, 사육대상인 축종이나 사육규모 외에 각 지역의 지형, 상주인구 분포, 인구밀집시설의 존부 등을 고려하여 구체적인 가축사육제한구역이 정해질 수 있다는 점이 충분히 예측 가능하므로, 심판대상조항은 **포괄위임금지원칙에 위배되지 아니한다**(헌재 2023. 12. 21. 2020헌바374).

234. ✕ (직업의 자유 침해 아님) **234-1.** ○

235 허가된 어업의 어획효과를 높이기 위하여 다른 어업의 도움을 받아 조업활동을 하는 행위를 금지한 「수산자원관리법」 조항은 직업수행의 자유를 침해하지 않는다. 24 해경 O | X

> **공조조업 금지 사건 (수산자원관리법 제22조제2호 위헌소원)**
> 심판대상조항은 어업허가를 부여할 때 고려한 어획능력을 훨씬 초과하여 매우 적극적인 형태의 어업이 이루어질 경우 발생할 수 있는 **어업인들 사이의 분쟁을 예방**하고, **어업인들 간의 균등한 자원 배분과 수산자원의 보호**를 도모하기 위한 것으로, 수산자원관리법상의 수산자원 포획·채취 금지 기간 또는 금지 체장의 설정, 총허용어획량제도의 실시만으로는 수산자원의 남획을 방지하거나 감소된 수산자원의 회복을 위한 충분한 대책이 될 수 없고, 심판대상조항이 신설된 때로부터 30년이 지났음에도 여전히 지속적·반복적으로 위반행위를 한 사례들이 다수 적발되고 있는 점 등을 고려할 때 과잉금지원칙에 위배되어 **직업수행의 자유를 침해하지 아니한다**(헌재 2023. 5. 25. 2020헌바604).

235. ○

236 생활폐기물 수집 운반 대행계약과 관련하여 뇌물공여, 사기 등 범죄를 범하여 일정한 형을 선고받은 자를 3년간 대행계약 대상에서 제외하도록 규정한「폐기물관리법」조항은 과잉금지원칙에 위배되어 청구인의 직업수행의 자유를 침해한다. 26 경간   O|X

> **생활폐기물 수집·운반 대행계약 대상 제외 사건 (폐기물관리법 제14조제8항제7호 위헌소원)**
> 이에 심판대상조항은 대행계약과 관련하여 대상범죄를 범한 자를 일정 기간 동안 대행계약 대상에서 제외함으로써 생활폐기물 수집·운반 업무의 공정성, 적정성을 확보하고 대행계약의 성실한 이행을 담보하며 대행자의 독과점, 지방자치단체와의 유착 등 문제를 해소하고자 한 것으로, 그 입법목적이 정당하다. 그리고 대행계약과 관련하여 대상범죄를 범하여 일정 정도 이상의 형을 선고받은 후 3년이 지나지 아니한 자를 계약대상에서 제외하도록 한 것은 위 입법목적을 달성하는 데 기여하는 수단으로서 수단의 적합성도 인정된다. … 심판대상조항은 과잉금지원칙에 위배되어 청구인의 **직업수행의 자유를 침해한다고 볼 수 없다**(헌재 2023. 12. 21. 2020헌바189).

236. ×(직업수행의 자유 침해 아님)

출제예상

237 의료기관의 장으로 하여금 보건복지부장관에게 비급여 진료비용에 관한 사항을 보고하도록 한 의료법상 보고의무조항은 법률유보원칙 및 과잉금지원칙에 반하여 의사의 직업수행의 자유와 환자의 개인정보자기결정권을 침해하지 아니한다.   4:5 기각

237-1 의원급 의료기관의 비급여 진료비용에 관한 현황조사·분석 결과를 공개하도록 한 '비급여 진료비용 등의 공개에 관한 기준'상 고시조항은 법률유보원칙 및 과잉금지원칙에 반하여 의사의 직업수행의 자유를 침해하지 아니한다.   4:5 기각

> **비급여 진료비용의 보고 및 공개에 관한 사건 (의료법 제45조의2제1항 등 위헌확인)**
> (1) 보고의무조항은 '비급여 진료비용의 항목, 기준, 금액, 진료내역'을 보고하도록 함으로써 보고의무에 관한 기본적이고 본질적인 사항을 법률에서 직접 정하고 있으므로, **법률유보원칙**에 반하여 청구인들의 **기본권을 침해하지 아니한다**(헌재 2023. 2. 23. 2021헌마374 등).
> (2) 병원마다 제각각 비급여 진료의 명칭과 코드를 사용하고 있으므로 구체적인 진료내역을 추가로 조사할 수밖에 없고, 보고된 정보는 입법목적에 필요한 용도로만 제한적으로 이용하고 안전하게 관리되도록 관련 법률에서 명확히 규정하고 있으며, 보고의무의 이행에 드는 노력이나 시간도 의사의 진료활동에 큰 부담을 주는 정도라고 보기 어렵다. 따라서 보고의무조항은 **과잉금지원칙**에 반하여 청구인들의 **기본권을 침해하지 아니한다**(헌재 2023. 2. 23. 2021헌마374 등).
> (3) 비급여 진료비용의 '현황조사·분석 및 결과 공개의 범위·방법·절차'에 관한 사항은 그 내용이 전문적·기술적이어서 하위법령에 위임할 필요가 있고, '사회적 수요가 큰 비급여 항목'에 대하여 기존 '병원급 의료기관'과 유사한 방법으로 진료비용이 공개될 것임을 예측할 수 있다. 따라서 이 사건 고시조항의 상위법령인 의료법 제45조의2제4항은 위임입법의 한계를 준수하였다. … 따라서 이 사건 고시조항은 위임입법의 한계를 준수한 상위법령의 위임범위 내에서 규정하고 있으므로 **법률유보원칙**에 반하여 청구인들의 **기본권을 침해하지 아니한다**(헌재 2023. 2. 23. 2021헌마374 등).
> (4) 비급여 진료비용이 공개되면 국민들은 자신이 방문하고자 하는 지역의 비급여 진료비용을 미리 알 수 있고 각 의료기관의 비급여 진료비용을 비교하여 선택할 수 있다. … 의료소비자는 비용 외에도 다양한 요소를 고려하여 의료기관을 선택할 것이므로 최저가 경쟁이 심화될 것이라고 보기 어렵고, 무리하게 진료비를 낮춰 환자를 유인한 후 불필요한 비급여 진료를 받게 하는 사례는 별도의 의료법 규정과 제도들로 규제가 가능하다. 그러므로 이 사건 고시조항은 **과잉금지원칙**에 반하여 청구인들의 **기본권을 침해하지 아니한다**(헌재 2023. 2. 23. 2021헌마374 등).

238 누구든지 게임물의 유통질서를 저해하는 행위로서, 게임물의 이용을 통하여 획득한 유·무형의 결과물을 환전 또는 환전 알선하거나 재매입을 업으로 하는 행위를 하여서는 아니 되고 이를 위반한 경우 처벌한다고 규정한 '게임산업진흥에 관한 법률' 조항은 과잉금지원칙을 위반하여 직업수행의 자유를 침해하지 아니한다.   합헌

> **게임머니 등의 환전업 등 금지 사건 (게임산업진흥에 관한 법률 제32조제1항제7호 위헌소원)**
> 게임물의 유통 및 이용과 관련하여 게임산업의 기반 또는 건전한 게임문화를 훼손하는 행위를 방지하는 것은 목적의 정당성이 인정되고, 이를 위해 위법한 게임물 이용을 조장하는 게임결과물 환전업 등을 금지하고 처벌하는 것은 수단의 적합성이 인정된다. … 따라서 이 사건 법률조항들은 과잉금지원칙을 위반하여 **직업수행의 자유를 침해하지 아니한다**(헌재 2022. 2. 24. 2017헌바438 등).

239 안경사가 전자상거래 등의 방법으로 콘택트렌즈를 판매하는 것을 금지하고 있는 의료기사 등에 관한 법률 조항이 과잉금지원칙에 위반하여 안경사의 직업수행의 자유를 침해한다고 볼 수 없다.   8:1 합헌

> **전자상거래 등을 통한 콘택트렌즈 판매 금지 사건 (의료기사 등에 관한 법률 제12조제5항 위헌제청)**
> 전자상거래 등을 통한 콘택트렌즈 거래가 허용된다면, 착용자의 시력 및 눈 건강상태를 고려하지 않은 무분별한 콘택트렌즈 착용이 이뤄질 수 있고, 배송 과정에서 콘택트렌즈가 변질·오염될 가능성을 배제할 수 없으므로, 국민보건의 향상·증진이라는 심판대상조항의 입법목적이 달성되기 어려울 수 있다. 또한 안경사 아닌 자에 의한 콘택트렌즈 판매행위를 규제하기가 사실상 어려워지게 되고, 안경사로 하여금 소비자에게 콘택트렌즈의 사용방법, 유통기한 및 부작용에 관한 정보를 제공하도록 한 '의료기사 등에 관한 법률' 제12조제7항의 취지가 관철되기도 어려워진다. 우리나라는 소비자의 안경업소 및 안경사에 대한 접근권이 상당히 보장되어 있어, 심판대상조항으로 인한 소비자의 불편이 과도하다고 보기도 어렵다. 따라서 심판대상조항이 과잉금지원칙에 위반하여 **안경사의 직업수행의 자유를 침해한다고 볼 수 없다**(헌재 2024. 3. 28. 2020헌가10).

240 대형트롤어업의 허가를 할 때 동경 128도 이동수역에서 조업하여서는 아니 된다는 조건을 붙이도록 한 구 '어업의 허가 및 신고 등에 관한 규칙'(해양수산부령)은 과잉금지원칙에 반하여 직업수행의 자유를 침해한다고 볼 수 없다.   8:1 기각

> **어업의 허가 및 신고 등에 관한 규칙 제13조 본문 [별표8] 제1호 가목 위헌확인 (대형트롤어업 동경 128도 이동수역 조업 금지 사건)**
> 심판대상조항은 수산자원을 보호하는 한편, 다른 어업과의 이해관계를 조정하기 위한 규정으로서 목적의 정당성이 인정된다. 심판대상조항은 대형트롤어업의 동경 128도 이동수역에서의 조업을 금지함으로써 동해안에서 어업을 영위하고 있는 어업인과의 갈등을 방지하는 한편, 살오징어 생산량 감소의 원인 중 하나로 지목되는 남획의 가능성을 감소시키는 데 기여할 수 있다. 그러므로 심판대상조항은 그 수단의 적합성이 인정된다. … 그러므로 심판대상조항은 법익의 균형성을 갖추었다. 따라서 심판대상조항은 과잉금지원칙에 반하여 청구인들의 **직업수행의 자유를 침해한다고 보기 어렵다**(헌재 2024. 7. 18. 2021헌마533).

241 조합원이 조합 임원에게 '조합원 명부'의 복사 요청을 한 경우 15일 이내에 그 요청에 따르도록 하고 그 위반 행위에 대한 처벌하는 구 '도시 및 주거환경정비법' 조항은 조합 임원의 직업수행의 자유를 침해하거나 조합원의 개인정보자기결정권을 침해하지 아니한다. [합헌]

> **구 도시 및 주거환경정비법 제84조의2 제3호 등 위헌소원 (조합 임원의 향응제공 및 조합원 명부 복사불응 사건)**
> 조합의 운영에 관한 책임을 부담하는 조합 임원으로 하여금 조합원의 조합원 명부 복사 요청에 15일 이내에 응하도록 하는 것은, 정비사업이 공정하고 원활하게 진행될 수 있도록 하기 위한 것이고, 이를 위하여 그 요청에 불응하는 조합 임원에게 제재를 가하는 것이 필요하다. 조합 임원은 조합원이 조합원 명부를 그대로 복사할 수 있도록 응하면 족하므로 15일 이내라는 기간이 과도하게 짧다고 볼 수 없으며, 조합원 명부는 조합원들이 조합의 업무를 실질적으로 감시·통제하는 데 있어 가장 기초적인 자료에 해당하므로 조합 임원의 불응행위를 형사처벌로 제재할 필요성이 인정된다는 점을 고려하면 제2심판대상조항은 조합 임원의 직업수행의 자유를 침해하지 아니한다. 또한 조합원 명부에 포함되는 개인정보는 일반적으로 조합원의 성명과 주소, 연락처 등으로, 조합원의 민감한 정보가 포함될 여지가 적으며, 관련 법령을 살펴보면 조합원 명부를 복사하여 준 경우에 조합원의 개인정보가 오용 또는 남용될 여지가 제한적인 점을 고려하면 제2심판대상조항은 조합원의 개인정보자기결정권을 침해하지 아니한다(헌재 2025. 6. 27. 2020헌바514).

27 재산권

기출OX

242 임대사업자가 종전 규정에 의한 세제혜택에 대한 기대를 가졌거나, 종전과 같은 유형의 임대사업자의 지위를 장래에도 유지할 것을 기대하였다 하더라도 이는 단순한 기대이익에 불과하므로, 장기일반민간임대주택 중 아파트를 임대하는 민간매입임대주택과 단기민간임대주택의 임대의무기간이 종료한 날 그 등록이 말소되도록 하는 「민간임대주택에 관한 특별법」 해당 조항으로 인해 재산권이 제한된다고 볼 수는 없다. 25 경찰 1차 (O | X)

242-1 구 「민간임대주택에 관한 특별법」의 등록말소조항은 단기민간임대주택과 아파트 장기일반민간임대주택의 임대의무기간이 종료한 날 그 등록이 말소되도록 할 뿐이고, 종전임대사업자가 이미 받은 세제혜택 등을 박탈하는 내용이 없으므로 재산권이 제한된다고 볼 수 없다. 24 국회 8 (O | X)

242-2 아파트 장기일반민간임대주택과 단기민간임대주택을 폐지하면서, 종전에 등록을 한 경우 그 임대의무기간이 종료된 날 임대사업자 등록이 말소되도록 한 구 민간임대주택에 관한 특별법상 등록말소조항은 신뢰보호원칙에 반하여 임대사업자들의 직업의 자유를 침해하지 아니한다. 출제예상 (O | X)

> **단기민간임대주택과 아파트 장기일반민간임대주택 등록 말소 사건** (민간임대주택에 관한 특별법 제6조제5항 등 위헌확인)
> (1) 임대사업자 제도와 같은 부동산, 주택에 관련된 정책의 내용은 임차인에 대한 사회적 보호의 필요성, 임대차 시장의 여건, 사회경제적 사정 등을 종합적으로 고려하여 입법자가 입법정책적으로 결정하여야 할 사항으로 원칙적으로 광범위한 입법형성의 자유가 인정된다. 따라서 특단의 사정이 없는 한 구법상의 기대이익을 존중하여야 할 입법자의 의무가 있다고 보기는 어려우나, 이 경우에도 신뢰보호원칙에 위배되는지 여부는 여전히 문제된다. … 등록말소조항은 **신뢰보호원칙**에 반하여 청구인들의 **직업의 자유를 침해하지 아니한다**(헌재 2024. 2. 28. 2020헌마1482).
> (2) 임대사업자가 종전 규정에 의한 세제혜택 또는 집값 상승으로 인한 이익 취득이라는 기대를 가졌다 하더라도 이는 당시의 법 제도에 대한 단순한 기대이익에 불과하다. 또한 등록말소조항은 단기민간임대주택과 아파트 장기일반민간임대주택의 임대의무기간이 종료한 날 그 **등록이 말소**되도록 할 뿐, 여기에 더하여 종전 임대사업자가 **이미 받은 세제혜택 등을 박탈**하는 내용을 담고 있지 아니하다. 따라서 등록말소조항으로 인해 청구인들의 **재산권이 제한된다고 볼 수 없다**. … 임대사업자의 **직업의 자유가 제한**된다(헌재 2024. 2. 28. 2020헌마1482).

242. ○ 242-1. ○ 242-2. ○

2회 243 「공무원연금법」에서 19세 미만인 자녀에 대하여 아무런 제한 없이 퇴직유족연금일시금을 선택할 수 있게 하고, 또 그 금액도 다른 유족과 동일한 계산식에 따라 산출하게 한 것은 다른 유족의 재산권을 침해하지 않는다. 24 해간 ⓞⅠ×

243-1 「공무원연금법」에서 19세 미만인 자녀에 대하여 아무런 제한 없이 퇴직유족연금일시금을 선택할 수 있게 하고 또 그 금액도 다른 유족과 동일한 계산식에 따라 산출하게 한 것은 다른 유족의 재산권을 침해한다. 24 국회 8 ⓞⅠ×

> **공무원연금법 제54조제4항 위헌소원**
> 심판대상조항은 10년 이상 재직한 공무원이 재직 중 사망한 경우 퇴직유족연금에 갈음하여 **퇴직유족연금일시금을 지급받**을 수 있는 **선택권을 미성년 자녀인 유족에게 부여하는 내용의 규정**이며, 퇴직유족연금일시금을 선택하는 **자녀 외의 다른 유족의 퇴직유족연금 수급권을 제한하는 내용의 규정이 아니다.** … 따라서 심판대상조항에 따라 자녀인 유족이 퇴직연금일시금을 선택함으로써 결과적으로 다른 유족이 자녀의 퇴직연금 수급권을 이전받지 못하게 된다 하여도 이는 단순한 기대이익을 상실한 것에 불과하고, 이로써 **재산권을 제한받는다고 할 수 없다.** 따라서 심판대상조항에 대하여 청구인이 주장하는 **재산권 침해가 있다고 보기 어렵다**(헌재 2024. 2. 28. 2021헌바141).
>
> 🔗 243. ◯ 243-1. ×(재산권 제한 아님)

4회 244 지방의회의원으로 선출되어 받게 되는 보수가 기존의 연금에 미치지 못하는 경우에도 연금 전액의 지급을 정지하도록 정한 구「공무원연금법」조항은, 연금을 대체할 만한 적정한 소득이 있다고 할 수 없는 경우에도 일률적으로 연금전액의 지급을 정지하여 지급정지제도의 본질 및 취지에 어긋나 과잉금지원칙에 위배되어 재산권을 침해한다. 23 국가 7 ⓞⅠ×

> **지방의회의원에 대한 퇴직연금의 지급을 정지하는 공무원연금법 조항에 관한 위헌소원 사건 (구 공무원연금법 제47조제1항제2호 등 위헌소원)**
> 월정수당은 지방자치단체에 따라 편차가 크고 안정성이 낮음에도 불구하고 심판대상조항은 연금을 대체할 만한 적정한 소득이 있다고 할 수 없는 경우에도 **일률적으로 연금전액의 지급을 정지**하여 지급정지제도의 본질 및 취지와 어긋나는 결과를 초래한다. … 연금과 보수 중 일부를 감액하는 방식으로 선출직에 취임하여 보수를 받는 것이 생활보장에 더 유리하도록 하는 등 기본권을 덜 제한하면서 입법목적을 달성할 수 있는 다양한 방법이 있다. 따라서 심판대상조항은 과잉금지원칙에 위배되어 **재산권을 침해**한다(헌재 2022. 1. 27. 2019헌바161).
>
> 🔗 244. ◯

245 퇴역연금 수급자가 지방의회의원에 취임한 경우, 퇴역연금 전부의 지급을 정지하도록 규정한 구「군인연금법」제27조제1항제2호 중 '지방의회의원'에 관한 부분은 과잉금지원칙에 위배되어 지방의회의원에 취임한 퇴역연금 수급자의 재산권을 침해한다. 25 경정 ⓞ|X

> **지방의회의원에 취임한 퇴역연금 수급자의 연금 전부 지급 정지 사건 (군인연금법 제27조제1항제2호 위헌제청)**
> 헌법재판소는 2022. 1. 27. 2019헌바161 결정에서, 공무원연금법상 퇴직연금 수급자가 지방의회의원에 취임한 경우 연금 전부를 지급 정지하도록 한 구 공무원연금법상 지급정지 조항에 대해, 공무원연금제도는 공무원이 퇴직한 후 생계 및 부양에 어려움이 없도록 적절한 소득을 보장하는 데 주된 취지가 있는데, 지방의회의원이 생계유지 또는 생활보장을 위하여 받는 월정수당만으로는 연금을 대체할 만한 적정한 소득이 있다고 보기 어렵고, 보수 수준과 연계하여 연금의 일부만 감액하거나 적어도 연금과 보수의 합계액이 취임 전 퇴직연금보다 적지 않은 액수로 유지되도록 하여 생활보장에 불이익이 발생하지 않도록 할 수 있는 점을 고려할 때, 과잉금지원칙에 반하여 퇴직연금 수급자의 재산권을 침해한다고 보았다. 위 선례의 취지는 이 사건에도 그대로 타당하고, 심판대상조항은 과잉금지원칙에 반하여 **지방의회의원에 취임한 퇴역연금 수급자의 재산권을 침해**한다(헌재 2024. 4. 25. 2022헌가33).
> 245. ○

246 「가축전염병 예방법」에 따른 가축의 살처분으로 인한 재산권의 제약은 가축의 소유자가 수인해야 하는 사회적 제약의 범위에 속하나, 권리자에게 수인의 한계를 넘어 가혹한 부담이 발생하는 예외적인 경우에는 이를 완화하는 보상규정을 두어야 하고, 그 방법에 관하여는 입법자에게 광범위한 형성의 자유가 부여된다. 24 국가 7 ⓞ|X

246-1 재산권의 사회적 제약을 구체화하는 법률 조항이 수인의 한계를 넘어 가혹한 부담을 주는 경우, 가혹한 부담의 조정이란 '목적'을 달성하기 위하여 어떠한 '방법'으로 보상할 것인가를 선택함에 있어서는 입법자에게 광범위한 형성의 자유가 부여된다. 25 국회 8 ⓞ|X

246-2 살처분된 가축의 소유자가 축산계열화사업자인 경우에는 계약사육농가의 수급권 보호를 위하여 보상금을 계약사육농가에 지급한다고 규정한「가축전염병 예방법」제48조 제1항 제3호단서는 축산계열화사업자가 가축의 소유자라 하여 살처분 보상금을 오직 계약사육농가에게만 지급하는 방식으로 축산계열화사업자에 대한 재산권의 과도한 부담을 완화하기에 적절한 보상조치라고 할 수 없으므로 입법형성재량의 한계를 벗어나 가축의 소유자인 축산계열화사업자의 재산권을 침해한다. 25 경정 ⓞ|X

246-3 살처분된 가축의 소유자가 축산계열화사업자인 경우에는 가축의 살처분으로 인한 보상금을 계약사육농가에만 지급한다고 하여 축산계열화사업자의 재산권을 침해하는 것은 아니다. 25 국회 8 ⓞ|X

> **가축 살처분 보상금 수급권의 귀속주체 관련 사건 (가축전염병 예방법 제48조제1항제3호단서 위헌제청)**
> (1) 헌법 제23조 제1항 및 제2항에 따라 **재산권의 사회적 제약을 구체화**하는 법률조항이라 하더라도 권리자에게 **수인의 한계를 넘어 가혹한 부담이 발생**하는 예외적인 경우에는 이를 **완화하는 보상규정**을 두어야 한다. … 입법자에게는 헌법적으로 **가혹한 부담의 조정**이란 '목적'을 달성하기 위하여 어떠한 '방법'으로 보상하여 **가혹한 부담을 완화·조정할 것인가를 선택함**에 있어서는 **광범위한 형성의 자유가 부여**된다(헌재 2024. 5. 30. 2021헌가3).
> (2) 살처분 보상금의 분배는 대상 가축의 살처분으로 인하여 입은 경제적 가치의 손실에 비례하여야 함에도 심판대상조항에 따라 계약사육농가만이 가축의 살처분으로 인한 경제적 가치의 손실을 완전히 회복할 수 있도록 하는 것은, 열세에 놓인 계약사육농가가 갖는 교섭력의 불균형을 시정하기 위하여 필요한 정도를 넘어서는 개입이다. … 이러한 사정들을 종합하면, 축산계열화사업자가 가축의 소유자라 하여 **살처분 보상금을 오직 계약사육농가에게만 지급하는 방식**은 축산계열화사업자에 대한 재산권의 과도한 부담을 완화하기에 **적절한 보상조치라고 할 수 없다**. 따라서 심판대상조항은 입법형성재량의 한계를 벗어나 **가축의 소유자인 축산계열화사업자의 재산권을 침해한다**(헌재 2024. 5. 30. 2021헌가3).
> 246. ○   246-1. ○   246-2. ○   246-3. ×(재산권 침해함)

4회 247 의료급여기관이 「의료법」 제33조제2항을 위반하였다는 사실을 수사기관의 수사 결과로 확인한 경우 시장·군수·구청장으로 하여금 해당 의료급여기관이 청구한 의료급여비용의 지급을 보류할 수 있도록 규정한 「의료급여법」 해당 조항 중 '의료법 제33조제2항'에 관한 부분은 의료기관을 개설하여 의료급여기관으로 운영하는 의료기관 개설자의 재산권을 제한한다. 25 경찰1차 (O | X)

247-1 의료급여기관이 「의료법」 제33조제2항을 위반하였다는 사실을 수사기관의 수사결과로 확인한 경우 시장·군수·구청장으로 하여금 해당 의료급여기관이 청구한 의료급여비용의 지급을 보류할 수 있도록 규정한 「의료급여법」 조항 중 '의료법 제33조제2항'에 관한 부분은 과잉금지원칙에 반하여 의료급여기관 개설자의 재산권을 침해한다. 24 국가 7 (O | X)

247-2 의료급여비용의 지급을 청구한 의료급여기관이 「의료법」 제33조제2항을 위반하여 설립된 사무장병원이라는 사실을 수사기관의 수사결과로 확인한 경우 시장·군수·구청장으로 하여금 의료급여비용의 지급을 보류할 수 있도록 한 「의료급여법」 제11조의5제1항 중 '의료법 제33조제2항'에 관한 부분은 과잉금지원칙에 반하여 의료급여기관 개설자의 재산권을 침해한다고 볼 수 없다. 25 경정 (O | X)

247-3 시장·군수·구청장은 급여비용의 지급을 청구한 의료급여기관이 「의료법」 또는 「약사법」 해당 조항을 위반하였다는 사실을 수사기관의 수사결과로 확인한 경우에는 해당 의료급여기관이 청구한 급여비용의 지급을 보류할 수 있다고 규정하고 있는 「의료급여법」 해당 조항은 의료급여기관 개설자의 재판청구권을 침해한다. 25 경간 (O | X)

247-4 의료급여기관이 의료법 제33조제2항을 위반하여 의료인의 면허나 의료법인 등의 명의를 대여받아 의료기관을 운영하였다는 사실을 수사기관의 수사 결과로 확인한 경우 시장·군수·구청장으로 하여금 의료급여비용의 지급을 보류할 수 있도록 규정한 의료급여법상 지급보류조항은 무죄추정의 원칙에 위반된다고 볼 수 없다. 출제예상 (O | X)

수사기관의 수사결과 사무장병원으로 확인된 의료기관에 대한 의료급여비용 지급보류 사건 (의료급여법 제11조의5 위헌제청)

(1) 의료급여기관이 의료급여 제공 후 심사평가원에 의료급여비용의 심사를 청구하였고, 이에 관하여 심사평가원의 심사결과 통보가 있었다면, **의료급여비용 지급청구권**은 공단의 지급결정이 있기 전이라고 하더라도 경제적 가치가 있는 권리로서 **헌법 제23조에 의하여 보장되는 재산권의 성격**을 갖는다고 보아야 한다. 그런데 심판대상조항은 시장·군수·구청장으로 하여금 의료급여기관이 청구한 **의료급여비용의 지급을 보류**할 수 있도록 하여 의료급여비용 지급청구권의 행사를 제한하고 있으므로, 결국 의료기관을 개설하여 의료급여기관으로 운영하는 **의료기관 개설자의 재산권을 제한**한다. … 따라서 심판대상조항은 과잉금지원칙에 반하여 의료급여기관 개설자의 **재산권을 침해**한다(헌재 2024. 6. 27. 2021헌가19).

(2) 지급보류처분은 잠정적 처분이고, 그 처분 이후 사무장병원에 해당하지 않는다는 사실이 밝혀져서 무죄판결의 확정 등 사정변경이 발생할 수 있으므로, **지급보류처분**의 '**처분요건**'뿐만 아니라 위와 같은 사정변경이 발생할 경우 잠정적인 지급보류상태에서 벗어날 수 있는 '**지급보류처분의 취소**'에 관하여도 명시적인 규율이 필요하고, 그 '**취소사유**'는 '**처분요건**'과 균형이 맞도록 규정되어야 한다. 또한 사정변경사유가 발생할 경우 지급보류처분이 취소될 수 있도록 한다면, 이와 함께 지급보류기간동안 의료기관의 개설자가 수인해야 했던 재산권 제한상황에 대한 적절하고 상당한 보상으로서의 **이자 내지 지연손해금의 비율에 대해서도 규율**이 필요하다. 이러한 사항들은 심판대상조항으로 인한 기본권 제한이 입법목적 달성에 필요한 최소한도에 그치기 위해 필요한 조치들이지만, 현재 이에 대한 **어떠한 입법적 규율도 없다**. 따라서 심판대상조항은 과잉금지원칙에 반하여 의료급여기관 개설자의 **재산권을 침해**한다(헌재 2024. 6. 27. 2021헌가19).

(3) 제청법원은 심판대상조항이 의료급여기관 개설자의 재판청구권 및 직업수행의 자유를 제한한다는 취지도 위헌제청의 이유로 기재하고 있다. 먼저 심판대상조항은 의료급여비용의 지급보류처분에 관한 실체법적 근거규정으로서 **권리구제절차 내지 소송절차에 관한 규정이 아니므로**, 이로 인하여 **재판청구권이 침해될 여지는 없다**. 그리고 직업수행의 자유 제한 주장은 심판대상조항이 재산권을 제한한다는 주장과 다르지 아니하므로, 이는 재산권 침해 여부 판단에서 함께 살펴보고 별도로 판단하지 아니한다(헌재 2024. 6. 27. 2021헌가19).

(4) 심판대상조항은 사후적인 부당이득 환수절차의 한계를 보완하고, 의료급여기금의 재정 건전성이 악화될 위험을 방지하고자 마련된 조항이다. 그렇다면 사무장병원일 가능성이 있는 의료급여기관이 일정 기간 동안 의료급여비용을 지급받지 못하는 불이익을 받더라도 이를 두고 **유죄의 판결이 확정되기 전에 죄 있는 자에 준하여 취급하는 것이라고 보기 어렵다**. 따라서 심판대상조항은 **무죄추정의 원칙에 위반된다고 볼 수 없다**(헌재 2024. 6. 27. 2021헌가19).

247. ○ 247-1. ○ 247-2. ×(재산권 침해함) 247-3. ×(재판청구권 침해 여지 없음) 247-4. ○

2회 **248** 「주택임대차보호법」상 임차인 보호 규정들이 임대인의 재산권을 침해하는지 여부를 심사함에 있어서는 비례의 원칙을 기준으로 심사하되, 보다 강화된 심사기준을 적용하여야 할 것이다. 24 해간, 24 국회 8 ⓞⅠⓧ

> **주택임대차보호법상 임차인의 계약갱신요구권 및 차임증액 제한 사건 (주택임대차보호법 제6조의3 위헌확인 등)**
> 주택 임대차관계에서 임차인의 보호가 주거안정의 보장과 관련하여 중요한 공익적 목적이 되는 점을 고려할 때 **주택 재산권**에 대하여서도 토지 재산권만큼은 아니라도 **상당한 정도의 사회적 구속성이 인정**된다 할 것이다. … 따라서 입법자는 주택 소유자의 해당 주택에 대한 사용·수익권의 행사 방법과 임대차계약의 내용 및 그 한계를 형성하는 규율을 할 수 있다고 할 것이므로, 주택임대차법상 임차인 보호 규정들이 임대인의 **계약의 자유와 재산권을 침해하는지 여부를 심사**함에 있어서는 **보다 완화된 심사기준을 적용**하여야 할 것이다. … 따라서 계약갱신요구 조항, 차임증액한도 조항 및 손해배상 조항은 과잉금지원칙에 반하여 청구인들의 **계약의 자유와 재산권을 침해한다고 볼 수 없다**(헌재 2024. 2. 28. 2020헌마1343 등).

🔖 **248.** ×(강화된 × → 완화된 ○)

3회 **249** 임차인이 계약갱신을 요구할 경우 임대인이 정당한 사유 없이 이를 거절하지 못하도록 한 주택임대차보호법 해당 조항은 재산권을 침해하지 않는다. 24 법원 9 ⓞⅠⓧ

249-1 임대인이 실제 거주를 이유로 갱신을 거절한 후 정당한 사유 없이 제3자에게 임대한 경우의 손해배상책임 및 손해액을 규정한 주택임대차보호법 조항은 과잉금지원칙에 반하여 임대인의 계약의 자유와 재산권을 침해한다고 볼 수 없다. 24 법무사 ⓞⅠⓧ

249-2 임대인이 실제 거주를 이유로 임대차계약의 갱신을 거절한 후 '정당한 사유 없이' 제3자에게 임대한 경우의 손해배상책임을 규정한 주택임대차보호법 해당 조항은, 임대인이 손해배상책임을 면할 수 있는 '정당한 사유'가 임대인이 갱신거절 당시에는 예측할 수 없었던 것으로서 제3자에게 목적 주택을 임대할 수밖에 없었던 불가피한 사정을 의미하는 것으로 해석되는 점 등에 비추어 명확성원칙에 반하지 아니한다. 24 법원 9 ⓞⅠⓧ

> **주택임대차보호법상 임차인의 계약갱신요구권 및 차임증액 제한 사건 (주택임대차보호법 제6조의3 위헌확인 등)**
> (1) 증액청구의 산정 기준이 되는 '약정한' 차임이나 보증금의 구체적 액수는 임대차계약을 통해 확인 가능하고, 차임과 보증금이 모두 존재할 경우 차임을 보증금으로 환산한 총 보증금을 산정 기준으로 삼는 것이 타당한 점, 임대인이 손해배상책임을 면할 수 있는 '정당한 사유'란, 임대인이 갱신거절 당시에는 예측할 수 없었던 것으로서 제3자에게 목적 주택을 임대할 수밖에 없었던 불가피한 사정을 의미하는 것으로 해석되는 점 등에 비추어 **명확성원칙에 반하지 아니한다**(헌재 2024. 2. 28. 2020헌마1343 등).
> (2) 계약갱신요구 조항, 차임증액한도 조항, 손해배상 조항은 임차인 주거안정 보장을 위한 것으로 임차인의 주거이동률을 낮추고 차임 상승을 제한해 임차인의 주거안정을 도모할 수 있으므로 입법목적의 정당성 및 수단의 적합성이 인정된다. … 임차인의 주거안정이라는 공익에 비해 임대인의 계약의 자유와 재산권 제한 정도가 크다고 볼 수 없어 법익 균형성도 인정된다. 따라서 이들 조항은 **과잉금지원칙**에 반하여 청구인들의 **계약의 자유와 재산권을 침해한다고 볼 수 없다**(헌재 2024. 2. 28. 2020헌마1343 등).

🔖 **249.** ○ **249-1.** ○ **249-2.** ○

250 임차인이 3기의 차임액에 해당하는 금액에 이르도록 차임을 연체한 경우 임대인의 권리금 회수기회 보호의무가 발생하지 않도록 규정한 상가건물 임대차보호법 해당 조항은 재산권을 침해하지 않는다. 24 법원 9 O | X

> **상가임차인의 권리금 회수기회 보호의 예외사유에 관한 사건 (상가건물 임대차보호법 제10조의4제1항 단서 등 위헌소원)**
> 심판대상조항은 임차인이 임대차계약에 있어 임차인의 가장 기본적이고 주된 의무인 차임의 지급을 3기의 차임액에 해당하는 금액에 이르도록 이행하지 아니한 경우 임대인과 임차인 간의 신뢰관계가 깨졌다고 보아 당해 임차인을 권리금 회수기회 보호대상에서 제외함으로써 임대인과 임차인 양자 간의 이해관계를 조절하고 있는 것이라 할 수 있다. … 심판대상조항은 입법형성권의 한계를 일탈하여 **재산권을 침해한다고 할 수 없다**(헌재 2023. 6. 29. 2021헌바264).
>
> 🔗 250. ◯

3회 251 주택건설사업에서 사업계획승인을 받은 민간사업주체가 주택건설대지면적의 95퍼센트 이상의 사용권원을 확보한 경우 그 민간사업자로 하여금 사용권원을 확보하지 못한 대지의 모든 소유자에게 시가(市價)로 매도청구를 할 수 있도록 한 「주택법」 조항은 재산권을 침해하지 않는다. 25 변호사 O | X

251-1 사업계획 승인을 받은 민간사업주체가 주택건설대지면적의 95퍼센트 이상의 사용권원을 확보한 경우 사용권원을 확보하지 못한 대지의 모든 소유자에게 매도 청구를 할 수 있도록 하는 「주택법」 조항은 과잉금지원칙에 위배되어 재산권을 침해한다. 26 경간 O | X

> **주택법 제22조제1항제1호 위헌소원**
> 심판대상조항은 국토계획법 제49조에 따른 지구단위계획의 결정이 필요한 **주택건설사업에서 주택건설대지면적의 95퍼센트 이상의 사용권원을 확보한 민간사업주체**에게 **매도청구권을 부여**하고 있다. 이는 지구단위계획에 따라 승인받은 주택건설사업을 가능하게 하여 주택의 건설·공급을 촉진함으로써 **국민의 주거를 안정화하고 주거환경을 개선**하기 위한 것으로서 **입법목적의 정당성**이 인정되고, **공공필요성**의 요건도 갖추었다. … 심판대상조항은 과잉금지원칙에 위배되어 **재산권을 침해한다고 할 수 없다**(헌재 2023. 8. 31. 2019헌바221 등).
>
> 🔗 251. ◯ 251-1. ✕ (재산권 침해 아님)

252 대지사용권을 가지지 아니한 구분소유자가 있을 때 그 전유부분의 철거청구권자에게 구분소유권의 매도청구권을 부여한 「집합건물의 소유 및 관리에 관한 법률」 제7조는 구분소유자의 재산권을 침해한다. 25 경찰 1차

O | X

> **집합건물의 소유 및 관리에 관한 법률 제7조 위헌제청**
> 심판대상조항은 철거청구권자를 위하여 철거 대신 구분소유권 매도청구권을 부여함으로써, 전유부분을 철거하여야 하는 구분소유자의 불이익을 구제하고 건물 철거에 따른 사회·경제적 손실을 줄이기 위한 것이다. 매도청구권으로 인해 구분소유자의 법적 지위가 다소 불안하다고 하더라도, 이를 두고 대지를 무단 점유하는 구분소유자에게 수인할 수 없는 과도한 제한이라고 할 수는 없다. 또한, 구분소유자에게 대지권 매도청구권 또는 구분소유권 매수청구권을 우선적으로 부여하는 입법대안은 대지 권리자의 우선권을 후퇴시키는 것으로서, 심판대상조항과 동일한 입법목적을 달성할 수 있다고 평가하기 어렵다. 그렇다면, 심판대상조항은 구분소유자의 **재산권을 침해한다고 볼 수 없다**(헌재 2024. 6. 27. 2023헌가23).
>
> 🔗 **252.** ×(재산권 침해 아님)

2회 253 금융위원회위원장이 2019. 12. 16. 시중 은행을 상대로 투기지역·투기과열지구 내 초고가 아파트(시가 15억 원 초과)에 대한 주택구입용 주택담보대출을 2019. 12. 17.부터 금지한 조치는 과잉금지원칙에 반하여 해당 주택담보대출을 받고자 하는 사람의 재산권 및 계약의 자유를 침해하지 아니한다. 24 법무사

O | X

253-1 금융위원회위원장이 2019. 12. 16. 시중 은행을 상대로 투기지역·투기과열지구 내 초고가 아파트(시가 15억 원 초과)에 대한 주택구입용 주택담보대출을 2019. 12. 17.부터 금지한 조치는 투기적 대출수요뿐 아니라 실수요자의 경우에도 예외없이 대출을 금지한 점 등을 고려할 때, 해당 주택담보대출을 받고자 하는 청구인의 재산권을 침해한다. 24 경찰 1차

O | X

> **초고가 아파트 구입용 주택담보대출 금지 사건 (기획재정부 주택시장 안정화 방안 중 일부 위헌확인)**
> 이 사건 조치는 전반적인 주택시장 안정화를 도모함과 동시에 금융기관의 대출 건전성 관리 차원에서 부동산 부문으로의 과도한 자금흐름을 개선하기 위한 것으로 목적이 정당하다. 또한 초고가 주택에 대한 주택담보대출 금지는 수요 억제를 통해 주택 가격 상승 완화에 기여할 것이므로 수단도 적합하다. … 이 사건 조치는 투기지역·투기과열지구로 그 적용 '장소'를 한정하고, 시가 15억 원 초과 아파트로 '대상'을 한정하였으며, 초고가 아파트를 담보로 한 주택구입목적의 주택담보대출로 '목적'을 구체적으로 한정하였음을 고려할 때, 침해의 최소성과 법익의 균형성도 인정된다. 따라서 이 사건 조치는 과잉금지원칙에 반하여 청구인의 **재산권 및 계약의 자유를 침해하지 아니한다**(헌재 2023. 3. 23. 2019헌마1399).
>
> 🔗 **253.** ○ **253-1.** ×(재산권 침해 아님)

2회 254 「민법」 조항에 따른 유류분제도는 피상속인의 증여나 유증에 의한 자유로운 재산처분을 제한하고, 피상속인으로부터 증여나 유증을 받았다는 이유로 유류분반환청구의 상대방이 되는 자의 재산권을 역시 제한한다. 25 소간 ○|✕

254-1 유류분상실사유를 별도로 규정하지 아니한 민법 제1112조 제1호부터 제3호는 재산권을 침해하여 헌법에 위반된다. 출제예상 ○|✕

254-2 개인의 존엄과 양성의 평등을 기초로 한 가족생활의 보장을 규정한 헌법 제36조 제1항에 비추어 볼 때, 유류분제도가 추구하는 유족의 생존권 보호, 상속재산형성에 대한 기여, 상속 재산에 대한 기대보장 및 가족 간의 연대라는 공익은 매우 중요하므로, 형제자매까지 유류분권리자로 규정하고 있는 민법 제1112조 제4호로 인하여 피상속인과 수증자가 받는 재산권의 침해가 위와 같은 공익보다 더 중대하다고 볼 수 없다. 25 법원 9 ○|✕

254-3 기여분에 관한 민법 조항을 유류분에 준용하는 규정을 두고 있지 않은 민법 제1118조는 재산권을 침해하여 헌법에 위반된다. 출제예상 ○|✕

유류분에 관한 위헌제청 및 헌법소원 사건 (민법 제1112조 등 위헌제청)

(1) 심판대상조항에 따른 **유류분제도**는 그 구체적 내용에 비추어 볼 때, **피상속인의 증여나 유증에 의한 자유로운 재산처분을 제한**하고, 피상속인으로부터 증여나 유증을 받았다는 이유로 **유류분반환청구의 상대방이 되는 자의 재산권을 역시 제한**한다(헌재 2024. 4. 25. 2020헌가4 등).

(2) 개인의 존엄과 양성의 평등을 기초로 한 가족생활의 보장을 규정한 **헌법 제36조 제1항**에 비추어 볼 때, 심판대상조항에 따른 **유류분제도가 추구**하는 유족의 생존권 보호, 상속재산형성에 대한 기여, 상속재산에 대한 기대보장 및 가족 간의 연대라는 **공익은 매우 중요**하다. 다만, **형제자매까지 유류분권리자로 규정하고 있는 민법 제1112조 제4호, 유류분상실사유를 별도로 규정하지 않은 민법 제1112조 제1호부터 제3호 및 기여분에 관한 제1008조의2를 준용하지 않음으로써 유류분과 기여분을 단절하는 민법 제1118조는 현저히 불합리하고 부당**하여 이로 인해 **피상속인과 수증자(수유자)가 받는 재산권의 침해가 위 공익보다 더 중대하고 심각**하다고 할 것이다. 따라서 위 조항들에 관하여는 **법익균형성이 충족되지 않는다**(헌재 2024. 4. 25. 2020헌가4 등).

(3) 패륜적인 상속인의 유류분을 인정하는 것은 일반 국민의 법감정과 상식에 반한다고 할 것이므로, 민법 제1112조제1호부터 제3호가 **유류분상실사유를 별도로 규정하지 아니한 것**은 불합리하고 기본권제한입법의 한계를 벗어나 **헌법에 위반**된다. 또한 상속재산형성에 대한 기여나 상속재산에 대한 기대 등이 거의 인정되지 않는 **피상속인의 형제자매에게까지 유류분을 인정**하는 민법 제1112조제4호 역시 불합리하고 기본권제한입법의 한계를 벗어나 **헌법에 위반**된다(헌재 2024. 4. 25. 2020헌가4 등).

(4) **기여분에 관한 민법 제1008조의2를 유류분에 준용하는 규정을 두고 있지 않은 민법 제1118조**는, 피상속인을 오랜 기간 부양하거나 상속재산형성에 기여한 **기여상속인**이 기여의 대가로 받은 증여재산을 비기여상속인에게 반환하여야 하는 부당한 상황을 발생시키고, 기여상속인에게 보상을 하려고 한 피상속인의 의사를 부정하는 불합리한 결과를 초래하는 등 현저히 불합리하므로 기본권제한입법의 한계를 일탈하여 **헌법에 위반**된다(헌재 2024. 4. 25. 2020헌가4 등).

🔒 **254.** ○ **254-1.** ○ **254-2.** ✕(재산권 침해가 더 중대) **254-3.** ○

255 전기통신금융사기의 피해자가 피해구제 신청을 하는 경우, 피해자의 자금이 송금·이체된 계좌 및 해당 계좌로부터 자금의 이전에 이용된 계좌를 지급정지하는 「전기통신금융사기 피해방지 및 피해금 환급에 관한 특별법」 조항은 과잉금지원칙을 위반하여 청구인의 재산권을 침해한다. 23 경찰2차 (O | X)

> **전기통신금융사기의 사기이용계좌에 대한 지급정지 및 전자금융거래 제한에 관한 사건 (전기통신금융사기 피해 방지 및 피해금 환급에 관한 특별법 제4조제1항 위헌확인)**
> 전기통신금융사기는 범행 이후 피해금 인출이 신속히 이루어지고 전기통신금융사기의 범인은 동일한 계좌를 이용하여 다수의 피해자를 상대로 여러 차례 범행을 저지를 가능성이 있으므로, 전기통신금융사기로 인한 피해를 실효적으로 구제하기 위하여는 피해금 상당액을 넘어 사기이용계좌 전부에 대하여 지급정지를 하는 것이 불가피하다. … 따라서 지급정지조항은 과잉금지원칙을 위반하여 청구인의 **재산권을 침해하지 아니한다**(헌재 2022. 6. 30. 2019헌마579).
>
> 🔖 255. ×(재산권 침해 아님)

4회 256 「댐건설관리법」은 댐사용권을 물권으로 보며 「댐건설관리법」에 특별한 규정이 있는 경우를 제외하고는 '부동산에 관한 규정'을 준용하도록 하고 있으므로 댐사용권은 사적유용성 및 그에 대한 원칙적 처분권을 내포하는 재산가치 있는 구체적 권리로서 헌법상 재산권 보장의 대상이 된다. 23 국회8 (O | X)

256-1 댐사용권을 취소·변경할 수 있도록 규정한 「댐건설 및 주변지역지원 등에 관한 법률」 조항은 이미 형성된 구체적인 재산권을 공익을 위하여 개별적이고 구체적으로 박탈·제한하는 것으로서 보상을 요하는 헌법 제23조 제3항의 수용·사용·제한을 규정한 것이라고 볼 수 없고, 적정한 수자원의 공급 및 수재방지 등 공익적 목적에서 건설되는 다목적댐에 관한 독점적 사용권인 댐사용권의 내용과 한계를 정하는 규정인 동시에 공익적 요청에 따른 재산권의 사회적 제약을 구체화하는 규정이라고 보아야 한다. 24 변호사 (O | X)

256-2 댐사용권의 취소·변경 처분을 할 경우 국가는 댐사용권자가 납부한 부담금이나 납부금의 일부를 반환하도록 하고, 반환할 금액은 대통령령에서 정하는 상각액을 뺀 금액을 초과하지 못하도록 규정한 구 「댐건설 및 주변지역지원 등에 관한 법률」 조항을 이미 댐사용권을 취득하여 행사하고 있던 댐사용권자에 적용하더라도, 댐사용권의 존속에 대한 댐사용권자의 신뢰이익보다 다목적댐을 통한 수자원의 합리적 개발·이용이라는 공익적 가치가 매우 크다고 볼 수 있어 신뢰보호원칙에 위배되지 않는다. 25 변호사 (O | X)

> **댐건설 및 주변지역지원 등에 관한 법률 제31조제4항제2호 등 위헌소원**
> (1) 댐건설관리법은 댐사용권을 물권(物權)으로 보며, 댐건설관리법에 특별한 규정이 있는 경우를 제외하고는 부동산에 관한 규정을 준용하도록 한다(제29조). 댐사용권은 등록부에 공시하고 저당권의 대상이 되며(제32조), 댐사용권자는 설정된 댐사용권의 범위 내에서 저수 또는 유수의 배타적 사용권을 가지고 해당 댐의 저수를 사용하는 자로부터 사용료를 받을 수 있다(제35조). 이와 같이 **댐사용권은 사적유용성** 및 그에 대한 **원칙적 처분권**을 내포하는 **재산가치 있는 구체적 권리**라고 할 것인바, 헌법 제23조에 의한 **재산권 보장의 대상**이 된다(헌재 2022. 10. 27. 2019헌바44).
> (2) 댐사용권변경조항은 다목적댐 건설 이후의 주변 환경 변화에 따라 댐의 저수 이용상황이 변경되어 댐사용권을 그대로 유지하는 것이 곤란한 경우 저수의 용도별 배분 및 댐사용권자를 변경함으로써 댐사용권을 둘러싼 법률관계를 일반적이고 추상적으로 규율하고자 하는 규정이다. 즉 **댐사용권변경조항은** 이미 형성된 구체적인 재산권을 공익을 위하여 개별적이고 구체적으로 박탈·제한하는 것으로서 보상을 요하는 **헌법 제23조 제3항의 수용·사용·제한을 규정**한 것이라고 볼 수 **없고**, 적정한 수자원의 공급 및 수재방지 등 공익적 목적에서 건설되는 다목적댐에 관한 독점적 사용권인 **댐사용권의 내용과 한계를 정하는 규정**인 동시에 공익적 요청에 따른 **재산권의 사회적 제약을 구체화하는 규정**이라고 보아야 한다(헌재 2022. 10. 27. 2019헌바44).
> (3) **댐사용권**은 공공재인 수자원의 효율적인 이용과 관련되고, 존속기한의 정함이 없으며 **취소 또는 변경의 가능성이 내재**되어 있는 점, 수자원의 중요성과 대체 불가능성 등을 고려하면 **댐사용권의 존속에 대한 청구인의 신뢰이익보다는 다목적댐을 통한 수자원의 합리적 개발·이용이라는 공익적 가치가 매우 크다**고 볼 수 있다. 따라서 부담금반환조항이 헌법상 **신뢰보호원칙에 반한다고 볼 수 없다**(헌재 2022. 10. 27. 2019헌바44).
>
> 🔖 256. O 256-1. O 256-2. O

4회 **257** 통일부장관이 2010. 5. 24. 발표한 북한에 대한 신규투자 불허 및 진행 중인 사업의 투자확대 금지 등을 내용으로 하는 대북조치에 의하여 개성공단에서의 신규투자와 투자확대를 불허함에 따라 개성공단 내의 토지이용권을 사용·수익하지 못하게 되는 제한이 발생하였고, 이는 공익목적을 위해 이미 형성된 구체적 재산권을 개별적, 구체적으로 제한하는 헌법 제23조 제3항 소정의 공용 제한에 해당한다. 25 법원 9 　　O | X

257-1 통일부장관이 2010. 5. 24. 발표한 북한에 대한 신규투자 불허 및 진행 중인 사업의 투자확대 금지 등을 내용으로 하는 대북조치로 인하여 재산상 손실을 입은 자에 대한 보상입법을 마련하지 않은 경우, 이는 헌법 해석상 보상규정을 두어야 할 입법의무가 도출됨에도 이를 이행하지 아니한 진정입법부작위에 해당하여 개성공단 내의 토지이용권을 사용·수익할 수 없게 된 청구인의 재산권을 침해한다. 24 경찰 1차 　　O | X

> **2010. 5. 24.자 대북조치로 인한 개성공단 보상입법요구 사건 (입법부작위 위헌확인)**
> (1) **2010. 5. 24.자 대북조치**가 개성공단에서의 신규투자와 투자확대를 불허함에 따라 청구인이 보유한 **개성공단 내의 토지이용권을 사용·수익하지 못하게 되는 제한**이 발생하기는 하였으나, 이는 개성공단이라는 특수한 지역에 위치한 **사업용 재산이 받는 사회적 제약이 구체화**된 것일 뿐이므로, 공익목적을 위해 이미 형성된 구체적 재산권을 개별적, 구체적으로 제한하는 **헌법 제23조 제3항 소정의 공용 제한과는 구별**된다. 그렇다면 2010. 5. 24.자 대북조치로 인한 토지이용권의 제한은 헌법 제23조 제1항, 제2항에 따라 재산권의 내용과 한계를 정한 것인 동시에 재산권의 사회적 제약을 구체화하는 것으로 볼 수 있다(헌재 2022. 5. 26. 2016헌마95).
> (2) 경제협력사업에 참여하는 기업이나 개인으로서는 남북관계의 개선과 평화적 통일의 기틀을 마련하는 데 기여한 측면이 있고, 헌법 전문과 제4조 등에서 평화통일에 관한 내용을 규정하고 있으며, 경제협력사업이 평화적 통일을 위한 기반 조성의 일환으로 이루어진 것이라 하더라도, 재산상 손실의 위험성이 이미 예상된 상황에서 발생한 재산상 손실에 대해 **헌법 해석상**으로 어떠한 **보상입법의 의무**가 도출된다고까지 보기는 **어렵다**. … 이러한 사정을 종합하면 **헌법 해석상**으로도 청구인의 재산상 손실에 대하여 **보상규정을 두어야 할 입법의무**가 도출된다고 할 수 **없다**(헌재 2022. 5. 26. 2016헌마95).
>
> 보충설명 2010. 5. 24.자 대북조치로 인하여 재산상 손실을 입은 자에 대한 보상입법을 마련하지 아니한 입법부작위에 대한 심판청구는 부적법하다.

🔒 **257.** ×(공용제한 × → 사회적 제약 ○) **257-1.** ×(입법의무 도출 안 됨, 재산권 침해 아님)

3회 258 개성공단 전면중단 조치가 고도의 정치적 결단을 요하는 문제이기는 하나, 조치 결과 개성공단 투자기업인에게 기본권 제한이 발생하였고, 국민의 기본권 제한과 직접 관련된 공권력의 행사는 고도의 정치적 고려가 필요한 행위라도 헌법과 법률에 따라 결정하고 집행하도록 견제하는 것이 헌법재판소 본연의 임무이므로, 그 한도에서 헌법소원심판의 대상이 될 수 있다. 24 법무사   O | X

258-1 대통령이 개성공단의 운영을 즉시 전면 중단하기로 결정하고, 통일부장관은 대통령의 지시에 따라 철수계획을 마련하여 관련 기업인들에게 통보한 다음 개성공단 전면중단 성명을 발표하고, 이에 대응한 북한의 조치에 따라 개성공단에 체류 중인 국민들 전원을 대한민국 영토 내로 귀환하도록 한 일련의 행위로 이루어진 개성공단 전면중단 조치는 고도의 정치적 결단을 요하는 통치행위에 해당하여 헌법소원심판의 대상이 될 수 없다. 23 입시   O | X

> **개성공단 전면중단 조치에 관한 위헌소원 사건 (개성공단 전면중단 조치 위헌확인)**
> **개성공단 전면중단 조치가 고도의 정치적 결단을 요하는 문제**이기는 하나, 조치 결과 개성공단 투자기업인 청구인들에게 **기본권 제한이 발생**하였고, 국민의 기본권 제한과 직접 관련된 공권력의 행사는 고도의 정치적 고려가 필요한 행위라도 헌법과 법률에 따라 결정하고 집행하도록 견제하는 것이 헌법재판소 본연의 임무이므로, 그 한도에서 **헌법소원심판의 대상이 될 수 있다**(헌재 2022. 1. 27. 2016헌마364).
>
> 🔗 258. ○ 258-1. ✕ (통치행위이지만 기본권 제한과 직접 관련되므로 헌법소원심판의 대상에 해당됨)

259 개성공단 전면중단 조치는 국제평화를 위협하는 북한의 핵무기 개발을 경제적 제재조치를 통해 저지하려는 국제적 합의에 이바지하기 위한 조치로서, 통일부장관의 조정명령에 관한 남북교류협력에 관한 법률 제18조 제1항제2호, 대통령의 국가의 계속성 보장 책무, 행정에 대한 지휘·감독권 등을 규정한 헌법 제66조, 정부조직법 제11조 등이 근거가 될 수 있으므로, 헌법과 법률에 근거한 조치로 보아야 한다. 24 법무사   O | X

> **개성공단 전면중단 조치에 관한 위헌소원 사건 (개성공단 전면중단 조치 위헌확인)**
> **개성공단 전면중단 조치**는 국제평화를 위협하는 북한의 핵무기 개발을 경제적 제재조치를 통해 저지하려는 국제적 합의에 이바지하기 위한 조치로서, 통일부장관의 조정명령에 관한 '남북교류협력에 관한 법률' 제18조제1항제2호, 대통령의 국가의 계속성 보장 책무, 행정에 대한 지휘·감독권 등을 규정한 헌법 제66조, 정부조직법 제11조 등이 근거가 될 수 있으므로, **헌법과 법률에 근거한 조치**로 보아야 한다(헌재 2022. 1. 27. 2016헌마364).
>
> 🔗 259. ○

260 구체적으로 어떤 정책을 필수적으로 국무회의 심의를 거쳐야 하는 중요한 정책으로 보아야 하는지는 국무회의에 의안을 상정할 수 있는 권한자인 대통령이나 국무위원에게 일정 정도의 판단재량이 인정되는 것으로 보아야 하고, 그에 관한 대통령이나 국무위원의 일차적 판단이 명백히 비합리적이거나 자의적인 것이 아닌 한 존중되어야 한다. 22 법무사 ⓞⅠ✕

260-1 대통령이 개성공단의 운영중단 결정 과정에서 국무회의 심의를 거치지 않았더라도 그 결정에 헌법과 법률이 정한 절차를 위반한 하자가 있다거나, 적법절차원칙에 따라 필수적으로 요구되는 절차를 거치지 않은 흠결이 있다고 할 수 없다. 24 변호사 ⓞⅠ✕

> **개성공단 전면중단 조치에 관한 위헌소원 사건 (개성공단 전면중단 조치 위헌확인)**
> (1) 구체적으로 어떤 정책을 필수적으로 국무회의 심의를 거쳐야 하는 **중요한 정책으로 보아야 하는지**는 국무회의에 의안을 상정할 수 있는 권한자인 대통령이나 국무위원에게 일정 정도의 판단재량이 인정되는 것으로 보아야 하고, 그에 관한 대통령이나 국무위원의 일차적 판단이 **명백히 비합리적이거나 자의적인 것이 아닌 한 존중**되어야 한다(헌재 2022. 1. 27. 2016헌마364).
> (2) 피청구인 대통령이 개성공단의 운영 중단 결정 과정에서 **국무회의 심의**를 거치지 않았더라도 **그 결정에 헌법과 법률이 정한 절차를 위반한 하자**가 있다거나, **적법절차원칙**에 따라 필수적으로 요구되는 절차를 거치지 않은 **흠결이 있다고 할 수 없다**(헌재 2022. 1. 27. 2016헌마364).
>
> 🔒 260. ○ 260-1. ○

261 대통령이 개성공단의 운영을 즉시 전면 중단하기로 결정하고, 통일부장관은 대통령의 지시에 따라 철수계획을 마련하여 관련 기업인들에게 통보한 다음 개성공단 전면 중단 성명을 발표하고, 이에 대응한 북한의 조치에 따라 개성공단에 체류 중인 국민들 전원을 대한민국 영토 내로 귀환하도록 한 일련의 행위로 이루어진 개성공단 전면중단 조치가 적법절차원칙에 위반되어 영업의 자유나 재산권을 침해한 것으로 볼 수 없다. 25 국회 8 ⓞⅠ✕

261-1 국무회의 심의, 이해관계자에 대한 의견청취절차 등을 거치지 아니한 이상 개성공단 전면중단 조치는 적법절차원칙을 위반하여 개성공단 투자기업인의 영업의 자유와 재산권을 침해한다. 24 법무사 ⓞⅠ✕

> **개성공단 전면중단 조치에 관한 위헌소원 사건 (개성공단 전면중단 조치 위헌확인)**
> 개성공단 전면중단 조치는 국가안보와 관련된 조치로서, 현지 체류 국민들의 신변안전을 위해 **최대한 기밀로 유지하면서 신속하게 처리할 필요**가 있었다. 위 조치과정에서 국가안보에 관한 필수 기관이 참여하는 국가안전보장회의 상임위원회의 협의를 거쳤고, '남북교류협력에 관한 법률'이 규정하는 조정명령이 국무회의를 사전 절차로 요구하지 않으며, 관련 기업인들과의 간담회가 개최되기도 하였으므로, 조치의 특성, 절차 이행으로 제고될 가치, 국가작용의 효율성 등의 형량에 따른 **필수적 절차는 거친 것**으로 보아야 한다. 따라서 **국무회의 심의,** 이해관계자에 대한 **의견청취절차** 등을 거치지 않았더라도 개성공단 전면중단 조치가 **적법절차원칙**을 위반하여 개성공단 투자기업인 청구인들의 **영업의 자유와 재산권을 침해한다고 볼 수 없다**(헌재 2022. 1. 27. 2016헌마364).
>
> 🔒 261. ○ 261-1. ✕(적법절차원칙 위반 아님)

2회 **262** '개성공단의 정상화를 위한 합의서'에는 국내법과 동일한 법적 구속력을 인정하기 어렵고, 과거 사례 등에 비추어 개성공단의 중단 가능성은 충분히 예상할 수 있었으므로, 개성공단 전면 중단 조치는 신뢰보호원칙을 위반하여 개성공단 투자기업인 청구인들의 영업의 자유와 재산권을 침해하지 아니한다. 22 경찰 2차 O│X

> **개성공단 전면중단 조치에 관한 위헌소원 사건 (개성공단 전면중단 조치 위헌확인)**
> '개성공단의 정상화를 위한 합의서'에는 국내법과 동일한 법적 구속력을 인정하기 어렵고, 과거 사례 등에 비추어 개성공단의 중단 가능성은 충분히 예상할 수 있었으므로, 개성공단 전면중단 조치는 **신뢰보호원칙**을 위반하여 **개성공단 투자기업인 청구인들의 영업의 자유와 재산권을 침해하지 아니한다**(헌재 2022. 1. 27. 2016헌마364).
>
> 🔖 262. ○

3회 **263** 대통령이 2016. 2. 10.경 개성공단의 운영을 즉시 전면 중단하기로 결정하고, 개성공단에 체류 중인 국민들 전원을 대한민국 영토 내로 귀환하도록 한 개성공단 전면중단 조치에 의해 발생한 영업상 손실이나 주식 등 권리의 가치하락은 헌법 제23조의 재산권보장의 범위에 속한다. 25 경간 O│X

> **개성공단 전면중단 조치에 관한 위헌소원 사건 (개성공단 전면중단 조치 위헌확인)**
> 헌법상 보장된 재산권은 사적 유용성 및 그에 대한 원칙적인 처분권을 내포하는 재산가치 있는 구체적인 권리이므로, 구체적 권리가 아닌 영리획득의 단순한 기회나 기업활동의 사실적·법적 여건은 기업에게는 중요한 의미를 갖는다고 하더라도 재산권보장의 대상이 아니다. 이 사건 **중단조치에 의한 영업중단으로 영업상 손실이나 주식 등 권리의 가치하락**이 발생하였더라도 이는 영리획득의 기회나 기업활동의 여건 변화에 따른 재산적 손실일 뿐이므로, 헌법 제23조의 **재산권보장의 범위에 속한다고 보기 어렵다**(헌재 2022. 1. 27. 2016헌마364).
>
> 🔖 263. ✕ (재산권 보장 범위 아님)

3회 **264** 개성공단 전면중단 조치는 공익 목적을 위하여 개별적, 구체적으로 형성된 구체적인 재산권의 이용을 제한하는 공용 제한이 아니므로, 이에 대한 정당한 보상이 지급되지 않았다고 하더라도 그 조치가 헌법 제23조 제3항을 위반하여 개성공단 투자기업인의 재산권을 침해한 것으로 볼 수 없다. 25 법원9, 24 법무사 O│X

264-1 개성공단 전면중단 조치는 공익 목적을 위하여 개별적·구체적으로 형성된 구체적인 재산권의 이용을 제한하는 공용 제한이므로, 이에 대한 정당한 보상이 지급되지 않았다면, 그 조치는 헌법 제23조 제3항을 위반하여 개성공단 투자기업인들의 재산권을 침해한 것이다. 24 입시 O│X

> **개성공단 전면중단 조치에 관한 위헌소원 사건 (개성공단 전면중단 조치 위헌확인)**
> **개성공단 전면중단 조치**는 공익 목적을 위하여 개별적, 구체적으로 형성된 구체적인 재산권의 이용을 제한하는 **공용 제한이 아니므로**, 이에 대한 **정당한 보상**이 지급되지 않았다고 하더라도, 그 조치가 **헌법 제23조 제3항**을 위반하여 개성공단 투자기업인 청구인들의 **재산권을 침해한 것으로 볼 수 없다**(헌재 2022. 1. 27. 2016헌마364).
>
> 🔖 264. ○ 264-1. ✕ (공용제한 아님, 재산권 침해 아님)

> **출제예상**

265 요양기관이 의료법 제33조제2항을 위반하여 의료인의 면허나 의료법인 등의 명의를 대여받아 의료기관을 운영하였다는 사실을 수사기관의 수사 결과로 확인한 경우 국민건강보험공단으로 하여금 해당 요양기관이 청구한 요양급여비용의 지급을 보류할 수 있도록 규정한 구 국민건강보험법상 지급보류조항은 의료기관 개설자의 재산권을 침해한다. `헌법불합치, 적용중지`

265-1 요양기관이 의료법 제33조제2항을 위반하여 의료인의 면허나 의료법인 등의 명의를 대여받아 의료기관을 운영하였다는 사실을 수사기관의 수사 결과로 확인한 경우 국민건강보험공단으로 하여금 해당 요양기관이 청구한 요양급여비용의 지급을 보류할 수 있도록 규정한 구 국민건강보험법상 지급보류조항은 무죄추정의 원칙에 위반된다고 볼 수 없다. `헌법불합치, 적용중지`

> **수사기관의 수사결과 사무장병원으로 확인된 의료기관에 대한 요양급여비용 지급보류 사건 (국민건강보험법 제47조의2 제1항 등 위헌소원)**
> (1) 지급보류처분은 잠정적 처분이고, 그 처분 이후 사무장병원에 해당하지 않는다는 사실이 밝혀져서 무죄판결의 확정 등 사정변경이 발생할 수 있다는 점 등을 고려하면, 지급보류처분의 '처분요건'뿐만 아니라 '지급보류처분의 취소'에 관하여도 명시적인 규율이 필요하고, 그 '취소사유'는 '처분요건'과 균형이 맞도록 규정되어야 한다. 또한 무죄판결이 확정되기 전이라도 하급심 법원에서 무죄판결이 선고되는 경우에는 그때부터 일정 부분에 대하여 요양급여비용을 지급하도록 할 필요가 있다. 나아가, 사정변경사유가 발생할 경우 지급보류처분이 취소될 수 있도록 한다면, 이와 함께 지급보류기간 동안 의료기관의 개설자가 수인해야 했던 재산권 제한상황에 대한 적절하고 상당한 보상으로서의 이자 내지 지연손해금의 비율에 대해서도 규율이 필요하다. 이러한 사항들은 이 사건 지급보류조항으로 인한 기본권 제한이 입법목적 달성에 필요한 최소한도에 그치기 위해 필요한 조치들이지만, 현재 이에 대한 어떠한 입법적 규율도 없다. 따라서 이 사건 지급보류조항은 과잉금지원칙에 반하여 요양기관 개설자의 **재산권을 침해**한다(헌재 2023. 3. 23. 2018헌바433 등).
> (2) 이 사건 지급보류조항은 사후적인 부당이득 환수절차의 한계를 보완하고, 건강보험의 재정 건전성이 악화될 위험을 방지하고자 마련된 조항으로서, 사무장병원일 가능성이 있는 요양기관이 일정 기간 동안 요양급여비용을 지급받지 못하는 불이익을 받더라도 이를 두고 유죄의 판결이 확정되기 전에 죄 있는 자에 준하여 취급하는 것이라고 보기 어렵다. 따라서 이 사건 지급보류조항은 **무죄추정의 원칙에 위반된다고 볼 수 없다**(헌재 2023. 3. 23. 2018헌바433 등).

266 사업주체가 공급질서 교란행위를 이유로 주택공급계약을 취소한 경우 선의의 제3자 보호규정을 두고 있지 않는 구 주택법은 입법형성권의 한계를 벗어나서 선의의 제3자의 재산권을 침해하지 않는다. `7:2 합헌`

> **주택법상 사업주체가 공급질서 교란행위를 이유로 주택공급계약을 취소한 경우 선의의 제3자 보호규정을 두고 있지 않는 구 주택법 조항에 관한 위헌제청 사건 (구 주택법 제39조제2항 위헌제청)**
> 심판대상조항의 입법취지는 주택이 최초로 공급되는 단계부터 투기적 행위 등 공급질서를 교란시키는 행위를 차단함으로써 투명하고 공정한 주택공급 절차를 확립하고, 이를 통해 실수요자 위주의 건전한 주택공급체계의 토대를 형성하는 것이다. 우리나라에서 주택의 공급량은 수요에 비해 부족한 것이 현실이고, 주택법 등이 정한 절차에 따라 공급되는 주택의 가격은 보통 시장가보다 저렴하기 때문에 주택에 대한 투기수요가 상존하고 있다. 실수요자인 무주택 서민들에게 주택이 우선적으로 공급되는 것을 목적으로 하는 주택공급제도의 목표를 달성하기 위해서는, 주택 분양단계에서 그 절차 및 과정이 투명하고 공정하게 운영되는 것이 특히 중요하다. 사업주체가 공급질서 교란자와 체결한 주택공급계약을 취소할 수 있도록 하는 것은 이를 위해 필요하고 적절한 조치이다. … 따라서 심판대상조항은 **입법형성권의 한계**를 벗어났다고 보이지 않으므로 **재산권을 침해하지 않는다**(헌재 2022. 3. 31. 2019헌가26).

267 집합건물의 구분소유자가 분양자 등에 대하여 가지는 공용부분 일부 하자에 관한 하자담보청구권의 제척기간을 사용검사일 등부터 5년 이하로 규정한 '집합건물법' 조항은 재산권을 침해하지 아니한다. `합헌`

> **집합건물 하자담보청구권 제척기간 사건 (집합건물의 소유 및 관리에 관한 법률 제9조의2제1항 위헌소원)**
> 심판대상조항은 공용부분에 발생한 주요구조부와 지반공사의 하자 외의 비교적 경미한 하자에 관한 하자담보청구권에 대하여 사용검사일 등부터 5년 이하의 제척기간을 두고 있다. 이는 집합건물의 하자를 둘러싼 분쟁의 증가 및 장기화를 방지하여 법적 불안정성을 조기에 해소하기 위한 것으로서 그 입법목적이 정당하고, 위와 같은 권리행사기간의 제한은 입법목적 달성을 위한 적합한 수단이다. … 이상을 종합하면, 심판대상조항이 제척기간의 기산점을 불합리하게 정하였다거나 제척기간이 지나치게 단기간이어서 구분소유자의 하자담보청구권 행사를 현저히 곤란하게 하거나 사실상 불가능하게 한다고 볼 수 없으므로, 심판대상조항은 **재산권을 침해하지 아니한다**(헌재 2022. 10. 27. 2020헌바368).

268 재판상 공유물분할에 있어서 대금분할의 요건을 정하고 공유물분할소송에서 법관에게 경매에 의한 대금분할을 명할 수 있도록 정한 민법 조항은 공유자의 재산권을 침해하지 아니한다. `합헌`

> **공유물분할청구 사건 (민법 제269조제2항 위헌소원)**
> 공유물분할청구권자를 비롯한 공유자들의 재산권을 보장하고 이해관계를 합리적으로 조율하여 공유물분할을 둘러싼 다툼을 공평하고 신속하게 해결하기 위한 심판대상조항의 입법목적은 정당하고, 중립성이 보장되는 법원으로 하여금 현물분할이 불가능하거나 어려운 때에 대금분할을 명하도록 함으로써 위와 같은 입법목적을 달성할 수 있으므로 수단의 적합성도 인정된다. … 심판대상조항은 법익의 균형성도 충족하므로 **재산권을 침해하지 아니한다**(헌재 2022. 7. 21. 2020헌바205).

269 생존 사실혼 배우자에게 상속권을 인정하지 않은 민법상 상속권조항은 생존 사실혼 배우자의 재산권(상속권)을 침해하지 않고 평등원칙에도 반하지 아니한다. `합헌`

> **사실혼 배우자의 상속권 및 재산분할청구권에 관한 사건 (민법 제1003조제1항 위헌소원)**
> 헌법재판소는 2014. 8. 28. 선고한 2013헌바119 결정에서, 상속권조항이 사실혼 배우자에게 상속권을 인정하지 아니하는 것은 상속인에 해당하는지 여부를 객관적인 기준에 의하여 파악할 수 있도록 함으로써 상속을 둘러싼 분쟁을 방지하고, 상속으로 인한 법률관계를 조속히 확정시키며, 거래의 안전을 도모하기 위한 것이고, 사실혼 배우자는 혼인신고를 함으로써 상속권을 가질 수 있고, 증여나 유증을 받는 방법으로 상속에 준하는 효과를 얻을 수 있으며, 근로기준법, 국민연금법 등에 근거한 급여를 받을 권리 등이 인정되므로 위 조항이 상속권을 침해한다고 할 수 없다고 보았다. 나아가 법률혼주의를 채택한 취지에 비추어 볼 때 제3자에게 영향을 미쳐 명확성과 획일성이 요청되는 상속과 같은 법률관계에서는 사실혼을 법률혼과 동일하게 취급할 수 없으므로, 위 조항이 사실혼 배우자의 평등권을 침해한다고 보기 어렵다고 판단하였다. 선례와 달리 판단해야 할 사정변경이나 필요성이 인정되지 않으므로, 상속권조항은 **생존 사실혼 배우자의 재산권(상속권)을 침해하지 않고 평등원칙에도 반하지 아니한다**(헌재 2024. 3. 28. 2020헌바494 등).

270 민사법정이율을 연 5%로 고정하고 있는 민법 제379조는 과잉금지원칙에 위배되어 채무자의 재산권을 침해한다고 볼 수 없다. 　　7:1 합헌

270-1 상사법정이율을 연 6%로 고정하고 있는 상법 제54조는 과잉금지원칙에 위배되어 채무자의 재산권을 침해한다고는 볼 수 없다.

270-2 금전채무의 이행을 명하는 판결을 선고할 경우 대통령령으로 정하는 높은 이율로 손해배상액을 산정하도록 규정하고 있는 '소송촉진 등에 관한 특례법' 조항은 과잉금지원칙에 위배되어 채무자의 재산권과 재판받을 권리를 침해한다고 볼 수 없다.

270-3 금전채무의 이행을 명하는 판결을 선고할 경우 대통령령으로 정하는 높은 이율로 손해배상액을 산정하도록 규정하고 있는 '소송촉진 등에 관한 특례법' 조항이 '소구당한 채무자'와 '소구당하지 않은 채무자'를 달리 취급하는 것에는 합리적인 이유가 있으므로 평등원칙에 위배된다고 볼 수 없다

> **소송촉진 등에 관한 특례법 제3조 등 위헌소원 (금전채무의 이행을 구하는 민사소송에서 통상적으로 문제되는 법정이율 조항들에 대한 사건)**
> (1) 이율에 관한 표준 규범을 정립한다는 입법목적을 효과적으로 달성하기 위해서는 법률이 일정한 이율을 사전에 고지하여 당사자들에게 명확한 행위지침을 제시할 필요성이 있다. 법정이율 고정제와 다른 방식으로 이러한 입법목적을 실현하면서 채무자의 재산권을 덜 제한하는 수단이 명백히 존재한다고 보기 어렵다. 민법 제379조가 민법 제정 이래 현재까지 법정이율을 연 5분으로 고정하고 있다고 하더라도 불합리하게 과도한 이율을 정한 것이라고는 할 수 없다. 따라서 민법 제379조가 과잉금지원칙에 위배되어 **채무자의 재산권을 침해한다고 볼 수 없다**(헌재 2025. 4. 10. 2021헌바278 등).
> (2) 상거래는 일반 민사거래보다 자금의 수요가 많고 자금의 이용으로 발생하는 이익이 더 큰 것이 일반적이어서 상법 제54조가 상사법정이율을 민법 제379조의 민사법정이율보다 다소 높게 규정한 것일 뿐, 법정이율의 필요성과 그 입법취지는 기본적으로 상법 제54조와 민법 제379조가 같다고 볼 수 있다. 따라서 민법 제379조와 마찬가지로 상법 제54조도 과잉금지원칙에 위배되어 **채무자의 재산권을 침해한다고 볼 수 없다**(헌재 2025. 4. 10. 2021헌바278 등).
> (3) 금전채무의 이행을 명하는 판결을 선고할 경우 대통령령으로 정하는 높은 이율로 손해배상액을 산정하도록 규정하고 있는 소송촉진법 제3조 제1항 본문은 그 적용범위를 소송상 청구하는 경우에만 적용하도록 함으로써 소송의 지연과 상소권 남용의 방지, 사실심판결 선고 후의 채무의 신속한 이행이라는 입법목적의 달성을 위하여 필요하고도 불가피한 경우로 제한하고 있으며, 구체적인 법정이율을 대통령령에 위임하여 은행 연체금리 등 경제여건의 변동에 따라 탄력적으로 법정이율을 정하도록 하고 있고, 소송촉진법 제3조 제2항에 따라 채무자의 방어권을 보장하고 채권자와 채무자의 이해를 조정하는 장치를 마련하고 있다. 따라서 소송촉진법 제3조 제1항 본문은 과잉금지원칙에 위배되어 **채무자의 재산권과 재판받을 권리를 침해한다고 볼 수 없다**(헌재 2025. 4. 10. 2021헌바278 등).
> (4) 채권자가 민사소송까지 제기하게 된 경위나 그 과정에서 투입한 노력 등을 고려하면, 소송촉진법 제3조 제1항 본문이 '소구당한 채무자'와 '소구당하지 않은 채무자'를 달리 취급하는 것에는 합리적인 이유가 있으므로 **평등원칙에 위배된다고 볼 수 없다**(헌재 2025. 4. 10. 2021헌바278 등).

28 조세와 부담금

기출OX

2회 271 「의료사고 피해구제 및 의료분쟁 조정 등에 관한 법률」의 해당 조항이 보건의료기관개설자에게 부과하도록 하는 대불비용부담금은 보건의료기관개설자라는 특정한 집단이 반대급부 없이 납부하는 공과금의 성격을 가지므로 재정조달목적 부담금에 해당한다. 24 경간   (O | X)

271-1 한국의료분쟁조정중재원이 의료사고 피해자에게 대불한 손해배상금 대불비용을 보건의료기관개설자 등이 부담하도록 하면서 그 금액과 납부방법 및 관리 등에 관한 사항을 대통령령에 위임한 법률규정은, 대불 재원의 충당 자체가 변동성을 가지기 때문에 부담금을 추가로 부과·징수하기 위한 구체적인 요건과 범위를 미리 확정하는 것은 적절하다고 볼 수 없다는 점을 고려하면, 부담금 부과·징수의 구체적 요건이나 산정기준, 부담금액의 한도 등을 법률에서 규정하지 않았다고 하더라도 포괄위임금지원칙이 요구하는 위임입법의 구체성과 명확성의 한계를 벗어났다고 볼 수 없다. 24 법원9   (O | X)

> **보건의료기관개설자에 대한 대불비용 부담금 부과 사건** (의료사고 피해구제 및 의료분쟁 조정 등에 관한 법률 제47조제2항 등 위헌소원)
> (1) 보건의료기관개설자의 손해배상금 대불비용 부담은, 손해배상금 대불제도를 운영하기 위한 재원 마련을 위한 것이다. … 또한, 이러한 금전납부의무 부과를 통하여 달성하려는 손해배상금 대불제도의 목적은 징수된 부담액으로 마련된 재원을 지출하여 실제로 대불이 이루어짐으로써 실현된다. 따라서 심판대상조항에 따라 **손해배상금 대불비용을 보건의료기관개설자가 부담**하는 것은, 손해배상금 대불제도의 시행이라는 특정한 공적 과제의 수행을 위한 **재원 마련을 목적으로 보건의료기관개설자라는 특정한 집단**이 반대급부 없이 납부하는 공과금의 성격을 가지므로, **재정조달목적 부담금**에 해당한다. … 따라서 이 사건 부과조항은 **과잉금지원칙에 위배되지 않는다**(헌재 2022. 7. 21. 2018헌바504).
> (2) 이 사건 위임조항이 법률유보원칙에 위배되지 않고 이 사건 위임조항 중 '**납부방법 및 관리 등**' 부분이 **포괄위임금지원칙에 위배되지 않는다**는 선례의 결정이유는 이 사건에서 그대로 타당하다(헌재 2022. 7. 21. 2018헌바504).
> (3) 이 사건 위임조항은 부담금의 액수를 어떻게 산정하고 이를 어떤 요건 하에 추가로 징수하는지에 관하여 그 대강조차도 정하지 않고 있고, 관련조항 등을 살펴보더라도 이를 예측할 만한 단서를 찾을 수 없다. 또한, 반복적인 부담금 추가 징수가 예상되는 상황임에도 대불비용 부담금이 '부담금관리 기본법'의 규율대상에서 제외되는 등 입법자의 관여가 배제되어 있다는 점도 문제가 있다. 따라서 이 사건 위임조항 중 '**그 금액**' 부분은 **포괄위임금지원칙에 위배**된다(헌재 2022. 7. 21. 2018헌바504).
>
> 🔗 271. ○ 271-1. ✕ ('그 금액' 부분 포괄위임금지원칙에 위배됨)

5회 **272** 경유차 소유자로부터 부과·징수하도록 한 「환경개선비용 부담법」상 환경개선부담금은 '경유차 소유자'라는 특정 부류의 집단에만 특정한 반대급부 없이 강제적·일률적으로 부과되는 정책실현목적의 유도적 부담금으로 분류될 수 있다. 24 경간   O | X

272-1 환경개선부담금은 경유에 리터당 부과되는 교통·에너지·환경세와 달리 개별 경유차의 오염유발 수준을 고려하므로, 경유를 연료로 사용하는 자동차의 소유자로부터 환경개선부담금을 부과·징수하도록 정한 「환경개선비용 부담법」 조항이 과잉금지원칙을 위반하여 경유차 소유자의 재산권을 침해한다고는 볼 수 없다. 23 경찰 2차   O | X

272-2 환경개선부담금은 경유에 리터당 부과되는 교통·에너지·환경세와 달리 개별 경유차의 오염유발 수준을 고려하므로, 경유를 연료로 사용하는 자동차의 소유자로부터 환경개선부담금을 부과·징수하도록 정한 「환경개선비용 부담법」 조항이 과잉금지원칙을 위반하여 경유차 소유자의 재산권을 침해한다. 24 해간   O | X

> **환경개선부담금 위헌소원 사건 (환경개선비용 부담법 제9조제1항 위헌소원)**
> (1) 환경개선부담금은 경유차가 유발하는 대기오염으로 인해 발생하는 사회적 비용을 오염원인자인 경유차 소유자에게 부과함으로써 경유차 소비 및 사용 자제를 유도하는 한편, 징수된 부담금으로 환경개선을 위한 투자재원을 합리적으로 조달하는 것에 그 주된 목적이 있다. 그렇다면, 환경개선부담금은 내용상으로는 '**원인자부담금**'으로 분류될 수 있다. 목적 및 기능상으로는 '환경개선을 위한 투자재원의 합리적 조달'이라는 **재정조달목적뿐 아니라 정책실현목적**도 갖는다고 볼 수 있다. … 따라서 환경개선부담금은 **정책실현목적의 유도적 부담금**으로 분류될 수 있다(헌재 2022. 6. 30. 2019헌바440).
> (2) 경유차 운행으로 인한 대기오염의 악화는 사회적·경제적 피해비용 및 그에 상응하는 환경개선비용의 증가를 초래한다. 이에 이 사건 법률조항은 경유차 소유자에게 환경개선부담금을 부과하여 경유차 소유와 운행을 자제하도록 유도하고 있다. … **환경개선부담금은**, 경유에 리터당 부과되는 교통·에너지·환경세와 달리 **개별 경유차의 오염유발 수준을 고려**하므로, 교통·에너지·환경세가 규율하지 못하는 별도의 정책적 목적도 수행한다고 볼 수 있다. 따라서 경유차 소유자가 교통·에너지·환경세 외 환경개선부담금을 추가 부담한다고 하더라도 그 부담이 지나치다고 보기 어렵다. 이와 같은 점을 고려할 때, 이 사건 법률조항이 과잉금지원칙을 위반하여 청구인의 **재산권을 침해한다고 볼 수 없다**(헌재 2022. 6. 30. 2019헌바440).

🔒 **272.** ○ **272-1.** ○ **272-2.** ×(재산권 침해 아님)

273 명의신탁재산 증여의제로 인한 증여세 납세의무자에게 신고의무 및 납부의무 위반에 대한 제재인 가산세까지 부과하도록 하면 납세의무자는 원래 부담하여야 할 세금 이외에 부가적인 금전적 부담을 지게 되므로 과잉금지원칙에 반하여 납세의무자의 재산권을 침해한다. 23 국회 8   O | X

> **구 상속세 및 증여세법 제45조의2 등 위헌소원**
> 심판대상조항은 원활한 조세행정을 위하여 명의신탁재산 증여의제로 인한 증여세 납세의무자에게 조세법상 부과된 신고의무·납부의무의 이행을 확보하고, 이를 성실하게 이행한 사람과 그렇지 않은 사람 사이에 조세부담의 공평을 기하며, 납부기한을 준수하지 아니하여 얻게 된 미납이자 상당액을 확보하기 위한 것이다. … 심판대상조항은 과잉금지원칙에 반하여 <u>납세의무자의 재산권을 침해하지 아니한다</u>(헌재 2022. 11. 24. 2019헌바167 등).
>
> 🔑 **273.** ✕ (재산권 침해 아님)

274 거주자가 건물을 신축하고 그 신축한 건물의 취득일부터 5년 이내에 해당 건물을 양도하는 경우로서 환산가액을 그 취득가액으로 하는 경우 양도소득 결정세액에 더하여 가산세를 부과하도록 하는 구「소득세법」조항은 재산권을 침해한다. 24 국회 8   O | X

> **구 소득세법 제114조의2 위헌제청**
> 심판대상조항은 건물을 신축하여 취득한 자가 환산가액 적용을 통하여 양도소득세의 부담을 회피하는 것을 방지하기 위한 것인바 그 입법목적은 정당하고, 해당 납세의무자에게 일정한 금액을 추가로 부과하는 것은 조세회피의 유인을 억제하는 데 기여할 수 있으므로 수단의 적합성도 인정된다. … 따라서 심판대상조항은 과잉금지원칙을 위반하여 <u>재산권을 침해하지 아니한다</u>(헌재 2024. 2. 28. 2020헌가15).
>
> 🔑 **274.** ✕ (재산권 침해 아님)

3회 275 골프장 입장행위에 대하여 1명 1회 입장마다 1만 2천 원의 개별소비세를 골프장 경영자에게 부과하는「개별소비세법」해당 조항은 과잉금지원칙에 반하여 재산권을 침해한다고 볼 수 없다. 25 경찰1차   O | X

275-1 요트장, 스키장 등의 경우와 달리 골프장 입장행위에 개별소비세를 부과하는 것은 매출액, 이용료, 이용방법 등을 고려할 때 자의적인 조치라고 보기 어려우므로 조세평등주의에 위배되지 않는다. 25 입시   O | X

> **개별소비세법 제1조제3항제4호 위헌소원 (골프장 입장행위에 부과되는 개별소비세 사건)**
> (1) 헌법재판소는 2012. 2. 23. 2011헌가8 결정에서 심판대상조항과 동일한 내용의 구 개별소비세법 조항에 대하여, 골프장 입장행위에 대한 개별소비세 부과는 담세력에 상응하는 조세부과를 통해 과세의 형평을 도모하기 위한 것으로서 세율이 자의적이라거나 골프장 이용객 수의 과도한 감소를 초래할 정도라고 보이지 아니하며, 사치성이 없다고 볼 수 있는 골프장 입장에 대하여는 개별소비세를 배제할 수 있는 길을 열어놓고 있는 점에 비추어 과잉금지원칙에 위반되어 재산권을 침해하지 않는다고 판단한 바 있다. … 심판대상조항은 과잉금지원칙에 반하여 <u>재산권을 침해한다고 볼 수 없다</u>(헌재 2024. 8. 29. 2021헌바34).
> (2) 요트장, 스키장, 고가의 회원제 스포츠클럽의 경우 매출액, 이용료, 이용방법, 이용객 수 등에 비추어, 그 입장행위에 대해 개별소비세를 부과하지 않는 것이 <u>골프장 입장행위에 대한 과세</u>와의 관계에서 <u>자의적이라고 보기 어렵고</u>, 경마장 등 사행행위 장소 입장에 부과되는 개별소비세는 과세의 목적과 세율이 다르므로 다른 것을 같게 취급하는 것이라 할 수 없다. 따라서 심판대상조항은 <u>조세평등주의에 위배되지 않는다</u>(헌재 2024. 8. 29. 2021헌바34).
>
> 🔑 **275.** ◯ **275-1.** ◯

2회 276 개발제한구역 내에서 허가받지 않은 건축물을 건축하는 등 개발행위를 한 토지소유자에게 이행강제금을 부과하는 「개발제한구역의 지정 및 관리에 관한 특별조치법」 조항은 과잉금지원칙을 위반하여 토지소유자인 청구인들의 재산권을 침해한다. 26 경간 O | X

276-1 「개발제한구역의 지정 및 관리에 관한 특별조치법」 위반으로 인해 시정명령을 받고도 이를 이행하지 아니한 위반행위자 등에 대해, 이를 상당한 기간까지 이행하지 않으면 이행강제금을 부과 징수한다는 뜻을 토지소유자에게 미리 문서로 계고하도록 하는 규정에서 '상당한 기간' 부분은 명확성원칙에 위배되지 않는다. 24 경정 O | X

> 개발제한구역의 지정 및 관리에 관한 특별조치법 제30조의2제1항 등 위헌소원
> (1) **이행강제금 부과**로 개발제한구역에서의 위법상태를 원상회복하도록 유도함으로써 개발제한구역의 취지인 도시주변의 자연환경을 보전한다는 공익은 중대한 반면, 그로 인하여 제한되는 사익은 위반행위자 등의 금전적 손실이 발생하는 것으로서, 이는 이행강제금 부과를 통해 실현하고자 하는 공익에 비해 크다고 보기 어렵다. 이를 종합하면, **이행강제금 부과조항은 과잉금지원칙을 위반하여 청구인들의 재산권을 침해한다고 할 수 없다**(헌재 2023. 2. 23. 2019헌바550).
> (2) 이 경우 **상당한 기간**이 어느 정도의 기간을 의미하는지를 수범자가 예측할 수 있는가에 관한 문제는 여전히 남아있는데, 토지소유자로서는 이행강제금의 사전계고를 받기 전에 시정명령을 이미 받은 상태에 있었을 것이며, 그와 더불어 이행강제금은 1년에 2회를 초과하여 부과하지는 못한다는 제한이 있으므로 이를 감안하면 **이행강제금 부과의 사전계고 시**에 부여될 이행기간이 어느 정도일지를 **대략 예측**할 수 있다. 이러한 점들을 종합하면, **사전계고조항은 불명확한 규정이라고 할 수 없다**(헌재 2023. 2. 23. 2019헌바550).

🔗 **276.** ×(재산권 침해 아님) **276-1.** ○

출제예상

277 민법에 따라 등기를 하지 아니한 경우라도 부동산을 사실상 취득한 경우 그 취득물건의 소유자 또는 양수인을 취득자로 보도록 한 구 지방세법 중 '부동산의 사실상 취득'에 관한 부분은 과세요건 명확주의에 위배된다고 볼 수 없다. 합헌

277-1 민법에 따라 등기를 하지 아니한 경우라도 부동산을 사실상 취득한 경우 그 취득물건의 소유자 또는 양수인을 취득자로 보도록 한 구 지방세법 조항은 과잉금지원칙에 반하여 재산권을 침해한다고 볼 수 없다. 합헌

> 부동산을 '사실상 취득'한 경우에도 취득세를 부과하도록 한 구 지방세법 조항에 대한 위헌소원 사건 (지방세법 제7조 제2항 위헌소원)
> (1) 취득세의 목적, 성격과 심판대상조항의 규정내용 등을 종합하면, 심판대상조항에서 말하는 '**부동산의 사실상 취득**'이라 함은 등기와 같은 소유권 취득의 형식적 요건을 갖추지는 못하였으나 대금의 지급과 같은 소유권 취득의 실질적 요건을 갖춘 경우를 말하고, 매매에 있어서는 사회통념상 대금의 거의 전부가 지급되었다고 볼 만한 정도의 대금지급이 이행된 경우를 의미하는 것임을 충분히 예측할 수 있다. 따라서 심판대상조항은 과세요건 **명확주의에 위배된다고 볼 수 없다**(헌재 2022. 3. 31. 2019헌바107).
> (2) 심판대상조항이 부동산을 **사실상 취득한 양수인**에게 **취득세를 부과**하는 것은 조세공평과 조세정의를 실현하기 위한 것으로서, 심판대상조항에 의하더라도 양수인이 등기를 마치지 아니한 모든 경우가 아니라 사회통념상 대금의 거의 전부가 지급되었다고 볼 수 있는 경우에만 취득세를 부과하므로, 입법목적의 달성에 필요한 정도를 벗어났다고 보기 어렵다. 따라서 심판대상조항은 과잉금지원칙에 반하여 **재산권을 침해한다고 볼 수 없다**(헌재 2022. 3. 31. 2019헌바107).

278 해외 파생상품 거래에 대한 양도소득의 범위를 '대통령령으로 정하는 파생상품 등의 거래 또는 행위로 발생하는 소득'으로 정하고 있는 구 소득세법상 국외자산 양도소득 조항은 포괄위임금지원칙에 위반되지 않는다. 〔합헌〕

278-1 해외 파생상품의 범위에 대하여 '파생상품시장과 유사한 시장으로서 해외에 있는 시장'으로 정하고 있는 「자본시장과 금융투자업에 관한 법률」상 해외 파생상품 조항은 과세요건명확주의에 위반되지 않는다. 〔합헌〕

> **구 소득세법 제94조 제1항 제5호 등 위헌소원 (해외 파생상품 거래 양도소득세 과세 사건)**
> (1) 파생상품은 기초자산의 종류, 계약의 형태, 계약으로 취득하는 권리의 내용 등에 따라 그 응용기법이 다양하고, 새로운 경제현상에 따라 새로운 상품이 끊임없이 개발되는 등 다양한 형태로 존재할 수 있다. 이와 같은 새로운 파생상품의 발생과 그에 대한 규율의 필요성 및 금융환경의 급격한 변화 등에 맞추어 탄력적이고 효과적으로 대처하기 위해서는 과세대상이 되는 파생상품의 범위를 하위법규에 위임할 필요성이 있다. … 따라서 **국외자산 양도소득 조항은 포괄위임금지원칙에 위반되지 않는다**(헌재 2024. 7. 18. 2020헌바487 등).
> (2) 자본시장법 제3조 제2항은 금융투자상품을 '증권'과 '파생상품'으로 나누고 파생상품을 다시 '장내파생상품'과 '장외파생상품'으로 구분하여 규정하고 있으며, 이어 자본시장법 제5조는 파생상품과 장내파생상품이 무엇인지에 관한 상세한 내용을 규정하고 있다. 또한 자본시장법 제8조의2 제4항 제2호는 '파생상품시장'을 장내파생상품의 매매를 위하여 거래소가 개설하는 시장으로 규정하고 있다. 이처럼 자본시장법은 파생상품과 장내파생상품, 파생상품시장에 관하여 상세한 규정을 두고 있고 관련 조항과 해외 파생상품 조항의 문언을 체계적으로 해석하면, '**파생상품시장과 유사한 시장으로서 해외에 있는 시장**'이란 '**해외에서 파생상품이 매매되는 시장**'이라고 충분히 파악할 수 있고, 여기서 '해외' 또는 '유사한 시장'이라는 용어 또한 일반인의 관점에서 위 규정에 해당하는 시장을 무엇인지 판단하기 어려울 정도로 불확정적이라고 보기 어렵다. 따라서 **해외 파생상품 조항은 과세요건명확주의에 위반되지 않는다**(헌재 2024. 7. 18. 2020헌바487 등).

279 문화재보호구역에 있는 부동산을 재산세 경감 대상으로 규정하면서 역사문화환경 보존지역에 있는 부동산을 재산세 경감 대상으로 규정하지 않은 구 지방세특례제한법은 조세평등주의에 위배되지 않는다. 〔합헌〕

> **문화재보호구역에 있는 부동산에 대한 재산세 경감 사건 (지방세법 제106조 제1항 제3호 등 위헌소원)**
> 보호구역은 문화재가 외부환경과의 직접적인 접촉으로 인하여 훼손되지 않도록 하는 데 목적이 있는 반면, 역사문화환경 보존지역은 문화재 주변 경관을 저해하는 이질적 요소들로 인해 문화재의 가치가 하락하지 않도록 하는 데 목적이 있으므로, 양자는 그 취지와 목적을 달리한다. 보호구역에 있는 부동산의 경우 문화재의 보존에 영향을 미칠 우려가 있는지 여부와 무관하게 대부분의 현상 변경 행위에 대하여 허가가 필요하다. 반면, 역사문화환경 보존지역에 있는 부동산의 경우 건설공사의 시행이 지정문화재의 보존에 영향을 미칠 우려가 있는지 여부를 사전에 검토하여 그러한 우려가 있는 경우에만 허가를 받도록 하고 있고, 미리 고시된 행위기준의 범위 안에서 행하여지는 건설공사에 대하여는 위 검토 절차도 생략되므로, 보호구역에 있는 부동산과 비교하여 건설공사의 시행이 더 자유롭게 이루어질 수 있다. 이처럼 보호구역에 있는 부동산과 역사문화환경 보존지역에 있는 부동산은 그 재산권 행사 제한의 정도에 있어서 상당한 차이가 있다. 이상과 같은 점들을 종합하면, 심판대상조항이 **보호구역에 있는 부동산을 재산세 경감 대상으로 규정하면서 역사문화환경 보존지역에 있는 부동산을 재산세 경감 대상으로 규정하지 않은 것**이 입법재량을 벗어난 **합리적 이유 없는 차별에 해당한다고 볼 수 없으므로**, 심판대상조항은 **조세평등주의에 위배되지 않는다**(헌재 2024. 1. 25. 2020헌바479).

29 인간다운 생활을 할 권리 및 사회보장수급권

기출OX

280 구치소에 수용 중인 자의 경우 수용시설의 예산이 부족하여 적절한 의료적 처우를 받지 못하는 것이 현실이고 경제활동을 할 수 없어 의료비의 자비 부담이 어려움에도 불구하고, 국민기초생활 보장법에 따른 보장의 기본단위인 '개별가구'에서 제외하여 의료급여 수급 자격을 부여하지 않기로 한 입법자의 판단은 구치소에 수용 중인 자들의 인간다운 생활을 할 권리를 침해한다. 24 경정 [O|X]

> **의료급여법 제3조 등 위헌확인**
> 다른 법령에 의하여 이러한 생계유지의 보호를 받고 있는 교도소·구치소에 수용 중인 자에 대하여 '국민기초생활 보장법'의 보충급여의 원칙에 따라 중복적인 보장을 피하기 위하여 개별가구에서 제외키로 한 입법자의 판단이, 국가가 최저생활 보장에 관한 입법을 전혀 하지 아니하였다든가 그 내용이 현저히 불합리하여 헌법상 용인될 수 있는 재량의 범위를 명백히 일탈한 경우에 해당한다고 볼 수 없으므로, 위 조항이 교도소·구치소에 수용 중인 자들의 **인간다운 생활을 할 권리를 침해한다고 볼 수 없다**(헌재 2023. 8. 31. 2021헌마34).

280. ×(인간다운 생활을 할 권리 침해 아님)

281 재혼을 유족연금수급권 상실사유로 규정한 구「공무원연금법」조항 중 '유족연금'에 관한 부분은 한정된 재원의 범위 내에서 부양의 필요성과 중요성 등을 고려하여 유족들을 보다 효과적으로 보호하기 위한 것이므로, 입법재량의 한계를 벗어나 재혼한 배우자의 인간다운 생활을 할 권리를 침해하였다고 볼 수 없다. 25 경정 [O|X]

> **재혼으로 인한 유족연금수급권 상실 사건 (구 공무원연금법 제59조제1항제2호 위헌제청)**
> 심판대상조항이 **배우자의 재혼을 유족연금수급권 상실사유로 규정**한 것은 배우자가 재혼을 통하여 새로운 부양관계를 형성함으로써 재혼 상대방 배우자를 통한 사적 부양이 가능해짐에 따라 더 이상 사망한 공무원의 유족으로서의 보호의 필요성이나 중요성을 인정하기 어렵다고 보았기 때문이다. 이는 **한정된 재원의 범위 내**에서 부양의 필요성과 중요성 등을 고려하여 **유족들을 보다 효과적으로 보호**하기 위한 것이므로, 입법재량의 한계를 벗어나 **재혼한 배우자의 인간다운 생활을 할 권리와 재산권을 침해하였다고 볼 수 없다**(헌재 2022. 8. 31. 2019헌가31).

281. ○

2회 282 재요양을 받는 경우에 재요양 당시의 임금을 기준으로 휴업급여를 산정하도록 한 구「산업재해보상보험법」조항은 진폐 근로자의 인간다운 생활을 할 권리를 침해하지 아니한다. 25 경간 O | X

282-1 재요양을 받는 경우에 재요양 당시의 임금을 기준으로 휴업급여를 산정하도록 한 구「산업재해보상보험법」제56조제1항과 재요양 당시 임금이 없으면 최저임금액을 기준으로 휴업급여를 지급하도록 한「산업재해보상보험법」제56조제2항은 근로자의 인간다운 생활을 할 권리를 침해한다. 25 경찰 1차 O | X

> **산업재해보상보험법 제56조제1항 등 위헌소원**
> 진폐근로자라 하더라도 노동능력을 상실한 정도의 장해에 이르지 않는 한 재취업을 할 수 있고, 재취업한 사업장의 임금이 최초 진폐진단 시의 평균임금에 증감을 거쳐 산정된 금액보다 더 큰 경우도 얼마든지 상정할 수 있으므로, **재요양 당시의 임금을 기준으로 휴업급여를 산정**하도록 한 것이 반드시 진폐근로자에게 **불리하다고 단정할 수도 없다.** … 이 사건 휴업급여조항은 그 내용이 현저히 불합리하여 **헌법상 용인될 수 있는 재량의 범위**를 명백히 일탈한 경우에 해당하지 아니하므로, **인간다운 생활을 할 권리를 침해하지 아니한다**(헌재 2024. 4. 25. 2021헌바316).

🔑 282. ○ 282-1. ✕(인간다운 생활을 할 권리 침해 아님)

2회 283 공무원에게 재해보상을 위하여 실시되는 급여의 종류로 휴업급여 또는 상병보상연금 규정을 두고 있지 않은「공무원 재해보상법」제8조는 공무원의 인간다운 생활을 할 권리를 침해하지 않는다. 25 경찰 1차 O | X

283-1 공무원에게 재해보상을 위하여 실시되는 급여의 종류로 휴업급여 또는 상병보상연금 규정을 두고 있지 않은「공무원 재해보상법」제8조가 인간다운 생활을 할 권리를 침해할 정도에 이르렀다고 할 수는 없다. 25 경간 O | X

> **공무원의 휴업급여·상병보상연금 미도입 사건 (공무원 재해보상법 제8조 위헌확인)**
> 청구인의 인간다운 생활을 할 권리가 침해되었는지 여부는 그에게 지급되는 재해보상의 실질을 가진 급여를 모두 포함하여도 공무상 부상 또는 질병으로 인해 발생한 소득 공백이 보전되고 있지 않은지 여부를 살펴보아야 한다. 공무상 질병 또는 부상으로 인한 공무원의 병가 및 공무상 질병휴직 기간에는 봉급이 전액 지급되고, 그 휴직기간이 지나면 직무에 복귀할 수도 있으며, 직무 복귀가 불가능하여 퇴직할 경우 장해급여를 지급받을 수도 있다. … 이를 종합하면, 심판대상조항이 현저히 불합리하여 **인간다운 생활을 할 권리를 침해할 정도에 이르렀다고 할 수는 없다**(헌재 2024. 2. 28. 2020헌마1587).

🔑 283. ○ 283-1. ○

2회 284 자동차사고 피해가족 중 유자녀에 대한 대출을 규정한 구「자동차손해배상 보장법 시행령」제18조제1항제2호 중 '유자녀의 경우에는 생계유지 및 학업을 위한 자금의 대출' 부분은 유자녀가 자신에 대한 양육비용을 국가에게 상환할 채무를 부담하기로 약속하고 자금을 지원받는 것이므로 유자녀의 아동으로서의 인간다운 생활을 할 권리를 침해하지 않는다. 25 경찰1차 ⓞ│⊗

284-1 자동차사고 피해가족 중 유자녀에 대한 대출을 규정한 구「자동차손해배상 보장법 시행령」조항 중 '유자녀의 경우에는 생계유지 및 학업을 위한 자금의 대출' 부분은, 대출을 신청한 법정대리인이 상환의무를 부담하지 않으므로, 유자녀의 아동으로서의 인간다운 생활을 할 권리를 침해한다. 25 경간 ⓞ│⊗

> **미성년자에 대한 생활자금 대출상환의무 부과 사건 (구 자동차손해배상 보장법 시행령 제18조제1항제2호 등 위헌확인)**
> 심판대상조항이 대출의 형태로 유자녀의 양육에 필요한 경제적 지원을 하는 것은 유자녀가 향후 소득활동을 할 수 있게 된 후에는 자금을 회수하여, 자동차 운전자들의 책임보험료로 마련된 기금을 가급적 많은 유자녀를 위해 사용할 수 있게 하기 위함이다. 심판대상조항에 따르면 대출을 신청한 법정대리인이 상환의무를 부담하지 않으므로 법정대리인과 유자녀 간의 이해충돌이라는 부작용이 일부 발생할 가능성이 있지만, 이를 이유로 생활자금 대출 사업 전체를 폐지하면, 대출로라도 생활자금의 조달이 필요한 유자녀에게 불이익이 돌아가게 될 수 있다. 유자녀에 대한 적기의 경제적 지원 및 자동차 피해지원사업의 지속가능성 확보는 중요하다는 점, 민법상 부당이득반환청구와 같은 구제수단이 있다는 점 등을 고려하면, 심판대상조항은 청구인 강ㅁㅁ의 아동으로서의 **인간다운 생활을 할 권리를 침해하지 않는다**(헌재 2024. 4. 25. 2021헌마473).

🔗 **284.** ○ **284-1.** ✕(인간다운 생활을 할 권리 침해 아님)

출제예상

285 국가유공자의 유족 중 보상을 받을 자녀의 순위를 정함에 있어 협의로 지정된 자녀가 없는 경우 국가유공자를 주로 부양한 자녀를 선순위 유족으로 정하는 국가유공자법상 부양자우선조항은 평등원칙에 위반되지 않는다.
_{합헌}

285-1 국가유공자의 유족 중 보상을 받을 자녀의 순위를 정함에 있어 협의로 지정되거나 주로 부양한 자녀가 없는 경우 나이가 많은 자녀를 선순위 유족으로 정하는 국가유공자법상 연장자우선조항은 국가유공자의 자녀 중 나이가 많은 자와 그렇지 않은 자를 합리적인 이유 없이 차별하므로, 평등원칙에 위반된다.
_{헌법불합치, 계속적용}

> 국가유공자 등 예우 및 지원에 관한 법률 제13조제2항제3호 위헌제청 (국가유공자의 유족인 자녀 중 연장자 우선 사건)
> (1) '**국가유공자를 주로 부양하지는 않았지만 어느 정도 부양을 한 자녀**'와 '**국가유공자를 전혀 부양하지 않은 자녀**'는 정도에서 차이가 있을 뿐, 모두 그에게 특별히 선순위 유족의 지위를 부여할 정도에는 이르지 않으므로, 위 두 집단이 본질적으로 다른 집단이라고 보기 어렵다. 설령 위 두 집단이 본질적으로 다르다고 하더라도, 어느 가족 구성원이 도움을 필요로 하는 다른 가족 구성원을 어느 정도 부양하는 것은 자연스러운 일이라는 점 등을 고려하면, 이 사건 부양자우선조항이 다른 자녀보다 국가유공자를 상대적으로 더 부양하였지만 '**주로 부양**'의 요건을 충족하지 않은 자녀에 대하여 선순위 유족의 지위를 부여하지 않는 데는 합리적인 이유가 있으므로, **평등원칙에 위반되지 않는다**(헌재 2025. 4. 10. 2024헌가12 등).
> (2) 국가유공자의 자녀 중 특별히 경제적으로 어려운 자가 있을 수 있는데, 이 사건 연장자우선조항은 이러한 개별적 사정은 전혀 고려하지 않고 나이 많음을 선순위 수급권자 선정의 최종 기준으로 삼고 있다. 이는 국가유공자 유족의 생활안정과 복지향상이라는 국가유공자법의 입법취지에 배치된다. 국가의 재정상 한계로 인하여 각종 보상의 총액이 일정액으로 제한될 수밖에 없다고 하더라도, 그 범위 내에서 생활보호의 필요성이 보다 큰 자녀에게 보상을 지급한다면, 국가유공자법의 입법취지를 살리면서도 국가의 과도한 재정부담을 피할 수 있다. … 그렇다면 이 사건 연장자우선조항은 국가유공자의 자녀 중 나이가 많은 자와 그렇지 않은 자를 **합리적인 이유 없이 차별하므로, 평등원칙에 위반**된다(헌재 2025. 4. 10. 2024헌가12 등).

30 교육을 받을 권리와 교육제도

기출OX

3회 286 '서울대학교 2023학년도 대학 신입학생 입학전형 시행계획' 중 저소득학생 특별전형의 모집인원을 모두 수능위주전형으로 선발하도록 정한 부분이 저소득학생 특별전형에 응시하고자 하는 수험생들의 기회를 불합리하게 박탈하는 것은 아니다. 24 경간   O | X

286-1 서울대학교 2023학년도 저소득학생 특별전형의 모집인원을 모두 수능위주전형으로 선발하도록 정한 '서울대학교 2023학년도 대학 신입학생 입학전형 시행계획'은 저소득학생 특별전형에 응시하고자 하는 수험생들의 기회를 불합리하게 박탈하였고, 이는 대학의 자율성의 범위 내에 있는 것으로 볼 수 없다. 24 경찰 2차   O | X

286-2 서울대학교 2023학년도 저소득학생 특별전형의 모집인원을 모두 수능위주전형으로 선발하도록 정한, '서울대학교 2023학년도 대학 신입학생 입학전형 시행계획' 중 '2023학년도 모집단위와 모집인원' 가운데 해당 부분은 저소득학생 특별전형에 응시하고자 하는 수험생들의 균등하게 교육을 받을 권리를 침해하지 않는다. 25 경찰 1차   O | X

> **서울대학교 저소득학생 특별전형에 관한 사건 (2023학년도 대학 신입학생 입학전형 시행계획 위헌확인)**
> 농어촌학생 특별전형과 저소득학생 특별전형의 전형방법을 동일하게 정하여야 하는 것은 아니고, 수능 성적이 사회통념적 가치기준에 적합한 합리적인 입학전형자료 중 하나인 이상, 이 사건 입시계획이 저소득학생 특별전형에서 학생부 기록 등을 반영함이 없이 수능 성적만으로 학생을 선발하도록 정하였다 하더라도, 이는 **대학의 자율성의 범위 내**에 있는 것으로서 **저소득학생의 응시기회를 불합리하게 박탈하고 있다고 보기 어렵다**. … 결국 이 사건 입시계획은 청구인의 **균등하게 교육을 받을 권리를 침해하지 않는다**(헌재 2022. 9. 29. 2021헌마929).
>
> 🔒 **286.** ○ **286-1.** ×(불합리한 박탈 아님, 대학의 자율성 범위 내임) **286-2.** ○

287 서울대학교 총장의 '2022학년도 대학 신입학생 정시모집('나'군)안내' 중 수능 성적에 최대 2점의 교과이수 가산점을 부여하고, 2020년 2월 이전 고등학교 졸업자에게 모집단위별 지원자의 가산점 분포를 고려하여 모집단위 내 수능점수 순위에 상응하는 가산점을 부여하도록 한 부분은 균등하게 교육받을 권리를 침해하는 것이라고 볼 수 없다. 25 경간 〔O | X〕

> **서울대학교 정시모집 교과이수 가산점 사건 (2022학년도 대학 신입학생 정시모집 안내 위헌확인)**
> 2015 개정 교육과정을 이수할 수 없는 **2020년 2월 이전 고등학교 졸업자**, 검정고시 출신자, 외국 소재 고등학교 졸업자 등의 경우에는 '모집단위별 지원자의 가산점 분포를 고려하여 **모집단위 내 수능점수 순위에 상응하는 가산점**'을 부여하며 … 이는 2015 개정 교육과정을 따를 수 없는 지원자의 유형별로 동등한 기회를 제공하는 취지로 이해된다. … **2015 개정 교육과정을 이수한 사람들**이 **대부분 가산점 2점**을 받는다면 해당 모집단위에 지원한 다른 교육과정 지원자들도 대부분 가산점 2점을 받게 되는 구조이고, **서로 다른 지원자 집단 사이의 편차**와 **동일한 지원자 집단 내부의 편차를 동시에 고려**하면서도 양 집단에게 부여하는 **혜택의 크기를 비례적으로 유지할 수 있는 방법**으로 이해된다. … 결국 **이 사건 가산점 사항**은 청구인을 불합리하게 차별하여 **균등하게 교육받을 권리를 침해하는 것이라고 볼 수 없다**(헌재 2022. 3. 31. 2021헌마1230).

287. O

288 헌법 제31조 제1항과 제6항은 변호사시험을 준비하는 법학전문대학원 졸업생에 대해 법학전문대학원에서의 보수교육을 시행하도록 하는 내용의 구체적이고 명시적인 입법의무를 입법자에게 부여하고 있다고 볼 수 없다. 25 경간 〔O | X〕

> **입법부작위 위헌확인 등**
> **헌법 제31조 제1항**은 "모든 국민은 능력에 따라 균등하게 교육을 받을 권리를 가진다."라고 규정하고, **같은 조 제6항**은 "학교교육 및 평생교육을 포함한 교육제도와 그 운영, 교육재정 및 교원의 지위에 관한 기본적인 사항은 법률로 정한다."라고 규정하고 있다. 그런데 **위와 같은 헌법규정**만으로는 변호사시험을 준비하는 법학전문대학원 졸업생에 대해 법학전문대학원에서의 보수교육을 시행하도록 하는 내용의 **구체적이고 명시적인 입법의무를 입법자에게 부여하고 있다고 볼 수 없고**, 그 밖에 다른 헌법조항을 살펴보아도 위와 같은 내용에 대한 명시적인 입법위임을 발견할 수 없다(헌재 2024. 1. 25. 2021헌마113 등).

288. O

289 대학의 학문과 연구활동에서 중요한 역할을 담당하는 교원에게 그와 관련된 영역에서 주도적인 역할을 인정하는 것은 대학의 자율성의 본질에 부합하고 필요하며, 그것은 교육과 연구에 관한 사항은 모두 교원이 전적으로 결정할 수 있어야 한다는 의미이다. 24 경찰 2차 O|X

고등교육법 제19조의2제1항제4호 등 위헌확인
대학의 학문과 연구 활동에서 중요한 역할을 담당하는 **교원**에게 그와 관련된 영역에서 **주도적인 역할을 인정**하는 것은 **대학의 자율성의 본질에 부합하고 필요**하나, 이것이 교육과 연구에 관한 사항은 **모두 교원이 전적으로 결정**할 수 있어야 한다는 **의미는 아니다**. 대학평의원회의 심의·자문사항은 제한적이고, 교원의 인사에 관한 사항에 대해서는 교원으로 구성되는 대학인사위원회가 심의하는 점, 대학평의원회의 심의결과는 대학의 의사결정을 기속하는 효력이 없는 점을 종합하면, 이 사건 **구성제한조항**으로 인하여 교육과 연구에 관한 사항의 결정에 **교원이 주도적 지위를 가질 수 없게 된다고 볼 수 없다**(헌재 2023. 10. 26. 2018헌마872).

289. ×(모두 교원이 전적으로 결정 아님)

290 학칙의 제정 또는 개정에 관한 사항 등 대학평의원회의 심의사항을 규정한 「고등교육법」 조항은 연구와 교육 등 대학의 중심적 기능에 관한 자율적 의사결정을 방해한다고 볼 수 있어, 국·공립대학 교수회 및 교수들의 대학의 자율권을 침해한다. 24 경찰 2차 O|X

고등교육법 제19조의2제1항제4호 등 위헌확인
이 사건 심의조항은 대학 구성원이 학교 운영의 기본사항에 대한 의사결정 과정에 참여할 수 있는 기회를 절차적으로 보장하는 것으로서, 연구에 관한 사항은 대학평의원회의 심의사항에서 제외하고 있는 점, 교육과정 운영에 관한 사항은 대학평의원회의 자문사항에 해당하는 점, 심의결과가 대학의 의사결정을 기속하지 않는 점 등을 고려할 때 이 사건 심의조항이 연구와 교육 등 대학의 중심적 기능에 관한 자율적 의사결정을 방해한다고 볼 수 없으며, 학교운영이 민주적 절차에 따라 공정하고 투명하게 이루어질 수 있도록 하기 위한 것으로서 합리적 이유가 인정된다. 따라서 이 사건 심의조항이 국·공립대학 교수회 및 교수들의 **대학의 자율권을 침해한다고 볼 수 없다**(헌재 2023. 10. 26. 2018헌마872).

290. ×(대학의 자율권 침해 아님)

4회 291 고등학교 퇴학일부터 검정고시 공고일까지의 기간이 6개월 이상이 되지 않은 사람은 고졸검정고시에 응시할 수 없도록 규정한 「초·중등교육법 시행규칙」 제35조 제6항 제2호 본문 중 '고등학교'에 관한 부분은 고등학교를 자진 퇴학한 청구인들의 교육을 받을 권리를 침해한다고 볼 수 없다. 25 경찰 1차 O|X

초·중등교육법 시행규칙 제35조제6항 위헌확인
심판대상조항이 추구하는 공익은 고등학교 퇴학자의 고졸검정고시 응시 증가를 억제하여 정규 학교교육 과정의 이수를 유도함으로써 공교육의 내실화를 도모하고자 하는 것으로, 달성하려는 공익이 제한받는 사익보다 큰 점 등을 종합하여 보면, 심판대상조항은 청구인들의 **교육을 받을 권리를 침해한다고 볼 수 없다**(헌재 2022. 5. 26. 2020헌마1512).

291. ○

31 근로의 권리

기출OX

3회 292 헌법에는 최저임금제에 관한 규정이 없지만, 근로자에 대하여 임금의 최저수준을 보장하여 근로자의 생활안정과 노동력의 질적 향상을 도모하고자 최저임금제를 실시하고 있다. 24 5급 ⓞⅠ⊗

292-1 택시운전 근로자의 최저임금에 산입되는 범위를 정한 최저임금법 조항이 일반택시운송사업자는 생산고에 따른 임금(초과운송수입금)을 제외하고 고정급으로만 최저임금액 이상을 지급하도록 한 것은 일반택시운송사업자의 계약의 자유와 직업의 자유를 침해하지 아니한다. 출제예상 ⓞⅠ⊗

> **택시운전근로자 최저임금산입 특례조항 사건 (최저임금법 제6조제5항 위헌소원)**
> (1) **헌법**은 국가에게 근로자의 **적정임금의 보장**에 노력할 것과 법률이 정하는 바에 의하여 **최저임금제를 시행할 의무**를 부과하고 있으며(제32조 제1항), 최저임금법은 근로자에 대하여 임금의 최저수준을 보장하여 근로자의 생활안정과 노동력의 질적 향상을 꾀함으로써 국민경제의 건전한 발전에 이바지하는 것을 목적으로 한다(헌재 2023. 2. 23. 2020헌바11 등).
> (2) 심판대상조항은 대중교통의 중요한 역할을 담당하고 있음에도 대표적인 저임금, 장시간 근로 업종에 해당하는 택시운전근로자들의 임금의 불안정성을 일부나마 해소하여 생활안정을 보장한다는 사회정책적 배려를 위하여 제정된 규정으로서 입법목적이 정당하고, 그 내용은 입법목적을 실현하기 위하여 적합한 수단이다. … 심판대상조항을 통해 택시운송사업자들의 계약의 자유와 직업의 자유를 다소간 제한하는 것을 감수하고서라도 택시운전근로자들의 생활안정 및 국민의 교통안전을 확보하고자 한 입법자의 판단이 공익과 사익 사이의 **비례관계를 명백하게 벗어났다고 볼 수 없다**(헌재 2023. 2. 23. 2020헌바11 등).

🔒 **292.** ✗(헌법에 최저임금제 시행 규정 있음) **292-1.** ○

3회 293 '가구 내 고용활동'에 대해서는 「근로자퇴직급여 보장법」을 적용하지 않도록 규정한 같은 법 제3조 단서 중 '가구 내 고용활동' 부분은 합리적 이유가 있는 차별로서 평등원칙에 위배되지 아니한다. 24 경간, 24 해간 ⓞⅠ⊗

293-1 「근로자퇴직급여 보장법」 제3조 단서가 가사사용인을 일반 근로자와 달리 「근로자퇴직급여 보장법」의 적용범위에서 배제하고 있다 하더라도 합리적 이유가 있는 차별로서 평등원칙에 위배되지 아니한다. 23 소간 ⓞⅠ⊗

> **가사사용인에 대한 퇴직급여법 적용제외 사건 (근로자퇴직급여 보장법 제3조 단서 위헌소원)**
> 가사사용인도 근로자에 해당하지만, 제공하는 근로가 가정이라는 사적 공간에서 이루어지는 특수성이 있다. 그런데 퇴직급여법은 사용자에게 여러 의무를 강제하고 국가가 사용자를 감독하고 위반 시 처벌하도록 규정하고 있다. 가구 내 고용활동에 대하여 다른 사업장과 동일하게 퇴직급여법을 적용할 경우 이용자 및 이용자 가족의 사생활을 침해할 우려가 있음은 물론 국가의 관리 감독이 제대로 이루어지기도 어렵다. … 이를 종합하면 심판대상조항이 가사사용인을 일반 근로자와 달리 **퇴직급여법의 적용범위에서 배제**하고 있다 하더라도 **합리적 이유가 있는 차별**로서 **평등원칙에 위배되지 아니한다**(헌재 2022. 10. 27. 2019헌바454).

🔒 **293.** ○ **293-1.** ○

32 근로3권

기출OX

294 하나의 사업 또는 사업장에 복수 노동조합이 존재하는 경우 '교섭대표노동조합'을 정하여 교섭을 요구하도록 하는 「노동조합법」 조항과, 자율적으로 교섭창구를 단일화하지 못하거나 사용자가 단일화 절차를 거치지 아니하기로 동의하지 않은 경우 과반수 노동조합이 '교섭대표노동조합'이 되도록 하는 「노동조합법」 조항은 단체교섭권을 침해하지 아니한다. 24 해간 O | X

294-1 하나의 사업 또는 사업장에 복수 노동조합이 존재하는 경우 '교섭대표노동조합'을 정하여 교섭을 요구하도록 하는 「노동조합 및 노동관계조정법」 제29조제2항은 과잉금지원칙을 위반하여 단체교섭권을 침해한다. 25 경간 O | X

> **노동조합 및 노동관계조정법 제29조제2항 등 위헌확인 (교섭창구 단일화 사건)**
> 교섭창구 단일화 제도는 근로조건의 결정권이 있는 사업 또는 사업장 단위에서 복수 노동조합과 사용자 사이의 교섭절차를 일원화하여 효율적이고 안정적인 교섭체계를 구축하고, 소속 노동조합이 어디든 관계없이 조합원들의 근로조건을 통일하기 위한 것이다. '노동조합 및 노동관계조정법'이 규정한 개별교섭 조항(제29조의2제1항단서), 교섭단위 분리 조항(제29조의3제2항), 공정대표의무 조항(제29조의4) 등은 모두 교섭창구 단일화를 일률적으로 강제할 경우 발생하는 문제점을 보완하기 위한 것으로서, 노동조합의 단체교섭권 침해를 최소화하기 위한 제도라 볼 수 있다. 따라서 제1조항 및 제2조항은 과잉금지원칙을 위반하여 청구인들의 **단체교섭권을 침해하지 아니하며 단체교섭권의 본질적 내용을 침해하지도 아니한다**(헌재 2024. 6. 27. 2020헌마237 등).

🔒 **294.** ○ **294-1.** ×(단체교섭권 침해 아님)

295 사인간 기본권 충돌의 경우 입법자에 의한 규제와 개입은 개별 기본권 주체에 대한 기본권 제한의 방식으로 흔하게 나타나며, 노사관계의 경우에도 국가의 개입이 기본권을 침해하는지 여부가 문제될 수는 있으나, 사적 계약관계라는 이유로 국가가 개입할 수 없다고 볼 것은 아니다. 23 소간 O | X

> **위력에 의한 업무방해 사건 (형법 제314조제1항 위헌소원)**
> 사인간 기본권 충돌의 경우 **입법자에 의한 규제와 개입**은 개별 기본권 주체에 대한 **기본권 제한의 방식**으로 흔하게 나타나며, 노사관계의 경우도 마찬가지이다. 예컨대, 사용자와 근로자는 근로계약 체결단계에서부터 계약상 의무 위반에 이르기까지 근로기준법, 최저임금법 등 노동 관계법령에 의한 국가적 개입을 받고 있으며, 이러한 국가의 개입이 기본권을 침해하는지 여부가 문제될 수는 있으나, **사적 계약관계**라는 이유로 **국가가 개입할 수 없다고 볼 것은 아니다**(헌재 2022. 5. 26. 2012헌바66).

🔒 **295.** ○

296 근로자들의 단체행동권은 집단적 실력행사로서 위력의 요소를 가지고 있으므로, 사용자의 재산권이나 직업의 자유, 경제활동의 자유를 현저히 침해하고, 거래질서나 국가 경제에 중대한 영향을 미치는 일정한 단체행동권의 행사에 대하여는 제한이 가능하다. 23 경찰 2차 ◯ⅠⅩ

296-1 사용자가 예측할 수 없는 시기에 전격적으로 이루어져 사용자의 사업운영에 심대한 혼란 내지 막대한 손해를 초래한 집단적 노무제공 거부행위를 위력에 의한 업무방해죄로 형사처벌하는 것은 근로자들의 단체행동권을 침해하지 않는다. 출제예상 ◯ⅠⅩ

> **위력에 의한 업무방해 사건 (형법 제314조제1항 위헌소원)**
> (1) **근로자 집단의 단체행동권 행사**는 단순히 개인적 차원의 권리 행사가 아니라 일시에 **집단적으로 행해지는 실력행사**로써 상대방에 대한 통일적 압력으로 작용하게 되므로 **위력의 요소**를 가지고 있다. … 따라서 단체행동권 행사라는 이유로 무조건 형사책임이나 민사책임이 면제된다고 보기는 어려우며, 사용자의 재산권이나 직업의 자유, 경제활동의 자유를 **현저히 침해**하고, 거래질서나 국가 경제에 **중대한 영향**을 미치는 일정한 단체행동권의 행사에 대한 **제한은 가능**하다(헌재 2022. 5. 26. 2012헌바66).
> (2) 심판대상조항은 노사관계의 형성에 있어 사회적 균형을 이루기 위해 필요한 범위를 넘는 사용자의 영업의 자유에 대한 침해를 방지하고 개인과 기업의 경제상의 자유와 거래질서를 보장하며, 경우에 따라 국민의 일상생활이나 국가의 경제적 기능에 부정적인 영향을 미치는 행위를 억제하기 위한 것이므로, 입법목적의 정당성 및 수단의 적합성이 인정된다. … 따라서 심판대상조항은 **단체행동권을 침해하지 않는다**(헌재 2022. 5. 26. 2012헌바66).

296. ◯ 296-1. ◯

[출제예상]

297 특수경비원의 파업·태업 그 밖에 경비업무의 정상적인 운영을 저해하는 일체의 쟁의행위를 금지하는 경비업법 조항은 단체행동권을 침해하지 않는다. 4 : 5 기각

> **특수경비원의 일체의 쟁의행위 금지 사건 (경비업법 제15조제3항 위헌확인)**
> 심판대상조항은 경비업무의 정상적인 운영을 저해하는 쟁의행위를 금지함으로써 국가중요시설의 안전을 도모하고 국가중요시설의 정상적인 기능을 유지하여 방호혼란을 방지하려는 것이므로 입법목적의 정당성 및 수단의 적합성이 인정된다. 국가중요시설에서 발생할 수 있는 보안 관련 사건의 심각성, 이에 대응하기 위하여 무기 휴대가 가능한 특수경비원 업무의 중요성을 감안하면 경비업무의 정상적인 운영을 저해하는 일체의 쟁의행위를 금지할 수밖에 없고, 그 외 다른 수단들로는 위 목적 달성에 기여할 수 없다. … 그러므로 심판대상조항은 과잉금지원칙에 위배되어 나머지 청구인들의 **단체행동권을 침해하지 않는다**(헌재 2023. 3. 23. 2019헌마937).

33 환경권

기출 OX

2회 298 비사업용자동차의 타인광고를 제한하는 것은, 자동차 이용 광고물의 난립을 방지하여 도시미관과 도로안전 등을 확보함으로써 국민이 안전하고 쾌적한 환경에서 생활할 수 있도록 하기 위한 것이다. 24 해간, 23 소간 ○ | ✕

> **구 옥외광고물 등 관리법 시행령 제19조제1항 등 위헌확인**
> 심판대상조항이 **비사업용자동차의 타인광고를 제한**하는 것은, 자동차 이용 광고물의 난립을 방지하여 도시미관과 도로안전 등을 확보함으로써 **국민이 안전하고 쾌적한 환경에서 생활할 수 있도록 하기 위한 것**이다(헌재 2022. 1. 27. 2019헌마327).
>
> 🔗 **298.** ○

3회 299 일상생활에서 접하게 되는 토양에서 유해중금속 등의 화학물질을 제거·방지하여 건강한 환경에서 생활할 권리는 환경권의 한 내용을 구성한다. 25 경찰 1차 ○ | ✕

299-1 학교시설에서의 유해중금속 등 유해물질의 예방 및 관리 기준을 규정한 「학교보건법 시행규칙」 조항에 마사토 운동장에 대한 규정을 두지 아니한 것이 당시 마사토 운동장이 설치된 고등학교에 재학 중이던 학생의 환경권을 침해하지 아니한다. 24 해간 ○ | ✕

299-2 학교시설에서의 유해중금속 등 유해물질의 예방 및 관리 기준을 규정한 「학교보건법 시행규칙」 해당 조항에 마사토 운동장에 대한 규정을 두지 아니한 것은 과잉금지원칙에 위반하여 마사토 운동장이 설치된 고등학교에 재학 중이던 학생인 청구인의 환경권을 침해하지 아니한다. 25 경간 ○ | ✕

> **학교의 마사토 운동장에 대한 유해중금속 등 유해물질의 유지·관리 기준 부재 사건 (학교보건법 시행규칙 [별표 2의2] 제1호 등 위헌확인)**
> (1) '건강하고 쾌적한 환경에서 생활할 권리'를 보장하는 환경권의 보호대상이 되는 환경에는 자연환경뿐만 아니라 인공적 환경과 같은 생활환경도 포함된다. 환경권을 구체화한 입법이라 할 환경정책기본법 제3조에서도 환경을 자연환경과 생활환경으로 분류하면서, 생활환경에 토양, 화학물질 등 사람의 일상생활과 관계되는 환경을 포함시키고 있다. 그러므로 일상생활에서 접하게 되는 **토양에서 유해중금속 등의 화학물질을 제거·방지**하여 **건강한 환경에서 생활할 권리는 환경권의 한 내용**을 구성한다(헌재 2024. 4. 25. 2020헌마107).
> (2) 학교보건법 시행규칙과 관련 고시의 내용을 전체적으로 보면 필요한 경우 학교의 장이 마사토 운동장에 대한 유해중금속 등의 점검을 실시하는 것이 가능하고, 또한 토양환경보전법령에 따른 학교용지의 토양 관리체제, 교육부 산하 법정기관이 발간한 운동장 마감재 조성 지침 상의 권고, 학교장이나 교육감에게 학교 운동장의 유해물질 관리를 의무화하고 있는 각 지방자치단체의 조례 등을 통해 마사토 운동장에 대한 유해중금속 등 유해물질의 관리가 이루어지고 있다. … 심판대상조항에 마사토 운동장에 대한 기준이 도입되지 않았다는 사정만으로 국민의 환경권을 보호하기 위한 **국가의 의무가 과소하게 이행되었다고 평가할 수는 없다**. 따라서 심판대상조항은 청구인의 **환경권을 침해하지 아니한다**(헌재 2024. 4. 25. 2020헌마107).
>
> 🔗 **299.** ○ **299-1.** ○ **299-2.** ✕ (과잉금지원칙 ✕ → 과소보호금지원칙 ○)

PART 2 국민의 권리와 의무 **171**

300 국가와 국민이 '환경보전'을 위하여 노력할 의무에는 기후변화로 인하여 생활의 기반이 되는 제반 환경이 훼손되고 생명·신체의 안전 등을 위협할 수 있는 위험에 대하여, 기후변화의 원인을 줄여 이를 완화하거나 그 결과에 적응하는 조치를 하는 국가의 기후위기에 대한 대응의 의무도 포함된다. 25 경정   O | X

> **저탄소 녹색성장 기본법 제42조제1항제1호 위헌확인 (기후위기 대응을 위한 국가 온실가스 감축목표 사건)**
> **국가와 국민이 '환경보전'을 위하여 노력할 의무**에는, **자연환경과 생활환경**을 오염 및 훼손으로부터 보호하고, 오염되거나 훼손된 환경을 개선함과 동시에 쾌적한 환경 상태를 유지·조성하기 위한 행위 등을 할 의무가 포함된다. **기후변화**로 인하여 생활의 기반이 되는 제반 환경이 훼손되고 생명·신체의 안전 등을 위협할 수 있는 위험에 대하여, 기후변화의 원인을 줄여 이를 완화하거나 그 결과에 적응하는 조치를 하는 **국가의 기후위기에 대한 대응의 의무**도 여기에 **포함**된다(헌재 2024. 8. 29. 2020헌마389 등).

300. O

301 국가가 국민의 건강하고 쾌적한 환경에서 생활할 권리에 관한 보호의무를 다하지 않았는지를 헌법재판소가 심사할 때에는 '과소보호금지원칙'의 위반 여부를 기준으로 삼아, 개별 사례에서 기본권침해가 예상되어 보호가 필요한 '위험상황'에 대응하는 '보호조치'의 내용이 문제 되는 위험상황의 성격에 상응하는 보호조치로서 필요한 최소한의 성격을 갖고 있는지에 따라 판단하는데, 위험상황의 성격 등은 '과학적 사실'과 '국제기준'에 근거하여 객관적으로 검토되어야 한다. 25 법원9 [O│X]

301-1 탄소중립기본법령이 설정한 온실가스 감축목표 등이 과소보호금지원칙을 위반하였는지 여부는 기후위기라는 위험상황의 성격에 상응하는 보호조치로서 필요한 최소한의 성격을 갖추었는지를 기준으로 판단하여야 하며, 온실가스 감축의 구체적인 목표치가 전 지구적인 감축 노력의 관점에서 우리나라가 기여해야 할 몫에 부합하는지, 감축목표 설정의 체계가 기후 변화의 영향과 온실가스 배출 제한의 측면에서 미래에 과중한 부담을 이전하지 않는 방식으로, 또한 온실가스 감축이 실효적으로 담보될 수 있는 방식으로 제도화되어 있는지 등을 과학적 사실과 국제기준을 고려하여 판단하여야 한다. 25 법원9 [O│X]

301-2 개별 사례에서 기본권 침해가 예상되어 보호가 필요한 위험상황의 성격은 전 지구적 기후 위기를 고려하여 국제기준에 근거하여 검토해야 하고 과학적 사실에 근거하여 판단할 필요는 없다. 25 법원9 [O│X]

301-3 어떠한 경우에 '과소보호금지원칙'에 미달하게 되는지에 대해서는 일반적·일률적으로 확정할 수 없고 국가마다 처한 환경이 다르므로 헌법재판소는 '과소보호금지원칙'의 위반 여부를 판단함에 있어서 국제기준을 고려하지 않는다. 25 입시 [O│X]

저탄소 녹색성장 기본법 제42조제1항제1호 위헌확인 (기후위기 대응을 위한 국가 온실가스 감축목표 사건)

(1) 국가가 국민의 건강하고 쾌적한 환경에서 생활할 권리에 관한 **보호의무**를 다하지 않았는지를 헌법재판소가 심사할 때에는 '**과소보호금지원칙**'의 위반 여부를 기준으로 삼아 … 어떠한 경우에 **과소보호금지원칙에 미달**하게 되는지에 대해서는 **일반적·일률적으로 확정할 수 없다**. 이는 개별 사례에 있어서 관련 법익의 종류 및 그 법익이 헌법질서에서 차지하는 위상, 그 법익에 대한 침해와 위험의 태양과 정도, 상충하는 법익의 의미 등을 비교 형량하여 구체적으로 확정하여야 한다. **개별 사례에서 과소보호금지원칙 위반 여부는 기본권침해가 예상되어 보호가 필요한 '위험상황'**에 대응하는 '**보호조치**'의 내용이, 문제 되는 위험상황의 성격에 상응하는 보호조치로서 **필요한 최소한의 성격을 갖고 있는지에 따라 판단**한다. 이에 대한 판단이 전문적이고 기술적인 영역에 있거나 국제적 성격을 갖는 경우, 그러한 **위험상황의 성격 등**은 '**과학적 사실**'과 '**국제기준**'에 근거하여 **객관적으로 검토**되어야 한다(헌재 2024. 8. 29. 2020헌마389 등).

(2) **탄소중립기본법** 제8조제1항 및 같은 법 시행령 제3조제1항이 설정한 **중장기 감축목표와 이 사건 부문별 및 연도별 감축목표**가 **과소보호금지원칙을 위반하였는지 여부**는 기후위기라는 위험상황의 성격에 상응하는 **보호조치로서 필요한 최소한의 성격을 갖추었는지를 기준**으로 판단된다. 이 관해서는 앞서 살펴본 바와 같이 온실가스 감축의 구체적인 목표치가 전 지구적인 감축 노력의 관점에서 우리나라가 기여해야 할 몫에 부합하는지, 감축목표 설정의 체계가 기후변화의 영향과 온실가스 배출 제한의 측면에서 미래에 과중한 부담을 이전하지 않는 방식으로, 또한 온실가스 감축이 실효적으로 담보될 수 있는 방식으로 제도화되어 있는지 등을 **과학적 사실과 국제기준을 고려하여 판단**하여야 한다(헌재 2024. 8. 29. 2020헌마389 등).

🔒 301. ○ 301-1. ○ 301-2. ×(과학적 사실 고려) 301-3. ×(국제기준 고려)

302 「기후위기 대응을 위한 탄소중립·녹색성장 기본법 시행령」 제3조제1항은 같은 법 제8조제1항의 위임을 받아 2030년 중장기 감축목표의 구체적인 비율의 수치를 정한 것으로서, 과소보호금지원칙에 반하여 기본권 보호의무를 위반하였으므로 청구인들의 환경권을 침해하였다. 25 경찰 1차 ⓞⅠ☒

> 저탄소 녹색성장 기본법 제42조제1항제1호 위헌확인 (기후위기 대응을 위한 국가 온실가스 감축목표 사건)
> 탄소중립기본법 시행령 제3조제1항은 같은 법 제8조제1항의 위임을 받아 **2030년 중장기 감축목표의 구체적인 비율의 수치를 정한 것일 뿐이므로**, **과소보호금지원칙**에 반하여 기본권 보호의무를 위반하였다고 볼 수 없어 청구인들의 **환경권 등 기본권을 침해하지 않는다**(헌재 2024. 8. 29. 2020헌마389 등).

🔗 **302.** ✕(2030년까지 감축목표 합헌)

5회 303 정부가 '국가 온실가스 배출량을 2030년까지 2018년의 국가 온실가스 배출량 대비 35퍼센트 이상의 범위에서 대통령령으로 정하는 비율만큼 감축하는 것'을 '중장기 국가 온실가스 감축 목표'로 하도록 규정한 기후위기 대응을 위한 탄소중립·녹색성장 기본법 제8조 제1항은 2031년부터 2049년까지의 감축목표에 관하여 어떤 형태의 정량적 기준도 제시하지 않았는바, 미래에 과중한 부담을 이전하는 방식으로 온실가스 감축목표를 규율한 것으로, 2031년부터 2049년까지의 감축목표에 대한 규율에 관하여 기후위기라는 위험상황에 상응하는 보호조치로서 필요한 최소한의 성격을 갖추지 못하였으므로 과소보호금지원칙을 위반한다. 25 법원 9 ○ⅠX

303-1 「기후위기 대응을 위한 탄소중립·녹색성장 기본법」이 2031년부터 2049년까지의 온실가스 감축목표에 관하여 대강의 정량적 수준도 규정하지 않고 이에 관해 정부가 5년마다 정하도록 한 것은 의회유보원칙을 포함하는 법률유보원칙을 위반한 것이다. 26 경간 ○ⅠX

303-2 기후위기 대응을 위한 탄소중립·녹색성장 기본법 제8조 제1항이 2031년부터 2049년까지의 감축목표에 관하여 정량적 수준을 규정하지 않고 이에 관해 정부가 5년마다 정하도록 하였다고 하더라도, 온실가스 감축목표의 수치와 경로를 정하는 것은 과학적 예측과 분석에 기반한 전문적이고 기술적인 영역에 해당하여 법률에 이를 상세하게 정하는 것은 한계가 있으므로, 이를 들어 의회유보원칙과 법률유보원칙을 위반하였다고 할 수 없다. 25 법원 9 ○ⅠX

303-3 「기후위기 대응을 위한 탄소중립·녹색성장 기본법」 제7조는 정부의 '2050년 탄소중립'을 목표로 하고 있는바, 정부가 '국가 온실가스 배출량을 2030년까지 2018년 국가 온실가스 배출량 대비 35퍼센트 이상의 범위에서 대통령령으로 정하는 비율만큼 감축하는 것을 중장기 국가 온실가스 감축 목표'로 하도록 규정한 동법 제8조 제1항에서 2031년부터 2049년까지의 감축목표에 대하여 어떤 형태의 정량적 기준도 제시하지 않았더라도 국민인 청구인의 환경권을 침해한다고 할 수 없다. 25 경정 ○ⅠX

> **저탄소 녹색성장 기본법 제42조제1항제1호 위헌확인 (기후위기 대응을 위한 국가 온실가스 감축목표 사건)**
> 그러나 **탄소중립기본법 제8조제1항에서 2031년부터 2049년까지의 감축목표**에 관하여 어떤 형태의 **정량적 기준도 제시하지 않은 것**은, 2050년 탄소중립의 목표 시점에 이르기까지 **점진적이고 지속적인 감축을 실효적으로 담보할 수 없으므로**, 미래에 과중한 부담을 이전하는 방식으로 온실가스 감축목표를 규율한 것이다. 따라서 **탄소중립기본법 제8조제1항은 2031년부터 2049년까지의 감축목표**에 대한 규율에 관하여 기후위기라는 위험상황에 상응하는 보호조치로서 **필요한 최소한의 성격을 갖추지 못하였으므로 과소보호금지원칙을 위반**하였다. … 중장기적인 온실가스 감축목표와 감축경로를 계획할 때에는 매우 높은 수준의 사회적 합의가 필요하다는 점, 미래세대는 민주적 정치과정에 참여하는 것이 제약되어 있다는 점과 관련하여 입법자에게 더욱 구체적인 입법의무와 책임이 있음을 고려할 때, **2031년부터 2049년까지의 감축목표**에 관하여 대강의 정량적 수준도 규정하지 않고 이에 관해 **정부가 5년마다 정하도록 한 것은 의회유보원칙을 포함하는 법률유보원칙을 위반**한 것이다. … 결국 탄소중립기본법 제8조제1항은 **과소보호금지원칙 및 법률유보원칙**에 반하여 **기본권 보호의무를 위반**하였으므로 청구인들의 **환경권을 침해**한다(헌재 2024. 8. 29. 2020헌마389 등).

303. ○ **303-1.** ○ **303-2.** ×(의회유보·법률유보 위반) **303-3.** ×(환경권 침해)

34 혼인과 가족에 관한 권리

기출 OX

2회 304 입법자는 혼인 및 가족관계가 가지는 고유한 특성 등을 두루 고려하여, 사회의 기초단위이자 구성원을 보호하고 부양하는 자율적 공동체로서의 가족의 순기능이 더욱 고양될 수 있도록 혼인과 가정을 보호하고 개인의 존엄과 양성의 평등에 기초한 혼인·가족제도를 실현해야 한다. 25 경간 ⓞ | Ⓧ

304-1 입법자는 계속적·포괄적 생활공동체, 당사자의 의사와 관계없는 친족 등 신분관계의 형성과 확장가능성, 구성원 상호간의 이타적 유대관계의 성격이나 상호신뢰·협력의 중요성, 시대와 사회의 변화에 따른 공동체의 다양성 증진 및 인식·기능의 변화 등을 두루 고려하여, 사회의 기초단위이자 구성원을 보호하고 부양하는 자율적 공동체로서의 가족의 순기능이 더욱 고양될 수 있도록 혼인과 가정을 보호해야 한다. 24 국가 7 ⓞ | Ⓧ

> **8촌 이내 혈족 사이의 혼인 금지 및 무효 사건 (민법 제809조제1항 등 위헌소원)**
> **입법자는 혼인 및 가족관계가 가지는 고유한 특성**, 예컨대 계속적·포괄적 생활공동체, 당사자의 의사와 관계없는 친족 등 신분관계의 형성과 확장가능성, 구성원 상호간의 이타(利他)적 유대관계의 성격이나 상호 신뢰·협력의 중요성, 시대와 사회의 변화에 따른 공동체의 다양성 증진 및 인식·기능의 변화 등을 두루 고려하여, **사회의 기초단위이자 구성원을 보호하고 부양하는 자율적 공동체로서의 가족의 순기능이 더욱 고양될 수 있도록 혼인과 가정을 보호**하고, **개인의 존엄과 양성의 평등에 기초한 혼인·가족제도를 실현**해야 한다(헌재 2022. 10. 27. 2018헌바115).
>
> 🔗 304. ○ 304-1. ○

305 8촌 이내의 혈족 사이에서는 혼인할 수 없도록 하는 「민법」상 '금혼조항'은 혼인의 자유를 침해하지 않으나, 금혼조항을 위반한 혼인을 무효로 하는 「민법」상 '무효조항'은 혼인의 자유를 침해한다. 24 국회 9 ⓞⅠ×

305-1 8촌 이내 혈족 사이의 혼인을 금지하는 「민법」상 금혼조항은 우리 사회에서 통용되는 친족의 범위 및 양성평등에 기초한 가족관계 형성에 관한 인식과 합의에 기초하여 근친의 범위를 한정한 것이므로 그 합리성이 인정된다. 26 경간 ⓞⅠ×

305-2 8촌 이내의 혈족 사이에서는 혼인할 수 없도록 하는 「민법」조항 및 이를 위반한 혼인을 무효로 하는 「민법」조항은 가족질서를 보호하고 유지한다는 공익이 매우 중요하기 때문에 과잉금지원칙에 위배되지 않으므로 혼인의 자유를 침해하지 않는다. 25 5급 ⓞⅠ×

305-3 8촌 이내의 혈족 사이에서는 혼인할 수 없도록 하는 「민법」제809조제1항은 입법목적의 달성에 필요한 범위를 넘는 과도한 제한으로서 침해의 최소성을 충족하지 못하므로 혼인의 자유를 침해한다. 24 경간 ⓞⅠ×

> **8촌 이내 혈족 사이의 혼인 금지 및 무효 사건 (민법 제809조제1항 등 위헌소원)**
> (1) 이 사건 금혼조항은, 촌수를 불문하고 부계혈족 간의 혼인을 금지한 구 민법상 동성동본금혼 조항에 대한 헌법재판소의 헌법불합치 결정의 취지를 존중하는 한편, 우리 사회에서 통용되는 친족의 범위 및 양성평등에 기초한 가족관계 형성에 관한 인식과 합의에 기초하여 **혼인이 금지되는 근친의 범위를 한정**한 것이므로 그 **합리성이 인정**되며, 입법목적 달성에 불필요하거나 과도한 제한을 가하는 것이라고는 볼 수 없으므로 침해의 최소성에 반한다고 할 수 없다. … 그렇다면 이 사건 **금혼조항**은 과잉금지원칙에 위배하여 **혼인의 자유를 침해하지 않는다**(헌재 2022. 10. 27. 2018헌바115).
> (2) 이 사건 무효조항의 입법목적은 가령 직계혈족 및 형제자매 사이의 혼인과 같이 근친혼이 가족제도의 기능을 심각하게 훼손하는 경우에 한정하여 무효로 하고 그 밖의 근친혼에 대하여는 혼인이 소급하여 무효가 되지 않고 혼인의 취소를 통해 장래를 향하여 해소할 수 있도록 규정함으로써 기왕에 형성된 당사자나 자녀의 법적 지위를 보장하더라도 충분히 달성할 수 있다. … 그럼에도 **이 사건 무효조항은 이 사건 금혼조항을 위반한 경우를 전부 무효**로 하고 있으므로 **침해최소성**과 **법익균형성에 반한다**. 따라서 이 사건 **무효조항**은 과잉금지원칙에 위배하여 **혼인의 자유를 침해한다**(헌재 2022. 10. 27. 2018헌바115).

🔗 **305.** ◯ **305-1.** ◯ **305-2.** ×(금혼조항 합헌, 무효조항 위헌) **305-3.** ×(금혼조항 혼인의 자유 침해 아님)

306 태어난 즉시 '출생등록될 권리'는 '출생 후 아동이 보호를 받을 수 있을 최대한 빠른 시점'에 아동의 출생과 관련된 기본적인 정보를 국가가 관리할 수 있도록 등록할 권리로서, 자유로운 인격실현을 보장하는 자유권적 성격과 아동의 건강한 성장과 발달을 보장하는 사회적 기본권의 성격을 함께 지닌 헌법에 명시되지 아니한 독자적 기본권이다. 25 변호사 ⓞⅠ✕

306-1 태어난 즉시 '출생등록 될 권리'는 '출생 후 곧바로' 등록될 권리를 뜻하는 것으로 헌법에 명시되지 아니한 독자적 기본권으로서 자유로운 인격실현을 보장하는 자유권적 성격과 아동의 건강한 성장과 발달을 보장하는 사회적 기본권의 성격을 함께 지닌다. 26 경간 ⓞⅠ✕

306-2 태어난 즉시 출생등록될 권리는 헌법 제10조뿐만 아니라, 헌법 제34조 제1항의 인간다운 생활을 할 권리, 헌법 제36조 제1항의 가족생활의 보장, 헌법 제34조 제4항의 국가의 청소년 복지향상을 위한 정책실시의무 등에도 근거가 있다. 24 입시 ⓞⅠ✕

306-3 태어난 즉시 '출생등록될 권리'는 헌법에 명시되지 아니한 독자적 기본권으로서, 자유로운 인격실현을 보장하는 자유권적 성격과 아동의 건강한 성장과 발달을 보장하는 사회적 기본권의 성격을 함께 지닌다. 24 법무사, 24 법원9 ⓞⅠ✕

> '혼인 중 여자와 남편 아닌 남자 사이에서 출생한 자녀'에 대한 출생신고 사건 (가족관계의 등록 등에 관한 법률 제46조제2항 등 위헌확인)
> 태어난 즉시 '**출생등록될 권리**'는 '출생 후 곧바로' 등록될 권리를 뜻하는 것이 아니라 '**출생 후 아동이 보호를 받을 수 있을 최대한 빠른 시점**'에 아동의 출생과 관련된 **기본적인 정보를 국가가 관리할 수 있도록 등록할 권리**로서, 아동이 사람으로서 **인격을 자유로이 발현**하고, 부모와 가족 등의 보호하에 건강한 성장과 발달을 할 수 있도록 **최소한의 보호장치를 마련**하도록 요구할 수 있는 권리이다. 이는 헌법 제10조의 인간의 존엄과 가치 및 행복추구권으로부터 도출되는 일반적 인격권을 실현하기 위한 기본적인 전제로서 **헌법 제10조**뿐만 아니라, **헌법 제34조 제1항**의 인간다운 생활을 할 권리, **헌법 제36조 제1항**의 가족생활의 보장, **헌법 제34조 제4항**의 국가의 청소년 복지향상을 위한 정책실시의무 등에도 근거가 있다. 이와 같은 태어난 즉시 '**출생등록될 권리**'는 앞서 언급한 기본권 등의 어느 하나에 완전히 포섭되지 않으며, 이들을 이념적 기초로 하는 **헌법에 명시되지 아니한 독자적 기본권**으로서, 자유로운 인격실현을 보장하는 **자유권적 성격**과 아동의 건강한 성장과 발달을 보장하는 **사회적 기본권**의 성격을 함께 지닌다(헌재 2023. 3. 23. 2021헌마975).
>
> 🔗 **306.** ○ **306-1.** ✕(최대한 빠른 시점에 등록될 권리) **306-2.** ○ **306-3.** ○

2회 **307** 태어난 즉시 '출생등록될 권리'는 입법자가 출생등록제도를 통하여 형성하고 구체화하여야 할 권리이며, 입법자는 출생등록제도를 형성함에 있어 단지 출생등록의 이론적 가능성을 허용하는 것에 그쳐서는 아니되며, 실효저으로 출생등록될 권리가 보장되도록 하여야 한다. 24 법무사, 23 경채 ◯│✕

> '혼인 중 여자와 남편 아닌 남자 사이에서 출생한 자녀'에 대한 출생신고 사건 (가족관계의 등록 등에 관한 법률 제46조제2항 등 위헌확인)
> 태어난 즉시 '출생등록될 권리'는 입법자가 **출생등록제도를 통하여 형성하고 구체화**하여야 할 권리이다. 그러나 태어난 즉시 '출생등록될 권리'의 실현은 일반적인 사회적 기본권과 달리 국가 자원 배분의 문제와는 직접적인 관련이 없고, 이를 제한하여야 할 다른 공익을 상정하기 어려우며, 출생등록이 개인의 인격 발현에 미치는 중요한 의미를 고려할 때, 입법자는 **출생등록제도를 형성**함에 있어 단지 출생등록의 이론적 가능성을 허용하는 것에 그쳐서는 아니되며, **실효적으로 출생등록될 권리가 보장**되도록 하여야 한다(헌재 2023. 3. 23. 2021헌마975).
>
> 🔗 307. ◯

3회 **308** 혼인 중인 여자와 남편 아닌 남자 사이에서 출생한 자녀에 대한 생부의 출생신고를 허용하도록 규정하지 않은 가족관계의 등록 등에 관한 법률 해당 조항은 혼인 외 출생자들의 태어난 즉시 '출생등록될 권리'를 침해한다. 24 법원 9 ◯│✕

308-1 태어난 즉시 '출생등록 될 권리'는 헌법상의 기본권이 아니라 법률상의 권리이므로 '혼인 중 여자와 남편 아닌 남자 사이에서 출생한 자녀에 대한 생부의 출생신고'를 허용하도록 규정하지 아니한 「가족관계의 등록 등에 관한 법률」 조항이 혼인외 출생자인 청구인들의 태어난 즉시 '출생등록 될 권리'를 침해하는 것은 아니다. 23 경찰 2차 ◯│✕

> '혼인 중 여자와 남편 아닌 남자 사이에서 출생한 자녀'에 대한 출생신고 사건 (가족관계의 등록 등에 관한 법률 제46조제2항 등 위헌확인)
> 이는 헌법에 명시되지 아니한 **독자적 기본권**으로서, 자유로운 인격실현을 보장하는 **자유권적 성격**과 아동의 건강한 성장과 발달을 보장하는 **사회적 기본권**의 성격을 함께 지닌다. … 따라서 심판대상조항들은 입법형성권의 한계를 넘어서서 실효적으로 출생등록될 권리를 보장하고 있다고 볼 수 없으므로, 혼인 중 여자와 남편 아닌 남자 사이에서 출생한 자녀에 해당하는 **혼인 외 출생자**인 청구인들의 **태어난 즉시 '출생등록될 권리'를 침해**한다(헌재 2023. 3. 23. 2021헌마975).
>
> 🔗 308. ◯ 308-1. ✕(법률상 권리 아님, 출생등록될 권리 침해함)

5회 309 혼인 중인 여자와 남편 아닌 남자 사이에서 출생한 자녀의 경우에 모와 생부를 차별하여 혼인 외 출생자의 신고의무를 모에게만 부과하고, 남편 아닌 남자인 생부에게 자신의 혼인 외 자녀에 대해서 출생신고를 하도록 규정하지 아니한 것은 합리적인 이유가 없어 생부의 평등권을 침해한다. 23 경채　　　　　　　　　　　Ⓞ Ⓧ

309-1 '혼인 중 여자와 남편 아닌 남자 사이에서 출생한 자녀에 대한 생부의 출생신고'를 허용하도록 규정하지 아니한 「가족관계의 등록 등에 관한 법률」 조항은 혼인 외 출생자에 대한 생부의 양육권을 직접 제한한다.
25 변호사　　　　　　　　　　　　　　　　　　　　　　　　　　　　　　　　　　　　Ⓞ Ⓧ

309-2 혼인 중 여자와 남편 아닌 남자 사이에서 출생한 자녀에 대한 생부의 출생신고'를 허용하도록 규정하지 아니한 「가족관계의 등록 등에 관한 법률」 조항은 과잉금지원칙을 위배하여 생부인 청구인들의 가족생활의 자유를 침해한다. 24 경찰 2차　　　　　　　　　　　　　　　　　　　　　　　　　　　　Ⓞ Ⓧ

> '혼인 중 여자와 남편 아닌 남자 사이에서 출생한 자녀'에 대한 출생신고 사건 (가족관계의 등록 등에 관한 법률 제46조제2항 등 위헌확인)
> (1) 심판대상조항들이 혼인 중인 여자와 남편 아닌 남자 사이에서 출생한 자녀의 경우에 **혼인 외 출생자의 신고의무를 모에게만 부과**하고, **남편 아닌 남자인 생부**에게 자신의 혼인 외 자녀에 대해서 **출생신고를 할 수 있도록 규정하지 아니한 것**은 모는 출산으로 인하여 그 출생자와 혈연관계가 형성되는 반면에, 생부는 그 출생자와의 혈연관계에 대한 확인이 필요할 수도 있고, 그 출생자의 출생사실을 모를 수도 있다는 점에 있으며, 이에 따라 가족관계등록법은 모를 중심으로 출생신고를 규정하고, 모가 혼인 중일 경우에 그 출생자는 **모의 남편의 자녀로 추정**하도록 한 민법의 체계에 따르도록 규정하고 있는 점에 비추어 **합리적인 이유가 있다**. 그렇다면, 심판대상조항들은 **생부인 청구인들의 평등권을 침해하지 않는다**(헌재 2023. 3. 23. 2021헌마975).
> (2) **생부인 청구인들**은 침해되는 기본권으로 **양육권 및 가족생활의 자유**도 주장하고 있다. 심판대상조항들은 출생신고에 관한 조항으로서 **생부인 청구인들**이 혼인 외 출생자인 청구인들을 **양육하는 것을 직접 제한하지 아니한다**. 아울러 생부가 생래적 혈연관계에 있는 **그 자녀와 가족관계를 형성**하는 것은 민법상 친생추정과 부인, 인지에 관한 규정들에 의하여 제한되는 것일 뿐, **심판대상조항들에 의하여 제한되는 것이 아니다**(헌재 2023. 3. 23. 2021헌마975).

🔑 **309.** ×(생부의 평등권 침해 아님) **309-1.** ×(생부의 양육권 제한 아님) **309-2.** ×(생부의 가족생활의 자유 제한 아님)

310 혼인과 가족생활을 스스로 결정하고 형성할 수 있는 자유는 입양당사자가 자신의 의사에 따라 입양을 하거나 입양될 자유뿐만 아니라, 입양의 의사가 없을 때에는 강제로 입양을 하거나 입양되는 것을 방지하여 원하지 않는 가족관계를 형성하지 아니할 자유도 포함한다. 25 소간 (O | X)

310-1 입양신고 시 신고사건 본인이 시·읍·면에 출석하지 아니하는 경우 신고사건 본인의 신분증명서를 제시하도록 한 「가족관계의 등록 등에 관한 법률」 조항은 원하지 않는 가족관계의 형성을 방지하기에 전적으로 부적합하거나 매우 부족한 수단이라고 볼 수는 없다. 26 경간 (O | X)

310-2 입양신고 시 신고사건 본인이 시·읍·면에 출석하지 아니하는 경우에는 신고사건 본인의 신분증명서를 제시하도록 한 「가족관계등록법」 규정은 입양당사자의 가족생활의 자유를 침해한다고 보기 어렵다. 23 경채 (O | X)

310-3 입양신고 시 신고사건 본인이 시·읍·면에 출석하지 아니하는 경우에는 신고사건 본인의 신분증명서를 제시하도록 한 「가족관계의 등록 등에 관한 법률」 해당 조항 전문 중 '신고 사건 본인의 주민등록증·운전면허증·여권, 그 밖에 대법원규칙으로 정하는 신분증명서를 제시하거나' 부분은 입양신고서의 기재사항은 일방 당사자의 신분증명서를 가지고 있다면 손쉽게 가족관계증명서를 발급받아 알 수 있어 진정한 입양의 합의가 존재한다는 점을 담보할 수 없으므로 입양당사자의 가족생활의 자유를 침해한다. 24 국가 7 (O | X)

> **입양신고 시 불출석 당사자의 신분증명서 제시 사건 (가족관계의 등록 등에 관한 법률 제23조제2항 전문 위헌소원)**
> (1) 헌법 제36조 제1항에서 보호하고 있는 **혼인과 가족생활을 스스로 결정하고 형성할 수 있는 자유**는 입양과 관련하여서는 **입양당사자가 자신의 의사에 따라 입양 여부를 결정할 수 있는 자유**로 나타난다. 이는 입양당사자가 **적극적으로 자신의 의사에 따라 입양을 하거나 입양될 자유**뿐만 아니라, 입양의 의사가 없을 때에는 **강제로 입양을 하거나 입양되는 것을 방지하여 원하지 않는 가족관계를 형성하지 아니할 자유**도 모두 포함한다(헌재 2022. 11. 24. 2019헌바108).
> (2) 이 사건 법률조항은 입양의 당사자가 출석하지 않아도 입양신고를 하여 **가족관계를 형성할 수 있는 자유를 보장**하면서도, 출석하지 아니한 당사자의 신분증명서를 제시하도록 하여 **입양당사자의 신고의사의 진실성을 담보**하기 위한 조항이다. … 신분증명서를 부정사용하여 입양신고가 이루어질 경우 형법에 따라 형사처벌되고, 그렇게 이루어진 허위입양은 언제든지 입양무효확인의 소를 통하여 구제받을 수 있다. 비록 출석하지 아니한 당사자의 신분증명서를 요구하는 것이 허위의 입양을 방지하기 위한 완벽한 조치는 아니라고 하더라도 <u>이 사건 법률조항이 원하지 않는 가족관계의 형성을 방지</u>하기에 전적으로 부적합하거나 매우 부족한 수단이라고 볼 수는 없다. 따라서 <u>이 사건 법률조항이 입양당사자의 가족생활의 자유를 침해한다고 보기 어렵다</u>(헌재 2022. 11. 24. 2019헌바108).
>
> 🔗 310. ○ 310-1. ○ 310-2. ○ 310-3. ✗(가족생활의 자유 침해 아님)

35 청원권

기출OX

4회 311 국회에 청원하는 방법을 '국회규칙으로 정하는 기간 동안 국회규칙으로 정하는 일정한 수 이상의 국민의 동의를 받아'라고 규정한 「국회법」 조항은, 국회가 한정된 자원과 심의역량 등을 고려하여 국민 동의 요건을 탄력적으로 정하도록 그 구체적인 내용을 하위법령에 위임할 필요성이 인정된다. 25 경간 O | X

311-1 국회에 청원하는 방법을 정한 「국회법」 조항 중 '국회규칙으로 정하는 기간 동안 국회규칙으로 정하는 일정한 수 이상의 국민의 동의를 받아' 부분은 국회규칙으로 규정될 내용 및 범위의 기본사항을 구체적으로 규정하고 있지 않아 그 대강을 예측할 수 없으므로 포괄위임금지원칙에 위반되어 청원권을 침해한다. 24 경간 O | X

> **국회법 제123조제1항 위헌확인 등**
> 국민의 의견을 효과적으로 반영하여 청원제도의 목적을 높은 수준으로 달성하기 위해서는 국회가 국회의 한정된 자원과 심의역량 등을 고려하여 **국민동의기간이나 인원 등 국민동의 요건을 탄력적으로 정할 필요**가 있으므로, 그 구체적인 내용을 **하위법령에 위임할 필요성이 인정**된다. 아울러 국회규칙에서는 국회가 처리할 수 있는 범위 내에서 국민의 의견을 취합하여 국민 다수가 동의하는 의제가 효과적으로 국회의 논의 대상이 될 수 있도록 **적정한 수준으로 구체적인 국민동의 요건과 절차가 설정될 것임**을 예측할 수 있다. 따라서 **국민동의조항은 포괄위임금지원칙에 위반되어 청원권을 침해하지 않는다**(헌재 2023. 3. 23. 2018헌마460 등).

311. ○ 311-1. ✕ (포괄위임금지원칙 위반 아님, 청원권 침해 아님)

3회 312 국회 전자청원시스템에 등록된 청원서가 등록일부터 30일 이내에 100명 이상의 찬성을 받아 일반인에게 공개되면, 공개된 날부터 30일 이내에 10만 명 이상의 동의를 받은 경우 국민동의청원으로 접수된 것으로 보는 「국회법」 및 「국회청원심사규칙」 조항은 의원소개조항에 더하여 추가적으로 요건과 절차를 규정하고 있는 것으로 입법형성의 한계를 위반한 것이다. 25 경간 O | X

> **국회법 제123조제1항 위헌확인 등**
> 국민동의법령조항들이 청원서의 일반인에 대한 공개를 위해 **30일 이내에 100명 이상의 찬성**을 받도록 한 것은 일종의 사전동의제도로서, 중복게시물을 방지하고 비방, 욕설, 혐오표현, 명예훼손 등 부적절한 청원을 줄이며 국민의 목소리를 효율적으로 담아내고자 함에 그 취지가 있다. 다음으로, 청원서가 일반인에게 공개되면 그로부터 **30일 이내에 10만 명 이상의 동의**를 받도록 한 것은 국회의 한정된 심의 역량과 자원의 효율적 배분을 고려함과 동시에, 일정 수준 이상의 인원에 해당하는 국민 다수가 관심을 갖고 동의하는 의제가 논의 대상이 되도록 하기 위한 것이다. … 따라서 국민동의법령조항들은 **입법재량을 일탈하여 청원권을 침해하였다고 볼 수 없다**(헌재 2023. 3. 23. 2018헌마460 등).

312. ✕ (입법형성의 한계 위반 아님)

36 재판청구권

기출OX

3회 313 상속개시 후 인지 또는 재판의 확정에 의하여 공동상속인이 된 자의 상속분가액지급청구권의 제척기간을 정하고 있는 「민법」 제999조제2항의 '상속권의 침해행위가 있은 날부터 10년' 중 「민법」 제1014조에 관한 부분은 입법형성의 한계를 일탈하여 재판청구권을 침해한다. 25 경간   Ⓞ Ⓧ

313-1 상속개시 후 인지 또는 재판의 확정에 의하여 공동상속인이 된 자의 상속분가액지급청구권의 제척기간을 정하고 있는 「민법」 제999조제2항의 '상속권의 침해행위가 있은 날부터 10년' 중 「민법」 제1014조에 관한 부분은 재판청구권을 침해하지 않는다. 24 해간   Ⓞ Ⓧ

313-2 상속개시 후 인지 또는 재판확정에 의하여 공동상속인이 된 자가 다른 공동상속인에 대해 그 상속분에 상당한 가액의 지급에 관한 상속분가액지급청구권을 행사하는 경우에도 상속회복청구권에 관한 10년의 제척기간을 적용하도록 한 「민법」 제999조제2항의 '상속권의 침해행위가 있은 날부터 10년' 중 제1014조에 관한 부분은 제척기간을 통한 법적 안정성만을 지나치게 중시한 나머지 권리구제의 실효성을 외면한 것이므로 상속개시 후 인지에 의하여 공동상속인이 된 청구인의 재산권을 침해한다. 25 경정   Ⓞ Ⓧ

> **상속분가액지급청구권에 대한 10년 제척기간 사건 (민법 제1014조 등 위헌확인)**
> '**침해행위가 있은 날**'부터 **10년 후에 인지 또는 재판의 확정**이 이루어진 경우에도 **추가된 공동상속인이 상속분가액지급청구권을 원천적으로 행사할 수 없도록 하는 것**은, '가액반환의 방식'이라는 우회적·절충적 형태를 통해서라도 인지된 자의 상속권을 뒤늦게나마 보상해 주겠다는 상속분가액지급청구권의 입법취지에 반하며, 추가된 공동상속인의 권리구제 실효성을 완전히 박탈하는 결과를 초래한다. … 상속개시 후 인지 또는 재판의 확정에 의하여 **공동상속인이 된 자의 상속분가액지급청구권**의 경우에도 '**상속권의 침해행위가 있은 날부터 10년**'의 제척기간을 정하고 있는 것은, 제척기간을 통한 법적 안정성만을 지나치게 중시한 나머지 상속개시 후 공동상속인이 된 자에게 상속회복에 관한 형식적인 권리나 이론적인 가능성만을 허용하는 것일 뿐 **권리구제의 실효성을 외면**하는 것이므로, 심판대상조항은 입법형성의 한계를 일탈하여 청구인의 **재산권과 재판청구권을 침해**한다(헌재 2024. 6. 27. 2021헌마1588).
>
> 🔑 **313.** ○   **313-1.** ×(재판청구권 침해함)   **313-2.** ○

314 「조세범 처벌절차법」에 따른 통고처분을 행정쟁송의 대상에서 제외시킨 「국세기본법」 제55조제1항 단서 제1호는 재판청구권을 침해한다고 할 수 없다. 25 경간 ⓞⅠ×

> **국세기본법 제55조제1항제1호 위헌확인**
> '조세범 처벌절차법'에 따른 통고처분은 형벌의 비범죄화 정신에 접근하는 제도로서 형벌적 제재의 불이익을 감면해주는 제도이다. 심판대상조항으로 인해 통고처분을 받은 당사자가 행정쟁송을 제기하는 등으로 적극적·능동적으로 다툴 수는 없지만, 통고받은 벌금상당액을 납부하지 않음으로써 고발, 나아가 형사재판절차로 이행되게 하여, 여기에서 재판절차에 따라 법관에 의한 판단을 받을 수 있으므로, 당사자에게는 **정식재판의 절차도 보장**되어 있다. '조세범 처벌절차법'에 따른 통고처분에 대하여 형사절차와 별도의 행정쟁송절차를 두는 것은 신속한 사건 처리를 저해할 수 있고, 절차의 중복과 비효율을 초래할 수 있다. 위와 같은 점을 종합하여 보면, '조세범 처벌절차법'에 따른 통고처분에 대하여 행정쟁송을 배제하고 있는 입법적 결단이 현저히 불합리하다고 보기 어렵다. 따라서 심판대상조항이 청구인의 **재판청구권을 침해한다고 할 수 없다**(헌재 2024. 4. 25. 2022헌마251).

314. ◯

315 공공단체인 한국과학기술원의 총장이 교원소청심사위원회의 결정에 대하여 「행정소송법」으로 정하는 바에 따라 소송을 제기할 수 없도록 하는 구 「교원의 지위 향상 및 교육활동 보호를 위한 특별법」 조항 중 '교원, 사립학교법 제2조에 따른 학교법인 또는 사립학교 경영자 등 당사자에 관한 부분'은 청구인의 재판청구권을 침해한다. 26 경간 ⓞⅠ×

> **교원소청심사결정에 대한 공공단체(총장)의 행정소송 제소권한 부인 사건 (교원의 지위 향상 및 교육활동 보호를 위한 특별법 제10조제3항 위헌소원)**
> 심판대상조항이 **공공단체인 한국과학기술원의 총장**을 교원소청심사위원회의 결정에 **불복**하여 **행정소송을 제기할 수 있는 제소권자 범위에 포함시키지 아니**하여 행정소송을 제기하지 못하도록 한 것은, 교원의 인사를 둘러싼 분쟁을 신속하게 해결하고 궁극적으로는 한국과학기술원의 설립취지를 효과적으로 실현하기 위한 것이다. … 한국과학기술원 설립목적의 특수성과 그 목적을 달성하기 위한 국가의 관리·감독 및 재정 지원, 사무의 공공성 내지 공익성 등을 고려할 때, **소속 교원의 신분을 국·공립학교의 교원의 그것과 동등한 정도로 보장**하면서 교원소청심사절차의 당사자인 청구인이 교원소청심사결정에 대해 행정소송을 제기할 수 없도록 한 것을 두고 **입법형성의 범위를 벗어났다고 보기 어렵다**. … 따라서 심판대상조항은 **청구인의 재판청구권을 침해하지 아니한다**(헌재 2022. 10. 27. 2019헌바117).

315. ×(재판청구권 침해 아님)

316 재심은 판결에 대한 불복방법의 하나인 점에서는 상소와 마찬가지라고 할 수 있지만, 확정판결에 대한 불복방법인 점에서 상소와 다르고, 확정판결에 대한 법적 안정성의 요청은 미확정판결에 대한 그것보다 훨씬 크기 때문에, 상소보다 더 예외적으로 인정되어야 한다는 점에서 본질적인 차이가 있다. 23 법무사 O | X

> **형사소송법 제420조 등 위헌소원**
> 재심은 확정된 종국판결에 재심이유에 해당하는 중대한 하자가 있는 경우 그 판결의 취소와 이미 종결되었던 사건의 심판을 구하는 비상의 불복신청방법으로서, 그와 같은 중대한 하자가 있는 예외적인 경우에 한하여 법적 안정성을 후퇴시키고 구체적 정의를 실현하기 위하여 마련된 것이다. **재심은 판결에 대한 불복방법의 하나인 점에서는 상소와 마찬가지**라고 할 수 있지만, 상소와는 달리 **확정판결에 대한 불복방법**이고, 확정판결에 대한 법적 안정성의 요청은 미확정판결에 대한 그것보다 훨씬 크기 때문에, **상소보다 더 예외적으로 인정**되어야 한다는 점에서 차이가 있다(헌재 2022. 2. 24. 2020헌바148).
>
> 316. ○

317 [3회] 피고인이 정식재판을 청구한 사건에 대하여는 약식명령의 형보다 중한 다른 종류의 형을 선고하지 못하도록 하는 「형사소송법」제457조의2제1항은 공정한 재판을 받을 권리를 침해하지 아니한다. 25 경찰1차 O | X

317-1 피고인이 정식재판을 청구한 사건에 대하여는 약식명령의 형보다 중한 종류의 형을 선고하지 못하도록 하는 「형사소송법」조항은 불이익변경금지원칙을 적용하지 않아 과잉금지원칙에 위반되어 피고인의 공정한 재판을 받을 권리를 침해한다. 24 경찰2차 O | X

> **형사소송법 제457조의2제1항 등 위헌소원**
> 심판대상조항은 피고인의 정식재판청구에 대한 불이익변경금지원칙 적용에 따른 문제점을 해소하면서 피고인의 정식재판청구권 행사를 보장하기 위해 도입된 것이다. 또한 형사소송법 제457조의2제2항은 피고인이 정식재판을 청구한 사건에 대하여 **약식명령의 형과 동종의 중한 형을 선고**하는 경우에는 판결서에 양형의 이유를 적도록 함으로써 법관으로 하여금 양형 판단 시 신중을 기하도록 하고 있다. 이는 피고인의 정식재판청구권 행사가 위축되는 것을 최소화하면서 동시에 피고인이 정식재판청구권 행사를 남용하는 것을 방지하여 사법의 효율성을 도모한 것으로, 심판대상조항이 약식명령에 대하여 피고인만이 정식재판을 청구한 사건에 **불이익변경금지원칙을 적용하지 아니하였다**는 이유만으로 재판청구권에 관한 합리적인 입법형성권의 범위를 일탈하여 **공정한 재판을 받을 권리를 침해한다고 볼 수 없다**(헌재 2024. 5. 30. 2021헌바6 등).
>
> 317. ○ 317-1. ×(공정한 재판을 받을 권리 침해 아님)

6회 318 친족상도례의 규정 취지는, 가정 내부의 문제는 국가형벌권이 간섭하지 않는 것이 바람직하다는 정책적 고려와 함께 가정의 평온이 형사처벌로 인해 깨지는 것을 막으려는 데에 있다. 25 법원 9 〇 | ✕

318-1 헌법 제27조 제5항은 "형사피해자는 법률이 정하는 바에 의하여 당해 사건의 재판절차에서 진술할 수 있다."라고 규정하여 형사피해자의 재판절차진술권을 보장하고 있다. 다만, 형사피해자의 재판절차진술권을 어떠한 내용으로 구체화할 것인가에 관하여는 입법자에게 입법형성의 자유가 부여되고 있으므로, 그것이 재량의 범위를 넘어 명백히 불합리한 경우에 비로소 위헌의 문제가 생길 수 있다. 25 법원 9 〇 | ✕

318-2 직계혈족, 배우자, 동거친족, 동거가족 또는 그 배우자간의 권리행사방해죄에 대해 법관으로 하여금 여러 사정을 전혀 고려할 수 없도록 하고 획일적으로 형면제 판결을 선고하도록 하는 「형법」 조항은 형사피해자가 법관에게 적절한 형벌권을 행사하여 줄 것을 청구할 수 없도록 하는 것으로서 입법재량을 일탈하여 현저히 불합리하거나 불공정하므로 형사피해자의 재판절차진술권을 침해한다. 25 변호사, 25 법원 9 〇 | ✕

> **형법 제328조 제1항 등 위헌확인 (친족상도례(형 면제) 사건)**
> (1) **친족상도례**의 규정 취지는, 가정 내부의 문제는 국가형벌권이 간섭하지 않는 것이 바람직하다는 정책적 고려와 함께 **가정의 평온**이 **형사처벌로 인해 깨지는 것을 막으려는 데에 있다**(헌재 2024. 6. 27. 2020헌마468 등).
> (2) 헌법 제27조 제5항은 "형사피해자는 법률이 정하는 바에 의하여 당해 사건의 재판절차에서 진술할 수 있다."라고 규정하여 형사피해자의 재판절차진술권을 보장하고 있다. … 다만, **형사피해자의 재판절차진술권**에 관한 헌법 제27조 제5항이 정한 법률유보는 이른바 **기본권 형성적 법률유보**에 해당하고, 헌법이 보장하는 형사피해자의 재판절차진술권을 어떠한 내용으로 구체화할 것인가에 관하여는 **입법자에게 입법형성의 자유**가 부여되고 있으므로, 그것이 **재량의 범위를 넘어 명백히 불합리**한 경우에 **비로소 위헌의 문제**가 생길 수 있다(헌재 2024. 6. 27. 2020헌마468 등).
> (3) 심판대상조항은 재산범죄의 가해자와 피해자 사이의 일정한 친족관계를 요건으로 하여 **일률적으로 형을 면제하도록 규정**하고 있는바, 적용대상 친족의 범위가 지나치게 넓고, 심판대상조항이 준용되는 재산범죄들 가운데 불법성이 경미하다고 보기 어려운 경우가 있다는 점에서 제도적 취지에 부합하지 않는 결과를 초래할 우려가 있고, 미성년자나 질병, 장애 등으로 가족과 친족 사회 내에서 취약한 지위에 있는 구성원에 대한 경제적 착취를 용인할 우려가 있다. 그럼에도 법관으로 하여금 이러한 사정을 전혀 고려할 수 없도록 하고 **획일적으로 형면제 판결을 선고**하도록 한 심판대상조항은 형사피해자가 법관에게 적절한 형벌권을 행사하여줄 것을 청구할 수 없도록 하는 것으로서 **입법재량을 일탈하여 현저히 불합리하거나 불공정**하므로 형사피해자의 재판절차진술권을 침해한다(헌재 2024. 6. 27. 2020헌마468 등).
>
> 318. 〇 318-1. 〇 318-2. 〇

319 기피신청에 대한 결정이 확정되기 전에 기피신청을 당한 법관으로 하여금 소송절차를 정지하지 않고 종국판결을 선고할 수 있도록 하는 「민사소송법」 제48조 단서 중 '종국판결을 선고하거나'에 관한 부분은 공정한 재판을 받을 권리를 침해하지 않는다. 25 경찰 1차 ⓞ | ⓧ

319-1 기피신청에 대한 결정이 확정되기 전에 기피신청을 당한 법관이 소송절차를 정지하지 않고 종국판결을 선고할 수 있도록 규정한 「민사소송법」 제48조는 기피신청이 갖는 소송절차의 정지효를 제한하고, 불공정한 재판을 받을 우려가 있다고 생각되는 법관을 배제하고 다른 법관으로부터 재판을 받고자 하는 기피신청인의 공정한 재판을 받을 권리를 침해한다. 25 국회 8 ⓞ | ⓧ

> **민사소송법 제48조 단서 위헌소원**
> (1) 재판을 받을 권리, 즉 **재판청구권**은 **실체적 권리의 구제**를 위해 국가로부터 적극적인 행위, 즉 **권리구제절차의 제공을 요구**하는 **청구권적 기본권**으로서, 입법자에 의한 **구체적인 제도 형성을 필요**로 한다. 재판청구권은 법적 분쟁의 해결을 가능하게 하는 **적어도 한 번의 권리구제절차가 개설될 것을 요청**할 뿐 아니라 그를 넘어서 소송절차의 형성에 있어서 **실효성 있는 권리보호를 제공**하기 위하여 그에 필요한 **절차적 요건을 갖출 것을 요청**한다(헌재 2024. 8. 29. 2021헌바146).
> (2) 사법기관이 그 기능을 발휘하기 위해 투입되는 인적·물적 자원 등을 의미하는 **사법자원은 한정**되어 있기에, **기피신청과 같은 재판절차를 형성**할 때에는 **사법자원이 합리적으로 분배**되도록 하는 것을 중요하게 고려할 수밖에 없다. 이러한 **사법자원의 분배**에 있어서는 **재판의 적정과 신속이라는 상반되는 요청을 조화**시킬 필요가 있다(헌재 2024. 8. 29. 2021헌바146).
> (3) 헌법에 **'공정한 재판'**에 관한 **명문의 규정은 없지만** 재판청구권이 국민에게 효율적인 권리보호를 제공하기 위해서는, 법원에 의한 재판이 공정하여야만 할 것은 당연한 전제이므로 **'공정한 재판을 받을 권리'**는 헌법 제27조의 **재판청구권에 의하여 함께 보장**된다(헌재 2024. 8. 29. 2021헌바146).
> (4) 심판대상조항은 뒤늦게 제기되는 기피신청에 대해서는 재판절차의 정지 효과를 제한함으로써 분쟁 미해결 상태 장기화 등을 방지하여 재판의 공정과 신속을 도모하기 위한 것이므로, **사법자원 분배에 관한 입법형성권의 범위 내**에 있다. 심판대상조항에 의하여 기피신청의 효과가 일부 제한되더라도 본안사건의 종국판결에 대한 불복 내지는 법관의 회피·제척제도와 같이, 공정한 재판을 받을 권리를 실효적으로 보장받기 위해 **필요한 다른 절차들이 마련**되어 있다. 따라서 **심판대상조항은** 청구인의 **공정한 재판을 받을 권리를 침해하지 않는다**(헌재 2024. 8. 29. 2021헌바146).
>
> 🔖 **319.** ⓞ **319-1.** ⓧ(공정한 재판을 받을 권리 침해 아님)

²⁹ **320** 전자문서 등재사실을 통지한 날부터 1주 이내에 확인하지 아니하는 때에는 통지한 날부터 1주가 지난 날에 송달된 것으로 보는 「민사소송 등에서의 전자문서 이용 등에 관한 법률」 제11조 제4항 단서는 재판청구권을 침해한 것이라 할 수 없다. 25 경찰 1차   O | X

> **민사소송법 제268조제2항 등 위헌소원 (민사소송 전자적 송달 간주 사건)**
> 심판대상조항은 소송지연을 방지함과 동시에 민사소송 등에서의 전자문서 이용을 활성화함으로써 소송당사자의 편의 증진 및 권리 실현에 이바지하고자 하는 것이다. 소송당사자가 전자소송 진행에 대한 동의를 하여야 전자적 송달제도가 사용되는 점, 현대사회에서는 컴퓨터와 휴대전화의 이용이 보편화되었다는 점, 전자송달 간주 조항을 두지 않을 경우 소송당사자의 의지에 따라 재판이 지연될 우려가 있다는 점, 민소전자문서법 등은 소송당사자가 전자적 송달을 받을 수 없는 경우에 대한 규정을 충분히 마련하고 있다는 점 등을 고려하면, 심판대상조항은 입법자의 형성적 재량을 일탈한 것이라고 보기 어려우므로 **재판청구권을 침해하지 않는다**(헌재 2024. 7. 18. 2022헌바4).

🔗 320. ◯

321 검사의 불기소처분에 대한 항고권자를 고소인·고발인으로 한정한 「검찰청법」 제10조제1항 전문은 고소하지 않은 범죄피해자가 검찰항고를 하지 못하게 하므로 재판청구권을 제한한다. 25 경찰 1차   O | X

> **검찰청법 제10조제1항 위헌확인**
> 청구인은 심판대상조항으로 인하여 검찰항고를 하지 못하는 탓에 검찰항고를 거쳐야 할 수 있는 재정신청도 할 수 없으므로 청구인의 재판청구권이 침해된다고 주장한다. 그러나 청구인이 재정신청을 할 수 없는 것은 재정신청을 하려면 원칙적으로 검찰항고를 거치도록 규정한 형사소송법 제260조제2항 때문이고, 검찰항고권자를 고소인·고발인으로 한정한 심판대상조항은 이 같은 기본권 제한과 간접적인 연관이 있는 것에 불과하다. 따라서 심판대상조항으로 인하여 청구인의 **재판청구권이 제한된다고 보기 어렵다.** … 따라서 심판대상조항은 고소하지 않은 **범죄피해자의 평등권을 침해하지 않는다**(헌재 2024. 7. 18. 2021헌마248).

🔗 321. ✕ (재판청구권 제한 아님)

37 형사보상청구권

기출OX

322 헌법상 형사보상청구권은 국가의 형사사법절차에 내재하는 불가피한 위험에 의하여 국민의 신체의 자유에 관하여 형사사법기관의 귀책사유로 인해 피해가 발생한 경우 국가에 대하여 정당한 보상을 청구할 수 있는 권리로서, 실질적으로 국민의 재판청구권과 밀접하게 관련된 중대한 기본권이다. 25 경간 ○ | ×

> **초과 구금에 대한 형사보상을 규정하지 않은 형사보상법 사건 (입법부작위 위헌확인)**
> 헌법상 **형사보상청구권**은 국가의 형사사법절차에 내재하는 불가피한 위험에 의하여 국민의 신체의 자유에 관하여 피해가 발생한 경우 **형사사법기관의 귀책사유를 따지지 않고** 국가에 대하여 정당한 보상을 청구할 수 있는 권리로서, 실질적으로 국민의 **신체의 자유**와 밀접하게 관련된 **중대한 기본권**이다(헌재 2022. 2. 24. 2018헌마998 등).
>
> 🔒 **322.** ×(귀책사유 불문. 재판청구권 × → 신체의 자유와 관련된 기본권 ○)

323 헌법 제28조는 '불기소처분을 받거나 무죄판결을 받은 때' 구금에 대한 형사보상을 청구할 수 있는 권리를 헌법상 기본권으로 명시하고 있으므로, 외형상·형식상으로 무죄재판이 없었다면 형사사법절차에 내재하는 불가피한 위험으로 인하여 국민의 신체의 자유에 관한 피해가 발생하였다 하더라도 형사보상청구권을 인정할 수 없다. 23 경정 ○ | ×

> **초과 구금에 대한 형사보상을 규정하지 않은 형사보상법 사건 (입법부작위 위헌확인)**
> 헌법 제28조는 "형사피의자 또는 형사피고인으로서 구금되었던 자가 법률이 정하는 불기소처분을 받거나 무죄판결을 받은 때에는 법률이 정하는 바에 의하여 국가에 정당한 보상을 청구할 수 있다."고 규정하여 '불기소처분을 받거나 무죄판결을 받은 때' 구금에 대한 형사보상을 청구할 수 있는 권리를 헌법상 기본권으로 명시하고 있다. … 헌법 제28조의 형사보상청구권이 국가의 형사사법작용에 의하여 신체의 자유가 침해된 국민에게 그 구제를 인정하여 국민의 기본권 보호를 강화하는 데 그 목적이 있는 점에 비추어 보면, <u>외형상·형식상으로 무죄재판이 없다고 하더라도 **형사사법절차에 내재하는 불가피한 위험**으로 인하여 **국민의 신체의 자유에 관하여 피해가 발생**하였다면 **형사보상청구권을 인정하는 것이 타당**</u>하다 (헌재 2022. 2. 24. 2018헌마998 등).
>
> 🔒 **323.** ×(형사보상청구권 인정 可)

324 원판결의 근거가 된 가중처벌규정에 대하여 헌법재판소의 위헌결정이 있었음을 이유로 개시된 재심절차에서, 공소장의 교환적 변경을 통해 위헌결정된 가중처벌규정보다 법정형이 가벼운 처벌규정으로 적용 법조가 변경되어 피고인이 무죄판결을 받지는 않았으나 원판결보다 가벼운 형으로 유죄판결이 확정됨에 따라 원판결에 따른 구금형 집행이 재심판결에서 선고된 형을 초과하게 된 경우, 재심판결에서 선고된 형을 초과하여 집행된 구금에 대하여 보상요건을 규정하지 아니한「형사보상및명예회복에관한법률」제26조제1항은 평등권을 침해한다. 25 경간   O | X

> **초과 구금에 대한 형사보상을 규정하지 않은 형사보상법 사건 (입법부작위 위헌확인)**
> 원판결의 근거가 된 가중처벌규정에 대하여 **헌법재판소의 위헌결정**이 있었음을 이유로 개시된 재심절차에서, 공소장의 교환적 변경을 통해 위헌결정된 가중처벌규정보다 **법정형이 가벼운 처벌규정으로 적용법조가 변경**되어 피고인이 무죄판결을 받지는 않았으나 **원판결보다 가벼운 형으로 유죄판결이 확정**됨에 따라 **원판결에 따른 구금형 집행이 재심판결에서 선고된 형을 초과**하게 된 이 사건과 같은 경우, 소송법상 이유로 무죄재판을 받을 수는 없으나 그러한 사유가 없었다면 무죄재판을 받았을 것임이 명백하고 원판결의 형 가운데 재심절차에서 선고된 형을 초과하는 부분의 전부 또는 일부에 대해서는 결과적으로 부당한 구금이 이루어진 것으로 볼 수 있다는 점에서 심판대상조항이 형사보상 대상으로 규정하고 있는 경우들과 본질적으로 다르다고 보기 어렵다. … 그럼에도 불구하고 심판대상조항이 이 사건에서 문제되는 경우를 **형사보상 대상으로 규정하지 아니한** 것은 **현저히 자의적인 차별**로서 평등원칙을 위반하여 청구인들의 **평등권을 침해**한다(헌재 2022. 2. 24. 2018헌마998 등).

325 비용보상청구권의 제척기간을 무죄판결이 확정된 날부터 6개월 이내로 규정한 구 군사법원법 해당 조항은 헌법에 위반된다. 24 법원 9   O | X

> **군사법원법상 비용보상청구권의 제척기간 사건 (군사법원법 제227조의12제2항 위헌소원)**
> (1) 심판대상조항의 제척기간을 보다 장기로 규정하더라도 국가재정의 합리적인 운영을 저해한다고 보기 어려운 점 등을 고려하면, 심판대상조항은 **과잉금지원칙을 위반**하여 비용보상청구권자의 **재판청구권 및 재산권을 침해**한다(헌재 2023. 8. 31. 2020헌바252, 재판관 4인 의견).
> (2) 심판대상조항은 비용보상청구권자가 군사법원법의 적용을 받는 차이가 있을 뿐, 선례와 달리 판단할 사정변경이나 이유를 찾기 어렵기 때문에, 과잉금지원칙에 위반되지 않는다. 심판대상조항은 군사법원법과 형사소송법의 적용을 받는 비용보상청구권자를 자의적으로 다르게 취급하여 **평등원칙에 위반**된다(헌재 2023. 8. 31. 2020헌바252, 재판관 4인 의견).
>
> 〔보충설명〕 재판관 4인의 위헌의견은 과잉금지원칙에 위반하여 비용보상청구권자의 재판청구권 및 재산권을 침해한다고 판단하였고, 재판관 4인의 위헌의견은 과잉금지원칙에는 위반되지 않지만, 평등원칙에 위반된다고 판단하였다. 헌법에 위반되는 근거 및 주문에 관한 의견은 다르지만 비용보상청구권의 제척기간을 정한 구 군사법원법 조항이 헌법에 위반된다는 점에 대해서는 재판관 전원의 의견이 일치하였다.

38 국가배상청구권

기출OX

326 군인 등의 유족의 국가배상청구권은 헌법 제29조 제2항에 의하여 제한되고, 헌법 제29조 제2항은 군인 등이나 그 유족이 실제로 보상을 지급받을 수 있는 권리가 발생한 이상 그 권리 행사 여부에 관계없이 적용된다고 보아야 한다. 26 경간 O | X

> **국가배상법 제2조 제1항 단서 위헌소원**
> 헌법 제29조 제2항의 입법취지, 군인 등의 유족에 대하여도 다양한 사회보장적 보상제도가 마련되어 있는 점 등에 비추어 보면, **유족의 국가배상청구권도 헌법 제29조 제2항에 의해 제한**된다고 보아야 한다.… 헌법 제29조 제2항은 직무 집행과 관련하여 피해를 입은 군인 등이 간편한 보상절차에 의하여 확실하고 통일된 피해보상을 받을 수 있도록 보장하는 대신에 군인 등의 국가에 대한 손해배상청구권을 상대적으로 소멸시키고자 한 것이므로, **군인 등이나 그 유족**이 **실제로 보상을 지급받을 수 있는 권리가 발생**한 이상 실제로 그 권리를 행사하였는지 또는 그 권리를 행사하고 있는지 여부에 **관계없이 적용**된다고 보아야 한다(헌재 2024. 8. 29. 2021헌바86 등).

326. ○

PART 3

3
정치 제도

01 국회

기출 OX

327 국회는 의안 심의에 관한 국회운영의 원리로 '위원회 중심주의'를 채택하고 있으므로, 소관 위원회는 「국회법」 제58조에 따라 법률안에 대한 심사권을 가진다. 25 경정 〔O | X〕

> 국회의원과 국회 환경노동위원회 위원장 등 간의 권한쟁의 ('노란봉투법'법률안 직회부 관련 권한쟁의 사건)
> 국회는 의안 심의에 관한 국회운영의 원리로 '**위원회 중심주의**'를 채택하고 있으므로, **소관 위원회**는 국회법 제58조에 따라 **법률안에 대한 심사권**을 가진다. 다만, 국회법은 소관 위원회의 심사를 거친 법률안이 국가 전체의 법률체계에 통일·조화될 수 있도록 하기 위해, **소관 위원회의 심사를 마친 법률안**에 대해서 원칙적으로 **법사위의 체계·자구 심사**를 거치도록 하는 **이중의 입법 심의 절차**를 마련하고 있다(헌재 2023. 10. 26. 2023헌라3).
>
> 🔒 327. ○

328 국회 환경노동위원회 위원장이 국회의장에게 「노동조합 및 노동관계조정법」 일부개정법률안의 본회의 부의를 요구한 행위는 국회 법제사법위원회 소속 국회의원들의 법률안에 대한 심의·표결권을 침해하지 않는다. 24 국회 8 〔O | X〕

> 국회의원과 국회 환경노동위원회 위원장 등 간의 권한쟁의 ('노란봉투법'법률안 직회부 관련 권한쟁의 사건)
> 피청구인 환노위 위원장의 이 사건 본회의 부의 요구행위는 국회법 제86조 제3항의 절차를 준수하여 이루어졌고, 그 정당성이 국회법 제86조 제4항이 정하고 있는 본회의 내에서의 표결절차를 통해 인정되었다. 따라서 피청구인 **환노위 위원장의 이 사건 본회의 부의 요구행위에는 국회법을 위반한 위법이 없다.** 한편, 법사위 전체회의의 기재내용에 의하면, 법사위는 체계·자구 심사를 위해 반드시 필요하다고 보기 어려운 절차를 반복하면서 체계·자구 심사절차를 지연시키고 있었던 것으로 보이고, 달리 국회 내의 사정에 비추어 법사위가 심사절차를 진행하는 것이 현저히 곤란하거나 심사기간 내에 심사를 마치는 것이 물리적으로 불가능하였다고 볼만한 사정도 인정되지 아니하므로, 국회법 제86조 제3항의 '이유 없이'를 실체적으로 판단하더라도 **법사위의 심사지연에는 여전히 이유가 없다.** 따라서 피청구인 환노위 위원장의 이 사건 본회의 부의 요구행위는 청구인들의 **법률안 심의·표결권을 침해하지 아니한다.** 피청구인 환노위 위원장의 이 사건 본회의 부의 요구행위는 청구인들의 법률안 심의·표결권을 침해하지 아니하였다고 판단되므로, 그 침해를 전제로 하는 이에 대한 무효확인청구는 더 나아가 살펴볼 필요 없이 이유 없다(헌재 2023. 10. 26. 2023헌라3).
>
> **국회법 제86조(체계·자구의 심사)** ③ **법제사법위원회**가 제1항에 따라 회부된 법률안에 대하여 **이유 없이 회부된 날부터 60일 이내에 심사를 마치지 아니하였을 때에는 심사대상 법률안의 소관 위원회 위원장**은 간사와 협의하여 이의가 없는 경우에는 **의장에게 그 법률안의 본회의 부의를 서면으로 요구**한다. 다만, 이의가 있는 경우에는 그 법률안에 대한 본회의 부의 요구 여부를 무기명투표로 표결하되, 해당 위원회 재적위원 5분의 3 이상의 찬성으로 의결한다
>
> 🔒 328. ○

329 헌법 제50조 제1항의 의사공개원칙은 모든 국회의 회의를 항상 공개하여야 하는 것은 아니나 이를 공개하지 아니할 경우에는 헌법에서 정하고 있는 일정한 요건을 갖추어야 함을 의미하는 것이며, 헌법 제50조 제1항 단서가 정하고 있는 회의의 비공개를 위한 절차나 사유는 그 문언이 매우 구체적이므로 예외적인 비공개 사유는 문언에 따라 엄격하게 해석되어야 한다. 22 5급 ⓞ|X

> 정보위원회 회의를 비공개하도록 규정한 국회법 조항에 관한 사건 (국회법 제54조의2 제1항 본문 위헌확인 등)
> 헌법 제50조 제1항의 구조에 비추어 볼 때, **헌법상 의사공개원칙은 모든 국회의 회의를 항상 공개하여야 하는 것은 아니나 이를 공개하지 아니할 경우에는 헌법에서 정하고 있는 일정한 요건**을 갖추어야 함을 의미한다. 또한 헌법 제50조 제1항 단서가 정하고 있는 **회의의 비공개를 위한 절차나 사유**는 그 **문언이 매우 구체적**이어서, 이에 대한 **예외는 엄격하게 인정**되어야 한다(헌재 2022. 1. 27. 2018헌마1162 등).
>
> 🔖 329. ⓞ

330 특정한 내용의 국회 회의나 특정 위원회의 회의를 일률적으로 비공개한다고 정하여 공개의 여지를 차단하는 것은 헌법에 부합하지 않는다. 24 입시 ⓞ|X

> 정보위원회 회의를 비공개하도록 규정한 국회법 조항에 관한 사건 (국회법 제54조의2 제1항 본문 위헌확인 등)
> 헌법 제50조 제1항으로부터 일체의 공개를 불허하는 절대적인 비공개가 허용된다고 볼 수는 없는바, **특정 내용의 국회의 회의나 특정 위원회의 회의를 일률적으로 비공개한다고 정하면서 공개의 여지를 차단**하는 것은 **헌법 제50조 제1항에 부합하지 아니한다**(헌재 2022. 1. 27. 2018헌마1162 등).
>
> 🔖 330. ⓞ

331 헌법은 출석의원 과반수의 찬성으로 국회의 회의를 공개하지 않을 수 있음을 명시하고 있는데, 이때 '출석의원 과반수의 찬성'은 각 회의마다 충족되어야 하는 요건으로 이를 달리 해석할 여지는 없다. 25 국회 8 ⓞ|X

331-1 국회 회의의 비공개 사유는 회의마다 충족되어야 하므로, 국회 정보위원회의 비공개특례를 규정한 「국회법」 조항이 입법과정에서 재적의원 과반수의 출석과 출석의원 과반수의 찬성으로 의결되었다는 사실만으로 헌법 제50조 제1항 단서의 '출석의원 과반수의 찬성'이라는 요건을 충족하는 것으로 해석할 수 없다. 24 입시 ⓞ|X

> 정보위원회 회의를 비공개하도록 규정한 국회법 조항에 관한 사건 (국회법 제54조의2 제1항 본문 위헌확인 등)
> **'출석의원 과반수의 찬성'** 또는 **'위원장의 국가안전보장을 위해 필요하다는 결정'은 각 회의마다 충족되어야 하는 요건으로 이를 달리 해석할 여지는 없으며**, 입법과정에서 재적의원 과반수의 출석과 출석의원 과반수의 찬성으로 의결되었다는 사실만으로 헌법 제50조 제1항 단서의 **'출석의원 과반수의 찬성'**이라는 **요건이 충족되었다고 보는 것은 헌법 제50조 제1항을 장식에 불과한 것으로 만드는 해석**이다(헌재 2022. 1. 27. 2018헌마1162 등).
>
> 🔖 331. ⓞ 331-1. ⓞ

332 국회 정보위원회 회의는 국가기밀에 관한 사항과 직·간접적으로 관련되어 있으므로 이를 공개하지 않도록 하고 있는 국회법 조항은 의사공개의 원칙에 반하지 않는다. 22 법원 9 ⓞⅠ✕

332-1 국회 정보위원회의 모든 회의는 실질적으로 국가기밀에 관한 사항과 직·간접적으로 관련되어 있으므로 국가안전보장을 위하여 회의 일체를 비공개로 하더라도 정보취득의 제한을 이유로 알 권리에 대한 침해로 볼 수는 없다. 22 지방 7 ⓞⅠ✕

> 정보위원회 회의를 비공개하도록 규정한 국회법 조항에 관한 사건 (국회법 제54조의2 제1항 본문 위헌확인 등)
> 심판대상조항은 **정보위원회의 회의 일체를 비공개** 하도록 정함으로써 **정보위원회 활동에 대한 국민의 감시와 견제를 사실상 불가능**하게 하고 있다. 또한 헌법 제50조 제1항 단서에서 정하고 있는 비공개사유는 각 회의마다 충족되어야 하는 요건으로 입법과정에서 재적의원 과반수의 출석과 출석의원 과반수의 찬성으로 의결되었다는 사실만으로 헌법 제50조 제1항 단서의 '출석위원 과반수의 찬성'이라는 요건이 충족되었다고 볼 수도 없다. 따라서 심판대상조항은 **헌법 제50조 제1항에 위배**되는 것으로 과잉금지원칙 위배 여부에 대해서는 더 나아가 판단할 필요 없이 청구인들의 **알 권리를 침해**한다(헌재 2022. 1. 27. 2018헌마1162 등).

🔗 332. ✕(의사공개원칙 위반) 332-1. ✕(알권리 침해)

333 헌법상 다수결원칙은 다수에 의한 의사결정 이전에 합리적인 토론과 상호 설득의 과정에서 의사의 내용이 변동되거나 조정될 수 있음을 전제로 한다. 25 소간 ⓞⅠ✕

333-1 피청구인 국회 법사위 위원장이 2022. 4. 27. 제395회 국회(임시회) 제4차 법제사법위원회 전체회의에서 검찰청법 일부개정법률안(대안)과 형사소송법 일부개정법률안(대안)을 법사위 법률안으로 각 가결선포한 행위는 국회의원인 청구인들의 법률안 심의·표결권을 침해하였다. 출제예상 ⓞⅠ✕

> 국회의원과 국회 법제사법위원회 위원장 등 간의 권한쟁의 (검사의 수사권을 제한하는 검찰청법 등 개정과 관련된 국회의원과 국회 법제사법위원회 위원장 및 국회의장 간의 권한쟁의 사건)
> (1) **헌법상 다수결원칙**은 다수에 의한 의사결정 이전에 합리적인 토론과 상호 설득의 과정에서 의사의 내용이 변동되거나 조정될 수 있음을 전제로 하며, 이를 위해 **의원들에게 실질적이고 자유로운 토론의 기회가 부여**되어 있을 것을 요구한다(헌재 2023. 3. 23. 2022헌라2).
> (2) **피청구인 법사위 위원장**은 위와 같이 회의 주재자로서의 중립적인 지위에서 벗어나 그 위원회 활동의 일부인 **조정위원회에 관하여 미리 가결의 조건**을 만들어 두었고, **조정위원회에서 축조심사 및 질의·토론이 모두 생략되어 실질적인 조정심사 없이 의결된 조정안**에 대하여, **법사위 전체회의에서도 심사보고나 실질적인 토론의 기회를 부여하지 않은 채 그 조정안의 내용 그대로 이 사건 개정법률안의 가결을 선포**한 것이다. 이는 제1교섭단체 소속 조정위원 수와 그렇지 않은 조정위원 수를 동수로 구성하도록 한 국회법 제57조의2 제4항을 위반한 것이고, 제1교섭단체인 민주당 소속 조정위원 3명과 민형배 위원만으로 재적 조정위원 6명의 3분의 2인 4명이 충족되도록 함으로써 국회 내 다수세력의 일방적 입법 시도를 저지할 수 있도록 의결정족수를 규정한 국회법 제57조의2 제6항의 기능을 형해화한 것이며, 위원회의 안건심사절차에 관하여 규정한 국회법 제58조도 위반한 것이다. 그뿐만 아니라 피청구인 법사위 위원장은 이를 통해 회의 주재자의 중립적인 지위에서 벗어나 법사위 법안심사에서의 실질적인 토론의 기회를 형해화하였다는 점에서 헌법 제49조도 위반하였다. 따라서 **피청구인 법사위 위원장의 이 사건 가결선포행위는 청구인들의 법률안 심의·표결권을 침해**한 것이다(헌재 2023. 3. 23. 2022헌라2).

🔗 333. ◯ 333-1. ◯

334 의안이 본회의에 보고되었다면 의제가 되기 전이라도 의안을 발의한 국회의원이 이를 일방적으로 철회할 수 없고, 재적의원 과반수의 출석과 출석의원 과반수의 찬성에 의한 본회의의 동의를 받아야 한다. 25 국회 8
O | X

334-1 탄핵소추안에 대해서도 의안철회에 대한 일반 규정인 국회법 제90조가 적용되며, 일반 의안과 마찬가지로 국회의장이 표결을 위해 이를 본회의의 안건으로 상정한 이후에 비로소 국회법 제90조 제2항의 본회의의 의제가 된 의안이 된다. 출제예상
O | X

334-2 탄핵소추안이 본회의에 보고되었으나 국회법 제130조 제2항에 따른 표결을 위해 본회의의 안건으로 상정된 바 없는 경우, 해당 탄핵소추안이 국회법 제90조 제2항의 '본회의에서 의제가 된 의안'에 해당하지 아니하고, 그 결과 이를 발의한 국회의원은 본회의의 동의 없이 이를 철회할 수 있다. 출제예상
O | X

> **국회의원과 국회의장 간의 권한쟁의 (탄핵소추안 철회 및 재발의 권한쟁의 사건)**
> (1) 국회법 제90조는 제1항에서 국회의원이 그가 발의한 의안을 철회할 수 있다고 정하면서, 제2항에서 '본회의에서 의제가 된 의안'을 철회할 때에는 본회의의 동의를 받아야 한다고 정하고 있다. '의제'는 의결 여부와 관계없이 당일의 회의에서 논의의 대상이 되는 안건의 제목으로, 의사일정에 기재된 의안이 당일 회의에 상정되어 실제 논의의 대상이 되는 때에 의안이 의제로 성립된다. 따라서 국회법 제90조 제2항의 '본회의에서 의제가 된 의안'은 '국회법 등이 정하고 있는 형식적 요건을 갖추어 국회에 제출된 의안 중 의사일정에 기재되고 당일 본회의에 상정되어 논의의 대상이 되는 안건'을 의미한다고 할 것이다. **의안을 발의한 의원은 의안이 본회의에서 의제가 되기 전까지는 철회의 요구만으로 이를 철회**할 수 있으나, **의안이 본회의에 상정되어 의제로 성립된 이후에는 이를 일방적으로 철회할 수 없고, 재적의원 과반수의 출석과 출석의원 과반수의 찬성에 의한 본회의의 동의**를 받아야 한다(헌재 2024. 3. 28. 2023헌라9).
> (2) 국회법 제90조가 해당 조항이 적용되는 의안의 종류나 유형에 관하여 아무런 제한을 두고 있지 아니하고, 달리 **탄핵소추안의 철회를 허용**하는 것이 탄핵소추의 성질에 반한다고 보이지도 아니하므로, 탄핵소추안에 대해서도 **의안의 철회에 대한 일반 규정인 국회법 제90조가 적용**된다(헌재 2024. 3. 28. 2023헌라9).
> (3) 국회법 제130조 제1항의 보고는 국회의 구성원인 국회의원들에게 탄핵소추안이 발의되었음을 알리는 것으로, 탄핵소추안을 실제로 회의에서 심의하기 위하여 의사일정에 올리는 상정과 절차적으로 구분된다. 따라서 탄핵소추안도 일반 의안과 마찬가지로, 국회의장이 탄핵소추가 발의되었음을 본회의에 보고하고, 국회법 제130조 제2항에 따른 표결을 위해 이를 본회의의 안건으로 상정한 이후에 비로소 국회법 제90조 제2항의 '본회의에서 의제가 된 의안'이 된다고 할 것이다. 그러므로 **탄핵소추안이 본회의에 보고되었다고 할지라도, 본회의에 상정되어 실제 논의의 대상이 되기 전에는 이를 발의한 국회의원은 본회의의 동의 없이 탄핵소추안을 철회**할 수 있다(헌재 2024. 3. 28. 2023헌라9).

> **국회법 제90조(의안·동의의 철회)** ① **의원**은 그가 **발의한 의안 또는 동의(動議)를 철회**할 수 있다. 다만, 2명 이상의 의원이 공동으로 발의한 의안 또는 동의에 대해서는 발의의원 2분의 1 이상이 철회의사를 표시하는 경우에 철회할 수 있다.
> ② 제1항에도 불구하고 **의원이 본회의 또는 위원회에서 의제가 된 의안 또는 동의를 철회**할 때에는 **본회의 또는 위원회의 동의(同意)**를 받아야 한다.

🔑 **334.** ✕ (의제되기 전 철회요구로 철회 / 의제성립 후 본회의 동의로 철회) **334-1.** ○ **334-2.** ○

출제예상

335 국회가 국회법 제86조 제3항 및 제4항이 정하고 있는 절차를 준수하여 법률안을 본회의에 부의하기로 결정하였다면, 여기에 헌법적 원칙이 현저히 훼손되었다는 등의 특별한 사정이 없는 한, 국회 이외의 기관이 그 판단에 개입하는 것은 가급적 자제함이 바람직하다.

335-1 국회법 제86조 제3항의 '이유 없이' 유무에 대하여 실체적으로 판단한다고 하더라도, 국회법 제86조 제3항의 입법취지를 고려할 때 '이유'의 유무는 법사위가 '법사위의 책임 없는 불가피한 사유로 그 기간을 준수하지 못하였는지 여부'를 기준으로 엄격하게 판단하여야 한다.

335-2 피청구인 국회 과학기술정보방송통신위원회 위원장이 2023. 3. 21. 피청구인 국회의장에게 방송법 일부개정법률안(대안), 방송문화진흥회법 일부개정법률안(대안), 한국교육방송공사법 일부개정법률안(대안)의 본회의 부의를 요구한 행위는 법제사법위원회 소속 위원인 청구인들의 법률안 심의·표결권을 침해하지 아니하고, 그 침해를 전제로 하는 이에 대한 무효확인청구는 더 나아가 살펴볼 필요 없이 이유 없다. `5:4 기각`

> **'방송법 등'법률안 직회부 관련 권한쟁의 사건 (국회의원과 국회 과학기술정보방송통신위원회 위원장 등 간의 권한쟁의)**
>
> (1) 국회법의 취지와 국회법 제86조 제3항 및 제4항의 내용을 종합하면, 국회법은 법사위의 심사지연에 이유가 있는지 여부를 둘러싸고 소관 위원회 내부 또는 소관 위원회와 법사위 사이에 이견이 발생한 경우, 일차적으로 소관 위원회 내에서 간사와의 협의 또는 의결절차를 통해 해결하도록 하고, 그 판단의 당부가 다시 국회의장과 교섭단체 대표의원과의 합의 또는 본회의에서의 표결이라는 국회 내의 절차를 통해 판단되도록 정하고 있다고 봄이 타당하다. 따라서 국회가 국회법 제86조 제3항 및 제4항이 정하고 있는 절차를 준수하여 **법률안을 본회의에 부의하기로 결정**하였다면, 여기에 헌법적 원칙이 현저히 훼손되었다는 등의 특별한 사정이 없는 한, **국회 이외의 기관이 그 판단에 개입**하는 것은 **가급적 자제함이 바람직**하다. 또한, '**이유 없이**' 유무에 대하여 실체적으로 판단한다고 하더라도, 국회법 제86조 제3항의 입법취지를 고려할 때 '이유'의 유무는 **법사위가 '법사위의 책임 없는 불가피한 사유로 그 기간을 준수하지 못하였는지 여부**'를 기준으로 **엄격하게 판단**하여야 한다(헌재 2023. 10. 26. 2023헌라2).
>
> (2) 피청구인 과방위 위원장의 이 사건 본회의 부의 요구행위는 국회법 제86조 제3항의 절차를 준수하여 이루어졌고, 그 정당성이 국회법 제86조 제4항이 정하고 있는 본회의 내에서의 표결절차를 통해 인정되었다. 따라서 피청구인 과방위 위원장의 이 사건 본회의 부의 요구행위에는 **국회법을 위반한 위법이 없다.** 한편, 법사위는 방송법 등 일부개정법률안에 대해서는 체계·자구 심사권을 벗어나는 내용에 대한 정책적 심사를 하면서 60일의 심사기간을 도과한 것으로 보이고, 달리 국회 내의 사정에 비추어 법사위가 심사절차를 진행하는 것이 현저히 곤란하거나 심사기간 내에 심사를 마치는 것이 물리적으로 불가능하였다고 볼만한 사정도 인정되지 아니하므로, 국회법 제86조 제3항의 '이유 없이'를 실체적으로 판단하더라도 **법사위의 심사지연에는 여전히 이유가 없다.** 따라서 **피청구인 과방위 위원장의 이 사건 본회의 부의 요구행위**는 청구인들의 **법률안 심의·표결권을 침해하지 아니한다.** 피청구인 과방위 위원장의 이 사건 본회의 부의 요구행위는 청구인들의 법률안 심의·표결권을 침해하지 아니하였다고 판단되므로, 그 침해를 전제로 하는 이에 대한 무효확인청구는 더 나아가 살펴볼 필요 없이 이유 없다(헌재 2023. 10. 26. 2023헌라2).

02 대통령과 행정부

출제예상

336 권한쟁의심판에서 재판관의 지위의 확인을 구하는 청구 또는 피청구인으로 하여금 재판관 임명을 명하는 결정을 구하는 청구는 권한쟁의심판의 대상이 될 수 없는 것에 대한 청구로서 부적법하다.

336-1 국회가 권한쟁의심판을 통해 보호하고자 하는 권한과 관련하여 이미 본회의 의결을 통해 그 권한 실현 의사를 결정하고 나아가 그와 같이 결정된 의사가 다른 국가기관에 의하여 침해되었음을 확인한 경우에는, 국회를 대표하는 국회의장은 그 대표권에 기하여 국회의 권한이 침해받고 있는 데 대한 방어적 행위로서 해당 국가기관을 상대로 권한쟁의심판을 청구할 수 있고, 권한쟁의심판을 청구하기 위한 별도의 본회의 의결은 필요하지 않다.

> **국회와 대통령 간의 권한쟁의 (대통령 권한대행의 국회 선출 재판관 임명부작위 사건)**
> (1) 청구인은, 청구인이 2024. 12. 26. 재판관으로 선출한 마은혁이 **재판관 지위에 있음을 확인한다는 결정** 또는 **피청구인은 마은혁을 즉시 재판관으로 임명하여야 한다는 결정**을 구하고 있는데, 이러한 청구는 헌법재판소로 하여금 마은혁에 재판관이라는 법적 지위를 부여하는 내용의 결정을 하여 달라는 것으로 이해할 수 있다. 그러나 국가기관의 부작위가 다른 국가기관의 권한을 침해할 경우 헌법재판소가 그 권한침해를 확인하는 것을 넘어 일정한 법적 관계를 형성할 수 있도록 하는 내용의 결정을 할 수 있다는 헌법 및 헌법재판소법상 근거가 없으므로, 헌법재판소법 제66조 제1항 및 제2항이 예정하지 아니한 방식의 결정을 구하는 청구인의 이 부분 심판청구는 **권한쟁의심판의 대상이 될 수 없는 것에 대한 청구로서 부적법**하다(헌재 2025. 2. 27. 2025헌라1).
> (2) 권한쟁의심판제도의 의의가 헌법기관의 침해된 권한을 회복하여 헌법적 권한질서와 헌법의 규범적 효력을 보호하고자 하는 데에 있고, 헌법이나 국회법, 헌법재판소법 등에서 청구인의 권한쟁의심판청구에 관한 절차적 규제를 두고 있지 않은 점을 고려하면, 청구인이 권한쟁의심판을 통해 보호하고자 하는 권한과 관련하여 **이미 본회의 의결을 통해 그 권한 실현 의사를 결정**하고 나아가 그와 같이 **결정된 의사가 다른 국가기관에 의하여 침해되었음을 확인**한 경우에는, **청구인을 대표하는 국회의장**은 그 **대표권에 기하여 청구인의 권한이 침해받고 있는 데 대한 방어적 행위로서 해당 국가기관을 상대로 권한쟁의심판**을 청구할 수 있고, **권한쟁의심판을 청구**하기 위한 **별도의 본회의 의결은 필요하지 않다**고 보는 것이 타당하다(헌재 2025. 2. 27. 2025헌라1).

337 헌법이 재판관 임명과 관련하여 국회에게 부여한 선출권은 헌법재판소 구성에 관한 독자적이고 실질적인 것으로서, 대통령은 국회가 재판관으로 선출한 사람에 대하여 임의로 그 임명을 거부하거나 선별하여 임명하는 등 청구인이 선출한 사람을 실질적으로 심사하여 재판관 임명 여부를 결정할 재량권이 없다.

337-1 대통령은 헌법 제111조 제2항과 헌법재판소법 제5조에서 정한 자격요건을 갖추지 못한 사람이 재판관으로 선출되거나 그 선출과정에 의회민주주의를 원칙으로 하는 헌법 및 국회법 등 법률을 위반한 하자가 있는 경우에 임명을 보류하고 재선출을 요구할 수 있다.

337-2 대통령의 재판관 임명권 행사는 그의 권한인 동시에 헌법기관인 헌법재판소가 구성되어 헌법 수호와 국민의 기본권 보장을 위하여 중립적인 지위에서 헌법재판기능을 수행할 수 있도록 할 헌법상 의무이기도 하므로, 대통령 또는 대통령의 권한을 대행하는 국무총리나 국무위원은 국회가 재판관으로 선출한 사람이 헌법과 헌법재판소법에서 정한 자격요건을 갖추고 그 선출과정에 의회민주주의를 원칙으로 하는 헌법 및 국회법 등 법률을 위반한 하자가 없는 한 그 사람을 재판관으로 임명할 헌법상 의무를 부담한다.

> **국회와 대통령 간의 권한쟁의 (대통령 권한대행의 국회 선출 재판관 임명부작위 사건)**
> (1) 헌법 제111조 제2항과 제3항이 9인의 재판관을 대통령이 임명하되 그 중 3인은 청구인이 선출하는 자를, 3인은 대법원장이 지명하는 자를 임명하도록 한 것은, 입법부·행정부·사법부가 헌법재판소 구성에 동등하게 참여하도록 함으로써 권력 상호간의 견제와 균형을 도모하고, 헌법 수호와 국민의 기본권 보장을 사명으로 하는 헌법재판소가 중립적인 지위에서 헌법재판기능을 수행하도록 하기 위한 것이다. 특히 국민의 대표기관인 청구인으로 하여금 헌법재판소의 구성에 관여하도록 한 것은 민주적 정당성을 제고하려는 데 그 근본적 의의가 있다. 이와 같은 헌법 제111조 제3항의 문언이나 그 취지에 비추어보면, **헌법이 재판관 임명과 관련하여 청구인에게 부여한 선출권은 헌법재판소 구성에 관한 독자적이고 실질적인 것으로서, 대통령은 청구인이 재판관으로 선출한 사람에 대하여 임의로 그 임명을 거부하거나 선별하여 임명하는 등 청구인이 선출한 사람을 실질적으로 심사하여 재판관 임명 여부를 결정할 재량권이 없으며,** 다만 헌법 제111조 제2항과 헌법재판소법 제5조에서 정한 **자격요건을 갖추지 못한 사람**이 재판관으로 선출되거나 그 **선출과정에 의회민주주의를 원칙으로 하는 헌법 및 국회법 등 법률을 위반한 하자**가 있는 경우에 **임명을 보류하고 재선출을 요구**할 수 있다(헌재 2025. 2. 27. 2025헌라1).
> (2) **대통령의 재판관 임명권 행사는** 그의 **권한**인 동시에 헌법기관인 헌법재판소가 구성되어 헌법 수호와 국민의 기본권 보장을 위하여 중립적인 지위에서 헌법재판기능을 수행할 수 있도록 할 **헌법상 의무**이기도 하므로, **대통령 또는 대통령의 권한을 대행하는 국무총리나 국무위원**은 청구인이 재판관으로 선출한 사람이 헌법과 헌법재판소법에서 정한 자격요건을 갖추고 그 선출과정에 의회민주주의를 원칙으로 하는 헌법 및 국회법 등 법률을 위반한 하자가 없는 한 **그 사람을 재판관으로 임명할 헌법상 의무를 부담**한다(헌재 2025. 2. 27. 2025헌라1).

338 국회가 2024. 12. 26. 본회의 의결을 통하여 재판관으로 선출한 사람을 대통령의 권한을 대행하는 기획재정부장관은 재판관으로 임명하여야 할 헌법상 구체적인 작위의무가 인정되고, 그 불이행은 헌법상 구체적인 작위의무의 불이행에 해당한다.

338-1 대통령의 권한을 대행하는 기획재정부장관이 대통령 권한대행으로서 청구인이 2024. 12. 26. 재판관으로 선출한 3인 중 1인을 재판관으로 임명하지 아니한 부작위는 헌법에 의하여 부여된 국회의 헌법재판소 재판관 선출을 통한 헌법재판소 구성권을 침해한 것이다. 〔인용(위헌확인)〕

> **국회와 대통령 간의 권한쟁의 (대통령 권한대행의 국회 선출 재판관 임명부작위 사건)**
> (1) 청구인이 선출하여 대통령이 임명하는 3인의 재판관이 2024. 10. 17. 임기만료로 퇴임한 이후 공석 상태에 있었는데, 청구인은 2024. 12. 26. 본회의 의결을 통하여 3인을 재판관으로 선출하였으며, 피청구인은 2024. 12. 27. 당시 대통령의 권한을 대행하던 국무총리가 탄핵소추의 의결을 받아 그 권한 행사가 정지됨에 따라 대통령의 권한을 대행하게 되었으므로, 피청구인은 대통령의 권한을 대행하게 된 2024. 12. 27.부터는, 청구인이 재판관으로 선출한 위 3인이 헌법과 헌법재판소법에서 정한 자격요건을 갖추고 그 선출과정에 의회민주주의를 원칙으로 하는 헌법 및 국회법 등 법률을 위반한 하자가 없는 이상 이들을 재판관으로 임명하여 재판관 공석 상태를 해소함으로써 헌법재판소 구성을 완성하여야 할 구체적인 작위의무를 부담한다. 그런데 청구인이 재판관으로 선출한 3인은 헌법과 헌법재판소법에서 정한 자격요건을 갖추고 있고, 그 선출과정에 의회민주주의를 원칙으로 하는 헌법 및 국회법 등 법률을 위반한 하자가 있다고 볼 수 없음에도 피청구인은 위 3인 중 2인만을 재판관으로 임명한 후 현재까지도 **1인을 재판관으로 임명하지 않고 있는데**, 이는 **헌법상 구체적인 작위의무의 불이행**에 해당한다(헌재 2025. 2. 27. 2025헌라1).
> (2) **대통령 또는 그 권한대행**이 **자신에게 재판관 임명권이 있음을 이유**로 정당한 사유 없이 **청구인이 선출한 사람을 임명하지 않는 것**은 헌법이 **국민의 대표기관인 청구인**에게 부여한 **헌법재판소 구성권을 형해화하는 것으로 허용될 수 없다**. 피청구인의 이 사건 임명부작위는 헌법에 의하여 부여된 **청구인의 재판관 선출을 통한 헌법재판소 구성권을 침해**한 것이다(헌재 2025. 2. 27. 2025헌라1).

339 중앙선거관리위원회에게는 헌법과 선거관리위원회법에 의하여 행정부 등 외부기관의 부당한 간섭 없이 선거사무는 물론 인사, 조직운영, 내부규율 등에 관한 각종 사무 등을 독립적으로 수행할 권한이 부여되어 있다.

339-1 선거관리가 그 사무의 성격상 행정작용에 해당한다고 하더라도, 선거관리위원회를 독립된 헌법기관으로 설치함으로써 선거관리에 정부가 영향력을 행사할 수 없도록 하여 선거관리의 독립성과 중립성을 보장하고자 하는 것이 헌법개정권자의 의사인 점을 고려하면, 헌법상 대통령 소속으로 행정부에 속한 감사원의 직무감찰 대상에 중앙선거관리위원회가 당연히 포함된다고 볼 수 없다.

339-2 감사원의 직무감찰권은 행정부 내부의 통제장치로서의 성격을 갖는다고 볼 수 있는바, 정부와 독립된 헌법기관인 국회, 법원, 헌법재판소는 물론 이들 헌법기관과 마찬가지로 독립된 헌법기관으로 설치된 선거관리위원회도 헌법 제97조가 정한 감사원의 직무감찰 대상에 포함되지 않는다.

339-3 헌법 제97조가 정한 감사원의 직무감찰 대상인 '행정기관 및 공무원'에 중앙선거관리위원회와 그 소속 공무원은 포함되지 않는다.

339-4 헌법기관 소속 공무원을 직무감찰 대상에서 제외한 감사원법 제24조 제3항은 예시적·확인적 규정에 불과하다고 할 것이므로, 감사원법 제24조 제3항이 중앙선거관리위원회를 직무감찰 제외대상으로 명시하지 않았다고 하더라도 중앙선거관리위원회는 감사원의 직무감찰 대상에 포함되지 않는다.

339-5 감사원에게 중앙선거관리위원회에 대한 직무감찰권이 부여되어 있다고 볼 수 없으므로 감사원이 2023. 6. 1.부터 2025. 2. 25.까지 중앙선거관리위원회에 대하여 실시한 '선거관리위원회 채용 등 인력관리실태'에 관한 직무감찰은 헌법 및 법률상 권한 없이 이루어진 것으로서 헌법과 선거관리위원회법에 의하여 부여받은 중앙선거관리위원회의 독립적인 업무 수행에 관한 권한을 침해한다. 인용(권한침해)

중앙선거관리위원회와 감사원 간의 권한쟁의 (감사원의 '선거관리위원회 채용 등 인력관리실태' 직무감찰에 대한 중앙선거관리위원회와 감사원 간의 권한쟁의 사건)

(1) 청구인의 헌법상 지위와 헌법 및 선거관리위원회법의 관련 규정들을 종합하여 보면, **청구인에게는** 헌법과 선거관리위원회법에 의하여 행정부 등 외부기관의 부당한 간섭 없이 **선거사무**는 물론 **인사, 조직운영, 내부규율 등에 관한 각종 사무 등을 독립적으로 수행할 권한이 부여**되어 있다고 할 것이다(헌재 2025. 2. 27. 2023헌라5).

(2) 제3차 개정헌법은 3·15 부정선거에 대한 반성적 조치로 선거관리사무 및 그 주체를 정부와 기능적·조직적으로 분리하여 독립된 헌법기관에 맡기도록 규정하였고, 이러한 체계는 현행 헌법에 이르기까지 그대로 견지되고 있다. 이는 선거관리기구가 대의민주제에서 요청되는 독립적·중립적 선거관리라는 헌법적 과제를 제대로 수행하기 위해서는 **외부 권력기관, 특히 대통령을 수반으로 하는 정부의 영향력을 제도적으로 차단할 필요**가 있고, 이를 위해서는 선거관리사무를 **행정부가 아닌 독립된 헌법기관에** 맡겨야 한다는 **헌법적 결단**이 헌법체계에 반영된 결과라고 볼 수 있다(헌재 2025. 2. 27. 2023헌라5).

(3) 헌법 제97조는 피청구인에게 '국가'를 대상으로 한 회계검사권과 '행정기관'을 대상으로 한 직무감찰권을 부여하고 있다. 선거관리가 그 사무의 성격상 행정작용에 해당한다고 하더라도, **선거관리위원회를 독립된 헌법기관으로 설치**함으로써 **선거관리에 정부가 영향력을 행사할 수 없도록** 하여 선거관리의 독립성과 중립성을 보장하고자 하는 것이 헌법개정권자의 의사인 점을 고려하면, **헌법상 대통령 소속으로 행정부에 속한 피청구인의 직무감찰 대상에 청구인이 당연히 포함된다고 볼 수 없다.** 또한 피청구인의 **직무감찰권은** 행정부 내부의 통제장치로서의 성격을 갖는다고 볼 수 있는바, **정부와 독립된 헌법기관인 국회, 법원, 헌법재판소**는 물론 이들 헌법기관과 마찬가지로 **독립된 헌법기관으로 설치된 선거관리위원회**도 헌법 제97조가 정한 **피청구인의 직무감찰 대상에 포함되지 않는다**고 봄이 타당하다. 더욱이 피청구인은 대통령에 소속된 행정부 기관이고 그 구성에 있어서도 대통령이 감사원장과 감사위원을 임명하고 있으며, 감사원법 제42조 제1항은 피청구인이 감사 결과 중요하다고 인정되는 사항을 대통령에게 보고하도록 규정하고 있다. 대통령은 정당민주주의 하에서 특정 정당의 당원으로서 해당 정당의 정책이나 이익과 밀접하게 관련될 가능성이 있는바, 대통령 소속기관인 피청구인이 청구인에 대하여 직무감찰을 할 수 있게 된다면 선거관리의 공정성과 중립성에 대한 국민의 신뢰가 훼손될 위험이 있다. 따라서 헌법 제97조가 정한 **피청구인의 직무감찰 대상인 '행정기관 및 공무원'에 청구인과 그 소속 공무원은 포함되지 않는다**고 봄이 타당하다. 위에서 살핀 헌법 제97조를 구체화한 감사원법 제24조 제1항 제1호의 '행정기관 및 그 소속 공무원'에도 청구인과 그 소속 공무원은 제외된다고 보는 것이 합헌적 법률해석의 원칙상 명백하다. 한편 **감사원법 제24조 제3항**은 "제1항의 **공무원에는 국회·법원 및 헌법재판소에 소속한 공무원은 제외한다.**"라고 규정하여 **청구인 소속 공무원을 직무감찰 제외대상으로 명시하고 있지 않다.** 그러나 **정부와 독립된 헌법기관인 국회, 법원, 헌법재판소가 피청구인의 직무감찰 대상에 해당하지 않음**은 앞서 본 바와 같으므로, 이들 헌법기관 소속 공무원을 직무감찰 대상에서 제외한 **감사원법 제24조 제3항은 예시적·확인적 규정에 불과**하다고 할 것이다. 따라서 감사원법 제24조 제3항이 청구인을 직무감찰 제외대상으로 명시하지 않았다고 하더라도 청구인이 피청구인의 직무감찰 대상에 포함되지 않는다는 결론에는 아무런 차이가 없다. 이상에서 살핀 우리 헌법의 체계 및 헌법 제97조와 감사원법 제24조의 해석 등을 종합하면, 피청구인에게는 청구인에 대한 **직무감찰권이 부여되어 있다고 볼 수 없다**(헌재 2025. 2. 27. 2023헌라5).

(4) 피청구인에게 청구인에 대한 직무감찰권이 부여되어 있지 않은 이상, 이 사건 **직무감찰은 헌법 및 법률상 권한 없이 이루어진 것**으로서 헌법과 선거관리위원회법에 의하여 부여받은 **청구인의 독립적인 업무 수행에 관한 권한을 침해**한다(헌재 2025. 2. 27. 2023헌라5).

> 헌법 제97조 국가의 세입·세출의 결산, 국가 및 법률이 정한 단체의 회계검사와 **행정기관 및 공무원의 직무에 관한 감찰**을 하기 위하여 대통령 소속하에 감사원을 둔다.
>
> 감사원법 제24조(감찰 사항) ① 감사원은 다음 각 호의 사항을 **감찰**한다.
> ③ 제1항의 공무원에는 **국회·법원 및 헌법재판소에 소속한 공무원은 제외**한다.

03 헌법재판의 가처분

> 기출OX

340 헌법재판소는 본안심판이 부적법하거나 이유 없음이 명백하지 않고, 헌법소원심판에서 문제된 '공권력 행사 또는 불행사'를 그대로 유지할 경우에 발생할 회복하기 어려운 손해를 예방할 필요와 그 효력을 정지시켜야 할 긴급한 필요가 있으며, 가처분을 인용한 뒤 종국결정에서 청구가 기각되었을 때 발생하게 될 불이익과 가처분을 기각한 뒤 청구가 인용되었을 때 발생하게 될 불이익을 형량하여 후자의 불이익이 전자의 불이익보다 클 경우에 가처분을 인용할 수 있다. 25 국회 8   O | X

> **효력정지가처분신청**
> 헌법재판소법 제40조 제1항이 준용하는 행정소송법 제23조 제2항의 집행정지규정과 민사집행법 제300조의 가처분규정에 따를 때, **본안심판이 부적법하거나 이유 없음이 명백하지 않고,** 헌법소원심판에서 문제된 '공권력 행사 또는 불행사'를 그대로 유지할 경우 발생할 **회복하기 어려운 손해를 예방할 필요와 그 효력을 정지시켜야 할 긴급한 필요**가 있으며, **가처분을 인용한 뒤 종국결정에서 청구가 기각되었을 때 발생하게 될 불이익과 가처분을 기각한 뒤 청구가 인용되었을 때 발생하게 될 불이익을 비교형량**하여 **후자의 불이익이 전자의 불이익보다 클 경우 가처분을 인용**할 수 있다(헌재 2024. 10. 14. 2024헌사1250).

340. ○

341 재판청구권에는 민사재판, 형사재판, 행정재판뿐만 아니라 헌법재판을 받을 권리도 포함되므로, 헌법상 보장되는 기본권인 '신속한 재판을 받을 권리'에는 '신속한 헌법재판을 받을 권리'도 포함된다. 출제예상   O | X

341-1 탄핵소추의 의결을 받은 자는 헌법재판소의 탄핵심판이 있을 때까지 그 권한행사가 정지되고, 3명 이상의 재판관이 임기만료로 퇴직하여 재판관의 공석 상태가 된 경우에도 「헌법재판소법」 제23조 제1항에 따라 사건을 심리조차 할 수 없다면 이는 사실상 재판 외의 사유로 재판절차를 정지시키는 것으로 탄핵심판사건 피청구인의 신속한 재판을 받을 권리에 대한 과도한 제한이 된다. 25 국회 8   O | X

> **효력정지가처분신청**
> (1) 헌법 제27조 제3항 전단은 신속한 재판을 받을 권리를 국민의 기본권으로 규정하고 있으므로 신속한 재판의 요청은 단순히 헌법 제27조 제1항이 정한 재판청구권의 제한의 원리에 그치는 것이 아니라 재판청구권과 관련되어 있으면서 독자적인 헌법적 가치를 갖는 것으로 파악되어야 한다. 재판청구권에는 민사재판, 형사재판, 행정재판뿐만 아니라 헌법재판을 받을 권리도 포함되므로, 헌법상 보장되는 기본권인 '**신속한 재판을 받을 권리**'에는 '**신속한 헌법재판을 받을 권리**'도 포함된다(헌재 2024. 10. 14. 2024헌사1250).
> (2) 국회의 탄핵소추의 의결을 받은 자는 헌법재판소의 탄핵심판이 있을 때까지 그 권한행사가 정지된다. 따라서 탄핵심판은 신중하면서도 신속하게 진행되어야 한다. 그런데 **3명 이상의 재판관이 임기만료로 퇴직**하여 **재판관의 공석 상태**가 된 경우에도 헌법재판소법 제23조 제1항에 따라 사건을 **심리조차 할 수 없다고 한다면 이는 사실상 재판 외의 사유로 재판절차를 정지시키는 것**이고 **탄핵심판사건 피청구인의 신속한 재판을 받을 권리에 대한 과도한 제한**이다(헌재 2024. 10. 14. 2024헌사1250).

> 헌법재판소법 제23조(심판정족수) ① **재판부는 재판관 7명 이상의 출석으로 사건을 심리**한다.

341. ○ 341-1. ○

342 재판부는 재판관 7명 이상의 출석으로 사건을 심리한다고 규정한 「헌법재판소법」 제23조 제1항에 대한 효력정지 가처분을 인용하더라도 이는 의결정족수가 아니라 심리정족수에 대한 것이므로 법률의 위헌결정이나 탄핵결정을 하기 위하여는 여전히 6명 이상의 찬성이 있어야 한다. 25 국회 8 (O | X)

> **효력정지가처분신청**
> **가처분을 인용**하더라도 이는 **의결정족수가 아니라 심리정족수에 대한 것에 불과하므로 법률의 위헌결정이나 탄핵결정을** 하기 위하여는 **여전히 6명 이상의 찬성**이 있어야 한다. 만약 재판관 6명의 의견이 팽팽하게 맞서고 있어 나머지 3명의 재판관의 의견에 따라 사건의 향배가 달라질 수 있는 경우에는 **현재 공석인 재판관이 임명되기를 기다려 결정**을 하면 된다. 다만 보다 신속한 결정을 위하여 후임 재판관이 임명되기 전에 **쟁점을 정리하고 증거조사를 하는 등 사건을 성숙시킬 필요**가 있다(헌재 2024. 10. 14. 2024헌사1250).

🔖 342. O

343 국회가 선출하여 임명된 재판관 중 공석이 발생한 경우, 국회가 상당한 기간 내에 공석이 된 재판관의 후임자를 선출하여야 할 헌법상 작위의무가 존재하고 재판관 직무대행제도와 같은 제도적 보완 장치가 마련되어 있지만, 재판관이 임기만료로 퇴직하여 재판관의 공석 상태가 된 경우에는 「헌법재판소법」 제23조 제1항 중 재판관이 임기 만료로 퇴직하여 재판관의 공석 상태가 된 경우에 적용되는 부분에 한하여 그 효력을 본안 사건의 종국결정 선고 시까지 정지함이 상당하다. 25 국회 8 (O | X)

> **효력정지가처분신청**
> 헌법재판소법 제23조 제1항에서 재판관 7명 이상이 출석하여야만 사건을 심리할 수 있다고 하면서도 **직무대행제도와 같은 제도적 보완 장치는 전무**하다. **국회가 선출하여 임명된 재판관 중 공석이 발생**한 경우, **국회가 상당한 기간 내에 공석이 된 재판관의 후임자를 선출**하여야 할 **헌법상 작위의무가 존재**하고, 이러한 작위의무의 이행을 지체하였다고 판시한 사가 있음에도 사정은 달라지지 않았다. 따라서 헌법재판소법 제23조 제1항이 위헌이라고 볼 여지가 있다. … 이 사건에서는 재판관이 임기만료로 퇴직하여 재판관의 공석 상태가 된 경우가 문제되는 것이고 신청인이 실질적으로 다투고자 하는 바도 이와 같으므로 헌법재판소법 제23조 제1항 중 **재판관이 임기만료로 퇴직하여 재판관의 공석 상태가 된 경우에 적용되는 부분**에 한하여 그 **효력을 정지함이 상당**하다(헌재 2024. 10. 14. 2024헌사1250).

🔖 343. ×(제도적 보완장치 無)

5회 344 헌법재판소가 권한쟁의심판의 청구를 받았을 때에는 직권 또는 청구인의 신청에 의하여 종국결정의 선고 시까지 심판대상이 된 피청구인의 처분의 효력을 정지하는 결정을 할 수 있고, 이 가처분결정을 함에 있어서는 행정소송법과 민사소송법 소정의 가처분 관련 규정이 준용된다. 24 법무사   O | X

344-1 본안심판이 부적법하거나 이유 없음이 명백하지 않고, 권한쟁의심판에서 문제된 피청구인의 처분 등이나 그 집행 또는 절차의 속행으로 인하여 생길 회복하기 어려운 손해를 예방할 필요와 그 효력을 정지시켜야 할 긴급한 필요가 있으며, 가처분을 인용한 뒤 종국결정에서 청구가 기각되었을 때 발생하게 될 불이익과 가처분을 기각한 뒤 청구가 인용되었을 때 발생하게 될 불이익을 비교형량하여 후자의 불이익이 전자의 불이익보다 클 경우 가처분을 인용할 수 있다. 24 법무사   O | X

> **효력정지가처분신청**
> (1) 헌법재판소가 권한쟁의심판의 청구를 받았을 때에는 **직권 또는 청구인의 신청**에 의하여 종국결정의 선고 시까지 심판대상이 된 **피청구인의 처분의 효력을 정지하는 결정**을 할 수 있고, 이 가처분결정을 함에 있어서는 **행정소송법과 민사소송법 소정의 가처분 관련 규정이 준용**된다(헌재 2022. 6. 3. 2022헌사448).
> (2) **본안심판이 부적법**하거나 **이유 없음이 명백하지 않고**, 권한쟁의심판에서 문제된 피청구인의 처분 등이나 그 집행 또는 절차의 속행으로 인하여 생길 **회복하기 어려운 손해를 예방할 필요**와 그 **효력을 정지시켜야 할 긴급한 필요**가 있으며, 가처분을 인용한 뒤 종국결정에서 청구가 기각되었을 때 발생하게 될 **불이익**과 가처분을 기각한 뒤 청구가 인용되었을 때 발생하게 될 **불이익**을 비교형량하여 **후자의 불이익이 전자의 불이익보다 클 경우 가처분을 인용**할 수 있다(헌재 2022. 6. 3. 2022헌사448).
>
> 344. ○ 344-1. ○

04 탄핵심판

기출OX

345 헌법 제65조는 행정각부의 장이 '그 직무집행에 있어서 헌법이나 법률을 위배한 때'를 탄핵소추사유로 규정하고 있는데, 여기에서 '직무'란 법제상 소관 직무에 속하는 고유업무와 사회통념상 이와 관련된 업무를 말하고, 법령에 근거한 행위뿐만 아니라 행정각부의 장의 지위에서 국정수행과 관련하여 행하는 모든 행위를 포괄하는 개념이다. 24 법무사 O | X

345-1 탄핵소추사유인 헌법과 법률 위반과 관련하여, 헌법 제65조에서 말하는 '헌법'에는 명문의 헌법규정뿐만 아니라 헌법재판소의 결정에 따라 형성되어 확립된 불문헌법도 포함되고, '법률'에는 형식적 의미의 법률과 이와 동등한 효력을 가지는 국제조약 및 일반적으로 승인된 국제법규 등이 포함된다. 24 법무사 O | X

345-2 행정각부의 장은 정부 권한에 속하는 중요정책을 심의하는 국무회의의 구성원이자 행정부의 소관 사무를 통할하고 소속공무원을 지휘·감독하는 기관으로서 행정부 내에서 통치기구와 집행기구를 연결하는 가교 역할을 하므로, 그에 대한 파면 결정이 가져올 수 있는 국정공백과 정치적 혼란 등 국가적 손실이 경미하다고 평가하기 어렵다. 24 법무사 O | X

345-3 '탄핵심판 청구가 이유 있는 경우'란 피청구인의 파면을 정당화할 수 있을 정도로 중대한 헌법이나 법률 위반이 있는 경우를 말하는데, 국가 원수이자 행정부의 수반으로서 국민의 선거에 의하여 선출되어 직접적인 민주적 정당성을 부여받은 대통령과 행정각부의 장은 정치적 기능이나 비중에서 본질적 차이가 있고, 양자 사이의 직무계속성의 공익이 다름에 따라 파면의 효과 역시 근본적인 차이가 있으므로, '법 위반행위의 중대성'과 '파면 결정으로 인한 효과' 사이의 법익형량을 함에 있어 이와 같은 점이 고려되어야 한다. 24 법무사 O | X

행정안전부장관(이상민) 탄핵 (행정안전부장관에 대한 탄핵심판 사건)

(1) 헌법 제65조는 행정각부의 장이 '**그 직무집행에 있어서 헌법이나 법률을 위배한 때**'를 탄핵소추사유로 규정하고 있다. 여기에서 '**직무**'란 **법제상 소관 직무에 속하는 고유 업무**와 **사회통념상 이와 관련된 업무**를 말하고, **법령에 근거한 행위**뿐만 아니라 **행정각부의 장의 지위에서 국정수행과 관련하여 행하는 모든 행위**를 포괄하는 개념이다. 또 '**헌법**'에는 **명문의 헌법규정**뿐만 아니라 **헌법재판소의 결정에 따라 형성되어 확립된 불문헌법**도 포함되고, '**법률**'에는 **형식적 의미의 법률**과 이와 동등한 효력을 가지는 **국제조약 및 일반적으로 승인된 국제법규** 등이 포함된다(헌재 2023. 7. 25. 2023헌나1).

(2) 헌법재판소법은 제53조 제1항에서 "탄핵심판 청구가 이유 있는 경우에는 헌법재판소는 피청구인을 해당 공직에서 파면하는 결정을 선고한다."라고 규정하고 있다. 피청구인의 책임에 상응하는 헌법적 징벌의 요청 및 침해된 헌법질서를 회복하고 헌법을 수호하기 위한 탄핵심판의 제도적 기능에 비추어보면, '**탄핵심판 청구가 이유 있는 경우**'란 피청구인의 파면을 정당화할 수 있을 정도로 **중대한 헌법이나 법률 위반이 있는 경우**를 말한다. 즉, 행정각부의 장의 법 위반행위가 헌법질서에 미치는 부정적 영향이나 해악이 중대하여 침해된 헌법질서를 다시 회복하고 헌법을 수호하기 위해 임명권자인 대통령을 통하여 간접적으로 부여된 국민의 신임을 박탈하여야 할 정도로 행정각부의 장이 법 위반행위를 통하여 국민의 신임을 배반한 경우에 행정각부의 장에 대한 탄핵사유가 존재한다고 볼 수 있다(헌재 2023. 7. 25. 2023헌나1).

(3) **행정각부의 장**은 정부 권한에 속하는 중요정책을 심의하는 **국무회의의 구성원**이자(헌법 제88조 제1항, 제94조) **행정부의 소관 사무를 통할하고 소속공무원을 지휘·감독하는 기관**(헌법 제96조, 정부조직법 제7조 제1항)으로서 **행정부 내에서 통치기구와 집행기구를 연결하는 가교 역할**을 하므로, 그에 대한 파면 결정이 가져올 수 있는 **국정공백과 정치적 혼란 등 국가적 손실**이 경미하다고 평가하기는 어렵다. 다만 국가 원수이자 행정부의 수반으로서 국민의 선거에 의하여 선출되어 직접적인 민주적 정당성을 부여받은 **대통령**(헌법 제66조 제1항, 제4항, 제67조)과 **행정각부의 장**은 **정치적 기능이나 비중에서 본질적 차이**가 있고, 양자 사이의 **직무계속성의 공익이 다름**에 따라 **파면의 효과 역시 근본적인 차이가 있다.** 따라서 '**법 위반행위의 중대성**'과 '**파면 결정으로 인한 효과**' 사이의 **법익형량을 함에 있어 이와 같은 점이 고려**되어야 한다(헌재 2023. 7. 25. 2023헌나1).

> **출제예상**

346 헌법과 계엄법에서 계엄 선포에 관한 요건과 절차 등을 규정하고 있고, 탄핵심판은 고위공직자가 헌법 및 법률을 위반하는 경우 그 권한을 박탈하여 헌법질서를 지키는 헌법재판이라는 점을 고려하면, 비상계엄 선포가 고도의 정치적 결단을 요하는 행위라 하더라도 탄핵심판절차에서 이를 심사할 수 있다

346-1 제419회 국회 임시회 회기 중 발의된 이 사건 탄핵소추안은, 제418회 국회 정기회 회기에 투표 불성립된 1차 탄핵소추안과 같은 회기 중에 다시 발의된 것이 아니므로, 이 사건 탄핵소추안의 의결은 일사부재의 원칙에 위반되지 않는다.

346-2 형법 위반 행위로 구성하였던 것을 탄핵심판청구 이후 헌법 위반 행위로 포섭하여 주장하는 것이 소추사유의 철회·변경에 해당하지 않는다.

> **대통령(윤석열) 탄핵 (대통령에 대한 탄핵심판 사건)**
> (1) 헌법과 계엄법에서 계엄 선포에 관한 요건과 절차 등을 규정하고 있고, 탄핵심판은 고위공직자가 헌법 및 법률을 위반하는 경우 그 권한을 박탈하여 헌법질서를 지키는 헌법재판이라는 점을 고려하면, **비상계엄 선포가 고도의 정치적 결단을 요하는 행위**라 하더라도 **탄핵심판절차에서 이를 심사할 수 있다**(헌재 2025. 4. 4. 2024헌나8).
> (2) **제419회 국회 임시회 회기 중 발의된 이 사건 탄핵소추안**은, 제418회 국회 정기회 회기에 투표 불성립된 1차 탄핵소추안과 **같은 회기 중에 다시 발의된 것이 아니므로**, 이 사건 탄핵소추안의 의결은 **일사부재의 원칙에 위반되지 않는다**(헌재 2025. 4. 4. 2024헌나8).
> (3) 청구인이 형법 위반 행위로 구성하였던 사실관계를 헌법 위반으로 포섭하는 것은, **기본적 사실관계는 동일하게 유지**하면서 그 위반을 주장하는 **법조문을 철회·변경**하는 것에 지나지 않으므로, **소추사유의 철회·변경에 해당하지 않는다**(헌재 2025. 4. 4. 2024헌나8).

347 전시·사변에 준하는 국가비상사태로 사회질서가 극도로 교란되어 행정 및 사법 기능의 수행이 현저히 곤란한 상황이 발생하였다는 대통령의 판단을 객관적으로 정당화할 수 있을 정도의 위기상황이 이 사건 계엄 선포 당시 존재하였다고 볼 수 없으므로, 위와 같은 대통령의 판단은 현저히 비합리적이거나 자의적인 것으로 볼 수밖에 없다.

347-1 계엄 선포 당시 병력으로써 군사상의 필요에 응하거나 공공의 안녕질서를 유지할 필요가 있었다고 볼 수 없으므로, 계엄 선포는 비상계엄 선포의 실체적 요건을 갖추지 못하였다.

347-2 대통령이 국무회의의 심의를 거치지 아니하고 계엄을 선포하고 계엄사령관을 임명한 행위는 헌법과 계엄법이 정한 비상계엄 선포의 절차적 요건을 위반한 것이다.

> **대통령(윤석열) 탄핵 (대통령에 대한 탄핵심판 사건)**
> (1) 헌법상 국가긴급권의 인정 취지와 관련 규정들을 종합하여 보면, … 비상계엄은 **위기상황이 발생할 우려**가 있다는 이유만으로 **사전적·예방적으로 선포할 수는 없고**, 공공복리의 증진과 같은 **적극적 목적을 위하여 선포할 수도 없다**. … '**전시·사변에 준하는 국가비상사태**'란 전쟁에 해당되지 아니하는 **외적의 침입**, 국토를 참절하거나 헌법질서를 문란하게 할 목적이 없는 **무장 또는 비무장의 집단 또는 군중에 의한 사회질서교란**, 자연적 재난으로 인한 **사회질서교란** 등으로 인하여, 국가의 존립이나 헌법질서의 유지가 위태롭게 되어 평상시의 헌법질서에 따른 권력행사방법으로는 대처할 수 없는 **중대한 위기상황**을 말한다. 이러한 상황이 현실적으로 발생하였는지에 관하여는 **피청구인에게 일정 정도의 판단재량이 인정**되나, 객관적으로 피청구인의 판단을 정당화할 수 있을 정도의 위기상황이 존재하여야 하고, 그 **판단이 현저히 비합리적이거나 자의적인 경우**에는 헌법 제77조 제1항 및 계엄법 제2조 제2항을 위반한 것으로 보아야 한다(헌재 2025. 4. 4. 2024헌나8).
> (2) 피청구인은 야당이 다수의석을 차지한 국회의 이례적인 탄핵소추 추진, 일방적인 입법권 행사, 예산 삭감 시도 등으로 인하여 중대한 위기상황이 발생하였다고 주장한다. … 피청구인은 부정선거 의혹을 해소할 필요가 있었다고도 주장하지만, 어떠한 의혹이 있다는 것만으로 중대한 위기상황이 현실적으로 발생하였다고 볼 수는 없다. 결국 피청구인이 주장하는 사정을 모두 고려하더라도, 피청구인의 판단을 객관적으로 정당화할 수 있을 정도의 **위기상황이 이 사건 계엄 선포 당시 존재하였다고 볼 수 없다**. 한편, 피청구인이 주장하는 **국회의 권한행사로 인한 국정 마비 상태나 부정선거 의혹은 정치적·제도적·사법적 수단을 통하여 해결**하여야 할 문제이므로, **병력을 동원할 필요가 있었다고 볼 수 없다**. 또한 피청구인은 이 사건 계엄이 야당의 전횡과 국정 위기상황을 국민에게 알리기 위한 '경고성 계엄' 또는 '호소형 계엄'이라고 주장하나, 피청구인이 단순히 그러한 목적만으로 비상계엄을 선포하였다고 볼 수 없고 **경고나 호소는 그 자체로도 비상계엄 선포의 목적이 될 수 없다**. 따라서 이 사건 계엄 선포는 **비상계엄 선포의 실체적 요건을 갖추지 못하였다**(헌재 2025. 4. 4. 2024헌나8).
> (3) 피청구인이 이 사건 계엄 선포 직전 국무총리 및 일부 국무위원들에게 비상계엄 선포의 취지를 간략히 설명한 사실은 인정되나, 적법한 국무회의 소집 통지를 하였다고 인정하기 어려운 점, 계엄의 필요성, 시행일시, 계엄사령관 등 이 사건 계엄의 구체적인 내용을 설명하지 않은 점, 국무회의 구성원들에게 이 사건 계엄 선포에 관하여 의견을 진술할 기회를 부여하지 않은 점 등을 고려하면, 피청구인은 **국무회의의 심의를 거치지 않은 채** 이 사건 **계엄을 선포**하고 **계엄사령관을 임명**한 것이다. 또한 피청구인은 **국무총리와 관계 국무위원이 비상계엄 선포문에 부서하지 않았음에도** 이 사건 **계엄을 선포**하였고, 그 시행일시, 시행지역 및 계엄사령관을 **공고하지 않았으며**, 지체 없이 **국회에 통고하지도 않았다**. 따라서 이 사건 계엄 선포는 **비상계엄 선포의 절차적 요건도 갖추지 못하였다**(헌재 2025. 4. 4. 2024헌나8).

348 국회에 대한 군경 투입은 국민의 대표기관인 국회에 계엄해제요구권을 부여한 헌법 제77조 제5항을 위반한 것일 뿐만 아니라, 국회가 제 기능을 충실히 실현할 수 없도록 하는 것으로서 대의민주주의와 권력분립원칙에 정면으로 반하고, 국민의 대표인 국회의원의 심의·표결권 등 헌법상 권한 및 계엄의 상황에서 특별히 중요한 의미를 지니는 국회의원의 불체포특권을 침해한 것이다.

348-1 국군통수권자인 대통령이 정치적 목적으로 그 권한을 남용함으로써 국가의 안전보장과 국토방위의 신성한 의무를 수행함을 사명으로 하여 나라를 위하여 봉사해 온 군인들이 일반 시민들과 대치하는 상황을 만든 것은 국군의 정치적 중립성에 반하여 국군통수권을 행사하였으므로, 헌법 제5조 제2항 및 제74조 제1항을 위반하였다.

348-2 대통령은 계엄사령관으로 하여금 이 사건 포고령을 발령하게 함으로써 국회, 지방의회, 정당의 활동을 금지함으로써 헌법 제5조 제2항, 제74조 제1항, 제77조 제5항, 대의민주주의, 권력분립원칙을 위반하였고 국민의 대표인 국회의원의 심의·표결권 등 헌법상 권한을 침해하였으며, 지방자치의 본질적 내용을 침해하고 헌법 제8조, 국민주권주의 및 자유민주적 기본질서를 위반하였다.

348-3 대통령은 포고령을 통하여 헌법 제77조 제3항 및 계엄법 제9조 제1항, 영장주의를 위반하여 국민의 정치적 기본권, 언론·출판·집회·결사의 자유, 정당의 자유, 단체행동권, 직업의 자유, 신체의 자유를 침해하였다.

348-4 중앙선거관리위원회에 대한 압수·수색은 영장주의를 위반하고 선거관리위원회의 독립성을 침해한 것이다.

348-5 대통령은 행정부 수반의 지위에서 전 대법원장 및 전 대법관에 대하여 필요시 체포할 목적으로 행해진 위치 확인 지시에 관여함으로써 사법권의 독립을 침해하였다.

대통령(윤석열) 탄핵 (대통령에 대한 탄핵심판 사건)

(1) 피청구인은 국회에 군경을 투입하여 비상계엄해제요구 결의안을 심의하기 위해 국회로 모이고 있던 국회의장 및 국회의원들의 국회 출입을 통제하는 한편 이들을 끌어내라고 지시하였는바, 이는 **국회에 계엄해제요구권을 부여한 헌법 제77조 제5항**, 대의민주주의, 권력분립원칙 등을 위반하고, **국회의원의 심의·표결권, 불체포특권 등을 침해**한 것이다. 또한 피청구인은 각 정당의 당원들에 대하여 상당한 영향력을 행사할 수 있는 각 정당 대표 등에 대하여 필요시 체포할 목적으로 행해진 위치 확인 지시에 관여하였는바, 이는 **정당활동의 자유를 침해**한 것이다. 한편, 피청구인은 야당이 중심이 된 국회의 권한행사를 막으려는 정치적 목적으로 군인들을 동원함으로써 일반 시민들과 대치하는 상황을 발생시킨바, **국군의 정치적 중립성에 반하여 국군통수권을 행사**하였으므로 **헌법 제5조 제2항 및 제74조 제1항을 위반**하였다(헌재 2025. 4. 4. 2024헌나8).

(2) 피청구인은 이 사건 **포고령을 통하여 국회, 지방의회, 정당의 활동 및 일체의 정치활동을 금지**하였는바, 이는 국회에 계엄해제요구권을 부여한 헌법 제77조 제5항, 대의민주주의, 권력분립원칙, 정당제도를 규정한 헌법 제8조, 국민주권주의, 자유민주적 기본질서 등을 위반하고, 국회의원의 심의·표결권, 지방자치의 본질적 내용 등을 침해한 것이다. 또한 피청구인은 이 사건 포고령을 통하여 광범위한 행위를 금지하고 그 위반자에 대하여 **영장 없이 체포·구금·압수·수색**을 할 수 있도록 하였는바, 이는 비상계엄하에서 기본권을 제한하기 위한 요건을 정한 헌법 제77조 제3항과 계엄법 제9조 제1항 및 영장주의를 위반하여 **국민의 정치적 기본권, 언론·출판·집회·결사의 자유, 정당의 자유, 단체행동권, 직업의 자유, 신체의 자유 등을 침해**한 것이다(헌재 2025. 4. 4. 2024헌나8).

(3) 피청구인은 행정부 수반의 지위에서 **영장주의의 예외에 해당하는 사유가 없음에도 독립된 헌법기관인 선거관리위원회에 대하여 병력을 동원하여 영장 없이 압수·수색**을 하도록 지시하였는바, 이는 **영장주의를 위반**하고 **선거관리위원회의 독립성을 침해**한 것이다(헌재 2025. 4. 4. 2024헌나8).

(3) 피청구인은 행정부 수반의 지위에서 **전 대법원장 및 전 대법관에 대하여 행해진 필요시 체포할 목적의 위치 확인** 지시에 관여하였는바, 이는 현직 법관들로 하여금 언제든지 행정부에 의한 체포 대상이 될 수 있다는 압력을 받게 하므로 **사법권의 독립을 침해**한 것이다(헌재 2025. 4. 4. 2024헌나8).

349

피청구인은 헌법과 법률을 위배하여, 헌법수호의 책무를 저버리고 민주공화국의 주권자인 대한국민의 신임을 중대하게 배반하였음로 피청구인을 대통령직에서 파면한다.

인용(파면)

대통령(윤석열) 탄핵 (대통령에 대한 탄핵심판 사건)

(1) 피청구인은 위와 같은 헌법·법률 위반 행위로 국민주권주의 및 민주주의를 부정하고 헌법이 정한 통치구조를 무시하였으며 국민의 기본권을 광범위하게 침해하였다. 이는 법치국가원리와 민주국가원리의 기본원칙들을 위반한 것으로서, 헌법질서를 침해하고 민주공화정의 안정성에 심각한 위해를 끼쳤으므로 헌법수호의 관점에서 용납될 수 없는 중대한 법 위반에 해당한다. 국회가 신속하게 비상계엄해제요구 결의를 할 수 있었던 것은 시민들의 저항과 군경의 소극적인 임무 수행 덕분이었으므로, 피청구인의 법 위반이 중대하지 않다고 볼 수는 없다. 피청구인은 국가긴급권 남용의 역사를 재현하여 국민을 충격에 빠트리고, 사회적·경제적·정치적·외교적으로 엄청난 파장을 불러일으켰으며, 대통령으로서의 권한행사에 대한 불신을 초래하였다. 피청구인의 이 사건 **헌법과 법률 위배 행위는 국민의 신임을 배반한 행위로서, 헌법수호의 관점에서 용납될 수 없는 중대한 법 위배 행위에 해당**한다. 피청구인의 **법 위배 행위가 헌법질서에 미친 부정적 영향과 파급 효과가 중대**하므로, **피청구인을 파면함으로써 얻는 헌법수호의 이익이 대통령 파면에 따르는 국가적 손실을 압도할 정도로 크다고 인정**된다(헌재 2025. 4. 4. 2024헌나8).

(2) 피청구인은 야당이 중심이 된 국회의 권한행사가 권력 남용이라거나 국정 마비를 초래하는 행위라고 판단하였더라도, 민주주의의 본질과 조화될 수 있는 범위에서 보다 적극적인 대화와 타협에 나서는 한편 헌법이 예정한 자구책을 통해 견제와 균형이 실현될 수 있도록 하였어야 한다. 그러나 피청구인은 국민의 대표인 국회를 협치의 대상이 아닌 배제의 대상으로 삼음으로써 민주정치의 전제를 허물었을 뿐만 아니라, 국민 모두의 대통령으로서 자신을 지지하는 국민을 초월하여 사회공동체를 통합시켜야 할 책무를 위반하였다. 결국 피청구인은 **헌법과 법률을 위배**하여, 헌법수호의 책무를 저버리고 **민주공화국의 주권자인 대한국민의 신임을 중대하게 배반**하였다. 그러므로 **피청구인을 대통령직에서 파면**한다(헌재 2025. 4. 4. 2024헌나8).

[적법요건 요약]

적법요건	결론
대통령의 비상계엄 선포행위에 대한 사법심사 가능성	심사 가능
법제사법위원회의 조사절차 흠결	탄핵소추의결 부적법 아님
탄핵소추안의 반복 발의	일사부재의 원칙 위반 아님
보호이익 흠결	심판의 이익 부정 아님
형법상 내란죄 등에 관한 소추사유 철회, 변경	소추사유 철회·변경 아님
탄핵소추권의 남용	남용 아님

[소추사유별 결론 요약]

소추사유	소추사유별 결론
① 계엄선포	
(1) 비상계엄 선포의 실체적 요건 위반 여부	
위기상황의 발생	부정
병력 동원의 필요성	부정
군사상 필요에 따르거나 공공의 안녕질서를 유지 목적	부정
(2) 비상계엄 선포의 절차적 요건 위반 여부	
국무회의 심의 절차 준수 여부	미준수
계엄 선포 절차 준수 여부	미준수
국회 통고 절차 준수 여부	미준수
② 국회에 대한 군경 투입	
군대를 동원한 국회 진입 및 국회의원을 끌어내라는 지시	헌법 위반 국회의원의 심의표결권, 불체포 특권 침해
경찰을 동원한 국회 출입 통제	헌법에 따른 국군통수의무 등 위반
주요 정치인 등에 대한 위치 확인 시도	정당활동의 자유 침해
③ 포고령발령	헌법 제77조 제5항 및 대의민주주의 등 위반
	지방자치의 본질적 내용 침해
	헌법 제8조 위반
	국민주권주의 및 자유민주적 기본질서 위반
	헌법 제77조 제3항 및 계엄법 제9조 제1항 위반
	영장주의 위반
	헌법에 따른 국군통수의무 등 위반
④ 중앙선관위에 대한 압수·수색	영장주의 위반
	선관위의 독립성 침해
⑤ 법조인에 대한 위치확인시도	사법권의 독립 침해

[파면여부 결론 요약]

헌법수호의 관점에서 법 위반이 중대한지 여부	국민의 신임을 배반한 행위에 해당하는지 여부
국민주권주의 및 민주주의에 대한 위반	국가긴급권 남용의 역사 재현
헌법이 정한 통치구조에 대한 부인	대통령으로서의 권한행사에 대한 불신 초래
국민의 기본권에 대한 중대한 침해	

350 대통령 권한대행 중인 국무총리에 대하여 국회가 헌법 제65조 제2항 본문에 따라 국회재적의원 과반수의 찬성으로 탄핵소추 의결을 하여 탄핵심판 청구를 한 것은 적법하다. `5:1:2 기각`

350-1 대통령 권한대행인 국무총리가 ① 특별검사 임명 법률안에 대한 재의요구권 행사 관련, ② 비상계엄 선포 및 내란행위 관련, ③ 공동 국정운영 관련, ④ 특별검사 후보자 추천 의뢰 관련관련 행위는 헌법이나 법률을 위반하였다고 볼 수 없다.

350-2 대통령 권한대행인 국무총리의 헌법재판관 임명 부작위는 헌법 제66조, 제111조 및 국가공무원법 제56조 등을 위반한 것이나 그 헌법 및 법률의 위반이 임명권자인 대통령을 통하여 간접적으로 부여된 국민의 신임을 배반한 것이라고 단정할 수 없어 파면을 정당화하는 사유가 존재한다고 볼 수 없다.

국무총리(한덕수) 탄핵 (국무총리에 대한 탄핵심판 사건)

(1) 국무총리는 헌법 제86조에 따라 그 임명에 국회의 동의를 얻어 대통령이 임명하기는 하지만, 이는 국민으로부터 직접 선출된 대통령의 민주적 정당성과 비교하여 **상당히 축소된 간접적인 민주적 정당성만을 보유**하고 있으므로, **대통령 권한대행자로서 국무총리는 대통령과는 확연히 구분되는 지위**에 있다. 또한 헌법 제71조가 규정하는 대통령 권한대행은 헌법과 법령상으로 대행자에게 미리 예정된 기능과 과업의 수행을 의미하는 것이지, '권한대행' 또는 '권한대행자'라는 공직이나 지위가 새로이 창설되는 것이라 볼 수 없다. 여기에 해당 공직의 박탈을 통하여 헌법을 수호하고자 하는 탄핵심판 제도의 취지를 종합하면, **대통령의 권한을 대행하는 국무총리에 대한 탄핵소추에는 본래의 신분상 지위**에 따라 **헌법 제65조 제2항 본문에 의한 의결정족수를 적용**함이 타당하다. 이 사건 탄핵소추는 **국무총리에 대한 탄핵소추 의결정족수인 국회재적의원 과반수의 찬성으로 의결**되었으므로, 이를 근거로 한 이 사건 **탄핵심판 청구는 적법**하다(헌재 2025. 3. 24. 2024헌나9).

(2) 피청구인은 **국회가 선출한 3인을 헌법재판관으로 임명하여야 할 헌법상 구체적 작위의무를 부담**하고 있음에도 불구하고, 국회로부터 헌법재판관 선출 통지를 받기도 전에 국무회의나 담화문 등을 통하여 여야의 합의를 전제로 헌법재판관을 임명하겠다는 취지로 발언하는 등 **국회가 선출한 3인을 헌법재판관으로 임명하지 않겠다는 거부 의사를 미리 종국적으로 표시함**으로써, **헌법상 구체적 작위의무를 위반**하였다. 따라서 피청구인은 **헌법 제66조, 제111조 및 국가공무원법 제56조 등을 위반**하였고, 이는 헌법상 탄핵소추사유인 '**그 직무집행에 있어서 헌법이나 법률을 위배한 때**'에 해당한다. 다만, 피청구인의 헌법재판관 임명 거부가 현직 대통령에 대한 탄핵심판을 진행하는 헌법재판소를 무력화시키기 위한 목적 또는 의사에 기인하였다고까지 인정할 증거나 객관적 자료는 발견되지 않는 점 등을 고려하면, **피청구인의 헌법 및 법률 위반**이 임명권자인 대통령을 통하여 간접적으로 부여된 **국민의 신임을 배반한 경우에 해당한다고 단정할 수 없다.** 따라서 피청구인에 대한 **파면 결정을 정당화하는 사유가 존재한다고 볼 수 없다**(헌재 2025. 3. 24. 2024헌나9).

[소추사유별 결론 요약]

소추사유	소추사유별 결론
특별검사 임명 법률안에 대한 재의요구권 행사	위반 아님
비상계엄선포 및 내란행위	위반 아님
공동국정운영	위반 아님
특별검사 후보자 추천 미의뢰	위반 아님
헌법재판관 임명부작위	위반 인정되나 파면을 정당화하는 사유에 이르지 않음

351 국회의장이 대통령 권한대행인 국무총리에 대한 탄핵소추안에 헌법 제65조 제2항 본문의 의결정족수를 적용하여 이를 가결로 선포한 행위는 그 의결정족수 적용에 반대하는 국회의원들의 이 사건 탄핵소추안에 관한 심의·표결권을 침해할 가능성이 없다.

6 : 2 각하

> **국회의원과 국회의장 간의 권한쟁의 (대통령 권한대행 국무총리 탄핵소추안 의결에 관한 권한쟁의 사건)**
> (1) 이 사건 가결선포행위가 단순히 **국회의 재량 사항인 탄핵소추안의 법제사법위원회 회부 절차를 거치지 않은 채** 이루어 졌다는 이유만으로, 청구인들의 이 사건 **탄핵소추안에 관한 심의·표결권이 침해될 가능성이 있다고 볼 수 없다**(헌재 2025. 4. 10. 2024헌라8).
> (2) 청구인들은 이 사건 가결선포행위가 헌법 제65조 제2항 본문의 의결정족수를 기준으로 이루어짐에 따라, '가중된 의결 정족수'에서 표결할 기회가 상실되었다거나, 부서표 행사의 가치가 희석되어 궁극적으로 이 사건 탄핵소추안에 대한 심의·표결권을 침해받았다고도 주장한다. 그러나 이는 결국 '**일반 의결정족수**'에 따라 이 사건 탄핵소추안이 가결됨으로써 이루어진 국회의 탄핵심판청구가 부적법하다는 취지에 불과할 뿐, **심의·표결권 침해 가능성을 인정할 근거는 될 수 없다.** 청구인들의 주장 취지를 이와 달리 본다고 하더라도, 헌법과 국회법은 개별 국회의원이 원하는 특정 의결정족 수를 기준으로 심의·표결권을 행사할 기회를 보장하거나, 의결 결과와 연계하여 심의·표결권 행사의 가치를 인정하는 규정을 두고 있지 않다. 헌법 제49조의 다수결 원칙을 고려할 때, **심의·표결권을 행사하는 개별 국회의원의 의사가 반드시 국회의 최종 의사로 귀결되어야 한다고 볼 수도 없다**(헌재 2025. 4. 10. 2024헌라8).
> (3) 청구인들은 피청구인이 권한 없이 '일반 의결정족수'를 임의로 적용함으로써 청구인들의 심의·표결권이 침해되었다고 도 주장한다. **대통령 권한대행 국무총리에 대한 탄핵소추 의결정족수는 헌법 제65조 제2항의 해석에 관한 문제**여서 **국회의 심의·표결로 결정할 사안이 아닌바**, 최종 판단은 헌법재판소에 달려 있음은 별론으로 하고, 그에 관한 확립된 해석이 없는 상황에서 **피청구인이 일정한 의견수렴을 거쳐 '일반 의결정족수'를 적용**한 것을 두고 **헌법이나 법률을 명백히 위반한 흠**이 있다거나 그로 인해 **청구인들의 심의·표결권이 침해될 가능성이 있다고까지 단정하기는 어렵다.** 게다가 청구인들 대부분이 본회의 표결 과정에 자유롭게 참여할 기회가 보장되었음에도 이를 스스로 행사하여 반대에 투표하지 아니한 이상, 만에 하나 피청구인이 의결정족수를 잘못 판단하여 적용함으로써 그에 따라 가결 선포가 이루어 졌다고 하더라도, 청구인들의 이 사건 **탄핵소추안에 대한 심의·표결권이 침해될 가능성이 있다고 볼 수 없다**(헌재 2025. 4. 10. 2024헌라8).

352 법무부장관이 ① 대통령의 내란죄에 가담한 행위, ② 국회의 자료제출 요구를 거부한 행위, ③ 국회 본회의장 중도퇴장 행위가 헌법 및 법률을 중대하게 위반하였다는 이유로 국회가 탄핵을 청구한 사안에서 헌법재판소 는 탄핵심판청구를 기각한다는 결정을 선고하였다.

기각

> **법무부장관(박성재) 탄핵 (법무부장관에 대한 탄핵심판 사건)**
> (1) 국회법상 탄핵소추 발의 시 그 사유 등의 조사 여부는 국회의 재량으로 규정되어 있고, 탄핵소추의 경우에는 본회의에서 질의와 토론 없이 표결할 수 있는 것으로 해석할 여지가 있으므로, **국회가 탄핵소추사유에 대한 별도의 조사나 본회의에서의 질의 및 토론 절차를 생략**하였다고 하여 **헌법이나 법률을 위반하였다고 볼 수 없다.** 국회의 탄핵소추안 의결 과정에서 필요한 법정절차가 준수되었고 피소추자의 헌법 내지 법률 위반행위가 일정한 수준 이상 소명되었으므로 이 사건 탄핵소추의 주요 목적은 위와 같은 위반에 대한 법적 책임을 추궁하고 동종의 위반행위가 재발하는 것을 사전에 예방함으로써 헌법을 수호하기 위한 것으로 보아야 하고, 설령 **부수적으로 정치적 목적이나 동기가 내포**되어 있다 하더라도 **탄핵소추권이 남용되었다고 단정할 수 없다**(헌재 2025. 4. 10. 2024헌나6).
> (2) 피청구인은 국회의 '장ㅇㅇ 서울구치소 출정기록' 관련 자료 제출 요구를 정당한 이유 없이 거부함으로써 **국회증언감정법 제4조 제1항 및 제12조 제1항을 위반**하였다. 그러나 국회에서 요구한 자료의 범위가 방대하여 피청구인으로서는 제출할 자료의 범위를 고민했을 수 있는 점, 피청구인은 사후적으로나마 서울구치소 현장검증을 통해 일부 자료를 국회의원들에게 열람하게 하였으며 법원에의 제공 사실이 문제된 자료 등에 대해서는 일부 위원들에게 추가 자료를 보고하기도 한 점 등을 종합할 때 피청구인이 법질서에 역행하고자 하는 적극적인 의도로 법률을 위반하였다고 보기는 어렵다. 그렇다면 **피청구인의 법위반의 정도**가 중대하여 피청구인에게 간접적으로 부여된 **국민의 신임을 박탈하여야 할 정도에 이르렀다고 보기 어렵다**(헌재 2025. 4. 10. 2024헌나6).

353 방송통신위원회 위원장이 2024. 7. 31. 방송통신위원회 제34차 전체회의에서 안건을 심의 및 의결한 것과 관련, ① 2인의 재적위원에 의하여 의결한 것, ② 방송문화진흥회 임원 임명 안건에 대하여 회피하지 않은 것, ③ 자신에 대한 기피신청 의결에 참여하여 각하한 것 및 ④ 이 사건 심의·의결로써 한국방송공사 이사를 추천하고 및 방문진 이사를 임명한 것은 모두 헌법이나 법률을 위반하지 않는다.

353-1 탄핵심판청구에 대하여 재판관 4인이 기각의견, 재판관 4인이 인용의견으로, 헌법 제113조 제1항, 헌법재판소법 제23조 제2항 단서 제1호에서 정한 탄핵의 결정에 필요한 정족수에 이르지 못하므로 기각결정을 선고한다.

`4 : 4 기각`

> **방송통신위원회 위원장(이진숙) 탄핵 (방송통신위원회 위원장에 대한 탄핵심판 사건)**
>
> (1) 헌법 제65조 제1항의 위임에 따라 방통위법 제6조 제5항은 방통위원장이 탄핵심판의 대상임을 명시하고 있다. 방통위원장에 대한 탄핵심판은 방통위원장에 의한 헌법 및 법률 위반을 사전에 방지하는 기능과, 방통위원장이 그 직무집행에 있어서 헌법이나 법률을 위반한 경우 사후적으로 법적 책임을 추궁하여 파면함으로써 헌법의 규범력을 확보하는 기능을 한다. 또한 방통위는 방송의 자유와 공공성 및 공익성을 높이고 방송의 독립성을 보장하기 위하여 설치되었는바(방통위법 제1조 내지 제3조 참조), **방통위원장에 대한 탄핵심판**은 위헌·위법적인 직무집행으로 **침해된 방송의 공적 기능의 회복**을 통하여 **방송의 자유 및 언론의 자유 보장에 기여**할 수 있다(헌재 2025. 1. 23. 2024헌나1).
>
> (2) 헌법 제65조는 탄핵심판의 대상이 되는 공무원이 '그 직무집행에 있어서 헌법이나 법률을 위배한 때'를 탄핵사유로 규정하고 있다. 여기에서 '직무'란 법제상 소관 직무에 속하는 고유 업무와 사회통념상 이와 관련된 업무를 말하고, 법령에 근거한 행위뿐만 아니라 직무수행과 관련하여 행하는 모든 행위를 포괄하는 개념이다. '헌법'에는 명문의 헌법규정뿐만 아니라 헌법재판소의 결정에 따라 형성되어 확립된 불문헌법도 포함되고, '법률'에는 형식적 의미의 법률과 이와 동등한 효력을 가지는 국제조약 및 일반적으로 승인된 국제법규 등이 포함된다. 그러나 '**법률**'에 **법률 하위의 명령·규칙은 포함되지 아니한다**(헌재 2025. 1. 23. 2024헌나1).
>
> (3) 이 사건 심판청구에 대하여 재판관 **4인이 기각의견**, 재판관 **4인이 인용의견**으로, 헌법 제113조 제1항, 헌법재판소법 제23조 제2항 단서 제1호에서 정한 탄핵의 결정에 필요한 정족수에 이르지 못하므로 **기각결정을 선고**한다(헌재 2025. 1. 23. 2024헌나1).

354 감사원장의 전자문서 시스템 변경행위는 감사결과의 원활한 시행을 위한 것으로 볼 여지가 있고, 회의록 열람 거부행위는 감사원의 직무상 독립성과 정치적 중립성을 확보하기 위한 것으로 볼 여지가 있으므로 법위반의 정도가 중대하여 피청구인에게 간접적으로 부여된 국민의 신임을 박탈하여야 할 정도에까지 이르렀다고 단정하기 어려우므로 피청구인의 파면을 정당화하는 사유가 존재한다고 볼 수 없다. 기각

> **감사원장(최재해) 탄핵 (감사원장에 대한 탄핵심판 사건)**
> (1) 헌법 제65조 제1항은 감사원장이 탄핵심판의 대상임을 명시하고 있다. 감사원장에 대한 탄핵심판은 감사원장에 의한 헌법 및 법률 위반을 사전에 방지하고, 감사원장이 직무집행에 있어 헌법이나 법률을 위반한 경우 사후적으로 법적 책임을 추궁하여 파면함으로써 헌법의 규범력을 확보하는 기능을 한다. 또한 감사원은 국가의 세입·세출 결산, 국가 및 법률이 정한 단체의 **회계검사**와 행정기관 및 공무원의 **직무에 관한 감찰**을 하기 위하여 설치된 **헌법기관**인바, **감사원장에 대한 탄핵심판**을 통해 **위헌·위법인 직무집행으로 침해된 감사원의 기능을 회복**할 수 있다(헌재 2025. 3. 13. 2024헌나2).
> (2) 피청구인의 전자문서 시스템 변경행위는 감사결과의 원활한 시행을 위한 것으로 볼 여지가 있고, 회의록 열람 거부행위는 감사원의 직무상 독립성과 정치적 중립성을 확보하기 위한 것으로 볼 여지가 있다. 따라서 **법위반의 정도가 중대**하여 피청구인에게 **간접적으로 부여된 국민의 신임을 박탈**하여야 할 정도에까지 이르렀다고 단정하기 어려우므로 **피청구인의 파면을 정당화하는 사유가 존재한다고 볼 수 없다**(헌재 2025. 3. 13. 2024헌나2).

[소추사유별 결론 요약]

소추사유	소추사유별 결론
① 감사원의 독립성을 훼손한 행위	
국회 법사위 및 전체회의에서 '감사원이 대통령의 국정운용을 지원하고 있다는 취지로 발언 한 것	위반 아님
국무총리에게 공익감사청구권을 부여하는 내용의 훈령을 개정한 행위	위반 아님
감사원법 개정 업무계획 수립	소추사유 부정
정의용 전 국가안보실장 등에 대한 수사요청	위반 아님
② 국민권익위원회 위원장 등에 대한 표적감사를 한 행위	
위법한 목적으로 권익위원회에 대한 복무감사 실시	위반 아님
감사위원회의결과 예고통지없이 복무감사 개시	위반 아님
권익위원장에 대하여 수사요청	위반 아님
복무감사의 대상 또는 진행	위반 아님
복무감사에 관한 감사보고서 시행 과정에서 전산부서로 하여금 주심위원의 열람 없이 감사보고서의 시행이 가능하도록 전자문서 시스템을 변경하게 한 행위	위반 인정되나 파면을 정당화하는 사유에 이르지 않음
③ 감사원장으로서의 의무를 위반한 행위	
대통령실·관저 이전 부실 감사	위반 아님
서해 공무원 피격사건 감사	위반 아님
이태원 참사 부실 감사	소추사유 부정
월성원전 1호기 조기폐쇄 감사	소추사유 부정
중앙선거관리위원회에 대한 감사	소추사유 부정
④ 국회의 자료제출요구를 거부한 행위	
법사위의 서류제출요구 거부	위반 아님
ㅌㅊ법사위의 현장검증에서 회의록 열람 거부	위반 인정되나, 파면을 정당화하는 사유에 이르지 않음

355 헌법 제65조 제1항은 '기타 법률이 정한 공무원'도 탄핵심판의 대상이 될 수 있도록 규정하고 있고, 검찰청법 제37조는 검사가 탄핵심판의 대상임을 규정하고 있으며, 파면을 통한 검사 직위의 박탈은 오로지 탄핵심판에 의해서만 가능하다. `기각`

355-1 탄핵소추사유는 그 대상 사실을 다른 사실과 명백하게 구분할 수 있을 정도의 구체적 사실이 기재되면 충분하다.

355-2 헌법 제65조 제1항의 직무집행이라 함은 법제상 소관 직무에 속하는 고유 업무와 사회통념상 이와 관련된 업무를 근거로 구체적으로 외부에 표출되고 현실화되는 것을 말하므로 순수한 직무행위 그 자체만을 뜻하는 것은 아니고 직무행위의 외형을 갖춘 행위까지도 포함되나, 직무집행과 관계가 없는 행위는 탄핵의 사유가 될 수 없다.

> **검사(이정섭) 탄핵 (검사에 대한 탄핵심판 사건)**
> (1) **탄핵소추안이 적법하게 철회**된 이상 다시 발의되었다는 사정만으로 **국회 또는 국회의원이 탄핵소추권을 남용한 것이라고 보기 어려운 점**, … 국회법은 탄핵소추의 발의가 있을 때 그 사유 등에 대한 조사 여부를 국회의 재량으로 규정하고 있고, 탄핵심판은 형사절차나 일반 징계절차와는 성격을 달리 하므로, **국회가 탄핵소추사유에 대하여 별도의 조사를 하지 않았다**거나 **수사결과 내지 감찰결과를 기다리지 않고 탄핵소추안을 의결**하였다고 하여 그것만으로 **그 의결이 헌법이나 법률을 위반한 것이라고 볼 수 없는 점**, 비록 이 사건 소추사유 중 일부가 특정되었다고 볼 수 없고, 또한 이 사건 소추사유 중 일부는 피청구인의 직무집행에 관한 것이라고 볼 수 없으나 앞서 본 탄핵심판의 성격에 비추어 그것만으로는 이 사건 탄핵심판청구가 탄핵소추권의 남용에 해당한다고 단정하기에는 부족한 점 등을 종합하면, 피청구인이 주장하는 사정들로는 **청구인이 소추재량권을 일탈하여 탄핵소추권을 남용하였다고 인정하기 부족**하다(헌재 2024. 8. 29. 2023헌나4).
> (2) **탄핵소추사유는 그 대상 사실을 다른 사실과 명백하게 구분**할 수 있을 정도의 **구체적 사실이 기재되면 충분**하다. 그런데 이 사건 소추사유 중 범죄경력조회 무단 열람 등, 부정청탁금지법위반 부분, 골프장 예약 편의 제공, 수사 무마 의혹은 심판대상을 확정할 수 있을 정도로 사실관계가 구체화되어 다른 사실과 명백하게 구분할 수 있다고 보기 어려우므로, 위 소추사유들은 특정되었다고 볼 수 없다(헌재 2024. 8. 29. 2023헌나4).
> (3) 헌법 제65조 제1항의 직무'집행'이라 함은 법제상 소관 직무에 속하는 고유 업무와 사회통념상 이와 관련된 업무를 근거로 구체적으로 외부에 표출되고 현실화되는 것을 말한다. 따라서 **순수한 직무행위 그 자체만을 뜻하는 것은 아니고 직무행위의 외형을 갖춘 행위까지도 포함**되나, **직무집행과 관계가 없는 행위는 탄핵의 사유가 될 수 없다.** 이 사건 소추사유 중 집합금지명령위반 부분 및 위장전입 부분은 소추의결서 기재 자체로 피청구인의 직무집행에 관한 사실이 아님이 명백하므로, 탄핵의 사유가 될 수 없다(헌재 2024. 8. 29. 2023헌나4).

[검사(이정섭) 탄핵 소추사유별 결론 요약]

소추사유	소추사유별 결론
범죄경력조회 무단열람 등	소추사유 불특정
리조트 예약 및 이용 관련	소추사유 불특정
	직무집행에 관한 것이 아님
골프장 예약 편의 제공	소추사유 불특정
수사 무마 의혹	소추사유 불특정
증인신문 전 증인 면담	[법정의견(7인)] 위반 아님
	[별개의견(2인)] 위반 인정되나, 파면을 정당화하는 사유에 이르지 않음
위장전입	직무집행에 관한 것이 아님

356 국회의 탄핵소추의결 과정에서 법정 절차가 준수되고 피소추자의 헌법 내지 법률 위반행위가 일정한 수준 이상 소명되었다면, 해당 탄핵소추의결은 피소추자의 법적 책임을 추궁하고 동종의 위반행위가 재발하는 것을 예방함으로써 헌법을 수호하기 위한 것으로 보아야 하고, 설령 부수적으로 정치적 목적이나 동기가 내포되어 있다 하더라도 그러한 점만으로 탄핵소추권이 남용되었다고 볼 수 없다.

356-1 피청구인이 ① 도이치모터스 주가조작 사건 수사의 지휘·감독, ② 2024. 10. 17. 기자회견 및 백브리핑 과정에서의 발언, 보도참고자료의 배포, 2024. 10. 18. 국정감사에서의 발언, ③ 검사 김○○를 서울중앙지방검찰청에서의 도이치모터스 주가조작 사건 수사에 참여하게 한 것과 관련하여 그 직무집행에 있어서 헌법이나 법률을 위배하였다고 인정되지 아니한다. `기각`

> 검사(이창수) 탄핵 (검사에 대한 탄핵심판 사건), 검사(조상원) 탄핵 (검사에 대한 탄핵심판 사건), 검사(최재훈) 탄핵 (검사에 대한 탄핵심판 사건)
> (1) **국회의 탄핵소추안 의결 과정에서 필요한 법정절차가 준수**되었고, **피소추자의 헌법 내지 법률 위반행위가 일정 수준 이상 소명**되어 탄핵소추의 주요한 목적은 그 위반에 대한 법적 책임을 추궁하고 동종의 위반행위가 재발하는 것을 사전에 예방함으로써 헌법을 수호하기 위한 것으로 보아야 하며, 설령 **부수적으로 정치적 목적이나 동기가 내포**되어 있다 하더라도 **탄핵소추권이 남용되었다고 단정할 수 없다**(헌재 2025. 3. 13. 2024헌나3).
> (2) 피청구인이 그 직무집행에 있어서 **헌법이나 법률을 위배하였다고 인정되지 아니한다**(헌재 2025. 3. 13. 2024헌나3).

[소추사유별 결론 요약]

소추사유	소추사유별 결론
도이치모터스 주가조작 사건에서의 김건희에 대한 수사과정	위반 아님
기자회견 및 백브리핑에서 발언, 보도참고자료 배포 및 국정감사 중 발언	위반 아님
이창수가 검사 김○○을 도이치모터스 주가조작 사건 수사에 참여시킨 행위	위반 아님

05 위헌법률심판

출제예상

357 사드 배치 부지공여승인의 근거가 된 「대한민국과 미합중국 간의 상호방위조약」 제4조 및 「대한민국과 아메리카합중국 간의 상호방위조약 제4조에 의한 시설과 구역 및 대한민국에서의 합중국군대의 지위에 관한 협정」 제2조 제1항 (가) 1문, 제28조에 대한 헌법소원심판 청구는 재판의 전제성을 갖추지 못하여 부적법하다.

각하

> **대한민국과 미합중국 간의 상호방위조약 등 관련사건 (대한민국과 미합중국 간의 상호방위조약 제4조 등 위헌소원)**
> 헌법재판소법 제68조 제2항에 의한 헌법소원심판을 청구하기 위해서는 해당 법률이 헌법에 위반되는지 여부가 당해사건 재판의 전제로 되어야 하고, 여기에서 법률의 위헌 여부가 재판의 전제가 된다고 하려면, 그 법률이 법원의 재판에 적용되며, 그 위헌 여부에 따라 당해사건 재판의 주문이 달라지거나 재판의 내용과 효력에 관한 법률적 의미가 달라져야 한다. 법원이 당해사건에 적용되는 재판규범 중 위헌제청신청대상이 아닌 관련 법률에서 규정한 소송요건을 구비하지 못하였기 때문에 **부적법하다는 이유로 소각하 판결을 선고**하고 그 **판결이 확정된 경우**에는 **당해사건에 관한 재판의 전제성 요건이 흠결**되어 **헌법재판소법 제68조 제2항의 헌법소원심판청구가 부적법**하다. 앞서 본 바와 같이 당해사건의 제1심 법원은 '이 사건 부지공여승인은 항고소송의 대상이 되는 처분에 해당하지 않고, 피고적격도 인정되지 않는다.'는 이유로 소각하 판결을 하였고, 청구인들이 항소 및 상고하였으나 모두 기각되어 위 판결이 확정되었다. 따라서 심판대상조항의 위헌 여부는 당해사건의 재판의 전제가 되지 아니한다(헌재 2023. 5. 25. 2022헌바36).

06 헌법소원심판

기출OX

358 헌법소원심판청구가 부적법하다고 하여 각하된 후 그 결정에서 판시한 요건의 흠결을 보완하지 않고 다시 청구한 것은 일사부재리의 원칙상 허용되지 아니한다. 24 경정 O | X

> **공권력 행사 위헌확인**
> 청구인은 이 사건 유권해석의 위헌 확인을 구하는 헌법소원심판을 청구하였다가 **헌법재판소로부터 각하 결정**을 받았음에도, 위와 같은 **요건의 흠결을 보완하지 않고** 청구취지의 표현만 달리한 채 **다시 동일한 내용의 심판청구**를 되풀이하였으므로, 이는 **일사부재리 원칙에 위배**된다(헌재 2022. 9. 27. 2022헌마1225).

358. ○

359 '금융위원회가 시중 은행들을 상대로 가상통화 거래를 위한 가상계좌의 신규 제공을 중단하도록 한 조치'는 단순한 행정지도로서의 한계를 넘어 규제적·구속적 성격을 상당히 강하게 갖는 것으로서, 헌법소원의 대상이 되는 공권력의 행사라고 봄이 상당하다. 24 국회 8 O | X

> 정부의 가상통화 관련 긴급대책 등 위헌확인 (가상통화 거래를 위한 가상계좌 신규 제공을 중단하도록 하고, 가상통화 거래 실명제를 2018. 1. 30.부터 시행하도록 한 금융위원회의 각 조치에 관한 위헌소원 사건)
> 이 사건 조치는, '특정 금융거래정보의 보고 및 이용 등에 관한 법률' 등에 따라 자금세탁 방지의무 등을 부담하고 있는 금융기관에 대하여, 종전 가상계좌가 목적 외 용도로 남용되는 과정에서 자금세탁 우려가 상당하다는 점을 주지시키면서 그 우려를 불식시킬 수 있는 감시·감독체계와 새로운 거래체계, 소위 '실명확인 가상계좌 시스템'이 정착되도록, **금융기관에 방향을 제시하고 자발적 호응을 유도**하려는 일종의 '**단계적 가이드라인**'에 불과하다. … 이 사건 조치는 당국의 우월적인 지위에 따라 일방적으로 강제된 것으로 볼 수 없으므로 **헌법소원의 대상이 되는 공권력의 행사에 해당된다고 볼 수 없다**(헌재 2021. 11. 25. 2017헌마1384 등).

359. ✕(공권력 행사 아님)

360 헌법 해석상 변호인의 조력을 받을 권리로부터 70세 이상인 불구속 피의자에 대하여 피의자신문을 할 때 법률구조제도에 대한 안내 등을 통해 피의자가 변호인의 조력을 받을 권리를 행사하도록 조치할 법무부장관의 작위의무가 곧바로 도출된다고 볼 수 없다. 24 국회 8 ⓞⅠ✕

> **기본권 침해 위헌확인**
> **헌법은 명문**으로 '70세 이상인 불구속 피의자에 대하여 피의자신문을 할 때 법률구조제도에 대한 안내 등을 통해 피의자가 변호인의 조력을 받을 권리를 행사하도록 조치할 작위의무'를 규정하고 있지 아니하다. 한편, 변호인이 피의자의 조력자로서의 역할을 수행할 수 있도록 하기 위한 절차적 권리 등은 구체적 입법형성을 통해 비로소 부여되므로, **헌법 해석상** 변호인의 조력을 받을 권리로부터 위와 같은 법무부장관의 작위의무가 곧바로 도출된다고 볼 수도 없다. 위와 같은 법무부장관의 작위의무가 법률구조법, 형사소송법 등 **관련 법령**에 구체적으로 규정되어 있지도 아니하다. 따라서 이 사건 **행정부작위에 대한 심판청구는 헌법소원의 대상이 될 수 없는 공권력의 불행사**에 대한 것으로서 **부적법**하다(헌재 2023. 2. 23. 2020헌마1030).
>
> 🔗 360. ⓞ

361 한정위헌결정의 기속력을 부인하여 청구인들의 재심청구를 기각한 법원의 재판은 '법률에 대한 위헌결정의 기속력에 반하는 재판'으로 이에 대한 헌법소원이 허용될 뿐 아니라 헌법상 보장된 재판청구권을 침해하였으므로 「헌법재판소법」 제75조제3항에 따라 취소되어야 한다. 23 국가 7 ⓞⅠ✕

361-1 법률에 대한 헌법재판소의 한정위헌결정 이전에 그 법률을 적용하여 확정된 유죄판결은 '헌법재판소가 위헌으로 결정한 법령을 적용하여 국민의 기본권을 침해한 재판'에는 해당하지 않지만, '위헌결정의 기속력에 반하는 재판'이므로 그 판결을 대상으로 한 헌법소원 심판청구는 적법하다. 23 국가 7 ⓞⅠ✕

> **재판 취소 사건 (헌법재판소법 제68조 제1항 등 위헌확인)**
> (1) 이 사건 한정위헌결정은 형벌 조항의 일부가 헌법에 위반되어 무효라는 내용의 일부위헌결정으로, 법원과 그 밖의 국가기관 및 지방자치단체에 대하여 기속력이 있다. 이 사건 **한정위헌결정의 기속력을 부인**하여 청구인들의 **재심청구를 기각한 법원의 재판**은 '**법률에 대한 위헌결정의 기속력에 반하는 재판**'으로 이에 대한 **헌법소원은 허용**되고 청구인들의 헌법상 보장된 **재판청구권을 침해**하였으므로 법 제75조 제3항에 따라 **취소되어야 한다**(헌재 2022. 6. 30. 2014헌마760 등).
> (2) 형벌 조항은 위헌결정으로 소급하여 그 효력을 상실하지만, 위헌결정이 있기 이전의 단계에서 그 법률을 판사가 적용하는 것은 제도적으로 정당성이 보장되므로 아직 헌법재판소에 의하여 위헌으로 선언된 바가 없는 법률이 적용된 재판을 그 뒤에 위헌결정이 선고되었다는 이유로 위법한 공권력의 행사라고 하여 헌법소원심판의 대상으로 삼을 수는 없다. 따라서 이 사건 **한정위헌결정 이전에 확정된 청구인들에 대한 유죄판결**은 법률에 대한 위헌결정의 기속력에 반하는 재판이라고 볼 수 없으므로 이에 대한 **심판청구는 부적법**하다(헌재 2022. 6. 30. 2014헌마760 등).
>
> 🔗 361. ⓞ 361-1. ✕(위헌결정의 기속력에 반하는 재판이 아니므로 헌소청구 부적법함)

362 '2021학년도 강원도 공·사립 중등학교 교사 임용후보자 선정 경쟁 제1차 시험 합격자 및 제2차 시험 시행계획 공고' 중 시험장에서 확진자와 접촉한 응시자에 대하여 다음날 시험을 별도시험장·별도시험실에서의 비대면 평가로 응시하도록 조치할 수 있다고 정하면서 이의제기를 제한한 부분은 청구인들의 기본권 침해가능성이 인정된다. 26 경간 O | X

> **강원도교육청 공고 제2020-163호 위헌확인 (중등교사 임용시험에서 코로나19 확진자의 응시를 금지하고, 자가격리자 및 접촉자의 응시를 제한한 강원도교육청 공고에 관한 사건)**
> 이 사건 자가격리자 응시제한 부분은, 자가격리자의 경우 사전(시험 예정일 오전 8:20까지) 신청절차를 거쳐 **별도시험장·별도시험실에서 응시가 가능**하며, 다만, **비대면 평가 등 시험 방법에 대한 이의제기를 제한**하는 것으로 해석되므로, 청구인들이 주장하는 것과 같이 피청구인의 재량에 따라 자가격리자의 응시 자체가 허용되지 않을 가능성이 인정된다고 보기 어렵다. 따라서 이 사건 헌법소원심판청구 중 이 사건 자가격리자 응시제한 부분은 **기본권 침해가능성이 인정되지 아니하므로 부적법**하다(헌재 2023. 2. 23. 2021헌마48).
>
> 🔒 **362.** ×(기본권 침해 가능성 부정)

363 단순히 '행정청의 행위가 법률이 정한 바에 부합하는가'라는 점을 문제 삼는 경우와 같이 법률의 해석·적용 또는 포섭을 다투는 경우에는 헌법적 해명의 필요성이 인정되지 아니하고, 설사 유사한 침해행위가 앞으로도 반복될 위험이 있다 하더라도 공권력 행사의 위헌 여부를 확인할 실익이 없어 심판청구의 이익이 부인된다. 23 소간 O | X

> **재외선거사무 중지 결정 위헌확인**
> '**헌법적 해명이 중대한 의미를 가지는 경우**'는 당해 사건을 떠나 **일반적이고 중요한 의미**를 지니고 있어 **헌법질서의 유지·수호를 위하여 그 해명이 긴요한 경우**를 의미하는바, 행정청이 적용 법률의 해석에 있어서 법 규정에 미치는 기본권의 효력을 간과하거나 오해함으로써 법 규정을 위헌적으로 해석·적용한 경우에는 헌법적 해명의 필요성이 인정된다. 그러나 단순히 '**행정청의 행위가 법률이 정한 바에 부합하는가**'라는 점을 문제 삼는 경우와 같이 **법률의 해석·적용 또는 포섭을** 다투는 경우에는 **헌법적 해명의 필요성이 인정되지 아니**하고, 설사 유사한 침해행위가 앞으로도 반복될 위험이 있다 하더라도 공권력 행사의 위헌 여부를 확인할 실익이 없어 **심판청구의 이익이 부인**된다(헌재 2022. 1. 27. 2020헌마497).
>
> 🔒 **363.** ○

출제예상

364 금융위원회 부위원장 주재로 2017. 9. 29. 개최된 가상통화 TF 회의의 '모든 형태의 ICO를 금지할 방침'은 헌법소원의 대상인 공권력의 행사라고 볼 수 없다. `각하`

> **가상통화공개(ICO)를 금지하기로 한 '가상통화 관계기관 합동 TF'의 방침 등에 대한 위헌소원 사건 (가상통화공개(ICO)금지 방침 등 위헌확인)**
> 이 사건 방침은 정부기관이 ICO에 의해 발생할 수 있는 위험을 알리고, 그 소관 사무인 금융에 관한 정책 및 제도의 방향을 사전에 공표함으로써 일반 국민들의 행위를 일정한 방향으로 **유도·조정하려는 목적을 지닌 행정상의 안내·권고·정보제공행위에 불과**하다. 이는 국민으로 하여금 스스로의 판단에 따라 행정기관이 의도하는 바에 따르게 하는 사실상의 효력을 갖지만 직접 작위·부작위 등의 의무를 부과하는 **어떤 법적 구속력도 없다.** 따라서 이 사건 방침은 헌법소원의 대상이 되는 **공권력의 행사에 해당된다고 볼 수 없다**(헌재 2022. 9. 29. 2018헌마1169).

365 외국인이 출입국관리법에 의하여 보호처분을 받아 수용되었다가 이후 난민인정을 받은 경우 및 법률상 근거 없이 송환대기실에 수용되었던 경우에 대하여, 헌법에서 명시적으로 보상을 해주어야 할 입법의무를 부여하고 있다거나 헌법해석상 국가의 입법의무가 발생하였다고 볼 수 없다. `각하`

> **보호처분을 받아 수용되거나 법률상 근거 없이 송환대기실에 수용되었던 외국인에 대하여 보상을 지급하는 법률을 제정하지 아니한 입법부작위에 관한 사건 (형사보상 및 명예회복에 관한 법률 제2조 제1항 위헌소원)**
> **헌법에서 명시적**으로 입법자에게 국내에서 난민인정신청을 한 외국인이 강제퇴거명령을 받고 보호처분을 받아 수용되었다가 이후 난민인정을 받은 경우 및 출입국항에서 입국불허결정을 받은 외국인이 법률상 근거 없이 송환대기실에 수용되었던 경우에 대하여 **보상을 해주어야 할 입법의무를 부여하고 있다고 볼 수 없다.** 또한 출입국관리법에 따른 보호명령과 송환대기실에서의 수용은 신체의 자유 제한 자체를 목적으로 하는 형사절차상의 인신구속과 그 목적이나 성질이 다르다는 점, 외국인의 입국과 국내 체류에 관한 사항은 주권국가로서의 기능을 수행하는 데 필요한 것으로서 광범위한 정책재량의 영역에 있고, 외국인의 국내 체류에 관한 사항은 주권국가로서의 기능을 수행하는 데 필수적인 것이므로 엄격하게 관리되어야 하는 점, **국가**는 국가배상법 제정을 통해 스스로의 불법행위로 인한 손해를 배상함으로써 그 피해를 회복하여 주는 **국가배상제도를 마련**하고 있는 점 등에 비추어 보면, **헌법해석상**으로도 위와 같은 **입법의무가 도출된다고 볼 수 없다**(헌재 2024. 1. 25. 2020헌바475 등).

366 서울고등법원, 청주지방검찰청 충주지청, 서울광역수사대 마약수사계, 서울서초경찰서, 서울구치소, 인천구치소에 장애인전용 주차구역, 장애인용 승강기 또는 화장실을 설치하지 아니한 부작위에 대한 심판청구는 보충성 요건을 흠결하여 부적법하다. 각하

366-1 보건복지부장관이 위 대상시설에 대한 편의시설의 설치·운영에 관한 업무를 총괄하지 아니한 부작위에 대한 심판청구는 작위의무 없는 공권력의 불행사에 대한 헌법소원이어서 부적법하다. 각하

> **장애인 편의시설 미설치 사건 (장애인 편의시설 설치 부작위 위헌확인)**
> (1) '장애인차별금지 및 권리구제 등에 관한 법률'(이하 '장애인차별금지법'이라 한다) 제48조 제2항에 따르면, 법원은 피해자의 청구에 따라 차별적 행위의 중지, 임금 등 근로조건의 개선, 그 시정을 위한 적극적 조치 등의 판결을 할 수 있고, 장애인차별금지법 제18조 제1항, 제3항, 제4항, 제26조 제1항, 제4항, 제8항 등 관련 법령의 규정을 종합하면, 이 사건에서 문제된 시설물을 이용하는 장애인은 장애인전용 주차구역, 장애인용 승강기 또는 화장실 등 **정당한 편의의 미제공**과 관련하여 장애인차별금지법에 따른 **차별행위가 존재하는지 여부에 대한 판단**과 그러한 **차별행위가 존재할 경우에 이를 시정하는 적극적 조치의 이행을 청구**하기 위하여 **법원의 판결을 구할 수 있다.** 그런데 이 사건 기록을 살펴보면 청구인이 위와 같은 구제절차를 거쳤다고 볼 만한 자료가 발견되지 아니하므로, 이 부분 심판청구는 **보충성 요건을 흠결하여 부적법**하다(헌재 2023. 7. 20. 2019헌마709).
> (2) 헌법상 명문 규정이나 헌법의 해석으로부터 청구인의 주장과 같이 보건복지부장관이 이 사건에서 문제된 해당 공공기관에 장애인전용 주차구역, 장애인용 승강기 및 화장실을 설치하도록 할 작위의무가 도출된다고 보기 어렵고, '장애인·노인·임산부 등의 편의증진 보장에 관한 법률' 등 규정을 살펴보더라도 위 대상시설에 대한 시정조치 요청 행위는 재량행위로 보건복지부장관이 해당 시설의 규모나 상태, 안전성 등을 종합적으로 고려하여 판단할 사안에 해당하여 보건복지부장관으로 하여금 위 공공기관들에게 장애인전용 주차구역이나 장애인용 승강기 등을 설치하거나 시정조치를 하도록 요청할 **구체적 작위의무를 도출하기 어렵다.** 따라서 이 부분 심판청구는 **작위의무 없는 공권력의 불행사에 대한 헌법소원이어서 부적법**하다(헌재 2023. 7. 20. 2019헌마709).

367 외교부 북미국장이 2017. 4. 20. 주한미군사령부 부사령관과 사이에 주한미군에 성주 스카이힐 골프장 부지 중 328,779㎡의 사용을 공여하는 내용으로 체결한 협정에 대한 심판청구는 기본권침해가능성이 인정되지 아니한다. 〔각하〕

> **고고도미사일방어체계 배치 승인 위헌확인**
> 청구인들은 주한미군이 이 사건 부지에 고고도미사일방어체계[Terminal High Altitude Area Defense (THAAD), 이하 '사드'라 한다]를 배치함으로써 **평화적 생존권을 침해한다고 주장**하나, 이 사건 협정의 근거인 '대한민국과 미합중국 간의 상호방위조약'은 외부의 무력공격을 전제한 공동방위를 목적으로 하고, 사드 배치는 북한의 핵실험 및 탄도미사일 시험 발사 또는 도발에 대응한 방어태세로 이해되므로, 이 사건 협정이 국민들로 하여금 침략전쟁에 휩싸이게 함으로써 이들의 평화적 생존을 위협할 가능성이 있다고 볼 수 없다. 또한 청구인들은 주한미군이 이 사건 부지에 사드를 배치하면 **건강권 및 환경권이 침해된다고 주장**하나, 이 사건 협정으로 청구인들의 건강권 및 환경권이 바로 침해된다고 보기 어렵고, 혹시 이러한 우려가 있더라도 이는 주한미군의 사드 체계 운영 과정에서 잠재적으로 나타날 수 있는 것에 불과하다. 다음으로 청구인들은 성주경찰서 소속 경찰이 이 사건 부지 인근 농작지 접근을 제한하고 중국이 제재조치를 시행함으로 인하여 **직업의 자유를 침해받는다고 주장**하나, 청구인들의 주장과 같은 내용은 성주경찰서 소속 경찰 또는 중국 정부의 조치로 인한 것이므로 이 사건 협정으로 인한 것이라 할 수 없다. 마지막으로 청구인들은 이 사건 부지 일대가 원불교 성지로서 보호되지 않는다면 이와 관련된 교리 역시 보호되기 어려우므로 **신앙의 자유가 침해**되고, 군 당국의 사전 허가를 받아야 이 사건 부지에서 종교적 활동을 하거나 종교집회를 개최할 수 있어 **종교적 행위의 자유 및 종교집회의 자유가 침해받는다는 취지로 주장**한다. 살피건대, 주한미군이 이 사건 부지를 사용한다고 하여 특정 종교의 교리를 침해하거나 청구인들의 신앙 활동에 직접적 영향을 미친다고 할 수 없고, 종교적 행위의 자유 및 종교집회의 자유 침해에 관한 청구인들의 주장은 군 당국의 후속 조치 등으로 발생하는 것이므로 이 사건 협정으로 인한 것이라 할 수 없다. 따라서 이 사건 협정은 성주군·김천시 주민 또는 원불교도 및 그 단체인 **청구인들의 법적 지위에 아무런 영향을 미치지 아니**하므로, 이 사건 협정에 대한 심판청구는 **기본권침해가능성이 인정되지 아니한다**(헌재 2024. 3. 28. 2017헌마371 등).

368 코로나바이러스감염증-19의 예방을 위하여 관내 음식점 및 PC방의 관리자·운영자들에게 영업시간을 제한하거나 이용자 간 거리를 둘 의무를 부과하는 서울특별시고시에 대한 헌법소원심판청구는 보충성 요건을 충족하지 못하여 부적법하다. 〔각하〕

> **코로나바이러스감염증-19의 예방을 위한 방역조치를 명하는 서울특별시고시에 관한 사건 (서울특별시고시 제2020-415호 등 위헌확인)**
> 심판대상고시는 관내 음식점 및 PC방의 관리자·운영자들에게 일정한 방역수칙을 준수할 의무를 부과하는 것으로서, 피청구인은 구 감염병예방법 제49조 제1항 제2호에 근거하여 행정처분을 발하려는 의도에서 심판대상고시를 발령한 것이다. 대법원도 심판대상고시와 동일한 규정 형식을 가진 피청구인의 대면예배 제한 고시(서울특별시고시 제2021-414호)가 항고소송의 대상인 행정처분에 해당함을 전제로 판단한 바 있다. 그러므로 심판대상고시는 **항고소송의 대상인 행정처분에 해당한다.** … 그렇다면 심판대상고시는 항고소송의 대상이 되는 행정처분에 해당하고 그 취소를 구할 소의 이익이 인정된다. 따라서 이에 대한 다툼은 우선 **행정심판이나 행정소송이라는 구제절차**를 거쳤어야 함에도, 이 사건 심판청구는 이러한 구제절차를 거치지 아니하고 제기된 것이므로 **보충성 요건을 충족하지 못하였다**(헌재 2023. 5. 25. 2021헌마21).

369 2014. 4. 16. 세월호가 전남 진도군 조도면 병풍도 북방 1.8마일 해상에서 기울기 시작한 때부터 대한민국 정부가 행한 구호조치에 대한 헌법소원심판청구는 권리보호이익이 소멸하였고 예외적인 심판청구이익이 인정되지 아니하여 부적법하다. `5:4 각하`

> **□□호 사고에 대한 대한민국 정부의 구호조치 사건 (신속한 구호조치 등 부작위 위헌확인)**
> 세월호 사고는 2014. 4. 16. 발생하였고, **세월호 사고에 관한 이 사건 구호조치**는 이 사건 **심판청구가 제기되기 전에 종료되었으므로, 이 사건 심판청구는 권리보호이익이 없다.** 다만, 이 사건 심판청구에 있어 **예외적으로 심판청구이익을** 인정할 것인지 문제되는바, 세월호 사고와 같은 대형 해난사고로부터 국민의 생명을 보호할 국가의 포괄적 의무가 있음은 **종래 헌법재판소가 해명한 바 있고**, 다만 구체적인 구호조치의 내용은 관련 법령의 해석·적용의 문제로서 **이미 법원을 통해 구체적인 위법성이 판단되어 그 민·형사적 책임이 인정된 상황**이므로, 이 사건에서 헌법적 해명의 필요성을 이유로 **예외적인 심판청구이익을 인정하기 어렵다**(헌재 2024. 5. 30. 2014헌마1189 등).

370 정치자금 부정수수죄를 범한 자 또는 국회의원으로서 그 재임 중의 직무와 관련하여 뇌물수수죄를 범한 자로서 징역형의 선고를 받고 그 형의 집행이 종료된 후 10년을 경과하지 아니한 자는 선거권이 없다고 규정한 공직선거법 조항에 의한 기본권 침해는 청구인에게 이에 해당하는 구체적인 사유가 발생하였을 때 이루어지는 것이고, 이 사건에서 구체적인 사유발생일은 청구인에 대한 징역형의 판결이 확정된 후 첫 선거일이다. `각하`

> **공직선거법상 선거권 제한 규정 사건 (공직선거법 제18조 제1항 제3호 위헌확인)**
> 심판대상조항이 정한 범죄를 범하여 징역형의 판결이 확정된 사람은 그 판결이 확정된 때부터 그 형의 집행이 종료된 후 10년이 경과할 때까지 선거권이 인정되지 않는데, 심판대상조항에 의한 기본권의 침해는 **청구인에게 이에 해당하는 구체적인 사유가 발생하였을 때** 이루어지는 것이고, 이 사건에서 **구체적인 사유발생일**은 **청구인에 대한 징역형의 판결이 확정된 후 첫 선거일**이다. 청구인에 대한 징역형의 판결이 확정된 2017. 3. 22. 이후로서 첫 선거인 제19대 대통령선거가 실시된 2017. 5. 9.에는 청구인에게 심판대상조항에 의한 기본권침해의 사유가 발생하였다고 할 것이고, 이로부터 1년이 경과하였음이 역수상 명백한 2020. 4. 28.에야 제기된 이 사건 심판청구는 청구기간을 경과하였다(헌재 2024. 3. 28. 2020헌마640).

371 기소유예처분 후 형벌법규가 행위자에게 유리하게 변경된 경우 기소유예처분의 취소를 구하는 헌법소원심판 결정 당시 시행 중인 신법을 기준으로 기소유예처분의 위헌 여부를 판단함이 타당하다. `8:1 인용`

> **종교시설 안에서의 명함 배부 및 지지호소로 인한 공직선거법 위반 사건 (기소유예처분취소)**
> 형벌법규가 행위자에게 유리하게 변경된 경우 수사 및 형사재판에서 신법에 따라야 하는 점, 기소유예처분의 취소를 구하는 헌법소원심판은 기소된 피고인이 형사재판에서 본인의 무죄임을 다투는 것과 유사한 성격의 절차로 운용되어 온 점, 헌법소원심판 절차에서도 형법 제1조 제2항의 명문규정을 따르는 것이 입법자의 의사에 부합하는 해석인 점, 같은 법률을 위반하여 기소된 사람들은 유리한 신법을 적용받는 것과의 형평성 등을 종합하면 **기소유예처분 후 형벌법규가 행위자에게 유리하게 변경되었다면 기소유예처분의 취소를 구하는 헌법소원심판 결정 당시 시행 중인 신법을 기준으로 기소유예처분의 위헌 여부를 판단**함이 타당하다(헌재 2023. 2. 23. 2020헌마1739).

07 권한쟁의심판

기출OX

372 국회 교섭단체 대표의원은 헌법 제111조 제1항 제4호 및 「헌법재판소법」 제62조 제1항 제1호의 '국가기관'에 해당한다고 볼 수 없으므로, 권한쟁의심판의 당사자능력이 인정되지 아니한다. 25 소간 O│X

> **국회의원과 국회의장 간의 권한쟁의**
> **헌법**은 국회의원들이 교섭단체 대표의원을 정하여 이를 통해 일정한 권한을 행사할 것을 예정하지 않고 있으며, 교섭단체 대표의원이 가지는 **국회법상 권한**이 국회의원으로서의 권한과 구분되는 **독자적인 권한에 해당하는 것도 아니다.** 따라서 **교섭단체 대표의원은** 헌법 제111조 제1항 제4호 및 헌법재판소법 제62조 제1항 제1호의 **'국가기관'에 해당한다고 볼 수 없으므로, 권한쟁의심판의 당사자능력이 인정되지 아니한다**(헌재 2023. 9. 26. 2020헌라2).

🔗 372. ○

5회 373 일반적으로 「정부조직법」상 합의제 행정기관을 포함한 정부의 부분기관 사이의 권한에 관한 다툼은 「정부조직법」상의 상하 위계질서 등을 통하여 해결될 수 있으므로 권한쟁의심판이 허용될 수 없다. 25 변호사 O│X

373-1 권한쟁의심판의 당사자능력은 헌법에 의하여 설치된 국가기관에 한정하여 인정하는 것이 타당하므로, 국가경찰위원회에게는 권한쟁의심판의 당사자능력이 인정되지 아니한다. 24 국가 7 O│X

373-2 국회가 제정한 「국가경찰과 자치경찰의 조직 및 운영에 관한 법률」에 의하여 설립된 국가경찰위원회는 국가기관 상호간의 권한쟁의심판의 당사자능력이 있다. 23 국가 7 O│X

> **행정안전부장관의 소속청장 지휘에 관한 규칙 권한쟁의 사건 (국가경찰위원회와 행정안전부장관 간의 권한쟁의)**
> (1) 정부조직법상 합의제 행정기관을 포함한 **정부의 부분기관 사이의 권한에 관한 다툼**은 정부조직법상의 상하 위계질서나 국무회의, 대통령에 의한 조정 등을 통하여 **자체적으로 해결될 가능성**이 있고 청구인의 경우도 정부 내의 상하관계에 의한 권한질서에 의하여 권한쟁의를 해결하는 것이 불가능하지 않다(헌재 2022. 12. 22. 2022헌라5).
> (2) 국회가 제정한 **경찰법에 의하여 비로소 설립**된 청구인은 국회의 경찰법 개정행위에 의하여 존폐 및 권한범위 등이 좌우되므로, 헌법 제111조 제1항 제4호 소정의 **헌법에 의하여 설치된 국가기관에 해당한다고 할 수 없다.** … 따라서 권한쟁의심판의 당사자능력은 헌법에 의하여 설치된 국가기관에 한정하여 인정하는 것이 타당하므로, **법률에 의하여 설치된 청구인 국가경찰위원회에게는 권한쟁의심판의 당사자능력이 인정되지 아니한다**(헌재 2022. 12. 22. 2022헌라5).

🔗 373. ○ 373-1. ○ 373-2. ✗(당사자능력 부정)

374 문화재청 및 문화재청장은 「정부조직법」에 의하여 행정각부 장의 하나인 문화체육관광부 장관 소속으로 설치된 기관 및 기관장으로서 권한쟁의심판의 당사자능력이 인정된다. 24 국가 7   O | X

> **풍납토성 보존·관리 종합계획 등에 관한 권한쟁의 사건**
> **문화재청 및 문화재청장**은 정부조직법 제36조 제3항, 제4항에 의하여 **행정각부 장의 하나인 문화체육관광부장관 소속**으로 설치된 기관 및 기관장으로서, **오로지 법률에 그 설치 근거**를 두고 있으며 그 결과 국회의 입법행위에 의하여 그 존폐 및 권한범위가 결정된다. 따라서 이 사건 피청구인인 문화재청장은 '헌법에 의하여 설치되고 헌법과 법률에 의하여 독자적인 권한을 부여받은 국가기관'이라고 할 수 없다. 결국, **법률에 의하여 설치된 피청구인**에게는 **권한쟁의심판의 당사자능력이 인정되지 아니한다**(헌재 2023. 12. 21. 2023헌라1).
>
> 🔒 **374.** ×(당사자능력 부정됨)

3회 375 법무부장관은 헌법상 소관 사무에 관하여 부령을 발할 수 있고 「정부조직법」상 법무에 관한 사무를 관장하지만, 「검찰청법」과 「형사소송법」 개정행위에 대해 권한쟁의심판을 청구할 청구인 적격이 인정되지는 않는다. 24 입시   O | X

375-1 국가기관의 '헌법상 권한'은 국회의 입법행위를 비롯한 다양한 국가기관의 행위로 침해될 수 있으나, 국가기관의 '법률상 권한'은 다른 국가기관의 행위로 침해될 수 있음은 별론으로 하고 국회의 입법행위로는 침해될 수 없다. 25 소간   O | X

375-2 국가기관의 법률상 권한은 국회의 입법행위에 의하여 형성·부여된 권한일 뿐, 역으로 국회의 입법행위를 구속하는 기준이 될 수 없으므로 침해의 원인이 '국회의 입법행위'인 경우에 '법률상 권한'을 침해의 대상으로 삼는 심판청구는 그 권한침해가능성을 인정할 수 없다. 23 법무사   O | X

> **검사의 수사권 축소 등에 관한 권한쟁의 사건 (법무부장관 등과 국회 간의 권한쟁의)**
> (1) 법무부장관은 헌법상 소관 사무에 관하여 **부령**을 발할 수 있고 정부조직법상 **법무에 관한 사무를 관장**하지만, 이 사건 **법률개정행위**는 이와 같은 **법무부장관의 권한을 제한하지 아니한다**. 물론 법무부장관은 일반적으로 검사를 지휘·감독하고 구체적 사건에 대하여는 검찰총장만을 지휘·감독할 권한이 있으나, 이 사건 법률개정행위가 이와 같은 **법무부장관의 지휘·감독 권한을 제한하는 것은 아니다**. 따라서 **법무부장관**은 이 사건 법률개정행위에 대해 **권한쟁의심판을 청구할 적절한 관련성이 인정되지 아니**하므로, **청구인적격이 인정되지 아니한다**(헌재 2023. 3. 23. 2022헌라4).
> (2) 국가기관의 **'헌법상 권한'**은 국회의 입법행위를 비롯한 다양한 국가기관의 행위로 침해될 수 있다. 그러나 국가기관의 **'법률상 권한'**은, 다른 국가기관의 행위로 침해될 수 있음은 별론으로 하고, **국회의 입법행위로는 침해될 수 없다**. 국가기관의 **'법률상 권한'**은 국회의 입법행위에 의해 비로소 형성·부여된 권한일 뿐, 역으로 국회의 입법행위를 구속하는 기준이 될 수 없기 때문이다. 따라서 문제 된 침해의 원인이 **'국회의 입법행위'**인 경우에는 **'법률상 권한'**을 침해의 대상으로 삼는 심판청구는 **권한침해가능성을 인정할 수 없다**(헌재 2023. 3. 23. 2022헌라4).
>
> 🔒 **375.** O **375-1.** O **375-2.** O

출제예상

376 국회의원인 청구인이, 국회의장인 피청구인이 청구인에 대한 30일의 출석정지 징계안이 가결되었음을 선포한 행위로 인하여 청구인의 국회의원으로서의 권한이 침해되었다고 주장하며 한 권한쟁의심판청구의 심판절차는 청구인의 제21대 국회의원 임기만료로 종료되었다. [심판절차종료선언]

> **국회의원 출석정지 징계에 관한 권한쟁의 사건 (국회의원과 국회의장 간의 권한쟁의)**
> 청구인은 제21대 국회의원의 자격에서, 그 임기 중 이 사건 징계로 인하여 자신의 국회의원으로서의 권한이 침해되었다고 주장하며 이 사건 권한쟁의심판을 청구하였다. 그런데 제21대 국회의원의 임기는 2020. 5. 30.부터 2024. 5. 29.까지로, 이 사건 **권한쟁의심판절차 계속 중 만료**되었다. 따라서 청구인이 이 사건 징계로 인한 권한침해를 주장하며 제기한 이 사건 권한쟁의심판청구는 **국회의원 임기만료와 동시에 당연히 그 심판절차가 종료**되었다(헌재 2024. 6. 27. 2022헌라3).

377 권한쟁의심판절차 계속 중 퇴직(탈당)으로 인해 국회의원직을 상실한 경우 심판청구는 국회의원직 상실과 동시에 당연히 그 심판절차가 종료된다. [심판절차종료선언]

> **탄핵소추안 철회 및 재발의 권한쟁의 사건 (국회의원과 국회의장 간의 권한쟁의)**
> 이 사건 권한쟁의심판절차 계속 중 **일부 청구인들이 퇴직(탈당)으로 인해 국회의원직을 상실**하였다. 그런데 발의된 의안의 철회 동의 여부에 관한 국회의원의 심의·표결권은 일신전속적인 것으로서, 그에 관련된 이 사건 권한쟁의심판절차는 수계될 수 있는 성질의 것이 아니다. 따라서 위 청구인들의 이 사건 심판청구는 **국회의원직 상실과 동시에 당연히 그 심판절차가 종료**되었다(헌재 2024. 3. 28. 2023헌라9).

MEMO

판례색인

2021

헌재 2021. 11. 25. 2017헌마1384 등   221

2022

헌재 2022. 1. 27. 2016헌마364   150, 151, 152
헌재 2022. 1. 27. 2017헌바528   79
헌재 2022. 1. 27. 2018헌마1162 등   195, 196
헌재 2022. 1. 27. 2019헌마327   171
헌재 2022. 1. 27. 2019헌마583   44
헌재 2022. 1. 27. 2019헌바161   140
헌재 2022. 1. 27. 2020헌마497   223
헌재 2022. 1. 27. 2020헌마594   56
헌재 2022. 1. 27. 2020헌마895   19
헌재 2022. 2. 24. 2017헌바438 등   137
헌재 2022. 2. 24. 2018헌가8   121
헌재 2022. 2. 24. 2018헌마1010   130
헌재 2022. 2. 24. 2018헌마998 등   189, 190
헌재 2022. 2. 24. 2018헌바146   24
헌재 2022. 2. 24. 2019헌마883   57
헌재 2022. 2. 24. 2019헌바184   129
헌재 2022. 2. 24. 2019헌바225 등   48
헌재 2022. 2. 24. 2020헌가12   52
헌재 2022. 2. 24. 2020헌가5   45
헌재 2022. 2. 24. 2020헌마177   58
헌재 2022. 2. 24. 2020헌바148   185
헌재 2022. 3. 31. 2017헌마1343 등   124, 125
헌재 2022. 3. 31. 2019헌가26   153
헌재 2022. 3. 31. 2019헌마986   20
헌재 2022. 3. 31. 2019헌바107   159
헌재 2022. 3. 31. 2019헌바242   72
헌재 2022. 3. 31. 2019헌바520   96
헌재 2022. 3. 31. 2020헌마1729   17
헌재 2022. 3. 31. 2020헌마211   34
헌재 2022. 3. 31. 2021헌마1230   166
헌재 2022. 3. 31. 2021헌바62 등   73
헌재 2022. 5. 26. 2012헌바66   169, 170
헌재 2022. 5. 26. 2016헌마95   149
헌재 2022. 5. 26. 2019헌가12   68
헌재 2022. 5. 26. 2019헌바341   81
헌재 2022. 5. 26. 2019헌바530   111
헌재 2022. 5. 26. 2020헌마1219   33
헌재 2022. 5. 26. 2020헌마1512   167
헌재 2022. 5. 26. 2020헌마670 등   132
헌재 2022. 5. 26. 2021헌가30   66
헌재 2022. 5. 26. 2021헌마619   108, 109, 110
헌재 2022. 6. 3. 2022헌사448   206
헌재 2022. 6. 30. 2014헌마760 등   222
헌재 2022. 6. 30. 2019헌가14   45
헌재 2022. 6. 30. 2019헌마150   57
헌재 2022. 6. 30. 2019헌마356   84
헌재 2022. 6. 30. 2019헌마579   148
헌재 2022. 6. 30. 2019헌바440   157
헌재 2022. 6. 30. 2021헌가24   15
헌재 2022. 7. 21. 2016헌마388 등   90, 91, 92, 93
헌재 2022. 7. 21. 2017헌가1 등   23
헌재 2022. 7. 21. 2017헌바100 등   22, 27, 29
헌재 2022. 7. 21. 2018헌바164   25
헌재 2022. 7. 21. 2018헌바357 등   30
헌재 2022. 7. 21. 2018헌바504   156
헌재 2022. 7. 21. 2019헌바543 등   42
헌재 2022. 7. 21. 2020헌바205   154
헌재 2022. 7. 21. 2022헌바3   106
헌재 2022. 8. 31. 2018헌바440   28
헌재 2022. 8. 31. 2019헌가31   161
헌재 2022. 8. 31. 2020헌마1025   59
헌재 2022. 8. 31. 2021헌라1   39
헌재 2022. 8. 31. 2022헌가10   67
헌재 2022. 8. 31. 2022헌가18 등   71
헌재 2022. 9. 27. 2022헌마1225   221
헌재 2022. 9. 29. 2018헌마1169   224
헌재 2022. 9. 29. 2019헌마1352   12
헌재 2022. 9. 29. 2019헌마813   128
헌재 2022. 9. 29. 2019헌마938   126
헌재 2022. 9. 29. 2021헌마929   165
헌재 2022. 10. 27. 2018헌바115   176, 177
헌재 2022. 10. 27. 2019헌바117   184
헌재 2022. 10. 27. 2019헌바19   18
헌재 2022. 10. 27. 2019헌바324   49
헌재 2022. 10. 27. 2019헌바44   148
헌재 2022. 10. 27. 2019헌바454   168
헌재 2022. 10. 27. 2020헌바368   154
헌재 2022. 10. 27. 2021헌가4   115
헌재 2022. 11. 24. 2018헌바514   63
헌재 2022. 11. 24. 2019헌마445   16

헌재 2022. 11. 24. 2019헌마528 등	18	
헌재 2022. 11. 24. 2019헌마941	103, 104	
헌재 2022. 11. 24. 2019헌바108	181	
헌재 2022. 11. 24. 2019헌바167 등	158	
헌재 2022. 11. 24. 2020헌마1181	31	
헌재 2022. 11. 24. 2020헌마417	25	
헌재 2022. 11. 24. 2020헌바463	58	
헌재 2022. 11. 24. 2021헌마130	93	
헌재 2022. 11. 24. 2021헌마426	79	
헌재 2022. 11. 24. 2021헌바144	71	
헌재 2022. 11. 24. 2021헌바301	26	
헌재 2022. 12. 22. 2018헌바48 등	116	
헌재 2022. 12. 22. 2019헌마654	107	
헌재 2022. 12. 22. 2020헌가8	32	
헌재 2022. 12. 22. 2020헌라3	39	
헌재 2022. 12. 22. 2020헌바39	57	
헌재 2022. 12. 22. 2021헌가36	16	
헌재 2022. 12. 22. 2021헌마271	105	
헌재 2022. 12. 22. 2022헌라5	228	

2023

헌재 2023. 2. 23. 2017헌마604	34	
헌재 2023. 2. 23. 2019헌마1157	122	
헌재 2023. 2. 23. 2019헌마1235	133	
헌재 2023. 2. 23. 2019헌마1404 등	11	
헌재 2023. 2. 23. 2019헌마401	35	
헌재 2023. 2. 23. 2019헌바43	63	
헌재 2023. 2. 23. 2019헌바462	9	
헌재 2023. 2. 23. 2019헌바550	159	
헌재 2023. 2. 23. 2019헌바93 등	11, 46, 47, 99	
헌재 2023. 2. 23. 2020헌마1030	222	
헌재 2023. 2. 23. 2020헌마1736	123	
헌재 2023. 2. 23. 2020헌마1739	227	
헌재 2023. 2. 23. 2020헌마460 등	46	
헌재 2023. 2. 23. 2020헌바11 등	168	
헌재 2023. 2. 23. 2020헌바314	76	
헌재 2023. 2. 23. 2020헌바603	8	
헌재 2023. 2. 23. 2021헌가9 등	68	
헌재 2023. 2. 23. 2021헌마374 등	136	
헌재 2023. 2. 23. 2021헌마48	223	
헌재 2023. 2. 23. 2022헌바22	51	
헌재 2023. 2. 23. 2022헌바273 등	70	
헌재 2023. 3. 23. 2018헌마460 등	182	
헌재 2023. 3. 23. 2018헌바385	42	
헌재 2023. 3. 23. 2018헌바433 등	153	
헌재 2023. 3. 23. 2019헌마1399	146	
헌재 2023. 3. 23. 2019헌마937	170	
헌재 2023. 3. 23. 2019헌바141	78	
헌재 2023. 3. 23. 2020헌가1 등	85, 86, 87	
헌재 2023. 3. 23. 2020헌가19	124	
헌재 2023. 3. 23. 2020헌라5	36, 37, 38	
헌재 2023. 3. 23. 2020헌바471	53	
헌재 2023. 3. 23. 2021헌가1	117	
헌재 2023. 3. 23. 2021헌마975	178, 179, 180	
헌재 2023. 3. 23. 2021헌바400	131	
헌재 2023. 3. 23. 2022헌라2	196	
헌재 2023. 3. 23. 2022헌라4	229	
헌재 2023. 3. 23. 2023헌가4	29	
헌재 2023. 5. 25. 2019헌가13	27	
헌재 2023. 5. 25. 2019헌마1234	52	
헌재 2023. 5. 25. 2020헌마45	12	
헌재 2023. 5. 25. 2020헌바604	135	
헌재 2023. 5. 25. 2021헌마21	226	
헌재 2023. 5. 25. 2021헌바136	121	
헌재 2023. 5. 25. 2021헌바234	127	
헌재 2023. 5. 25. 2022헌바36	220	
헌재 2023. 6. 29. 2018헌마1215	87	
헌재 2023. 6. 29. 2019헌마227	134	
헌재 2023. 6. 29. 2020헌마1605 등	31	
헌재 2023. 6. 29. 2020헌마1669	56	
헌재 2023. 6. 29. 2020헌바109	65	
헌재 2023. 6. 29. 2020헌마177 등	48	
헌재 2023. 6. 29. 2020헌바63	82	
헌재 2023. 6. 29. 2021헌마157	126	
헌재 2023. 6. 29. 2021헌마171	105	
헌재 2023. 6. 29. 2021헌마199	132	
헌재 2023. 6. 29. 2021헌바264	145	
헌재 2023. 6. 29. 2023헌가12	23	
헌재 2023. 7. 20. 2019헌마1443 등	20	
헌재 2023. 7. 20. 2019헌마709	225	
헌재 2023. 7. 20. 2019헌바223	13	
헌재 2023. 7. 20. 2020헌마104	134	
헌재 2023. 7. 20. 2020헌바131	119	
헌재 2023. 7. 20. 2020헌바497	106	
헌재 2023. 7. 25. 2023헌나1	208	

판례	쪽
헌재 2023. 8. 31. 2019헌바221 등	145
헌재 2023. 8. 31. 2020헌바178	77
헌재 2023. 8. 31. 2020헌바252, 재판관 4인 의견	190
헌재 2023. 8. 31. 2020헌바473	76
헌재 2023. 8. 31. 2020헌바498	75
헌재 2023. 8. 31. 2020헌바594	77
헌재 2023. 8. 31. 2021헌마34	161
헌재 2023. 8. 31. 2021헌마180	10
헌재 2023. 9. 26. 2017헌바42 등	111
헌재 2023. 9. 26. 2019헌마1165	54
헌재 2023. 9. 26. 2019헌마1417	118
헌재 2023. 9. 26. 2020헌라2	228
헌재 2023. 9. 26. 2020헌마1724 등	107
헌재 2023. 9. 26. 2020헌마258	60
헌재 2023. 9. 26. 2020헌바552	80
헌재 2023. 9. 26. 2021헌가23 등	17
헌재 2023. 9. 26. 2022헌마926	96
헌재 2023. 10. 26. 2017헌가16 등	61
헌재 2023. 10. 26. 2018헌마357	61
헌재 2023. 10. 26. 2018헌마872	167
헌재 2023. 10. 26. 2019헌가30	88
헌재 2023. 10. 26. 2019헌마158 등	97, 98
헌재 2023. 10. 26. 2019헌바91	47
헌재 2023. 10. 26. 2020헌마1477 등	90
헌재 2023. 10. 26. 2021헌마839	82
헌재 2023. 10. 26. 2022헌마231 등	21
헌재 2023. 10. 26. 2022헌마231	21
헌재 2023. 10. 26. 2022헌마232 등	21
헌재 2023. 10. 26. 2023헌가1	75
헌재 2023. 10. 26. 2023헌라2	198
헌재 2023. 10. 26. 2023헌라3	194
헌재 2023. 12. 21. 2020헌바189	136
헌재 2023. 12. 21. 2020헌바374	36, 135
헌재 2023. 12. 21. 2023헌라1	229

2024

판례	쪽
헌재 2024. 1. 25. 2020헌마1144	133
헌재 2024. 1. 25. 2020헌마1725	88
헌재 2024. 1. 25. 2020헌마65	94
헌재 2024. 1. 25. 2020헌바475 등	224
헌재 2024. 1. 25. 2020헌바479	160
헌재 2024. 1. 25. 2021헌가14	24
헌재 2024. 1. 25. 2021헌마113 등	166
헌재 2024. 1. 25. 2021헌바231	133
헌재 2024. 1. 25. 2021헌바233 등	28
헌재 2024. 2. 28. 2019헌마500	50
헌재 2024. 2. 28. 2020헌가15	158
헌재 2024. 2. 28. 2020헌마1343 등	13, 144
헌재 2024. 2. 28. 2020헌마1377	35
헌재 2024. 2. 28. 2020헌마139	131
헌재 2024. 2. 28. 2020헌마1482	139
헌재 2024. 2. 28. 2020헌마1587	162
헌재 2024. 2. 28. 2021헌가16	121
헌재 2024. 2. 28. 2021헌마845	60
헌재 2024. 2. 28. 2021헌바141	140
헌재 2024. 2. 28. 2022헌마356 등	43
헌재 2024. 2. 28. 2022헌마356	43
헌재 2024. 2. 28. 2022헌바109	127
헌재 2024. 2. 28. 2023헌바381	14
헌재 2024. 3. 28. 2017헌마371 등	226
헌재 2024. 3. 28. 2020헌가10	137
헌재 2024. 3. 28. 2020헌마1079	55
헌재 2024. 3. 28. 2020헌마1527	126
헌재 2024. 3. 28. 2020헌마640	227
헌재 2024. 3. 28. 2020헌바494 등	154
헌재 2024. 3. 28. 2020헌바586	119
헌재 2024. 3. 28. 2021헌바57	36
헌재 2024. 3. 28. 2023헌라9	197, 230
헌재 2024. 4. 25. 2020헌가4 등	147
헌재 2024. 4. 25. 2020헌마1028	95
헌재 2024. 4. 25. 2020헌마107	171
헌재 2024. 4. 25. 2020헌마542	95
헌재 2024. 4. 25. 2020헌바600	74
헌재 2024. 4. 25. 2021헌마1258	110
헌재 2024. 4. 25. 2021헌마473	163
헌재 2024. 4. 25. 2021헌바21 등	76
헌재 2024. 4. 25. 2021헌바316	162
헌재 2024. 4. 25. 2022헌가33	141
헌재 2024. 4. 25. 2022헌마251	184
헌재 2024. 4. 25. 2022헌바163	49
헌재 2024. 4. 25. 2022헌바204	74
헌재 2024. 4. 25. 2022헌바65	59
헌재 2024. 5. 30. 2014헌마1189 등	227
헌재 2024. 5. 30. 2019헌가29	53

헌재 2024. 5. 30. 2020헌바234	75
헌재 2024. 5. 30. 2021헌가3	141
헌재 2024. 5. 30. 2021헌마117 등	100, 101
헌재 2024. 5. 30. 2021헌마291	128
헌재 2024. 5. 30. 2021헌바55 등	79
헌재 2024. 5. 30. 2021헌바6 등	185
헌재 2024. 5. 30. 2022헌마707 등	101
헌재 2024. 5. 30. 2023헌마820 등	112, 113, 114
헌재 2024. 6. 27. 2020헌마237 등	169
헌재 2024. 6. 27. 2020헌마468 등	186
헌재 2024. 6. 27. 2021헌가19	143
헌재 2024. 6. 27. 2021헌마1588	183
헌재 2024. 6. 27. 2022헌라3	230
헌재 2024. 6. 27. 2022헌바106 등	89
헌재 2024. 6. 27. 2023헌가23	146
헌재 2024. 6. 27. 2023헌바449	60
헌재 2024. 6. 27. 2023헌바78	26
헌재 2024. 7. 18. 2020헌마487 등	160
헌재 2024. 7. 18. 2021헌마248	188
헌재 2024. 7. 18. 2021헌마460	32
헌재 2024. 7. 18. 2021헌마533	137
헌재 2024. 7. 18. 2022헌가6	69
헌재 2024. 7. 18. 2022헌바4	188
헌재 2024. 7. 18. 2024헌바71	78
헌재 2024. 8. 29. 2020헌마389 등	172, 173, 174, 175
헌재 2024. 8. 29. 2020헌바602 등	62
헌재 2024. 8. 29. 2021헌마1278	102
헌재 2024. 8. 29. 2021헌마450	55
헌재 2024. 8. 29. 2021헌바146	187
헌재 2024. 8. 29. 2021헌바34	158
헌재 2024. 8. 29. 2021헌바74	50
헌재 2024. 8. 29. 2021헌바86 등	191
헌재 2024. 8. 29. 2022헌가7 등	70
헌재 2024. 8. 29. 2022헌바170	62
헌재 2024. 8. 29. 2022헌바177 등	120
헌재 2024. 8. 29. 2023헌가10	129
헌재 2024. 8. 29. 2023헌나4	218
헌재 2024. 8. 29. 2023헌바73	62
헌재 2024. 10. 14. 2024헌사1250	204, 205

2025

헌재 2025. 1. 23. 2019헌바317	80
헌재 2025. 1. 23. 2021헌마886	63
헌재 2025. 1. 23. 2024헌나1	216
헌재 2025. 2. 27. 2023헌라5	203
헌재 2025. 2. 27. 2025헌라1	199, 200, 201
헌재 2025. 3. 13. 2024헌나2	217
헌재 2025. 3. 13. 2024헌나3	219
헌재 2025. 3. 24. 2024헌나9	214
헌재 2025. 4. 4. 2024헌나8	209, 210, 211, 212
헌재 2025. 4. 10. 2020헌마1437	46
헌재 2025. 4. 10. 2020헌바363 등	64
헌재 2025. 4. 10. 2021헌바278 등	155
헌재 2025. 4. 10. 2024헌가12 등	164
헌재 2025. 4. 10. 2024헌나6	215
헌재 2025. 4. 10. 2024헌라8	215
헌재 2025. 5. 29. 2024헌바448	127
헌재 2025. 6. 27. 2020헌바318	73, 83
헌재 2025. 6. 27. 2020헌바514	138
헌재 2025. 6. 27. 2022헌마1505 등	128

MEMO